Vom Reiz der Sinne

Herausgegeben von A. Maelicke

VCH

© VCH Verlagsgesellschaft mbH, D-6940 Weinheim (Bundesrepublik Deutschland), 1990

Vertrieb:

VCH, Postfach 101161, D-6940 Weinheim (Bundesrepublik Deutschland)

Schweiz: VCH, Postfach, CH-4020 Basel (Schweiz)

United Kingdom und Irland: VCH (UK) Ltd., 8 Wellington Court, Cambridge CB1 1HZ (England)

USA und Canada: VCH, Suite 909, 220 East 23rd Street, New York, NY 10010-4606 (USA)

ISBN 3-527-28058-8

Vom Reiz der Sinne

Herausgegeben von
Alfred Maelicke

mit Beiträgen von

Hinderk M. Emrich, Hanns Hatt,
Ferdinand Hucho, Gerd Kobal,
Alfred Maelicke, Hennig Stieve und
Irene Wicke, Ulrich Thurm,
Rainer Wolf und Dorothea Wolf

Weinheim · New York · Basel · Cambridge

Herausgeber:
Prof. Dr. Alfred Maelicke
Institut für Physiologische Chemie
der Johannes-Gutenberg-Universität
Duesbergweg 6
D-6500 Mainz

Lektorat: Karin von der Saal
Redaktion: Dr. Barbara Schröder und Dr. Joachim Rudolph
Herstellerische Betreuung: Elke Littmann

CIP-Titelaufnahme der Deutschen Bibliothek:
Vom Reiz der Sinne / hrsg. von Alfred Maelicke. Mit Beitr. von Hinderk M. Emrich ... –
Weinheim ; New York ; Basel ; Cambridge : VCH, 1990
ISBN 3-527-28058-8
NE: Maelicke, Alfred [Hrsg.]; Emrich, Hinderk M. [Mitverf.]; Sinne

Satz, Druck und Bindung: Konrad Triltsch, Graphischer Betrieb, D-8700 Würzburg.
Graphik: Ursula Klee, D-6200 Wiesbaden.
Reproduktion der Abbildungen: Scan-Technik Eisele + Zimmermann GmbH, D-6800 Mannheim.
Printed in the Federal Republic of Germany.

Vorwort

Nichts ist uns so vertraut wie unsere Sinne. Solange wir uns erinnern können, haben sie uns begleitet, ja eigentlich unser Leben bestimmt, und meist bemerken wir sie nur dann, wenn etwas mit ihnen nicht „stimmt", wenn sie nicht wie gewohnt funktionieren. Was einem so selbstverständlich ist, darüber macht man sich gewöhnlich auch keine Gedanken. Versucht man es dennoch, ist man zunächst hilfloser als bei den vielen anderen Dingen, über die man gewohnt ist, sich Gedanken zu machen. Doch ein solches Nachdenken lohnt sich, gewinnt man doch nicht nur Erkenntnis über die Welt um sich herum, sondern vor allem auch über sich selbst.

Was eine Betrachtung der menschlichen Sinne so schwierig macht, ist die Tatsache, daß das Instrumentarium, mit dem man das tut, ebenfalls wieder die eigenen Sinne sind. Denn alles, was uns bewußt wird, und was wir wissen, wird mit Hilfe unserer Sinneswahrnehmungen produziert. So entsteht ein Konflikt der Objektivität. Dieser Konflikt scheint besonders dort gegeben, wo wir die vermeintlich „objektiven" molekularen und zellulären Untersuchungen aufgeben und unsere Sinne auf der Basis der durch sie erzeugten Verhaltensweisen untersuchen, unsere Sinne gewissermaßen „an ihren Taten" erkennen wollen. Tatsächlich aber sind alle wissenschaftlichen Forschungsansätze gleich objektiv oder subjektiv, denn ihre Wertmaßstäbe sind letztendlich diejenigen unseres Verstandes, d. h. wiederum eines Produktes unserer Sinne.

Beim Nachdenken über unsere Sinne kann man offensichtlich leicht „in eine Schleife" geraten und – wie der Computerfachmann sagen würde – „abstürzen". Um dies zu vermeiden, wollen wir wie folgt vorgehen: Im ersten Kapitel wollen wir uns zunächst in einer Übersicht das Objekt unserer Betrachtungen – unsere Sinne – bewußt machen und uns gleichzeitig über die Vorgehensweisen Gedanken machen, mit denen man dieses Objekt untersuchen kann. Insbesondere werden wir erkennen, daß unsere Sinneswahrnehmungen nicht allein durch die Empfangsorgane wie Auge, Ohr und Zunge bestimmt werden, sondern daß unser Gehirn der eigentliche Produzent dieser Wahrnehmungen ist. In den folgenden Kapiteln wollen wir dann Einzelaspekte in sich geschlossen betrachten*.

So folgt im zweiten Kapitel eine Beschreibung der Grundlagen von Signalaufnahme und Signalleitung. Auf dieses Kapitel kann der Leser immer wieder zurückgreifen, wenn in den folgenden dieses Thema angesprochen wird. Im dritten Kapitel werden dann Aufbau und Eigenschaften des Sehsinns behandelt. Im vierten Kapitel werden wir erkennen, daß Sinnesreiz und Sinneswahrnehmung nicht ohne weiteres in Beziehung zu setzen sind, wie sich dies besonders eingängig an den Täuschungen und Illusionen

---

*) Die Kapiteleinteilung folgt im wesentlichen der Sendefolge einer gleichnamigen Sendereihe des ZDF. Gewisse Umstellungen ergaben sich aus der Absicht des Herausgebers, die Vorteile des Mediums Buch, nämlich die Möglichkeit des Zurückblätterns und Wiederlesens, besser zu nutzen. Ferner wird im Buch – wie auch in der Sendereihe ursprünglich vorgesehen – der Geruchssinn in zwei Beiträgen behandelt. G. Kobal, dessen Sendebeitrag aus produktionellen Gründen entfallen mußte, hat sich dankenswerterweise trotzdem bereit erklärt, für dieses Buch das entsprechende Kapitel zu schreiben.

zeigen läßt, denen unser Sehsinn unterliegt. Die Erforschung der Einflüsse der Psyche auf unsere Sinneswahrnehmungen ist Aufgabe der Psychophysik. Im fünften Kapitel werden die mechanischen Sinne behandelt, im sechsten und siebten Kapitel die Physik und Psychophysik von Riechen und Schmecken.

Das achte Kapitel knüpft an das zweite an und stellt den Einstieg in die höheren Funktionen des Gehirns, insbesondere das Gedächtnis dar. Das neunte Kapitel befaßt sich mit unserem Unterbewußtsein und jenen Sinneswahrnehmungen, deren Auslösung keines unmittelbaren Reizes von außen bedarf, also mit Traum, Halluzination und Hypnose. Nun sind wir beim Zentrum unseres Bewußtseins, beim im zehnten Kapitel diskutierten Ich unserer Sinne angelangt. Im elften Kapitel werden wir schließlich die Frage erörtern, wie sich dieser wundersame, so unendlich komplexe Kosmos unseres menschlichen Gehirns – denn dieses ist schließlich der Ort, wo Signale zu Wahrnehmungen und Empfindungen werden – überhaupt zu dem entwickeln kann, was es ist: ein für jeden Menschen höchst individuelles System der Kommunikation und der Erkenntnis von der Welt in uns und um uns herum. Wir werden erkennen, daß der Einfluß unserer Gene, unseres Erbmaterials, auf die Entwicklung des Gehirns nur beschränkt ist, so daß genügend Freiheit zur Entwicklung einer eigenen Individualität bleibt.

Um dem Leser das Springen zwischen den einzelnen Kapiteln weiter zu erleichtern, befinden sich zwischen allen Kapiteln (mit Ausnahme des ersten) Zwischentexte, die das vorangegangene Kapitel zusammenfassen und es mit dem folgenden in Beziehung setzen. Diese Texte wurden vom Herausgeber verfaßt.

Uns allen, die wir an dieser Sendereihe und ihrem Begleitbuch beteiligt waren, ist es unerwartet schwer gefallen, sie zu einem guten Abschluß zu bringen. Dazu hat entscheidend die Notwendigkeit beigetragen, in anschauliches Bildmaterial umwandeln zu müssen, was vielfach nur abstrakt oder in komplexer wissenschaftlicher Darstellung vorliegt und oft erst kaum das wissenschaftliche Labor verlassen hat. Ohne die großzügige Mithilfe vieler unserer Fachkollegen, wissenschaftlicher Institutionen und Firmen, ohne die unterstützende Mitarbeit der Fachredaktion Chemie des ZDF, der Regie und der Produktion wäre dies nicht möglich gewesen. Andererseits ist es ein immer währender Konfliktstoff gewesen, zu einer Darstellung zu gelangen, die gleichzeitig fernsehgerecht anschaulich und dennoch wissenschaftlich einwandfrei ist. Wo dieses Gleichgewicht nicht völlig zu erreichen war, hat uns Autoren das vorliegende Buch dazu gedient, Ergänzungen, Erläuterungen und Literaturhinweise anzufügen.

Ein Projekt wie dieses Buch und die zugehörige Sendereihe hat zu viele Geburtshelfer, als daß sie hier alle namentlich aufgeführt werden könnten. So nenne ich nur diejenigen, die im Zentrum standen. Vom Zweiten Deutschen Fernsehen sind dies der Leiter der Fachredaktion Chemie, Herr Dipl.-Chem. H.-J. Bersch und seine Mitarbeiterinnen Frau C. Strehl, Frau E. M. Sautter und Frau S. Gehri, die Regisseurin Frau M. Samal und der Graphiker Herr L. Markgraf, die viele Aufnahmen und Abbildungen aus der Sendung für das Buch zur Verfügung stellten. Von der VCH Verlagsgesellschaft sind es die beiden Redakteure Herr J. Rudolph und Frau B. Schröder, Frau K. von der Saal vom Lektorat Naturwissenschaften, die für die gesamte Koordination verantwortlich war, sowie Frau E. Littmann von der Herstellungsabteilung. Das Layout des Buches und viele der Abbildungen wurden in freier Mitarbeit von der Graphikerin Frau U. Klee erstellt. Wir danken außerdem unseren Mitarbeitern, Sekretärinnen, Partnern und Freunden für die Geduld, die sie mit uns in dieser Zeit haben mußten.

Wer einmal damit begonnen hat, sich mit unseren Sinnen und unserem Gehirn zu beschäftigen, wird der Faszination dieses Themas kaum wieder entrinnen können. Philosophie und Religion, Kunst und Wissenschaft, Krankheit und die Definitionen von Leben und Tod, sie alle gehen von unseren Sinnen aus oder beziehen sich auf sie. Das Nachdenken über unsere Sinne und unser Gehirn ist deshalb stets auch eine Reise zum Zentrum des eigenen Ichs. Viele Wege lassen sich einschlagen, und Sendereihe wie Begleitbuch können hier nur Einblicke wie durch ein kleines, mit trübem Glas versehenes Fenster bieten. Die Welt unserer Sinne, einschließlich unseres Gehirns, wird noch für lange Zeit die große terra incognita unserer Erkenntnis bleiben. Das Buch bemüht sich um eine geschlossene Darstellung der Thematik, ohne die Kenntnis der Sendungen vorauszusetzen. Es eignet sich also nicht nur zur Vorbereitung und Nacharbeitung der einzelnen Sendungen. Es ist für den „gebildeten Laien" geschrieben, setzt also keine besonderen Fachkenntnisse voraus. Dennoch will es den heutigen Wissensstand, wenn auch in allgemein verständlicher Form, darstellen. Es ist als Einführung, nicht als Enzyklopädie gedacht. Die Autoren haben sich darum bemüht, die Sendungen und das Buch so leicht verständlich und interessant wie möglich aufzubereiten. Jeder hat dabei seinen individuellen Weg eingeschlagen. Diese Individualität waren wir bestrebt zu erhalten, entspricht sie doch auch dem Charakter des Themas.

Mainz, im Juni 1990   Alfred Maelicke

Inhalt

Kapitel 4: Vom Sehen zum Wahrnehmen: Aus Illusionen entsteht ein Bild der Wirklichkeit 47
R. Wolf und D. Wolf

Kapitel 5: Die mechanischen Sinne: Hören, Tasten... 75
U. Thurm

Kapitel 6: Physiologie des Riechens und Schmeckens 93
H. Hatt

Kapitel 1

Was Sinn macht

Von Alfred Maelicke

Unsere Sinne sind unser Fenster zur Welt. Durch sie können wir erkennen und empfinden und damit die Grundlage für unsere Entscheidungen und Reaktionen schaffen. Alles, was unsere biologische Existenz zum „bewußten Leben" macht, wird durch unsere Sinne bedingt.

Unsere Sinne grenzen aber auch ein, was wir erkennen können und wie wir es erkennen. Sie lösen in uns Empfindungen wie Freude, Erschrecken, Glück, Wut, Resignation, Angst, Hoffnung oder Trauer aus – so wie sie sich universell in unserer Mimik widerspiegeln und deshalb auch von Schauspielern „nachgespielt" werden können (Abbildung 1.1).

Meist machen wir uns über unsere Sinne erst dann Gedanken, wenn sie einmal nicht mehr so funktionieren, wie wir es gewohnt sind. Das können kleine Anlässe sein, wie zum Beispiel eine verstopfte Nase, die uns den Geschmack für eine Lieblingsspeise raubt. Oder wir gehen gedankenverloren an jemandem vorbei, ohne ihn zu erkennen, bis der uns anstößt oder anspricht. Es können dauerhafte Veränderungen sein, die uns z. B. nötigen, plötzlich eine Brille oder ein Hörgerät zu benutzen, weil unsere Augen mit den Jahren weitsichtig, unser Hörsinn schwächer geworden sind. Gar erst ganz ohne einen Sinn auskommen zu sollen, an den man seit eh und je gewohnt ist, das ist für einen, der aller Sinne

Abb. 1.1. Bilder von gespielten Gefühlsempfindungen, photographiert von J. Gern an der Schaubühne Berlin. Unsere Mimik, die „Sprache des Gesichtes", ist aus universellen, über alle kulturellen Grenzen hinweg geltenden „Worten" aufgebaut, die durch genetisch festgelegte Programme der Gesichtsmuskelkontrolle bestimmt sind.

mächtig ist, schlechthin nicht vorstellbar: Wie empfindet wohl jemand, der von Kind auf blind oder taub gewesen ist? Daran zu denken, ist einfach deshalb so erschreckend, weil unsere Sinne mit ihren Fähigkeiten und Grenzen so eng mit unserem Ich, mit dem Zentrum unseres Seins verknüpft sind.

1

Unsere Sinneswahrnehmungen sind fehlerbehaftet

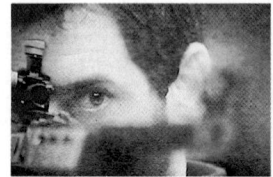

Abb. 1.2. Das Auge des Leistungsschützen, die Zunge des Weinbrandverkosters und das Ohr des Dirigenten sind Beispiele für Höchstleistungen unserer Sinnesorgane.

Unsere Sinnesorgane können Höchstleistungen vollbringen (Abbildung 1.2). Ein Präzisionsschütze braucht zunächst ein gutes Auge, danach erst eine ruhige Hand. Parfumeure oder Weinverkoster können zwischen Hunderten von Geruchsnuancen unterscheiden. Die Musikalität eines Orchesterleiters erfordert einen guten und zur Höchstleistung trainierten Hörsinn.

Doch diesen Höchstleistungen stehen auf der anderen Seite jämmerlich anmutende Schwächen gegenüber. Das Linsensystem eines jeden besseren Photoapparates kann schärfer abbilden als unsere Augenlinse. Denn diese bildet überhaupt nur im Zentrum scharf auf unsere Netzhaut ab. Deshalb richten wir unsere Augen automatisch immer wieder neu aus, um einzelne Bereiche unseres Gesichtsfeldes schärfer betrachten zu können.

Und wie sich unser Farbempfinden täuschen kann! Obwohl alle Quadrate der Abbildung 1.3 im gleichen Grau gedruckt sind, erscheinen die Grautöne deutlich verschieden. Die Farbempfindung hängt allein von der Helligkeit und Farbe des Hintergrundes ab: Beim Auflegen einer Schablone, die man sich leicht aus einem einfarbigen Blatt Papier oder Karton zurechtschneiden kann, verschwinden die Unterschiede!

In Abbildung 1.4 wird durch den perspektivisch gezeichneten Hintergrund Räumlichkeit vorgetäuscht, so daß die beiden dicken dunklen Balken als verschieden lang empfunden werden, obwohl sie es nicht sind, wie man durch Nachmessen leicht feststellen kann. Und wir wissen alle, daß ein Film aus einer Folge von Einzelaufnahmen besteht, die nur zu Bewegung werden, wenn sie in genügend schneller Frequenz gezeigt werden.

Die vielen Unzulänglichkeiten und Fehlleistungen unseres Sinneswahrnehmungssystems werden uns meist gar nicht bewußt. Dies ist so, weil unsere Sinne nicht einfach nur die Wirklichkeit unserer Umgebung in uns hinein *übertragen* („projizieren"), sondern diese Wirklichkeit auch *bearbeiten* – und damit verändern –, bevor wir sie bewußt wahrnehmen („empfinden").

Besonders deutlich wird dies, wenn *Emotionen* unsere Sinneswahrnehmungen beeinflussen. Eine schön dekorierte Obst- oder Konfektschale ist ein verlockender Anblick, doch sehen wir die gleichen Dinge in riesigen Mengen oder in unangenehmer Umgebung, kann uns der Appetit vergehen. Die wabbelige, feucht-kalte und grünliche Masse einer geöffneten Auster widerspricht unserer gängigen Erfahrung einer wohlschmeckenden Speise. Und doch ist sie für viele ein Leckerbissen. Auch der Ekel vor etwas Bitterem ist uns angeboren (vgl. Kapitel 11, Abbildung 11.1), und dennoch empfinden viele Erwachsene eine bittere englische Orangenmarmelade, einen Magenbitter oder eine bittere Schokolade als sehr lecker.

Abb. 1.3. Täuschungen unseres Helligkeits- und Farbempfindens. Die Quadrate dieser Abbildung sind mit identischer Grautönung gedruckt worden. Je nach der Helligkeit oder Farbe des Untergrundes erscheinen sie unterschiedlich. Durch Auflegen einer Schablone aus gleichfarbigem Papier kann man sich von der identischen Graufärbung der Quadrate überzeugen.

Abb. 1.4. Studioaufnahme mit perspektivisch gezeichnetem Hintergrund. Die perspektivische Zeichnung täuscht eine unterschiedliche Länge der dick gezeichneten Balken vor.

Wenn man einmal darüber nachzudenken beginnt, fallen einem noch unendlich mehr Beispiele dafür ein, daß unser Sinneswahrnehmungssystem in Wirklichkeit gar nicht so objektiv und konstant arbeitet, wie wir dies eigentlich immer ungeprüft voraussetzen. Doch sind Objektivität und Konstanz der Wahrnehmungen eben auch nicht so lebenswichtig wie etwa die Geschwindigkeit, mit der eine Information (ein Reiz) zu einer Wahrnehmung werden kann. Denn die schnelle Wahrnehmung ist Voraussetzung für eine schnelle Reaktion.

So sagt uns unsere Raumerfahrung, daß weiter entfernte Gegenstände kleiner erscheinen, als sie in Wirklichkeit sind. Wir integrieren daher in unsere Wahrnehmungen, daß ein entfernter Gegenstand eigentlich größer ist. Wenn uns eine perspektivische Zeichnung wie in Abbildung 1.4 dann einen Raum vortäuscht, so verwendet unser Wahrnehmungssystem auch weiterhin dieses Erfahrungswissen. Da wir nur auf etwas reagieren können, was wir auch wahrnehmen, ist es günstig, wenn geringfügige, aber unter Umständen lebenswichtige Kontrast- oder Farbunterschiede – etwa in der Dämmerung – verstärkt werden. Diese „automatische Aufbesserung" der eingehenden Sehinformation, die unser Wahrnehmungssystem deshalb stets vornimmt, führt zu den Täuschungen, für die wir in Abbildung 1.3 ein Beispiel aufgeführt haben. Man kann sagen, daß unsere Sinneswahrnehmungen mit Vorurteilen behaftet sind, wobei diese Vorurteile aber entscheidende Lebensvorteile bieten.

Mit dem Schema der Abbildung 1.5 wollen wir etwas Ordnung in die vielen Faktoren bringen, die unsere Sinneswahrnehmungen beeinflussen. Außer durch die äußeren Reize werden sie durch die Erwartung und Erfahrung der wahrnehmenden Person bestimmt. Diese Vorgaben sind variabel; sie hängen von der im Gedächtnis gespeicherten Vorinformation, den augenblicklichen Bedürfnissen, aber auch den persönlichen Wertvorstellungen des Individuums ab. Erwartung und Erfahrung sind jedoch auch durch augenblickliche Fremdeinflüsse beeinflußbar, weshalb z. B. ein Park im Mondlicht je nach Stimmung wunderschön oder beängstigend wirken kann. Der Filmregisseur Alfred Hitchcock war ein Meister in der Verfremdung des Alltäglichen ins Beängstigende.

Doch selbst dieses schon recht komplexe Schema kann die Faktoren, die die Entstehung unserer Sinneswahrnehmungen bestimmen, bei weitem nicht erfassen. Denken wir nur daran, daß sich unsere Wahrnehmungen zum Beispiel im Traum ja auch verselbständigen können.

Das Gehirn ist unser zentrales Sinnesorgan

Wenn Erfahrungen und Emotionen unsere Sinneseindrücke derart beeinflussen, so können unsere Reizaufnahmeorgane wie Auge, Ohr und Zunge gar nicht allein für unsere Wahrnehmungen verantwortlich sein. Ein System mit Gedächtnis, ein reizverarbeitendes System muß beteiligt sein. Dies ist – wie wir alle wissen – unser Gehirn. Dort, in unserem Zentralnervensystem, laufen alle aufgenommenen Reize zusammen und werden auch erst zu dem, was wir wahrnehmen und empfinden. Wollen wir unsere Sinne verstehen lernen, müssen wir neben den äußeren Sinnesorganen, die die Reize aus der Umwelt aufnehmen, vor allem auch den Aufbau und die Wirkungsweise unseres Gehirns verstehen lernen.

Unser Zentralnervensystem besteht aus der astronomischen Zahl von 100 Milliarden Nervenzellen, die in jeweils Hunderten von Kontakten („Synapsen", s. Kapitel 2) mit an-

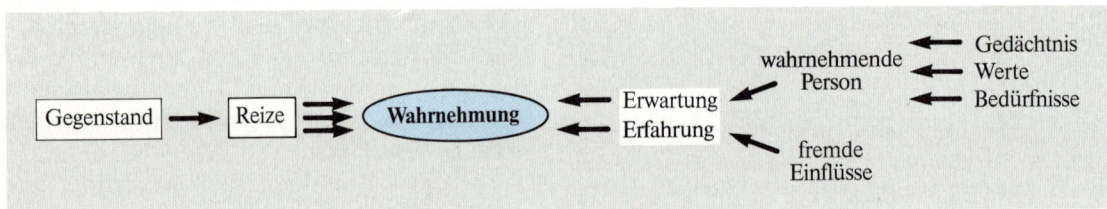

Abb. 1.5. Schematische Darstellung der Faktoren, die unsere Sinneswahrnehmungen mitbestimmen.

4

a

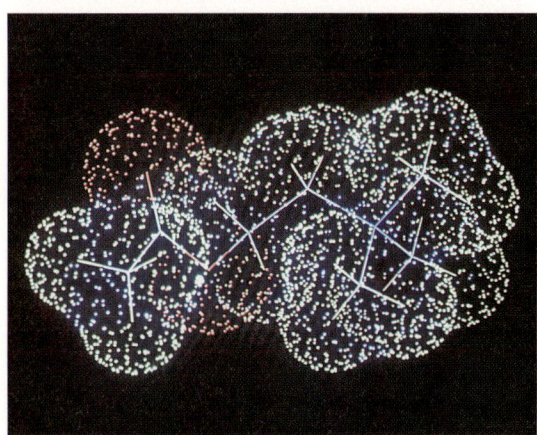

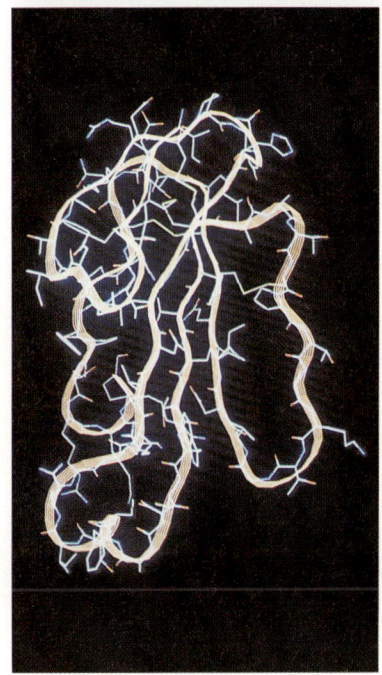

Abb. 1.6. Beispiele für den Ansatz „von unten her" zur Erforschung unseres Gehirns: a) Dreidimensionale Strukturen des Neurotransmitters Acetylcholin und des α-Cobratoxins. α-Cobratoxin kann, wenn es durch einen Schlangenbiß in den menschlichen Körper gelangt, die Skelettmuskeln durch Störung der Signalübertragung zwischen Nerven- und Muskelzelle zur Erschlaffung bringen (mehr darüber in Kapitel 2). b) Registrierung von „elementaren" Strombeiträgen an der Endplattenmembran mit der patch-clamp-Methode (s. a. Kapitel 11). – A. Schematische Darstellung der elektrischen Isolierung eines Membranareals mit Hilfe einer Glaspipette. Die Öffnung der Glaspipette beträgt 1 bis 2 Mikrometer. Die Pipette ist mit extrazellulärer Lösung gefüllt. Der Strom durch das angesaugte Membranareal wird mit Hilfe einer Kompensationsschaltung gemessen. – B. Stromfluß durch einen einzelnen Kanal in der Endplattenmembran. In Gegenwart von Acetylcholin fluktuiert der Strom zwischen zwei Niveaus, die mit 0 und 1 bezeichnet sind. Wenn der Strom auf dem Niveau 0 ist, ist der Kanal geschlossen. Ist der Strom auf dem Niveau 1, ist der Kanal eingeschaltet. – C. Schematische Darstellung eines Rezeptorkanals im geschlossenen und im offenen Zustand. Der Kanal ist offen, wenn zwei Transmittermoleküle gebunden sind, geschlossen, wenn kein oder nur ein Transmittermolekül gebunden ist.

b

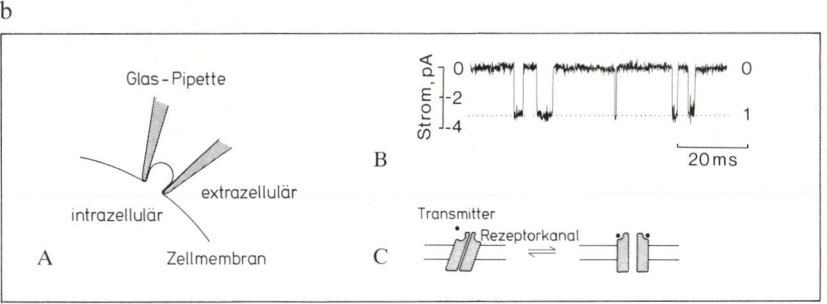

deren Nervenzellen verknüpft sein können (vgl. Kapitel 2, Abbildung 2.4). So entsteht ein gigantisches Netzwerk, ein gigantischer Kosmos, dessen schiere Größe uns fragen läßt, ob wir ihn überhaupt je verstehen lernen können.

Die Wissenschaftler versuchen es auf zwei grundlegend verschiedenen Wegen. Zum einen „von unten her", d.h. durch die Charakterisierung der Moleküle, Zellen und mikroanatomischen Bausteine, die das Zentralnervensystem (ZNS) aufbauen (Abbildung 1.6).

Beim zweiten Weg, „von oben her", wird das Gehirn als Gesamtsystem betrachtet. Typisch für diesen Ansatz sind Verhaltensexperimente, mit welchen man aus den Reaktionen auf bestimmte Reize auf diese Reize selbst und auf ihre Verarbeitung im Gehirn schließt. Solche Versuche lassen sich auch am Menschen durchführen. Im Beispiel der Abbildung 1.7 geben die Kopfbewegungen des Kleinkindes darüber Auskunft, ob es auf eine gezeigte Musterkarte aufmerksam geworden ist oder nicht. Je nachdem, wie der Test durchgeführt wird, kann er über die Hirnentwicklung, aber auch über die Sehfähigkeit des Kindes Auskunft geben.

Die beiden Ansätze „von unten her" und „von oben her" sind in ihren Aussagen sehr verschieden. „Von unten her", d.h. durch die Biochemie, Zellbiologie und Biophysik, erhält man zwar nur sehr begrenzte, dafür jedoch auch sehr zuverlässige Information. Dieser Weg erfaßt heute schon die Analyse kleiner Nervennetzwerke. „Von oben her", d.h. mit den Methoden der Verhaltensforschung, Psychologie und Linguistik, kommt man zwar weit schneller zu allgemeineren Aussagen über die Funktion unseres Gehirns, die Variationsbreite der Ergebnisse ist durch die individuelle Färbung des Verhaltens jedoch breiter. Mit fortschreitendem Kenntnisstand nähern sich beide Ansätze zunehmend an, so daß sich die einstmals strengen Grenzen zu verwischen beginnen. In den Kapiteln dieses Buches werden beide Ansätze gleichberechtigt zu Wort kommen.

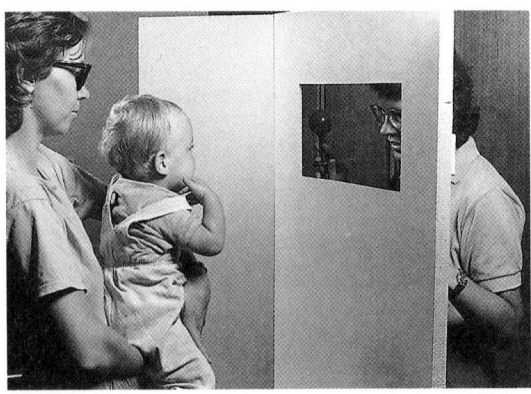

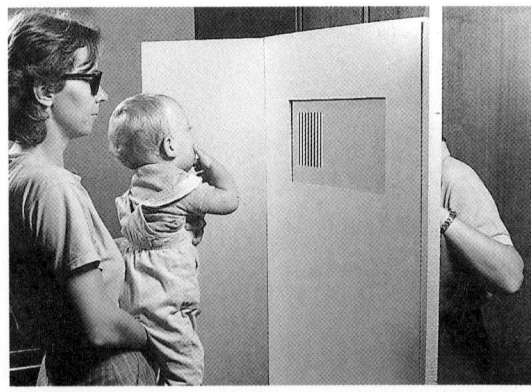

Abb. 1.7. Verhaltensuntersuchungen an Kleinkindern. Diese Methode zur Sehschärfeprüfung bei Kleinkindern ab der 6. Lebenswoche macht sich zunutze, daß Kinder von Geburt an lieber gemusterte als eintönige Flächen anschauen. Zunächst wird die Aufmerksamkeit des Kindes auf das Prüffeld gelenkt. Durch ein Loch beobachtet der Untersucher, ob das Kind zu den Streifen schaut und wie fein das Streifenmuster sein darf, damit es noch die Aufmerksamkeit des Kindes erregt. Sehschärfeprüfungen dieser Art werden bei Dr. R. Sireteanu am Max-Planck-Institut für Hirnforschung in Frankfurt durchgeführt.

Wie viele Sinne hat der Mensch?

Sehen, Hören, Tasten, Riechen und Schmekken, diese fünf Sinne schreiben wir uns üblicherweise zu. Aber sind es nicht eigentlich mehr, denn wir können doch auch Temperatur und Schmerz empfinden, und wir haben doch auch einen Gleichgewichtssinn?

Von einem eigenen Sinn kann man dann sprechen, wenn auch eigene Signalempfänger vorhanden sind. Dies gilt sowohl für den Gleichgewichtssinn wie auch für den Schmerzsinn. So sind die Empfängerzellen des Gleichgewichtssinnes zwar wie die des Hörsinnes im Innenohr angesiedelt, befinden sich dort aber in den mit den Bogengängen verbundenen Maculaorganen (vgl. Kapitel 5). Die Rezeptoren für den Schmerzsinn – die Nocirezeptoren – sind ähnlich denen des Tastsinnes über weite Teile unseres Körpers verteilt, doch sind die Empfängermoleküle und ihre Verteilungsmuster für beide Sinne verschieden.

Auch im Pflanzen- und Tierreich finden wir noch weitere, dem Menschen gar nicht oder nicht in entsprechender Vollendung gegebene Sinne. Ein Uhu kann schärfer und bei größerer Dunkelheit als wir sehen. Riechsinn und Hörsinn der Hunde haben ein anderes Empfangsspektrum. Das häufig von uns mißachtete Hausschwein ist imstande, die von uns als Leckerbissen geachteten Trüffel auch unter dicken Laubschichten aufzuspüren – wobei es dort allerdings etwas anderes erwartet, denn für ihn ist der Trüffelgeruch ein Sexuallockstoff. Fledermäuse verwenden Ultraschall zur Ortung von Hindernissen, und die elektrischen Aale (Zitteraale) des Amazonas können elektrische Signale aussenden und empfangen, um sich so im Dunkel der moorigen Oberläufe zu orientieren und ihre Beute zu jagen. Pflanzen besitzen in ihren Wurzeln Schwerkraftrezeptoren, um richtig herum in die Erde wachsen zu können (diese Rezeptoren versagen in der Schwerelosigkeit des Alls). Schlangen sehen sehr schlecht und müssen daher durch Hin- und Herbewegung des Kopfes oder durch andere Organe (wie einen Hitzesensor) ihre Beute ausmachen.

Die Frage nach der Zahl der menschlichen Sinne ist auch deshalb so schwer zu beantworten, weil unsere Sinne im Gehirn miteinander verknüpft sind. Ein Beispiel hierfür liefern Filme, mit denen wir eine Achterbahnfahrt, Loopings in einem Flugzeug oder eine rasende Autofahrt nachempfinden können: Hier kann uns schon vom Zusehen schwindelig werden.

Wie komplex die Verknüpfung unserer Sinne im Gehirn ist, kann man erahnen, wenn man an Erinnerungen denkt, die z. B. durch bestimmte Gerüche oder Melodien hervorgerufen werden. Die Erinnerungen sind meist visueller Art, ihre Auslöser aber sind Gerüche, Geschmäcker oder Töne.

Was versteht man unter Reizverarbeitung?

Bis Reize zu Wahrnehmungen werden, werden sie meist in vielfältiger Weise durch unser Zentralnervensystem bearbeitet. Was dies bedeutet, wollen wir uns an den folgenden Beispielen vor Augen führen.

Eigentlich bildet unsere Augenlinse die Umwelt auf dem Kopf stehend auf unsere Netzhaut ab (Abbildung 1.8 a). Wir bemerken dies nicht mehr, doch Babies greifen deshalb in den ersten Lebenswochen noch falsch. Erst aus den Fehlern, die sie dadurch in ihrer räumlichen Orientierung machen, lernen sie, „richtig herum" zu sehen. Unter Verwendung einer Umkehrbrille (Abbildung 1.8 b) kann man diesen Lernvorgang nachvollziehen. Zunächst sieht man mit ihr zwar alles auf dem Kopf, nach einigen Tagen aber, wenn unser Gehirn erst einmal genug Erfahrung mit der neuen Situation gemacht hat, würde man wieder alles richtig herum, also wie vor Aufsetzen der Brille, sehen. *Reizverarbeitung,* d. h. die Verknüpfung vorhandener Information – genetisch festgelegt oder durch Erfahrung erworben – mit den eingehenden Reizen, bewirkt also überhaupt erst, daß wir unsere Umwelt richtig herum sehen; diese Reizverarbeitung kann sich auch veränderten Sehbe-

a

b

Abb. 1.8. Abbildung eines Gegenstandes auf die Augennetzhaut. a) Schematische Darstellung der Abbildung eines Kopfes auf die Augennetzhaut. b) In der Umkehrbrille, wie sie hier gezeigt ist, ist die Prismenanordnung nach Porr verwirklicht. Hier findet infolge der viermaligen Totalreflexion um je 90° eine Drehung des Strahlenbündels um seine Achse von insgesamt 360° statt, so daß rechts und links sowie oben und unten vertauscht werden.

dingungen, wie nach Aufsetzen der Umkehrbrille, nach einer bestimmten Lernzeit anpassen.

Auch daß unser Gesichtsfeld eigentlich ein Loch hat, den sogenannten *Blinden Fleck*, bemerken wir normalerweise nicht. Er ist jedoch eine anatomische Notwendigkeit, denn im Bereich des Einmündens des Sehnervs in unsere Netzhaut können sich keine Sehrezeptoren befinden (Abbildung 1.9). Unter Verwendung der Abbildung 1.10 (bzw. der größeren Abbildung am Buchende, S. 215) kann sich jeder davon überzeugen, daß auch er einen Blinden Fleck besitzt. Die automatische Korrektur dieses Fehlers ist Teil der Reizverarbeitung durch unser Gehirn; erst durch die besonderen Sehbedingungen des Experimen-

tes der Abbildung 1.10 läßt sich diese Automatik überlisten und dadurch erkennen.

Zur Reizverarbeitung zählt auch, daß unser Gehirn den Sinnesorganen Vorgaben darüber machen kann, welche Reize es empfangen *will*. Hierfür sind die Programme unserer Augenbewegungen ein besonders eindrucksvolles Beispiel. Mit dem Versuchsaufbau der Abbildung 1.11 läßt sich verfolgen, welche Augenbewegungen eine Person beim Betrachten eines Gegenstandes oder Bildes vollführt. Diese Bewegungen folgen einem für jeden Gegenstand oder Begriff stereotypen Muster, welches genetisch vorgegeben ist. So sind z. B. nicht das ganze Gesicht, sondern nur bestimmte Partien für unsere Gesichtswahrnehmung von Bedeutung (Abbildung 1.11). Die-

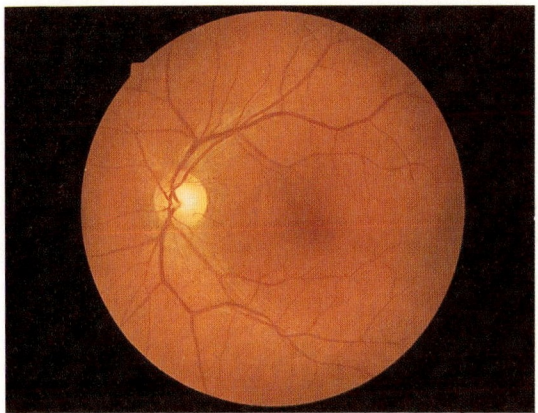

Abb. 1.9. Photographische Aufnahme des Augenhintergrundes (Netzhaut) unter Verwendung eines Ophthalmoskops. Man sieht die Verzweigungen der zentralen Blutgefäße des Auges. Die gelbliche Fläche ist der Eintrittsbereich des Sehnervs in die Netzhaut. Weil sich dort keine Sehrezeptoren befinden, lösen die auf diesen Bereich der Netzhaut treffenden Strahlen auch keinen Reiz aus, der als Sehinformation in das Gehirn weitergeleitet würde („Blinder Fleck").

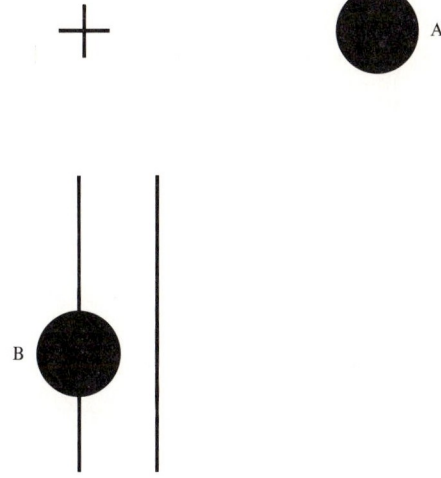

Abb. 1.10. Nachweis des Blinden Flecks im Selbstexperiment (bitte verwenden Sie dafür die größere Abbildung auf der Seite 215). Man deckt das linke Auge ab, fixiert das Kreuz und bewegt das Buch in einer Entfernung von zunächst etwa 50 cm auf sich zu. Bei einer bestimmten Entfernung verschwindet dabei der schwarze runde Fleck A und taucht bei weiterer Annäherung ans Auge wieder auf. Dreht man die Seite und wiederholt das Experiment mit dem Fleck B, so verschwindet dieser ebenfalls bei einer bestimmten Entfernung. Dabei hat man den Eindruck, daß die durch B führende Gerade ununterbrochen bleibt. Durch Vergleich mit der darunter liegenden Geraden nimmt unser Gehirn also eine „Korrektur" vor, so daß trotz Ausfall eingehender Sehinformation aus dem Bereich des Blinden Flecks die Empfindung einer durchgehenden Geraden in unser Bewußtsein tritt.

se Gegebenheiten sind auch Grundlage für die deshalb so erfolgreichen Verfahren zur Erzeugung von Suchbildern, den sog. Phantombildern, der Kriminalpolizei. Ebenso kann man sich mit Kenntnis der Existenz solcher Programme vorstellen, wie z. B. Personeninformation in unserem Gedächtnis derart gespeichert ist, daß es uns gelingen kann, manchmal verblüffend schnell ein bekanntes Gesicht unter Hunderten von Menschen auszumachen. Und auch das gelegentliche Verwechseln von Gesichtern, das jeder von uns schon erfahren hat, wird verständlich. Es kommt durch die Verwendung von Teilinformation beim Erkennungsprozeß zustande; sieht man genauer hin – nimmt also mehr Information hinzu – wundert man sich manchmal, wie man so unterschiedliche Gesichter überhaupt verwechseln konnte. Wenn andererseits unser Gesichtserkennungsprogramm gerade einmal nicht läuft, wir also „gedankenverloren" sind, so bleiben uns auch Bekannte in einer Menge unerkannt.

Die Programme der Reizselektion und der Vergleich von Teilinformation mit Gedächtnisinhalten können auch zu voreiligen, und damit falschen Schlüssen führen. Ein Beispiel hierfür sind die sogenannten Vexierbilder (Abbildung 1.12), in denen man unterschiedliche Figuren sehen kann, je nach dem, wie man begonnen hat, das Bild zu betrachten.

Rasche Schlüsse unseres Gehirns sind in der Mehrzahl der Fälle von Vorteil. Nur so können wir Gefahren rasch erkennen und auf sie entsprechend rasch reagieren. Diese Reaktionen, das Verhalten, werden ebenfalls von unserem Zentralnervensystem kontrolliert.

9

a

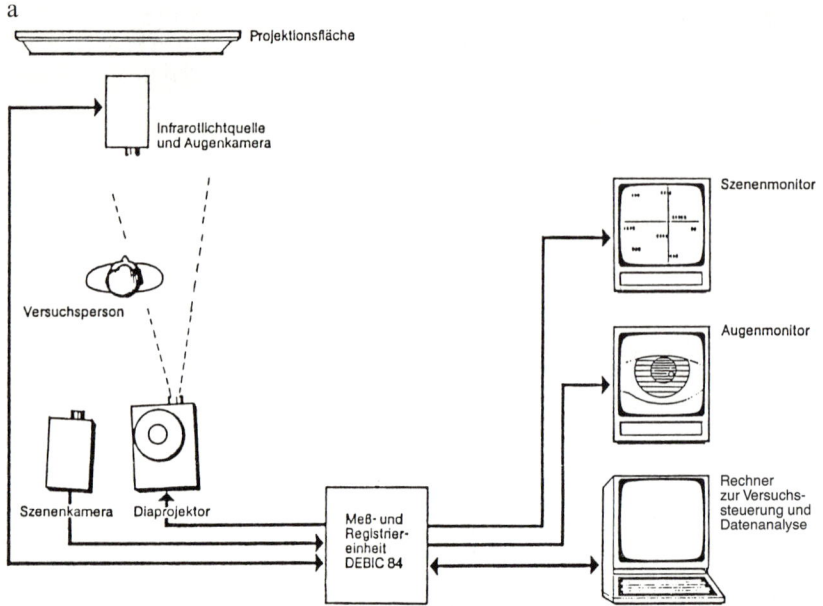

Projektionsfläche

Infrarotlichtquelle und Augenkamera

Szenenmonitor

Augenmonitor

Rechner zur Versuchssteuerung und Datenanalyse

Versuchsperson

Szenenkamera

Diaprojektor

Meß- und Registriereinheit DEBIC 84

b

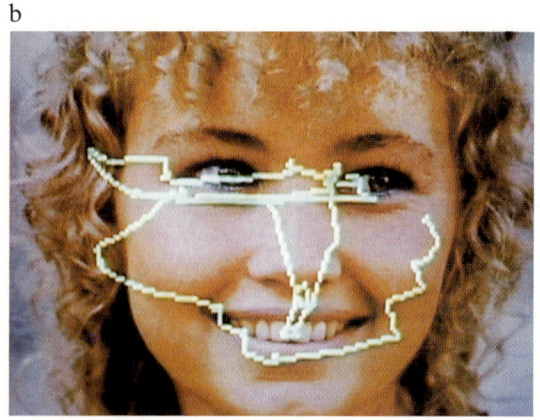

Abb. 1.11. Messung der Augenbewegungen bei der Betrachtung eines Gegenstandes. Betrachten wir einen Gegenstand, so bewegen sich unsere Augen dabei nach genetisch vorgegebenen Programmen. Die bevorzugten Verweilpunkte – die deshalb auch die meiste Sehinformation liefern – befinden sich je nach Gegenstand in für diesen charakteristischen Konturbereichen oder den Schnittpunkten von Konturen. a) Schematische Darstellung eines Gerätes zur Aufzeichnung solcher Augenbewegungen (bezüglich weiterer Details und Anwendungsmöglichkeiten siehe Kapitel 11). b) Übertragung der Augenbewegungen, die eine Versuchsperson innerhalb von ca. 2 Minuten durchführte, auf das betrachtete Bild einer jungen Frau. Das Experiment wurde von Prof. Dr. K. P. Hofmann und Dipl.-Biologe Uwe Ilg vom Lehrstuhl für allgemeine Zoologie und Neurobiologie der Ruhr-Universität Bochum mit einem vereinfachten Versuchsaufbau durchgeführt.

Es stellt somit die Zentrale dar, in der alle Informationen zusammenlaufen und alle Befehle erteilt werden. Diese Zentrale ist bei der Geburt noch lange nicht voll entwickelt. Sie braucht die Erfahrung, um optimal arbeiten zu können.

Beim Neugeborenen wiegt das Gehirn nur etwa 300 Gramm, im ausgewachsenen Zustand, d.h. mit etwa 15 Jahren, schließlich etwa 1500 Gramm (vgl. auch Kapitel 11,

Abbildung 11.10). Diese Gewichtszunahme kommt nicht durch viele zusätzliche Nervenzellen zustande (die Nervenzellen des Großhirns vermehren sich nur bis einige Wochen vor der Geburt), sondern entsteht durch Nervenzellwachstum, die Vermehrung von Zellkontakten zwischen den Nervenzellen und die Umhüllung der Nervenzellen mit einer Isolierschicht, um ihre Leitungseigenschaften zu verbessern. Für die Katze ist abgeschätzt

a

Abb. 1.12. Umschlagende Muster. Dunkle Formen haben einen stärkeren Signalwert als helle. Deshalb sehen wir in der oben abgebildeten Figur (a) zunächst die Vase, erst bei weiterem Hinsehen die sie begrenzenden Gesichtsprofile. In der darunter gezeigten Lithographie (b) von M. C. Escher wurde versucht, der hellen und der dunklen Figurengruppe das gleiche optische Gewicht zu geben. Wir können jeweils nur eine der Gruppen auf dem Untergrund der anderen erkennen.

b

worden, daß sich zwischen dem 8. und 37. Tag nach der Geburt die Zahl der spezifischen Zellkontakte (Synapsen) eines durchschnittlichen Großhirnneurons von zunächst wenigen hundert auf etwa 13 000 erhöht! Die Zunahme an Zellkontakten ist beim Menschen wenigstens ebenso groß.

Daß ein Großteil dieser Verschaltungen erst nach der Geburt erfolgt, ermöglicht eine Gehirnentwicklung unter dem Einfluß der Umgebung. Wie weit dieser Einfluß geht, was an unseren Sinneswahrnehmungen und Verhalten erblich bedingt, was durch Lernen und Kultur bestimmt wird, darüber werden wir im

11

letzten Kapitel diskutieren. Im folgenden Kapitel wird Ferdinand Hucho, Professor für Biochemie an der Freien Universität Berlin, zunächst beschreiben, wie die von den peripheren Sinnesorganen aufgenommenen Signale in unser Zentralnervensystem hineingeleitet werden und wie die molekularen und zellulären Bausteine aussehen, die den Reizempfang und die Reizleitung bewerkstelligen.

Literatur

O. D. Creutzfeldt: „Cortex Cerebri." Springer Verlag, Berlin-Heidelberg 1983.

J. P. Changeux: „Neuronal Man." Oxford University Press, Oxford 1985.

H. M. Maturana und F. J. Varela: „The Tree of Knowledge." New Science Library, Boston-London 1988.

R. F. Schmidt und G. Thews: „Physiologie des Menschen." Springer Verlag, Berlin-Heidelberg 1989.

F. Hucho und A. Maelicke (Hrsg.): „Moleküle des Lebens", Heft 1/1989 der Reihe „Aus Forschung und Medizin" der Schering AG, Berlin.

„Gehirn, Gefühl, Gedanken." GEO Wissen vom 25.5.1987.

Kapitel 2

Von der Peripherie zum Gehirn: Alle Nervenaktivität ist elektrisch

Von Ferdinand Hucho

Dieses Kapitel soll sich nicht mit den Unterschieden unserer Sinne beschäftigen, sondern mit ihren Gemeinsamkeiten. Denn unterschiedlich sind die Reize, die unsere Sinne aufnehmen: Schall, Licht, Geruch, Geschmack, Berührung. Unterschiedlich sind auch die Empfangsorgane für diese Sinnesreize. Vieles jedoch von dem, was nach dem Reizempfang kommt, ist zumindest sehr ähnlich: Ort der Reizaufnahme sind Bereiche unseres Körpers, die wir als Peripherie bezeichnen; Ort der Reizverarbeitung zu einer bewußten Empfindung ist dagegen überwiegend unser Gehirn, der wichtigste Teil des sogenannten Zentralnervensystems. Wir wollen daher zunächst den Weg verfolgen, über den Reize von der Peripherie zum Zentrum gelangen, und wir wollen uns kurz dem Aufbau unseres Gehirns zuwenden. Anschließend sollen Struktur und Mechanismen der an Reizleitung und -verarbeitung beteiligten Bestandteile unseres Nervensystems erläutert werden.

Wir werden in dieser Beschreibung vom Großen zum Kleinen, vom Organ über die Zelle zum submikroskopischen Bereich der Moleküle, vom Anschaulichen und Offensichtlichen zum Unanschaulichen und Naturwissenschaftlich-theoretischen fortschreiten. Am Ende sollte eine Vorstellung vom „Funktionieren" unserer Sinneswahrnehmung im mechanistischen und materialistischen Sinn des Wortes stehen.

Geht man mit schweren Kopfschmerzen, Schwindelgefühl oder anderen Problemen, die wir in unserem Kopf lokalisieren, zum Internisten, so wird er meist ein Elektroenzephalogramm, abgekürzt EEG genannt, aufnehmen. Er bringt an verschiedenen Stellen unseres Kopfes Elektroden an, verbindet sie mit einem Meßinstrument und läßt dieses dann eine Zeit lang die winzigen elektrischen Potentiale registrieren, welche die Elektroden an unserer Schädeloberfläche aufnehmen. Das dabei entstehende Encepha-

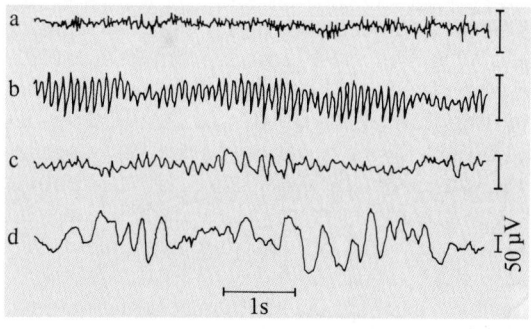

Abb. 2.1. Elektroencephalogramm (EEG). a) Aktives EEG: vorwiegend Betawellen; b) passives EEG: Alphawellen; c) Schlafstadium 1: Thetawellen; d) Schlafstadium 4: große Theta- und Deltawellen.

13

logramm zeigt dann für den Laien ziemlich nichtssagende Kurven (Abbildung 2.1). Der Arzt jedoch erkennt in ihnen bestimmte charakteristische Merkmale und kann in ihnen Hinweise auf Störungen im Gehirn entdecken.

Ein EEG verrät keine Gedanken

Bei etwas genauerem Hinsehen erkennt auch der Laie gewisse Regelmäßigkeiten: Der Ausschlag der Schreibernadel des Meßgeräts ist nicht immer gleich, sondern schwillt wellenförmig an und ab. Das entstehende Wellenmuster, Alphawellen genannt, beobachtet man allerdings nur bei geschlossenen Augen und völliger geistiger Entspannung der Versuchsperson. Werden die Augen geöffnet oder konzentriert sich die Versuchsperson auf eine schwierige Rechen- oder Denkaufgabe, wird das Encephalogramm „flach", die Alphawellen verschwinden. Stattdessen treten sehr viel kleinere sogenannte Betawellen in Erscheinung. Wegen des unterschiedlichen Aktivitätszustands der Versuchsperson werden die Alphawellen auch „passives", die Betawellen „aktives" EEG genannt. Der Vollständigkeit halber seien noch die langsameren Delta- und Theta-Wellen genannt, die im Schlaf und bei Neugeborenen vorherrschen. Wir wollen hier nicht auf Unregelmäßigkeiten im EEG bei krankhaften Zuständen, wie etwa der Epilepsie, eingehen, sondern uns interessiert die Frage nach den Ursachen der winzigen Potentialschwankungen an der Außenseite des Schädels, die offenbar etwas mit den Vorgängen unter der Schädeldecke zu tun haben. Ganz genau kennt man sie auch heute, 115 Jahre nach ihrer Entdeckung, noch nicht. Wir sind aber sicher, daß das EEG die Aktivität der Nervenzellen der Hirnrinde widerspiegelt, nicht einzelner, sondern synchronisierter Gruppen von Millionen Zellen. Und diese Aktivität ist elektrisch. Wir werden sehen, daß das Elementarereignis der einzelnen Nervenzelle ein elektrischer Impuls ist, der Aktionspotential genannt wird. Die Summe einer Unzahl von Aktionspotentialen bewirkt die Potentialänderung auf unserer Kopfhaut, die im EEG registriert wird. Heißt das etwa, daß man an der Kopfhaut ablesen kann, was „in uns vorgeht", was wir denken? Keineswegs: Aktivität, Passivität, vielleicht eine Hirnblutung oder ein Tumor, jedoch keine Details, nicht einmal eine Stimmung, ein psychischer Zustand, lassen sich in den Zacken und Wellen des EEGs erkennen. Dies zur Beruhigung: Die Gedanken sind und bleiben frei, kein Mensch kann sie messend erraten.

Halten wir also fest: Hirnaktivität ist elektrische Aktivität. Sinneseindrücke werden zwar von Sinnesorganen, z.B. den Augen, aufgenommen, bewußt werden sie uns jedoch erst im Netzwerk der Neuronen unseres zentralen Nervensystems. Etwas vergröbert könnte man es so ausdrücken: Wir sehen nicht mit dem Auge, sondern mit dem Gehirn; die Sinnesorgane der Peripherie geben ihre Reize als elektrische Impulse an das Gehirn, und dort werden sie elektrisch zu einer Wahrnehmung verarbeitet. Wir wollen nun versuchen, diesem Weg der Entstehung einer Wahrnehmung nachzugehen.

Arbeitsteilung im Gehirn: Wo findet „Wahrnehmung" statt?

Bisher sprachen wir stets pauschal vom „Gehirn" als dem Ort der zentralen Verarbeitung der Signale, welche die Sinnesorgane als periphere Antennen empfangen. Das Gehirn besteht aus vielleicht zehn Milliarden Nervenzellen, die zwar ein unendlich kompliziertes, aber sicher nicht chaotisches Netzwerk bilden. Verschaffen wir uns einen Überblick über Aufbau und Struktur dieses Netzwerks (Abbildung 2.2). Will man sich nicht auf die komplizierte Hirnanatomie einlassen, sondern von vornherein eine, wenn auch sehr

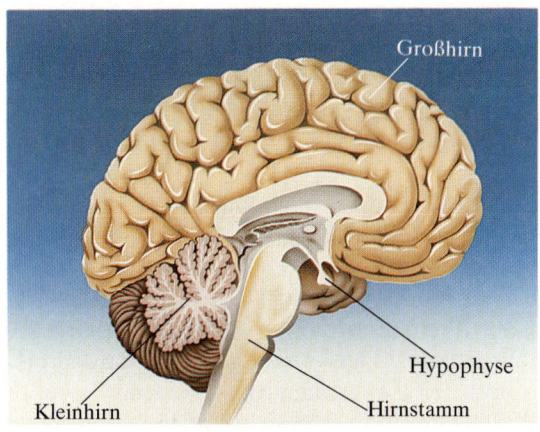

Abb. 2.2. Schnitt durch das menschliche Gehirn, wobei nur einige der wichtigsten Bereiche gekennzeichnet sind.

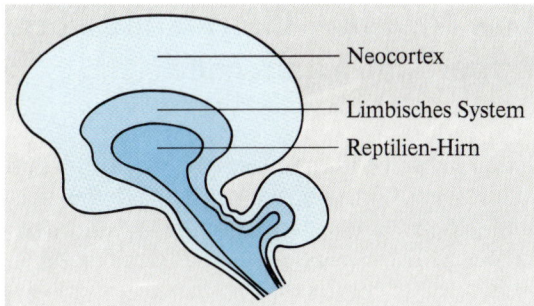

Abb. 2.3. Das „Triune-Brain-Modell" des Hirnforschers P. MacLean.

liert unbewußte Funktionen wie die Körpertemperatur, die Atmung, den Herzschlag. Aber darüber hinaus sind hier bei Tieren, aber sicher auch beim Menschen bestimmte urtümliche Verhaltensprogramme, wie das Sexualverhalten, Angriffs- und Verteidigungsrituale etc., lokalisiert.

Das Limbische System, das der Mensch mit den Säugetieren, nicht jedoch mit den Reptilien und anderen entwicklungsgeschichtlich älteren Tieren gemeinsam hat, steuert unsere Emotionen und Gefühle, wiederum unbewußt, aber natürlich durchaus in Wechselwirkung mit den anderen Teilen des Gehirns.

Das EEG, von dem wir ausgingen, reflektiert im Wesentlichen elektrische Aktivität des Neocortex, der Großhirn-Rinde (Cortex cerebri). Das Großhirn ist vielleicht die einzige Materie im Universum, die über sich nachdenkt, die sich ihrer selbst bewußt ist. Wie dieses Bewußtsein funktioniert, verstehen wir nicht einmal im Ansatz. Hier stehen wir vor einem der großen und prinzipiellen Rätsel der Natur. Es gab viele Versuche, in diesem geheimnisvollen Gewebe bestimmte Funktionen zu lokalisieren, vielleicht einzelne Fähigkeiten oder gar Gedanken und Erinnerungen zu entdecken. Was immer bei diesen Versuchen herauskam, darf uns nicht darüber hinwegtäuschen: Ein Computer, so wie wir sie in unserer High-Tech-Welt benutzen, ist das Gehirn nicht. Es gibt in ihm keine digitalen Schaltelemente, keine Speicherchips und keine Mikroprozessoren. Es gibt ein Netzwerk von vieltausendfach verknüpften Nervenzellen (Abbildung 2.4), von dem wir nicht wissen, wie es eine Information verarbeitet, wie es in uns die Wahrnehmung eines Gedankens oder eines Gefühls entstehen läßt.

Die drei Teile des Gehirns nach MacLean sind keineswegs voneinander unabhängig. Der Neocortex gibt und empfängt Impulse von den anderen Teilen. Andererseits ist jeder Teil autonom, d. h. er besitzt sein eigenes Programm und seine Aufgaben. Das Wort „Programm" entnehmen wir trotz der oben genannten Abgrenzung von der Elektronik aus der Computersprache. Reizt man z. B. mit ei-

vereinfachte, funktionelle Unterteilung akzeptieren, so bietet sich das „Triune-Brain-Modell" des Hirnforschers P. MacLean vom amerikanischen National Institute of Mental Health an (Abbildung 2.3). MacLean unterscheidet drei Teile, von denen jeder einer Stufe in der Evolution entspricht: das „Reptilien-Hirn", das „Limbische System" und der „Neocortex". Das Reptilien-Hirn ist der entwicklungsgeschichtlich älteste Teil; es reguliert

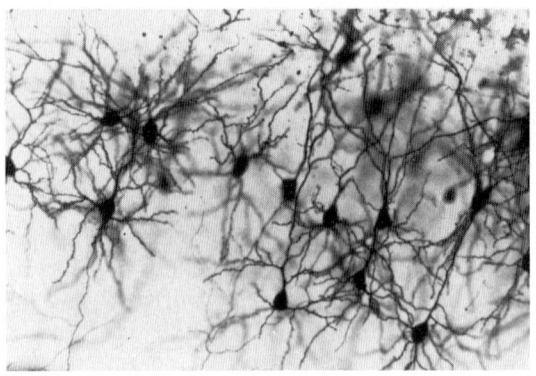

Abb. 2.4. Blick in das Netzwerk aus Neuronen, das denkt, fühlt und lernt.

ner winzigen elektrischen Sonde bestimmte Bereiche des Neocortex eines Säugetiers, so resultiert „automatisch" eine Bewegung eines der Glieder immer wieder auf dieselbe Weise. Reizt man auf dieselbe Weise bestimmte Bereiche des Reptiliengehirns, so beobachtet man ebenfalls Bewegungen, die aber sehr viel komplizierter sind und einen kompletten Verhaltensablauf umfassen. Berühmt sind in diesem Zusammenhang die Versuche des Verhaltensforschers E. von Holst mit Hühnern: Elektrische Reizung im Zwischenhirn löste bei ihnen z. B. Futtersuche einschließlich Scharren und Picken, gackernde Flucht vor einem imaginären Feind, Körperpflege etc. aus, also ganze Verhaltensprogramme. Elektrische Reizung des Limbischen Systems z. B. einer Katze löst dagegen emotionale „Programme" aus: Angst, Wut, Agression. Wir wissen, daß dies beim Menschen nicht viel anders ist, und viele Psychopharmaka haben daher auch ihren Wirkungsort im Limbischen System.

Einer der ersten, der die Automatik eines Verhaltensprogrammes eindrucksvoll zeigte, war der Spanier Delgado. Er implantierte haarfeine Elektroden im Zwischenhirn eines Stiers, verband sie mit einem kleinen Empfänger an dessen Kopf und konnte mit einem Sender von fern elektrische Impulse auslösen. Auf diese Weise konnte er den Stier gleichsam

mit einem Knopfdruck fernsteuern: Der Stier raste z. B. wutschnaubend in einer Arena auf das berühmte Rote Tuch zu, blieb jedoch auf einen über den Sender ausgelösten Stromimpuls hin abrupt stehen und trottete friedlich von dannen. Sein „Wutprogramm" war künstlich unterbrochen worden.

Was bedeutet das alles im Zusammenhang mit unserem Thema? Es zeigt, daß das Gehirn hierarchisch aufgebaut ist. Tiefere, urtümliche Regionen arbeiten mit entwicklungsgeschichtlich jüngeren zusammen, und Endpunkt der Zusammenarbeit ist eine bewußte Wahrnehmung von Sinneseindrücken, welche die Antennen der Peripherie liefern, im Neocortex.

Das Neuron – Informationsüberträger und Minirechner

Doch kehren wir zu unserer Feststellung, daß alle Nervenaktivität elektrisch ist, zurück, und gehen wir den Ursachen dieser Elektrizität nach. Dazu müssen wir uns den einzelnen Zellen, den Neuronen, aus denen unser Nervensystem aufgebaut ist, zuwenden (Abbildung 2.5). Wenn sie auch sehr unterschiedlich aussehen können, sind sie doch nach dem gleichen Prinzip aufgebaut: Ein Zellkörper mit seinem Zellkern ist von zahlreichen fadenförmigen Fortsätzen umgeben. Die meisten dieser bäumchenartig verzweigten Fortsätze sind sogenannte Dendriten; ein einziger von ihnen, der sich unter dem Mikroskop nicht immer leicht von den Dendriten unterscheiden läßt, ist das sogenannte Axon. Dendriten und das Axon erfüllen prinzipiell verschiedene Aufgaben: Die Dendriten nehmen Nervenimpulse von anderen Neuronen auf und leiten sie zum Zellkörper hin; das Axon leitet umgekehrt Nervenimpulse vom Zellkörper weg und zu anderen Zellen hin. Seiner Funktion als Informationsüberträger wird das Neuron also durch eine polare, d. h. ge-

16

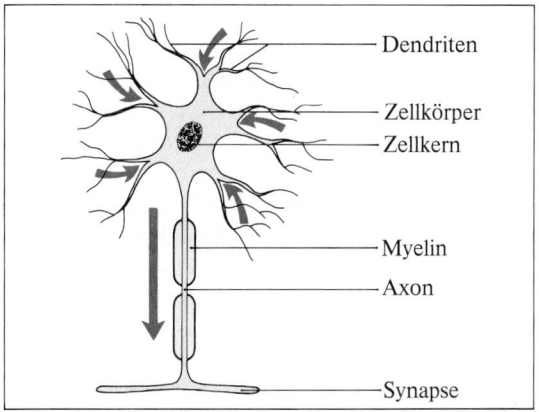

Abb. 2.5. Schematische Darstellung einer Nervenzelle (Neuron). In den Zellkörper, in dem sich wie in jeder anderen Zelle am Stoffwechsel und an der Speicherung sowie Verarbeitung von Erbinformation beteiligte Zellorganellen befinden, münden zahlreiche Fortsätze, die Dendriten und das Axon. Überall, vor allem aber an den Dendriten treffen Impulse von anderen Neuronen ein, werden „verarbeitet" und über das Axon weitergegeben.

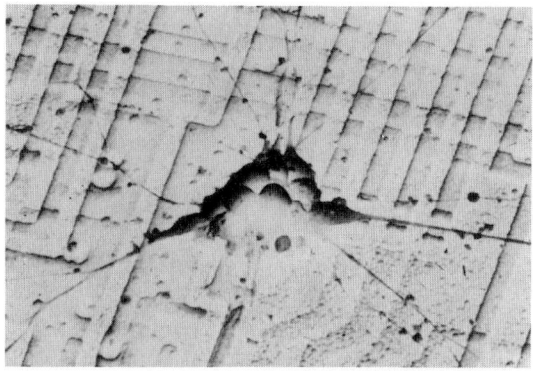

Abb. 2.6. Ein Dutzend Nervenzellen auf einem Mikrochip (elektronen-mikroskopische Aufnahme). Jede dieser Nervenzellen, kaum dicker als eine Leiterbahn des Chips, ist ein „Mikroprozessor", der Tausende von Nervenimpulsen „verrechnen" kann. Die Mikroelektronik ist noch weit davon entfernt, derartig feine Schaltelemente zu bauen.

richtete, Struktur gerecht: Informationseingang über die Dendriten, Informationsausgang über das Axon. Der Informationsfluß bekommt dadurch seine Richtung, nämlich von den Dendriten über den Zellkörper und das Axon zur nächsten Zelle und niemals umgekehrt. Das Neuron überträgt aber nicht nur gerichtet Information, es verarbeitet sie auch. Das ergibt ein simpler Zahlenvergleich: Den zahlreichen Dendriten steht nur ein Axon gegenüber, einer großen Zahl eingehender Impulse also nur ein einziger ausgehender. Nicht jeder aufgenommene Impuls schickt auch einen Impuls über das Axon hinaus, sondern im Neuron müssen mehrere, mitunter vielleicht Hunderte oder Tausende von Impulsen „verrechnet" werden, bevor das Axon einen weitergibt. Diese Rechnerleistung der einzelnen Nervenzelle macht unser Nervensystem so unendlich kompliziert und leistungsfähig. Es besteht eben nicht nur aus zehn Milliarden untereinander vieltausendfach vernetzter Neuronen, sondern dieses Netzwerk der Neuronen wird noch durch ein Netzwerk von Wechselwirkungen im Einzelneuron ergänzt.

Wir werden sehen, daß dieses zweite Netzwerk, das erst in jüngster Zeit entdeckt wurde, ein Netzwerk von Molekülen ist. Im Vergleich zu diesem superfeinen Netzwerk sind auch unsere derzeit besten Mikrochips primitiv (Abbildung 2.6).

Die Zellmembran des Neurons – eine Batterie

Wenn wir davon sprechen, daß Nervenimpulse vom Neuron „elektrisch" übertragen werden, dann hat das nichts mit Stromleitung wie in einem Kupferdraht zu tun. Im Neuron werden keine Elektronen bewegt, sondern es wird gleichsam ein Kurzschluß weitergereicht. Doch ich eile voraus. Um die „Kurzschlußleitung" zu verstehen, müssen wir zunächst die elektrischen Eigenschaften des Neurons beschreiben.

Man kann mit hauchdünnen Elektroden durch die Zellmembran von Nervenzellen hindurchstechen und mit einem empfindlichen Voltmeter die Spannung messen, die zwischen Zellinnerem und -äußerem über der

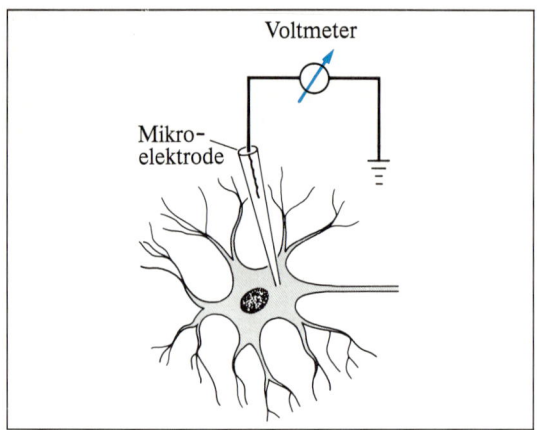

Abb. 2.7. Elektrische Messung an einer einzelnen Zelle.

Membran anliegt (Abbildung 2.7). Sie beträgt ungefähr 70 Millivolt. Man kann die Zellmembran als eine winzige Batterie bezeichnen, deren negativer Pol im Zellinnern liegt. Die Spannung über der Zellmembran bezeichnet man als Ruhepotential.

Dem Ruhepotential liegt eine ungleiche Verteilung von Ionen zwischen Zellinnerem und -äußerem zugrunde (Abbildung 2.8). Prinzipiell ist außerhalb der Zelle die Konzentration an Natrium-Ionen (Na^+), innerhalb die der Kalium-Ionen (K^+) größer. Während

jedoch die Zellmembran für Natrium-Ionen fast undurchlässig ist, strömen die Kalium-Ionen aus der Zelle heraus und versuchen, einen Konzentrationsausgleich zu erreichen. Allerdings gibt es im Zellinnern zum Ladungsausgleich der positiv geladenen K^+- (und anderer) Kationen eine hohe Konzentration negativ geladener Ionen, die nicht durch die Membran hindurchkommen. Je mehr Kalium-Ionen also hinausströmen, desto mehr nicht-neutralisierte negative Ionen bleiben im Zellinnern zurück. Da sich entgegengesetzte Ladungen anziehen, bremsen diese zunehmend den Ausstrom der K^+-Ionen. Irgendwann wird ein Gleichgewicht zwischen dem Ausstrom der Kalium-Ionen, getrieben vom Drang nach Konzentrationsausgleich, und der bremsenden Wirkung der zurückbleibenden negativen Ionen erreicht. Dieses Gleichgewicht besteht, wenn die negative Ladung innen etwa 70 Millivolt beträgt. Der erreichte Zustand ist das oben erwähnte Ruhepotential. (Der Einfachheit halber haben wir die anderen am Ruhepotential beteiligten Ionen weggelassen. Sie würden das Bild nur komplizieren, ohne wesentlich zum Verständnis beizutragen.)

Doch der Zustand der Ruhe interessiert uns hier weniger; wir wollen wissen, was ein

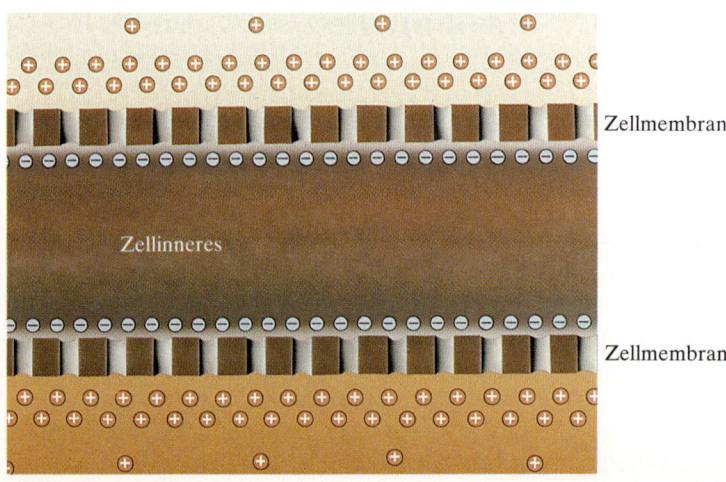

Abb. 2.8. Das Ruhepotential des Neurons beruht auf der ungleichen Verteilung von negativen und positiven Teilchen (Ionen) zwischen der inneren und der äußeren Seite der Zellmembran. Die Zelle ist eine winzige Batterie, deren Spannung etwa 70 Millivolt beträgt und deren negativer Pol sich im Zellinnern befindet.

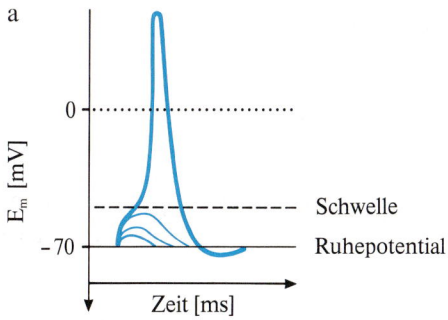

a

E_m [mV]

0

Schwelle

−70

Ruhepotential

Zeit [ms]

Abb. 2.9. Das Aktionspotential, der eigentliche Nervenimpuls. a) Elektrische Messung: Die Spannung über die Membran vermindert sich auf einen Reiz hin plötzlich, nimmt sogar positive Werte an, bevor sie wieder auf den ursprünglichen Wert, das Ruhepotential, zurückgeht. b) Ionenkanäle in der Zellmembran des Neurons, im Ruhezustand geschlossen. c) Ausbreitung des Aktionspotentials durch Öffnung der Ionenkanäle. Genau genommen, sind mehrere Sorten von Ionenkanälen am Aktionspotential beteiligt: Kanäle für Natrium-, Kalium- und andere Ionen. Sie wurden hier weggelassen, um das Prinzip deutlicher zu machen.

b

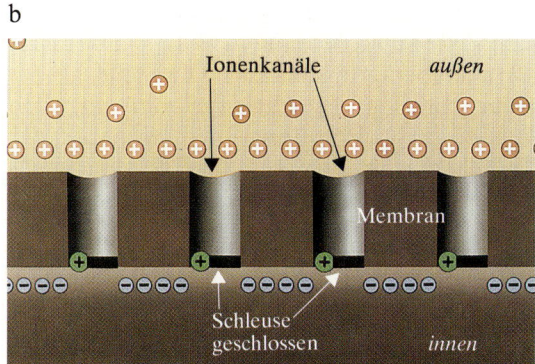

c

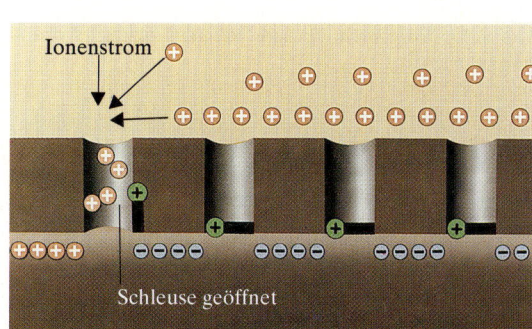

Nervenimpuls ist. Zunächst die Definition: Ein Nervenimpuls ist eine Abweichung der Spannung über der Membran vom Ruhepotential (Abbildung 2.9a). Stört man das empfindliche Gleichgewicht zwischen den Ionen innerhalb und außerhalb der Nervenzelle – man nennt eine solche Störung einen „Reiz" –, reagiert die Zellmembran sehr heftig (Abbildung 2.9b und c): Vermindert man das negative Potential auf der Innenseite um einen wesentlichen Betrag, z. B. indem man positive Natrium-Ionen in die Zelle injiziert, so öffnen sich an der Stelle des Reizes plötzlich Poren in der Zellmembran, Natriumkanäle genannt, wodurch es zu einem Ladungsausgleich, einem „Kurzschluß", zwischen dem positiven Außen- und dem negativen Innenraum kommt. Die Natriumkanäle in der Nachbarschaft dieses Kurzschlusses „fühlen" den Ladungsausgleich und öffnen sich dadurch ebenfalls; der gleiche Kurzschluß passiert auch hier, von dem wiederum benachbarte

Natriumkanäle etwas merken, sich ebenfalls öffnen ... und so fort. Der Kurzschluß breitet sich blitzartig über die ganze Zellmembran aus. Im Gegensatz zum „Ruhepotential" nennt man dieses sich Ausbreiten des Kurzschlusses ein Aktionspotential. Natürlich dauert der Kurzschluß nicht ewig; schon bald bildet sich das Ruhepotential zurück, indem sich zunächst Kaliumkanäle öffnen, die positive Kalium-Ionen aus der Zelle ausströmen lassen, und indem sich die Natriumkanäle von selbst wieder schließen und somit der Na^+-Einstrom gebremst wird. Aber wir wollen hier nicht alles beschreiben, was die Wissenschaft der Elektrizität der Nervenzelle, Elektrophysiologie genannt, in den letzten Jahrzehnten herausgefunden hat.

Ist der sich ausbreitende Kurzschluß, das Aktionspotential, wirklich schon alles? Werden Reize tatsächlich ausschließlich durch „Abweichungen vom Ruhepotential" von einem Ende des Neurons zum anderen transportiert? Es gibt einen einfachen, eindrucksvollen Beweis dafür: die Substanz Tetrodotoxin, ein höllisches Gift, das man unter anderem in den Eierstöcken von Kugelfischen findet (Abbildung 2.10). Diese Fische

Abb. 2.10. Kugelfisch, der das tödliche Nervengift Tetrodotoxin enthält.

gelten in Japan als Delikatesse, Fugu genannt, die nur von besonders dafür ausgebildeten Köchen zubereitet werden darf, denn Spuren des Gifts, die der Koch nicht sorgfältig genug entfernt, können einen Menschen töten. Dieses Nervengift, das Tetrodotoxin, tötet, indem es die Natriumkanäle verstopft, also den Kurzschluß verhindert, d. h. die Nervenimpulsleitung blockiert.

Doch halten wir noch einmal fest, was für das Verständnis des Nervensystems wichtig ist: Seine grundlegende Aufgabe ist es, Signale zu transportieren und zu verarbeiten. Die Nervenzelle – das Neuron – ist an diese Aufgabe durch seine Struktur angepaßt. Es ist polar gebaut, denn die Signale werden über die Dendriten aufgenommen und über das Axon abgegeben, nie jedoch umgekehrt. Und es gibt viele Dendriten, viele Stellen für die Signaleingabe, aber nur ein Axon, also eine Ausgabestelle. Die Vielen müssen zu dem Einen verrechnet werden. – Das zweite wichtige Faktum: Neuronen transportieren Signale elektrisch, jedoch nicht wie ein Kupferdraht mit Hilfe von Elektronen, sondern über Ionenströme, die kurzschlußartig über Ionenkanäle durch die Zellmembran des Neurons strömen. Diese Form des Signaltransports bezeichnet man als Aktionspotential.

Doch nun wird es chemisch

Bisher haben wir beschrieben, wie ein Sinnesreiz an den Dendriten ein Aktionspotential auslöst, wie sich dieses ausbreitet und bis an das Ende des Axons huscht. Doch was nun? Das Nervensystem ist ein System von Zellen. Es funktioniert gerade dadurch, daß Zellen miteinander Signale austauschen. Das bedeutet, der Nervenimpuls muß von Zelle zu Zelle „springen" können. Doch ist der Abstand vom Ende des Axons eines Neurons zur nächsten Zelle so groß, daß der Kurzschluß nicht einfach überspringen kann. Die Stelle, an der Neuronen einander sehr nahe kommen, ohne sich wirklich zu berühren, heißt Synapse, der Zwischenraum zwischen den Zellen synaptischer Spalt. Er kann nicht elektrisch, sondern nur „chemisch" überwunden werden. Da die Synapse die entscheidende Schaltstelle im Nervensystem ist, soll diese Chemie hier etwas ausführlicher geschildert werden.

Das mit der chemischen Impulsübertragung ist ganz wörtlich zu nehmen: An seinem Ende, wo es etwas dicker wird, enthält das Axon in winzigen Bläschen verpackt eine Chemikalie, die wegen ihrer Überträgerrolle Transmitter genannt wird. Erreicht ein Aktionspotential dieses Ende, so bewegen sich die Bläschen auf den synaptischen Spalt zu, verschmelzen mit der Zellmembran und schütten dabei die Transmitter-Moleküle in den synaptischen Spalt (Abbildung 2.11). Die Moleküle schwimmen durch den Spalt bis zur gegenüberliegenden Membran der nächsten Zelle; man nennt sie die postsynaptische Membran. Dort werden sie von speziellen Proteinen empfangen, die in der Membran stecken und Rezeptorproteine oder kurz Rezeptoren genannt werden. Über die Rezeptoren werden nun auch in der postsynaptischen Membran Ionenkanäle geöffnet. Wieder wird ein Kurzschluß ausgelöst, der sich als Aktionspotential bis ans Ende der neuen Zelle ausbreitet, also bis zur nächsten Synapse, wo das gleiche chemische Spiel abläuft... und so fort. Der Signaltransport, angefangen bei den

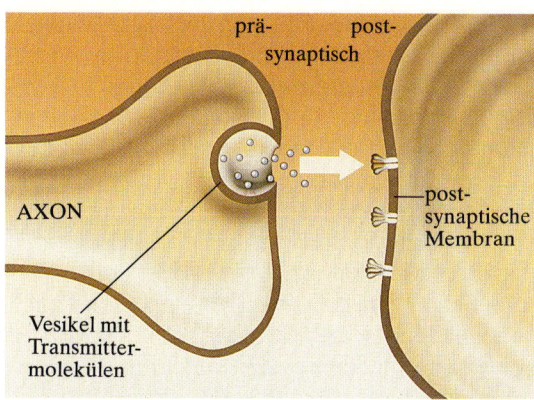

AXON

prä-
synaptisch

post-
synaptisch

post-
synaptische
Membran

Vesikel mit
Transmitter-
molekülen

Abb. 2.11. Die Synapse ist der Ort, an dem Aktionspotentiale mit Hilfe einer Transmitter genannten Substanz von einer Zelle auf die nächste übertragen werden. Der Transmitter wird durch ein Aktionspotential aus dem Axonende freigesetzt, diffundiert durch den synaptischen Spalt zur nächsten Zelle, öffnet dort über spezielle Rezeptoren Ionenkanäle und löst wiederum ein Aktionspotential aus.

Sinnesorganen der Peripherie bis hinein in die Tiefen des Zentralnervensystems, besteht also aus einem ständigen Wechsel: elektrisch (Aktionspotential) – chemisch (Neurotransmitter an der Synapse) – elektrisch – chemisch – ... usw.

Warum so kompliziert, warum reicht nicht der eine, der elektrische Mechanismus? Weil Einfachheit in einem Gewebe mit so komplizierten Aufgaben, wie sie unser Gehirn erfüllen muß, nicht gefragt ist. Das Aktionspotential ist relativ armselig, was den Informationsgehalt betrifft. Der Kurzschluß findet statt, oder er findet nicht statt, im Grunde genau wie beim digitalen Verhalten eines Transistors. Man sieht einem Aktionspotential nicht einmal an, ob es z. B. von einem optischen Reiz des Auges oder von einem akustischen des Ohrs ausgelöst wurde. Die Chemie der Synapse macht aus dem dürren „Alles-oder-Nichts" des digitalen Aktionspotentials etwas sehr Spezifisches. Zunächst bekommt das Signal an der Synapse eine Richtung. Denn während sich das Aktionspotential etwa eines Axons prinzipiell vorwärts und rückwärts ausbreiten kann, gibt es Transmitter-Moleküle nur im Axon-Ende, Rezeptoren vor

allem nur in der postsynaptischen Membran. Der Impuls kann also nur von der prä- zur postsynaptischen Seite übertragen werden, die Synapse fungiert – will man wiederum einen Ausdruck der Elektronik benutzen – als Gleichrichter.

Synapsenfunktionen

Wichtiger aber ist, daß nicht alle Synapsen gleich sind. Sie können Nervenimpulse übertragen, sie können sie aber auch aufhalten; es gibt also erregende und hemmende Synapsen. Nervenimpulse können an dieser Stelle verstärkt oder gedämpft, in jeder Weise also reguliert werden.

Das macht sich die Natur zunutze, wenn sie Tiere mit Nervengiften als Waffen ausrüstet. Ein eindrucksvolles Beispiel hierfür ist die Cobra, die Brillenschlange. Ihr Giftzahn enthält eine Mischung grausigster Gifte. Eins davon wollen wir uns etwas genauer ansehen, weil es uns lehrt – und auch die Synapsenforscher gelehrt hat –, wie eine Synapse funktioniert. Das Gift, von dem hier die Rede sein soll, ist ein sogenanntes Alpha-Neurotoxin, ein Protein, das ganz speziell jene Synapsen blockiert, über die Nervenimpulse auf Muskeln übertragen werden, wenn Muskeln zur Arbeit, d. h. zum Zusammenziehen, gebracht werden sollen. Die Cobra verhindert damit durch ihren giftigen Biß die Flucht des Beutetieres, weil dessen Beinmuskeln nichts von dem Wunsch des Tiers zu fliehen erfahren. Von jenem Synapsengift besitzt die Cobra besonders viel, denn was nützt es ihr, wenn das Beutetier, z. B. eine Maus, an einem der vielen anderen Gifte des Giftzahns stirbt, nachdem es an einen sicheren Ort geflohen ist!

Wir kennen den Mechanismus der lähmenden Wirkung des Alpha-Neurotoxins recht gut. Um sie zu erklären, müssen wir uns zunächst die Rezeptoren genauer ansehen, denn an einem dieser Proteine der postsynaptischen Membran findet der spannendste Teil

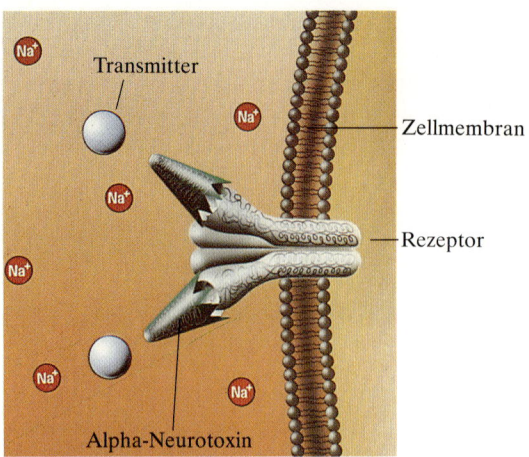

Na⁺ Transmitter

Zellmembran

Rezeptor

Alpha-Neurotoxin

Abb. 2.12. Das Alpha-Neurotoxin der Cobra paßt genau in die Bindungsstelle für den Transmitter. Ist es einmal dort, kann der Transmitter nicht mehr heran: Der Rezeptor ist blockiert, die Synapse vergiftet.

dieser Geschichte statt. Der Rezeptortyp, der an der Nerv-Muskel-Synapse beteiligt ist, besteht aus zwei funktionellen Teilen (Abbildung 2.12), aus einem Ionenkanal, der normalerweise geschlossen ist, und einer Stelle, an der sich der Transmitter anlagert und von der aus er die Öffnung des Ionenkanals auslöst (genau genommen, gibt es zwei dieser Anlagerungsstellen, aber das tut hier eigentlich nichts zur Sache). Während der Evolution hat sich nun die Form des Alpha-Neurotoxin-Moleküls so sehr an diese Stelle angepaßt, daß es sich genau und sehr fest dort einlagert, wo eigentlich das Transmitter-Molekül zur Öffnung des Ionenkanals gebraucht wird. Sitzt das Giftmolekül der Schlange erst einmal dort, können noch so viele Nervenimpulse auf den Muskel einprasseln, die vom Ende des Axons ausgesendeten Transmitter prallen wirkungslos an der postsynaptischen Membran ab. – Daß dies wirklich der Mechanismus ist, wissen wir übrigens unter anderem daher, daß die Schlange sich nicht mit dem eigenen Alpha-Neurotoxin selbst vergiften kann. Ihr Rezeptor ist gerade so gebaut, daß das Toxin nicht in die Anlagerungsstelle des Transmitters paßt.

Die vollständige Blockierung einer Synapse ist nur der Extremfall der Regulation synaptischer Nervenimpulsübertragung. Zahlreiche Pharmaka und Drogen wirken ebenfalls an Synapsen, indem sie die Impulsübertragung beschleunigen oder verlangsamen. Die Medizin macht sich diese Wirkung zunutze, wobei die Vielfalt der Möglichkeiten noch dadurch erheblich gesteigert wird, daß es verschiedene Transmitter und entsprechend auch verschiedene Rezeptortypen gibt. Schon in vorwissenschaftlicher Zeit machten die Menschen von dieser Tatsache unbewußt Gebrauch, und es wäre ein interessantes Kapitel, darüber zu berichten, wie die Menschen immer wieder ihre sinnliche Wahrnehmung durch Drogen und Medikamente zu beeinflussen suchten, mit Stoffen, die mit bestimmten Synapsen und ihren Rezeptoren in Wechselwirkung treten. Hexenwahn zum Beispiel konnte man durch das Muscarin des Fliegenpilzes auslösen. Muscarin lagert sich an einen Rezeptor mit dem komplizierten Namen „Muscarinischer Acetylcholin-Rezeptor" an. Das Gift der Tollkirsche, im Volksmund Belladonna, in der Wissenschaft Atropin genannt, wirkt übrigens über denselben Rezeptor. Opium, Morphium, Heroin wirken über die sogenannten Opiat-Rezeptoren. Auch LSD und Kokain sind Rezeptordrogen, ebenso wie Beruhigungspillen à la Librium® und Valium®, die allerdings wiederum an ganz anderen Rezeptoren wirken. Rezeptoren und im weiteren Sinn Synapsen sind wichtige Forschungsobjekte unserer modernen Wissenschaft vom Nervensystem, weil gerade hier so vieles von dem geschieht, was für unser Denken, Fühlen und Wahrnehmen wichtig ist.

Natürlich kommt die Drogenwirkung nicht dadurch zustande, daß eine Sorte von Drogen- oder Pharmakon-Molekülen mit einer Sorte von Synapsen an einem einzigen Ort unseres Gehirns in Wechselwirkung tritt. Um das Prinzip zu erklären, mußten wir auf ein besonders klares und drastisches Beispiel wie die Giftwirkung des Cobra-Toxins auf die Nerv-Muskel-Synapse zurückgreifen. Im

Zentralnervensystem wird es schon dadurch viel komplizierter, daß dort keine Muskeln bewegt, sondern z. B. Gedanken „gewälzt" werden. Gedanken jedoch – wir müssen immer wieder darauf hinweisen – sind das Resultat der Aktivität von Millionen oder gar Milliarden von Nervenzellen, von denen jede mit Tausenden oder gar Zehntausenden von anderen Nervenzellen verknüpft ist. Wie das funktioniert, das beginnen wir erst langsam zu verstehen. In Kapitel 8, in dem von Ge-dächtnis und Lernen die Rede ist, werden wir noch einmal zu diesem Thema zurückkehren. Dort wird am Beispiel des „Lernens" dargestellt, wie flexibel die Mechanik unserer Nervenaktivität auf Sinnesreize reagiert und wie wir uns vorstellen, daß Verknüpfungen zwischen verschiedenen Reizen hergestellt werden und „Erfahrungen" in die stereotype Physik und Chemie der Nervenfunktion eingehen.

Unser Nervensystem hat die Aufgabe, Signale zu transportieren und zu verarbeiten. Den Signaltransport besorgen Nervenzellen, die Neuronen. Dabei werden die Signale über Verästelungen (Dendriten) aufgenommen und meist über Äste (Axone) weitergeleitet und abgegeben. Axone können über einen Meter lang sein. Die Signalleitung entlang der Dendrite und Axone erfolgt elektrisch, und zwar durch Ionenströme, die kurzschlußartig durch in der Zellmembran der Neuronen befindliche Ionenkanäle fließen. Viele Axone sind durch mehrere Schichten von Myelin elektrisch isoliert; sie können Nervenimpulse deshalb besonders schnell weiterleiten (Leitungsgeschwindigkeit bis zu 130 m/s).

Die Endfüßchen der Axone bilden synaptische Kontakte mit bis zu Tausenden anderen Neuronen. Jede *Synapse* besteht aus der knopfartigen Endigung des präsynaptischen Axons, dem engen synaptischen Spalt und der Signalempfangsregion (Rezeptorregion) auf dem postsynaptischen Neuron. Die Signalübertragung in der Synapse ist gewöhnlich chemischer Natur. Durch die in der axonalen Endigung eintreffenden Nervenimpulse wird die Ausschüttung eines spezifischen Botenstoffes (Neutrotransmitter) bewirkt, der nach Wanderung durch den synaptischen Spalt mit spezifischen Empfängermolekülen (Rezeptoren) der postsynaptischen Zelle reagiert. Diese Rezeptoren sind selbst Ionenkanäle bzw. steuern solche, so daß der chemische Reiz durch den Transmitter wieder zu einem elektrischen Impuls führt. Werden genügend Rezeptoren auf einmal aktiviert, so entsteht ein Aktionspotential, welches entlang des Dendriten zum Zellkörper des Neurons und von dort entlang des Axons zur nächsten Synapse geleitet werden kann.

Unser Zentralnervensystem besteht aus etwa 100 Milliarden von Neuronen mit vielleicht 100mal mehr synaptischen Kontakten. In diesem gewaltigen Netzwerk laufen alle Informationen zusammen, die durch unsere peripheren Sinnesorgane aufgenommen werden. Diese von außen eintreffenden Informationen werden im Zentralnervensystem unter Verwendung von in unserem Gedächtnis gespeicherter Information verarbeitet. So ist unser Nervensystem die zentrale Autorität für alles, was wir wahrnehmen und empfinden.

Mit diesen Vorkenntnissen ausgerüstet, wollen wir uns nun den einzelnen Sinnen zuwenden. Wir beginnen mit unserem wohl wichtigsten Sinn, dem Sehsinn. Wohl mehr als ein Drittel der gesamten Kapazität des menschlichen Gehirns wird für die Verarbeitung der eingehenden optischen Daten verwendet. Was von der Reizaufnahme durch das Auge bis zur Entstehung einer optischen Wahrnehmung abläuft, wird im folgenden Kapitel von Hennig Stieve, Professor für Physiologie an der Universität Aachen, und seiner Mitarbeiterin Irene Wicke abgehandelt.

Kapitel 3

Wie unsere Augen sehen

Hennig Stieve und Irene Wicke

Die vielen für unser Leben wichtigen Informationen, die wir mit den Augen aufnehmen, sind uns so selbstverständlich, daß sie uns kaum bewußt sind; dennoch bestimmen sie unser Handeln, Denken und Empfinden.

Das Auge ist wohl unser wichtigstes Sinnesorgan. Etwa 60 Prozent aller Informationen, die aus der Umwelt in unser Gehirn gelangen, nehmen wir durch die Augen auf. In dem ersten der beiden Kapitel, die dem Sehen gewid-

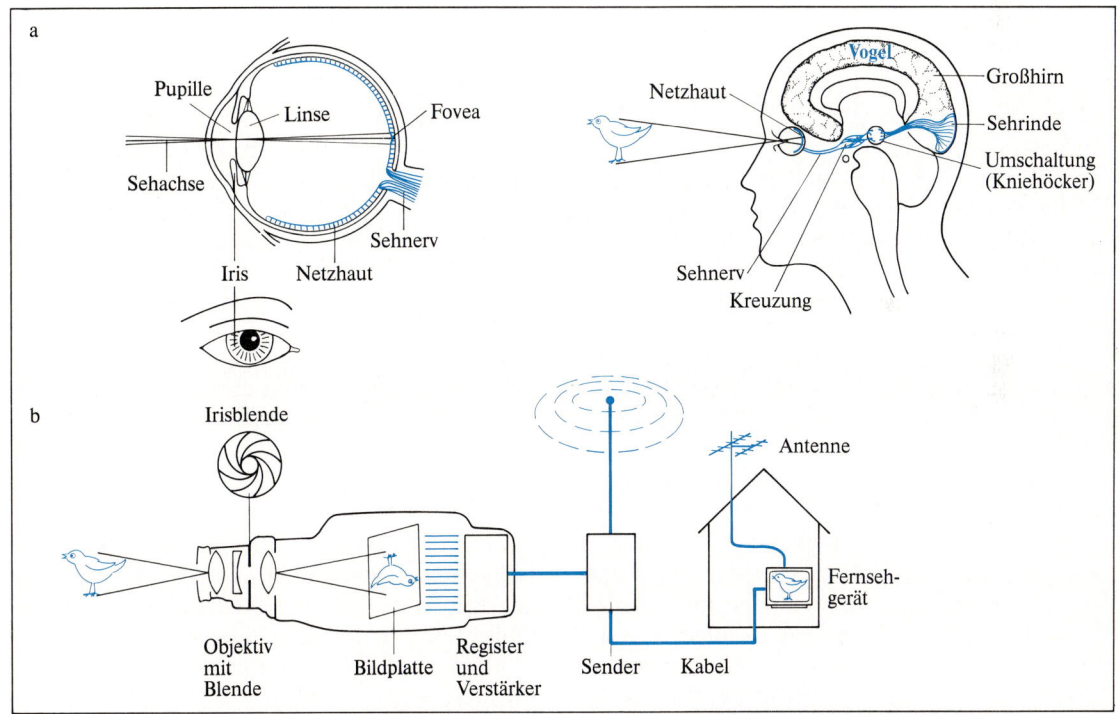

Abb. 3.1. Vergleich von Auge und Fernsehkamera. a) Kopf mit farbig eingezeichneter Sehbahn bis zur Sehrinde mit Netzhaut, Sehnerv, Kreuzung, Umschaltung im Kniehökker und Sehrinde. Im Insert: Vergrößerte Darstellung des **Auges mit Pupille, Iris, Linse, Netzhaut, Sehnerv und Sehachse. b) Fernsehkamera mit Optik, Blende, Bildplatte, Kabel zum Sender, Antenne auf dem Haus, Kabel zum Haus sowie Fernsehgerät mit Bild.**

met sind, wollen wir uns damit befassen, wie unsere Augen funktionieren und die Sehinformation an das Gehirn liefern. Was das Gehirn damit anfängt, ist das Thema des zweiten Kapitels über das Sehen.

Daß wir im Fernsehen die Tagesschau sehen können, beruht auf einer zweifachen Umsetzung: Zunächst liefert die Fernsehtechnik z. B. das Bild eines Öltankers auf unseren Bildschirm, das wir dann mit den Augen betrachten und mit Hilfe des Gehirns wahrnehmen. Die Fernsehtechnik erfüllt dabei eine Funktion, die der unseres Gesichtssinnes ähnelt. Deshalb soll uns die Fernsehtechnik helfen zu verstehen, wie unsere Augen funktionieren (Abbildung 3.1).

Vergleich Auge – Fernsehkamera

Die Fernsehkamera übersetzt Lichtinformationen in elektrische Signale, die über große Entfernungen bis in unsere Wohnungen übertragen und dort im Fernsehgerät zu Abbildungen des Aufgenommenen rekonstruiert werden können. Entsprechend übersetzt unser Auge Lichtinformationen in die Sprache des Nervensystems. Diese besteht in einer zeitlichen Folge elektrischer Signale, die unser Gehirn versteht. Die Signale werden über Nervenfasern, eine Art Leitungskabel, zu unserem Gehirn geleitet und dort ausgewertet.

Fernsehkamera und Auge besitzen je ein Linsensystem mit Blende und Schärfeneinstellung. Das Objektiv erzeugt in der Fernsehkamera ein Bild auf der sogenannten Signalplatte, die mit einem lichtempfindlichen Material, z. B. Bleioxid, beschichtet ist. Hier wird die Abbildung in kleine Bildpunkte zerlegt, die in Spannungssignale übersetzt werden. Mit Hilfe eines Prozesses, der uns für das Verständnis des Auges nicht weiterhilft, wird die Helligkeit jedes einzelnen Bildpunkts in einen elektrischen Spannungswert verschlüsselt. Wie in einem Register sind die Helligkeitswerte aller Punkte des Bildmosaiks ge-

ordnet und als Spannungswerte festgehalten. Diese verschlüsselten Werte werden nun an den Sender übertragen und von dort telegrafisch oder über Kabel in unser Haus geliefert.

Das Linsensystem unseres Auges erzeugt auf der Netzhaut im Augenhintergrund ein Lichtbild unserer optischen Umgebung. In der Netzhaut (Abbildung 3.2) befinden sich ganz hinten, dicht bei dicht, die Sehzellen, das sind über 100 Millionen winzige Lichtdetektoren, welche die Helligkeit einzelner Bildausschnitte messen.

Das abbildende optische System verfügt über verschiedene Regulationsmechanismen: Das Auge kann mit der Größe der Pupille die Helligkeit des Bildes auf der Netzhaut verändern, genauso wie die Irisblende einer Kamera die Helligkeit auf der Filmebene verändern kann. Dabei werden die Meßwerte der Sehzellen auch dazu verwendet, die Pupillenweite des Auges zu steuern. Wenn man mit einer Taschenlampe jemandem in ein Auge leuchtet, sieht man, wie sich die Pupillen seiner beiden Augen rasch verengen. Indem das Auge die Krümmung seiner Linse verändert, kann es verschieden entfernte Gegenstände auf der Netzhaut scharf einstellen. Schließlich können wir durch sechs verschiedene Augenmuskeln den ganzen Augapfel bewegen und so die Umgebung mit den Augen „abtasten".

Das Bild unserer Umwelt wird durch das Linsensystem unseres Auges umgekehrt, es steht also auf der Netzhaut „auf dem Kopf". Das macht aber nichts, da unser Gehirn dieses Bild ja nicht „betrachtet", sondern abtastet und für jeden Mosaikpunkt einen Lichtwert mißt und verrechnet. Wichtig ist nur, daß eine feste Beziehung zwischen den Bildpunkten auf der Netzhaut und der optischen Umgebung besteht, damit unser System aus der Lage eines Bildpunkts auf die Lage des Objekts im Raum schließen kann.

Verglichen mit den Objektiven moderner Photoapparate ist übrigens die Optik unseres Auges ziemlich schlecht. Die Abbildung auf der Netzhaut ist verzerrt und besonders zum Rand hin ziemlich unscharf. Das stört aber ebenfalls nicht, da die Bildauswertung in un-

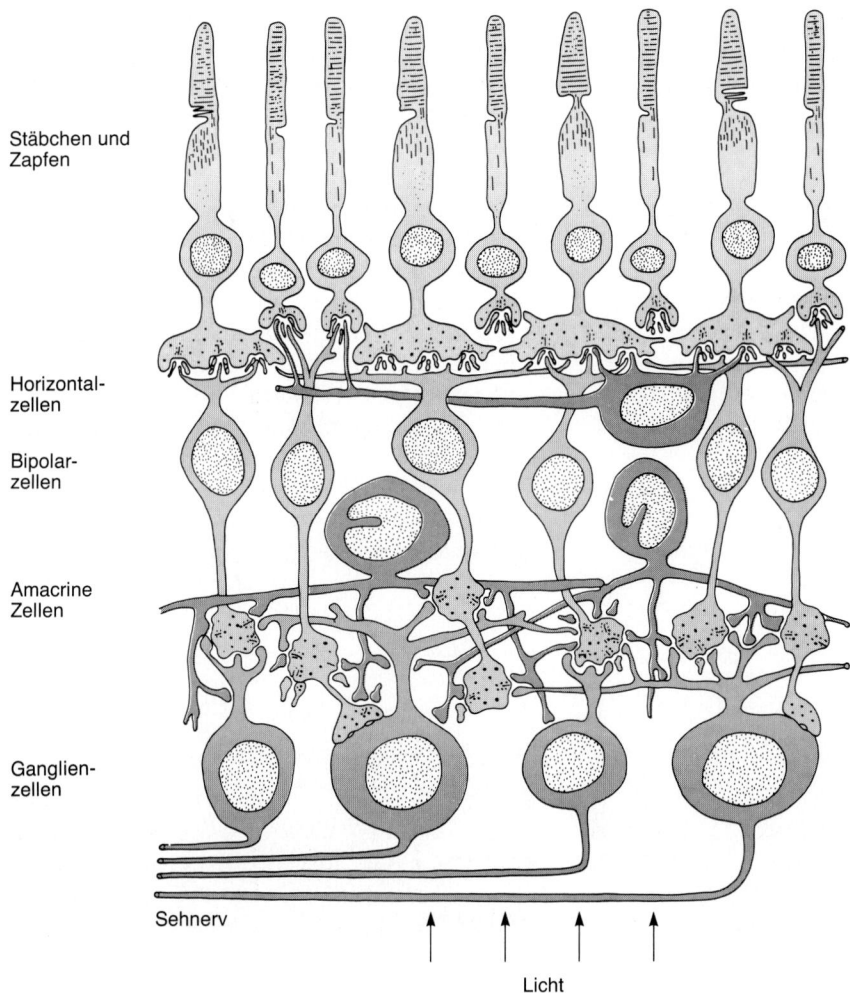

Stäbchen und
Zapfen

Horizontal-
zellen

Bipolar-
zellen

Amacrine
Zellen

Ganglien-
zellen

Sehnerv

Licht

Abb. 3.2. Stark vereinfachtes Verschaltungsschema in einem Netzhautausschnitt des menschlichen Auges.

serem Auge auf diese Fehler eingestellt ist und sie bei der Bildberechnung berücksichtigt. Wir bemerken sie daher gar nicht. Nur wenn wir das Bild auf der Netzhaut vermessen, erkennen wir diese Verzerrungen.

In unserer Netzhaut gibt es verschiedene Arten von Sehzellen (Abbildung 3.2): drei Sorten von Zapfen für das Farbensehen bei hellem Tageslicht und die Stäbchen für das graue Dämmerungssehen. Diese Sehzellen, etwa 6 Millionen Zapfen und ca. 120 Millionen Stäbchen, sind in einem regelmäßigen

Flächenraster auf dem Augenhintergrund angeordnet.

In der Netzhaut folgt auf die Schicht der Sehzellen ein Netzwerk von Nervenzellen. In ihm werden die Erregungen, die von den Sehzellen kommen, in komplizierter Weise verrechnet und miteinander kombiniert ausgewertet. Dieses Nervennetzwerk in der Netzhaut (Retina) entspricht einem umfangreichen Computer. Durch das Kabelbündel Sehnerv, das etwa eine Million Leitungen enthält, wird die vorverarbeitete und teilweise ausgewertete Information an das Gehirn weitergeleitet. Es gibt also über hundertmal mehr Sehzellen als Leitungen zum Gehirn.

Das Bildmosaik

Wie fein das Bildmosaik ist (Abbildung 3.3), d. h. wie fein räumliche Details des Bildes auf der Retina aufgelöst werden können, wird außer durch die Qualität der optischen Abbildung auch durch die Feinheit des Rasters der

Sehzellen bestimmt. Das Raster ist umso feiner, je kleiner die Querschnitte und je größer die Packungsdichte der Sehzellen im Augenhintergrund sind. Im Zentrum unserer Netzhaut, der sogenannten Fovea (vgl. Abbildung 3.1 a), ist der Ort des schärfsten Sehens. Hier ist das Sehzellenraster so fein, daß es alle Details, die unser Linsensystem abbildet, auch auflösen kann. In der Fovea sind etwa 140 000 Sehzellen auf einem Quadratmillimeter untergebracht, d. h. fast alle 2,5 Mikrometer eine. Wenn hier zwei Bildpunkte in einem größeren Abstand als 4 Mikrometer voneinander entfernt sind (das entspricht ei-

a

b

c

d

Abb. 3.3. Verschieden grob gerasterte Bilder einer Küstenlandschaft a) sehr grob, b) feiner, c) ganz fein, d) Überlagerung eines sehr feinen Rasters im Zentrum mit anschlie- ßend mittlerem Raster und nach außen noch gröberem Raster.

28

nem Objektabstand von 0,2 mm in 1 m Entfernung), können wir sie getrennt auflösen. Das Raster vergröbert sich zur Peripherie hin bis zu 40fach (z.B. muß hier der Abstand zwischen zwei Bildpunkten nun 120 bis 150 Mikrometer betragen, damit diese als getrennt wahrgenommen werden). Das ist schematisch vereinfacht in Abbildung 3.3 d dargestellt.

Der Bildausschnitt des schärfsten Sehens wird im Zentrum der Netzhaut abgebildet. Hier gibt es nur Sehzellen vom Zapfentyp, die für das Farbensehen bei hellem Licht verantwortlich sind. Die wesentlich licht-empfindlicheren Sehstäbchen, die für das sogenannte Dämmerungssehen zuständig sind, liegen an der Peripherie. Obwohl die Stäbchen viel schlanker sind als die Zapfen, ist die räumliche Bildauflösung des Stäbchensehens sehr gering (10- bis 20mal gröber als die des Zapfensehens im Zentralbereich), weil viele Stäbchen über gemeinsame Leitungen geschaltet sind. Stäbchen arbeiten nur bei ganz schwacher Beleuchtung. Wir können daher nur bei hellem Licht scharf sehen. Deshalb sind nachts alle Katzen nicht nur grau, sondern auch unscharf, und sie verschwinden für uns, wenn wir sie fixieren. Für das Dämmerungssehen muß die Helligkeit aber sehr gering sein. Weil unsere nächtliche Straßenbeleuchtung oft so hell ist, daß wir mit unseren Zapfen Farben sehen können, bemerken viele Städter gar nicht mehr, daß sie eigentlich nachts nur grau sehen können.

Die Sehzellen

Die Lichtdetektoren – Stäbchen und Zapfen – sind winzig kleine, raffinierte Lichtmeßgeräte. Sie werden umso stärker erregt, je heller das Licht ist, das sie trifft. Die Information über die Stärke ihrer Erregung geben sie an das Netzwerk nachgeschalteter Nervenzellen weiter. Die Basis des Sehens ist also ein vielfaches, paralleles Messen von Lichthelligkeiten

eines Mosaiks von Bildpunkten. Aber was ist eigentlich Licht? Und wie wird es von den Sehzellen gemessen?

Das Licht

Die Natur des Lichts können wir nicht anschaulich erfassen; dazu reicht das menschliche Vorstellungsvermögen nicht aus. Wir können allenfalls verschiedene gleichnishafte Bilder zu einer Beschreibung verwenden, doch werden damit jeweils nur Teilaspekte des Lichts erfaßt. Man kann Licht als Welle beschreiben oder als Teilchen, je nachdem, welche Eigenschaften man anschaulich machen möchte. Für die Erklärung des Sehvorgangs ist die Darstellung des Lichts als Teilchen praktischer.

Wir stellen uns also vor, daß Licht aus einem Strahl vieler kleiner Energiepakete besteht, die Lichtquanten oder Photonen genannt werden. Diese schießen geradlinig dahin, etwa wie die Körner aus einem Sandstrahlgebläse.

Abb. 3.4. Spektrum des sichtbaren Lichts, seine Wellenlängen und (symbolisch) die Größe der Lichtquanten als verschieden große Kugeln, dazu die Farben, in denen uns die jeweiligen Wellenlängen (bzw. Quantengrößen) erscheinen.

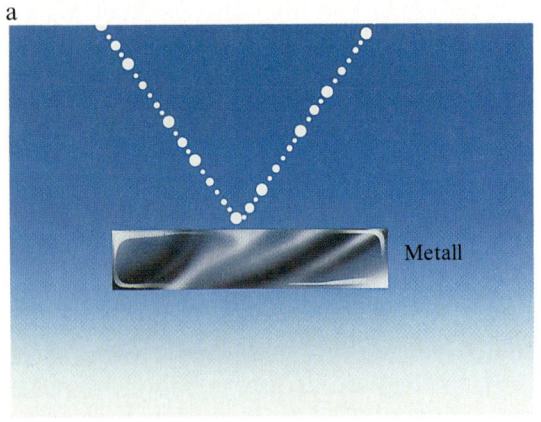

a

Metall

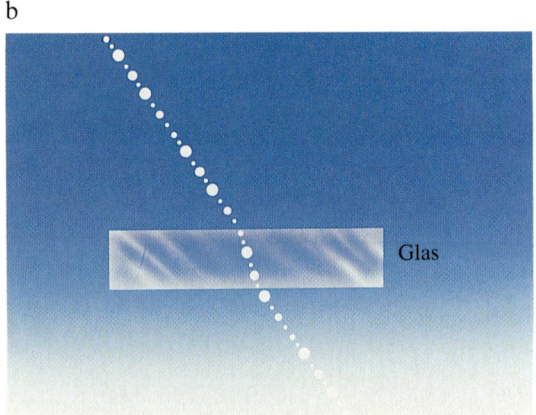

b

Glas

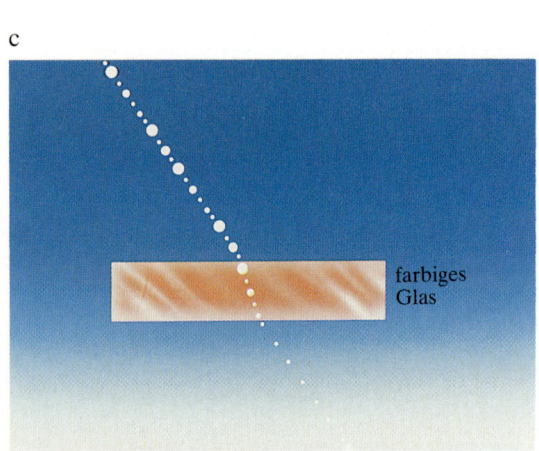

c

farbiges
Glas

Abb. 3.5. Wenn Licht auf Materie trifft, kann es a) gespiegelt werden, b) hindurchgehen und c) eingefangen (absorbiert) werden.

Die Lichtquanten – genauer ihre Energien – sind unterschiedlich groß: Rotes Licht besteht aus den kleinsten, violettes aus den größten Energiepaketchen des sichtbaren Lichts. In Abbildung 3.4 sind symbolhaft die verschiedenen Energiebeträge als verschieden große „Kugeln" dargestellt. Als Wellen beschrieben, entsprechen den Quantengrößen bestimmte Wellenlängen. Violettes Licht hat die kürzeste (400 nm), rotes Licht die längste (800 nm) Wellenlänge des sichtbaren Lichts (nm = Nanometer = ein millionstel Millimeter).

Wenn Licht auf Materie trifft, können die Lichtquanten entweder gespiegelt werden – wie an poliertem Metall – oder durch die Materie hindurchgehen – wie durch Glas. (Unser Vergleich der Lichtquanten mit Teilchen ist für die Beschreibung des Durchleuchtens transparenter Körper nicht besonders geeignet.) Das Licht kann aber auch durch Farbstoffe eingefangen, absorbiert, werden (Abbildung 3.5). Trifft z. B. „weißes" Licht auf eine rote Glasscheibe, läßt der rote Farbstoff nur die kleinen (Rotlicht-)Quanten unbehelligt, während er die anderen, größeren Quanten absorbiert.

Die Lichtmessung der Zapfen

Diese Absorption, das Einfangen von Lichtquanten durch Farbstoffmoleküle, ist der erste Schritt zum Lichtmessen in der Sehzelle, z. B. der Zapfen (Abbildung 3.6). Eine Sehzelle ist nichts anderes als ein raffiniertes Zählgerät für eingefangene Lichtquanten. Sie besitzt einen Abschnitt (das sogenannte Außensegment), der so konstruiert ist, daß er wie eine Antenne möglichst viele der eintreffenden Lichtquanten einfängt. Im Außensegment des Zapfens ist die Zellmembran, in der sich der Sehfarbstoff befindet, vielfach gefaltet. Auf diese Weise hat es die Natur geschafft, Millionen Moleküle des Sehfarbstoffs in vielen Lagen unterzubringen.

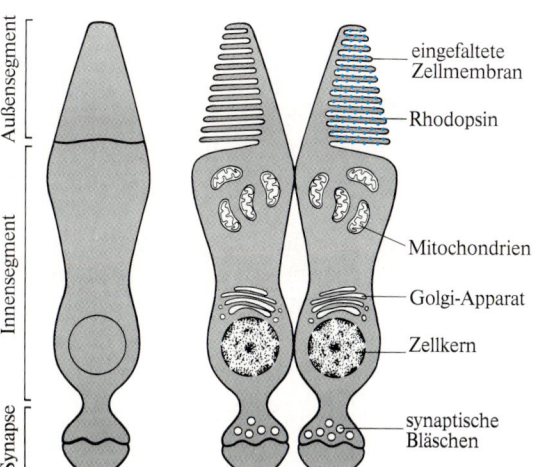

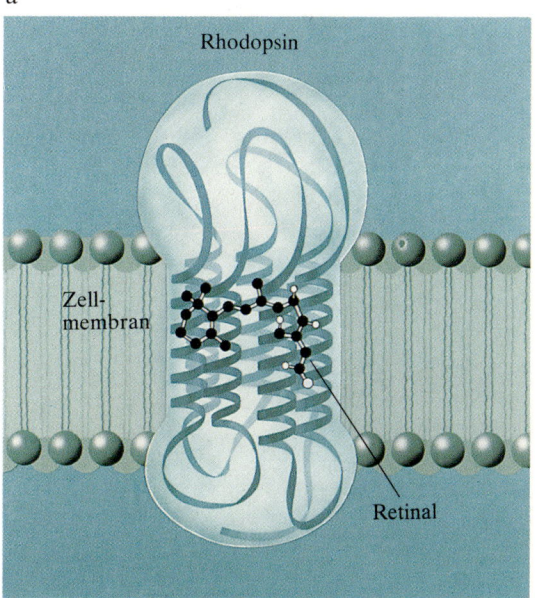

eingefaltete Zellmembran

Rhodopsin

Mitochondrien

Golgi-Apparat

Zellkern

synaptische Bläschen

Außensegment

Innensegment

Synapse

Abb. 3.6. Modell eines Zapfens aus der menschlichen Netzhaut.

Die Sehfarbstoffe werden Rhodopsine genannt. Rhodopsin ist ein Eiweiß-Molekül, das aus etwa 350 Aminosäuren aufgebaut ist. Es enthält außerdem einen Abkömmling des Vitamin A, das sogenannte Retinal, das dem Rhodopsin seine Farbe gibt (Abbildung 3.7). Retinal macht das Farbstoff-Molekül lichtempfindlich, wie der Zünder einer Patrone diese schlagempfindlich macht. Wenn das Retinal ein Lichtquant eingefangen hat, verändert es seine Form. Es streckt sich und zwingt dadurch das Rhodopsin-Molekül seinerseits zu einer Veränderung (Abbildung 3.7 b), die das Rhodopsin-Molekül „aktiviert". Das aktivierte Rhodopsin-Molekül kann nun mit einer anderen Sorte von Eiweiß-Molekülen – Biokatalysatoren oder Enzymen – in der Sehzelle reagieren und diese ihrerseits aktivieren. Dadurch schließt sich an die Aktivierung des Rhodopsin-Moleküls eine Folge von Reaktionen mit anderen Molekülen an. Diese Reaktionsfolge führt schließlich zu einem elektrischen Spannungssignal. Im Außensegment wird also zunächst der Lichtreiz in einer Primärreaktion aufgenommen. Einem „Schneeballsystem" ähnlich führt diese Reaktion zu einer sich vielfach verstärkenden Lawine chemischer Reaktionen und schließ-

Rhodopsin

Zell-membran

Retinal

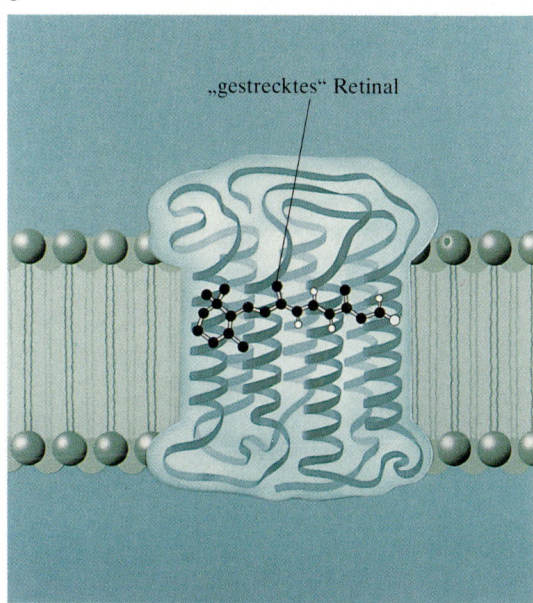

„gestrecktes" Retinal

Abb. 3.7. Schema eines Rhodopsin-Moleküls, a) bevor und b) nachdem es ein Lichtquant eingefangen und seine Gestalt geändert hat (d. h. aktiviert ist).

lich zu einem hochverstärkten elektrischen Signal. Für das elektrische Spannungssignal benötigt die Zelle bis zu eine millionfach mehr Energie, als das Lichtquant liefert (Energie-

31

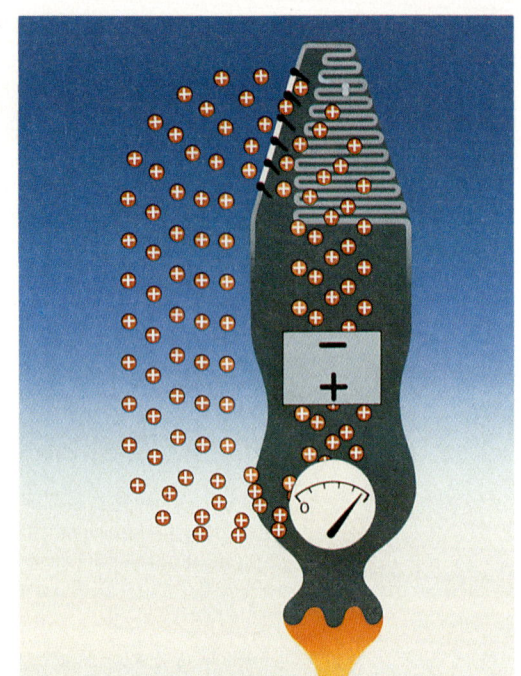

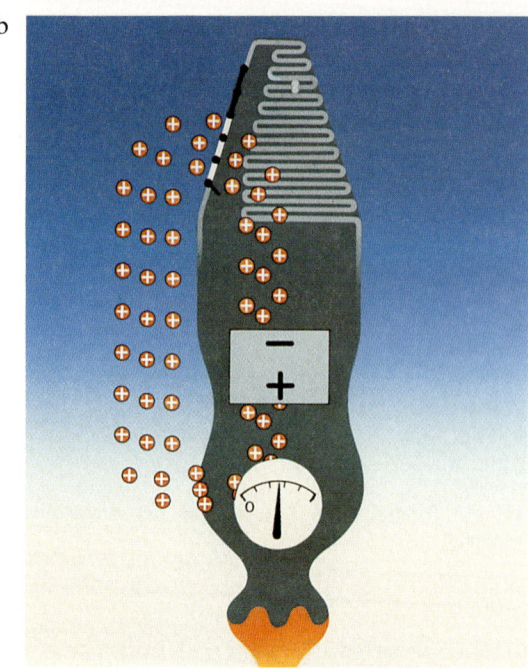

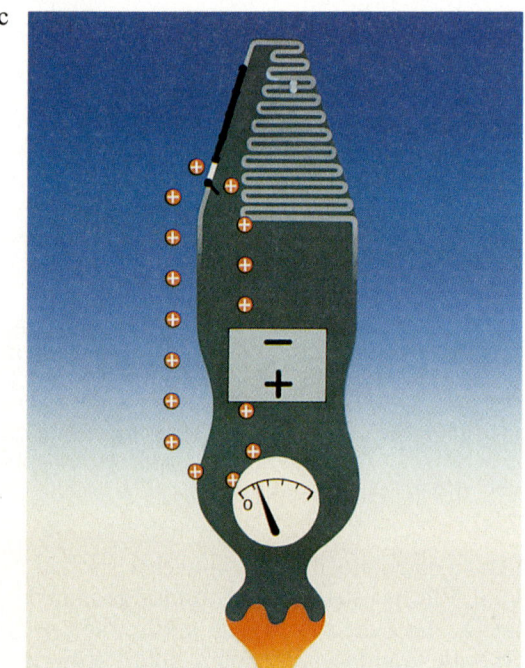

Abb. 3.8. Schematische Darstellung des Rezeptorstroms eines Zapfens bei drei verschiedenen Reizlichtstärken: a) in der Dunkelheit am stärksten, b) bei mittlerer Beleuchtung schwächer und c) bei starker Beleuchtung noch schwächer. Bei ganz starker Beleuchtung fließt kein Strom mehr.

verstärkung). Die für diese Verstärkung nötige Energie wird nicht vom Lichtreiz, sondern vom Stoffwechsel der Sehzelle geliefert. Den Energie- und Materialbedarf für diese Verstärkungsprozesse deckt das Versorgungszentrum im Innensegment der Sehzelle (vgl. Abbildung 3.6). Die Sehzelle läuft in eine Nervenfaser aus, die in einer sogenannten Synapse (vgl. Kapitel 2, Abbildung 2.11) endigt. Die Synapse führt die Nachrichtenverarbeitung und -übergabe an das Nervennetz aus.

Um zu verstehen, wie das elektrische Erregungssignal im Zapfen entsteht, müssen wir folgendes wissen: Im Sehzapfen fließt in der Dunkelheit ständig ein elektrischer Strom, der aus dem Innensegment kommt und durch viele Tore der Zellmembran in das Außensegment fließt (Abbildung 3.8).

Absorbiertes Licht – d.h. eingefangene Lichtquanten – bewirkt auf Umwegen durch einen Servomechanismus, daß Stromtore in der Zellmembran des Außensegments vorübergehend geschlossen werden und folglich weniger Strom fließt (vgl. auch Kapitel 2). Je heller das Licht die Zapfen trifft, d.h. je mehr Quanten eingefangen werden, desto mehr Tore werden geschlossen. Überraschenderweise ist also der Stromverbrauch unserer Sehzelle im Dunkeln am größten und nimmt umso mehr ab, je helleres Licht auf sie fällt (Abbildung 3.8). Mit der vorübergehenden Abnahme dieses Rezeptorstroms meldet die Sehzelle den folgenden Nervenzellen an der Synapse, wie stark sie erregt ist. Die Stromschwankung verursacht nämlich an der Synapse ein Spannungssignal (d.h. eine vorübergehende Abnahme der Membranspannung), das die Synapse „verstehen" und weiterverarbeiten kann.

Servomechanismus

Ein Servomechanismus, den wir vom Lenken und Bremsen bei Automobilen kennen, verwirklicht das Prinzip, daß kleine Ursachen große Wirkung haben. In der Sehzelle führt

ein solcher Servomechanismus zum Schließen der Tore in der Sehzellmembran. Er beruht auf einem komplizierten enzymatischen Reaktionssystem, einer sogenannten Enzymkaskade.

Das Öffnen und Schließen der Stromtore wird über die Enzymkaskade durch den Botenstoff cyclisches Guanosin-monophosphat (kurz cGMP) ausgelöst. Ein einziges Molekül Sehfarbstoff, das durch ein eingefangenes Lichtquant aktiviert ist, führt mit Hilfe dieser Enzymkaskade zu einer derart verstärkten Wirkung, daß etwa 5000 cGMP-Moleküle vorübergehend verschwinden. Das Fehlen dieser 5000 Botenmoleküle hat zur Folge, daß etwa fünf Prozent aller Stromtore in der Plasmamembran eines Zapfens zeitweise geschlossen werden (Abbildung 3.8 und 3.9a).

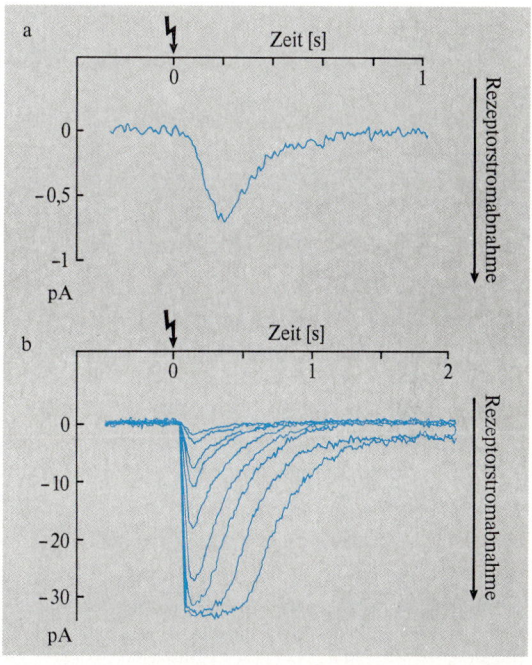

Abb. 3.9. Die vorübergehende Abnahme des Rezeptorstroms eines Stäbchens infolge von Belichtung, a) nach Absorption eines einzigen Lichtquants, b) übereinander geschriebene Rezeptorstromantworten auf kurze (11 Millisekunden lange), Schritt für Schritt hellere Lichtblitze. Der stärkste Lichtblitz war etwa 300-mal so stark wie der schwächste.

Bei hellerem Licht, bei dem also mehr Lichtquanten absorbiert werden, summieren sich diese Einzeleffekte und führen zu größeren Stromabnahmen (Abbildung 3.9). Da die Stäbchen erheblich größer sind als die Zapfen, sind auch die Rezeptorströme der Stäbchen etwa 50- bis 100mal größer und lassen sich leichter messen. Deshalb zeigen wir in Abbildung 3.9 die Rezeptorströme von Stäbchen, die, abgesehen von der Größe, denen der Zapfen prinzipiell gleich sind.

Die Enzymkaskade funktioniert nach einem ähnlichen Prinzip, wie die sogenannten „Kettenbriefe". Im einzelnen sieht das folgendermaßen aus (Abbildung 3.10): Nachdem ein Rhodopsin-Molekül, wie oben beschrieben, durch Absorption eines Lichtquants aktiviert worden ist (vgl. Abbildung 3.7 a, b), kann sich ein sogenanntes G-Protein-Molekül an das aktivierte Sehfarbstoff-Molekül anlagern. Im gebundenen Zustand wird dieses G-Protein-Molekül seiner-

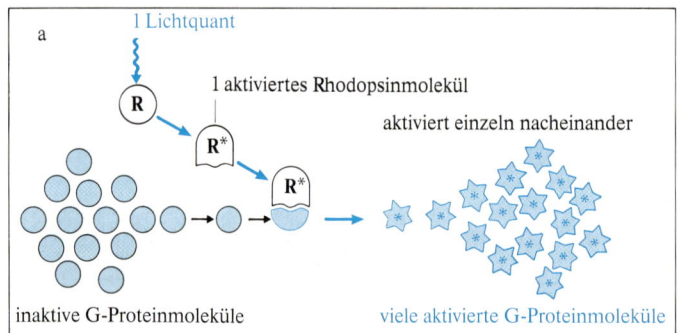

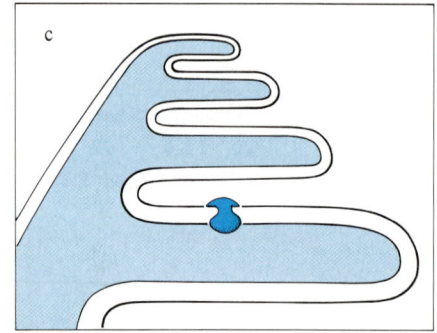

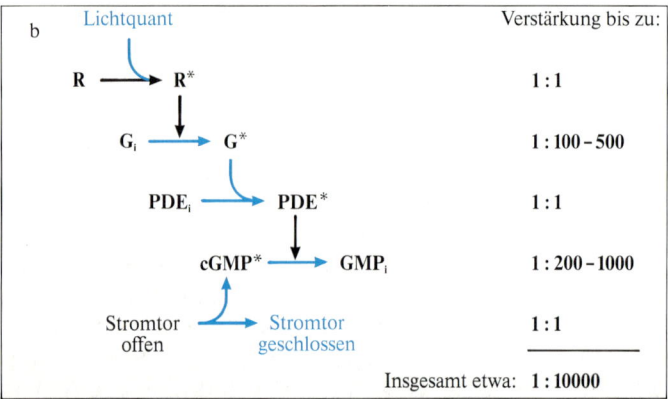

Abb. 3.10. Enzymkaskade, die dem Servomechanismus der lichtinduzierten Steuerung der Stromtore (Ionenkanäle, vgl. Kapitel 2) in der Sehzellmembran zugrundeliegt. a) Ein Rhodopsin-Molekül fängt ein Lichtquant ein und geht dabei in den aktivierten Zustand R* über. R* kann nacheinander mit vielen inaktiven G-Protein-Molekülen reagieren, von denen jedes durch den Kontakt mit R* seinerseits aktiviert wird. Auf diese Weise können von einem durch ein Lichtquant aktivierten Rhodopsin-Molekül nacheinander bis zu 500 inaktive G-Protein-Moleküle aktiviert werden. b) Die gesamte Enzymkaskade: Ein Lichtquant aktiviert das Rhodopsin-Molekül R zu R*; R* aktiviert 100 bis 500 G-Protein-Moleküle zu G*; ein G*-Molekül aktiviert ein PDE-Molekül zu PDE*. Jedes PDE* kann 200 bis 1000 aktive cGMP-Moleküle zu inaktiven GMP$_i$-Molekülen spalten. Die Stromtore bleiben offen, solange sie genügend cGMP-Moleküle binden. Insgesamt kann also die Absorption eines Lichtquants zur Schließung von maximal 10 000 Stromtoren führen. c) Irgendein Rhodopsin-Molekül in der Zellmembran des Zapfens, das ein Lichtquant eingefangen hat, kann die Kaskade starten.

seits aktiviert und verläßt daraufhin das Rhodopsin-Molekül in aktivierter Verfassung. Danach kann ein zweites inaktives G-Protein-Molekül an das aktivierte Rhodopsin binden, selbst aktiviert werden und sich wieder trennen. Solange das Rhodopsin-Molekül im aktiven Zustand bleibt, kann es nacheinander von Hunderten von G-Proteinen besucht werden, wobei jeder Besucher einzeln aktiviert wird. Jedes aktivierte G-Protein-Molekül kann nun seinerseits je ein Molekül des Biokatalysators Phosphodiesterase (kurz PDE) aktivieren. Jedes aktivierte PDE-Molekül kann wiederum viele (200 bis 1000) Moleküle des uns bereits bekannten Botenstoffs cGMP abbauen, d. h. wirkungslos machen.

Je mehr Lichtquanten eingefangen werden, umso mehr Botenmoleküle werden beseitigt, umso weniger Stromtore können offen gehal-

ten werden und umso schwächer fließt der elektrische Strom durch die Sehzellmembran.

Bei sehr grellem Licht sind alle Tore in den Sehzellen geschlossen, und es kann überhaupt kein Strom mehr fließen (Abbildung 3.11). Somit können auch keine Helligkeiten mehr unterschieden werden, man fühlt sich geblendet. Die Stäbchen, die ja auf das Dämmerungssehen spezialisiert sind und lediglich Helligkeitsunterschiede farblos registrieren können, funktionieren nur bei sehr schwacher Beleuchtung. Schon bei mittleren Helligkeiten sind sie abgeschaltet, d. h. alle Stromtore ihrer Außensegmente sind dann geschlossen.

Koinzidenzzähler

Dunkeladaptierte Sehzellen sind hochempfindlich. Da kann es gelegentlich mal passieren, daß die Verstärkungsanlage des Transduktionsprozesses von alleine losgeht und es zu einer kleinen Erregung der Sehzelle kommt, ohne daß überhaupt ein Lichtquant absorbiert worden ist. Unser Gehirn kann eine solche Störung nicht von einem durch Licht ausgelösten Signal unterscheiden. Wenn unsere Hausklingel läutet, wissen wir ja auch nicht, ob ein Besucher da ist oder ein Kurzschuß die Klingel betätigt hat. Die Retina besitzt gegen diese Störfälle allerdings eine Sicherheitsschaltung nach dem Prinzip der Koinzidenzzähler. Zufällige Erregungsereignisse sind äußerst selten. Erst wenn mehrere – mindestens drei – Sehzellen auf einmal erregt werden, wird die Information zum Gehirn weitergeleitet. Dies ist eine wirkungsvolle Sicherung gegen falschen Alarm. Sie hilft aber nicht in allen Fällen. Ein Schlag aufs Auge läßt uns Funken sehen, die nicht vorhanden sind, weil dabei zu viele Sehzellen gleichzeitig gestört werden. Diese Koinzidenz-Sicherung macht unser Auge etwas unempfindlicher: Gäbe es sie nicht, könnten wir beispielsweise nachts das Licht aus den schwächsten Sternen „tropfen" sehen.

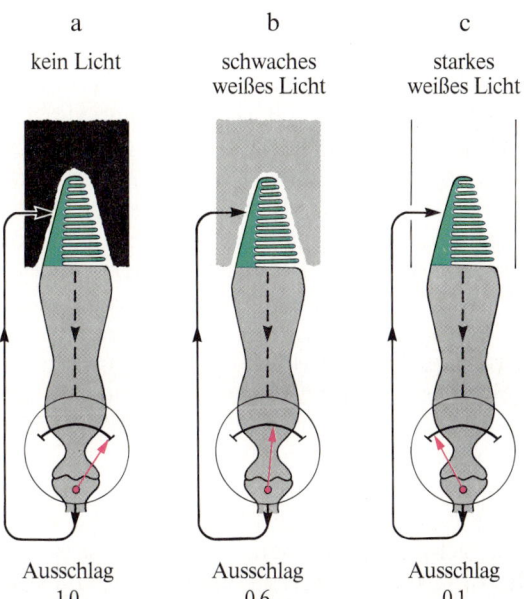

a	b	c
kein Licht	schwaches weißes Licht	starkes weißes Licht
Ausschlag 1,0	Ausschlag 0,6	Ausschlag 0,1

Abb. 3.11. Schematische Darstellung, wie ein grünempfindlicher Zapfen bei verschieden starker Belichtung verschieden große Rezeptorströme zeigt. Der Strom durch die Synapse ist bei der nicht belichteten Sehzelle (a) am größten, bei der schwach belichteten (b) kleiner und bei der stark belichteten (c) sehr klein, fast Null. Die Stromwerte sind Relativwerte.

Adaptation, automatische Regulierung der Empfindlichkeit

Unsere Sehzellen regulieren ihre Empfindlichkeit automatisch, indem sie die Verstärkung des Servomechanismus verändern. Befinden wir uns in einer sonnigen Schneelandschaft, so ist die Verstärkung in den Sehzellen sehr gering. Gehen wir dann z. B. in eine ganz schwach erleuchtete Skihütte, merken wir, wie die Empfindlichkeit unserer Augen langsam zunimmt. Wir erkennen erst fast nichts, allmählich mehr und mehr Einzelheiten, bis wir selbst den dunklen Hund unter der Ofenbank sehen. Bei völliger Dunkelheit ist die Empfindlichkeit erst nach etwa einer Stunde am größten. Jetzt, da sie millionenfach angestiegen ist, können wir auch noch sehr schwache Sterne am Himmel erkennen. Umgekehrt geht die Anpassung der Lichtempfindlichkeit unserer Augen an helles Licht sehr viel schneller.

Die Kurven in Abbildung 3.12 zeigen, wie die Größe des Rezeptorstroms, d.h. die Größe der Erregung, von der Helligkeit des Reizlichtes abhängt. Hell-Dunkel-Adaptation bedeutet, daß diese Kurve nach rechts verschoben wird. Mit anderen Worten: Man braucht bei der dunkel-adaptierten Sehzelle weniger absorbierte Lichtquanten, um eine gleich große Antwort hervorzurufen wie bei der hell-adaptierten. Bei Adaptation wird der Verstärkungsgrad des Servomechanismus verändert. Bei stark hell-adaptierter Sehzelle ist er millionenfach geringer als bei der ganz dunkel-adaptierten Sehzelle.

Unser Auge übertrifft damit die heutige Photographie. Der Film in der Kamera kann seine Empfindlichkeit nicht ändern. Braucht man eine höhere Empfindlichkeit, muß der Film gewechselt werden. Die Lichtempfindlichkeit der Filme wird in ASA gemessen. Höchstempfindliche Filme haben etwa 6400 ASA, die mit der geringsten Lichtempfindlichkeit 25 ASA. Das bedeutet einen Empfindlichkeitsunterschied von etwa 1 zu 250 verglichen mit dem Empfindlichkeitsbereich unseres Auges von 1 zu 1 000 000.

Auflösung der Reizdauer

Der Rezeptorstrom, das elektrische Erregungssignal des Zapfens, enthält – wie gezeigt – Information über die Stärke des Reizlichts. Daneben enthält er auch Information über die Dauer des Lichtreizes. Der Rezeptorstrom dauert nämlich so lange an wie der Lichtreiz und klingt nach Ende der Belichtung ab. Der Rezeptorstrom kann dem Ein- und Abschalten des Lichts nicht sehr schnell folgen. Er spricht nicht sofort auf Licht an, sondern um etwa 50 Millisekunden verzögert. Er braucht dann etwa eine Zehntelsekunde, um nach Reizbeginn seine volle Höhe zu erreichen, und eine halbe bis eine Sekunde nach Reizende, um wieder ganz abzuklingen. In dieser Hinsicht ist also unser Auge der Technik unterlegen. Diese Trägheit der Antwort der Sehzelle begrenzt das zeitliche Auflösungsvermögen unseres Auges. Folgt auf einen Lichtreiz sehr rasch ein zweiter, so ist die Antwort auf den ersten noch nicht weit genug abgeklungen. Wir können dann diese Reize nicht getrennt wahrnehmen. Diesen Mangel unserer Sehzellen benutzen Kino und Fernsehen. Wenn etwa 18 bis 24 Bilder pro Sekunde aufeinander folgen, entsteht für unsere Augen der Eindruck einer fließenden Bewegung ohne Flimmereffekt. Die Antwort der Stäbchen

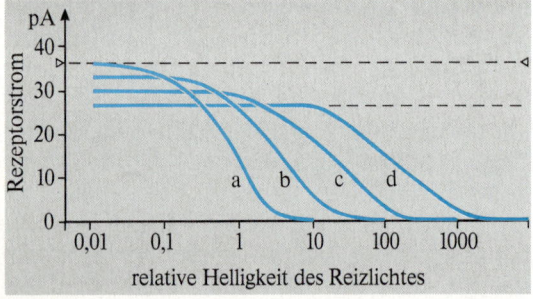

Abb. 3.12. Abhängigkeit des Rezeptorstroms von der Helligkeit des Reizlichts und bei verschiedener Helladaptation.

ist sogar noch träger als die der Zapfen. Deshalb erscheinen uns im schwachen Licht beim Dämmerungssehen die Bewegungen schneller als bei hellem Tageslicht. Die Sehzellen mancher Tiere sind da wesentlich leistungsfähiger. Beispielsweise müßte ein Kino für Bienen etwa 100 bis 200 Bilder pro Sekunde zeigen.

Auch ein schnell durchgeblättertes Büchlein mit aufeinanderfolgenden Bewegungsschritten (sogenanntes „Daumenkino") kann den Eindruck fließender Bewegung erwecken. Im Fernsehen jagen 25 Bilder pro Sekunde über den Bildschirm. In alten Filmprojektoren ist die Bildfrequenz geringer (18 bis 20 Bilder pro Sekunde), deswegen wirken die Bewegungen in den frühen Stummfilmen so abgehackt und kantig.

Verrechnung der Meßergebnisse

Die Information über die Erregung der Sehzellen wird an das nachgeschaltete Nervennetzwerk in der Retina weitergegeben. Bereits hier wird die Information vorverarbeitet und verrechnet. Die teilweise ausgewertete und verrechnete Information wird dann über die Nervenfasern des Sehnervs verschlüsselt an das Gehirn weitergegeben. [Die Verschlüsselung ist eine sogenannte Frequenzmodulation (FM, genauer Puls-Code-Modulation), etwa dasselbe Prinzip, das in der Technik bei UKW-Sendern verwendet wird, wobei verschieden starke Erregung als verschiedene Erregungsfrequenz ausgedrückt wird.] Bei der Verrechnung der Erregungsdaten in der Netzhaut und im Gehirn werden von den Nervennetzwerken die wesentlichen Rechenoperationen wie Addition, Multiplikation, Differentiation und Integration ausgeführt. Ein Beispiel für Verrechnung von Erregungsdaten ist die bereits beschriebene Koinzidenzzählung; Randkontrastverschärfung, Farbensehen und räumliches Sehen sind weitere Beispiele.

Randkontrastverschärfung

Beim Betrachten von Abbildung 3.13 erscheinen an den Kreuzungsstellen der weißen Streifen graue Flecken, die in Wirklichkeit nicht vorhanden sind. Das beruht darauf, daß in der Netzhaut die Erregungswerte benachbarter Sehzellen so verrechnet werden, daß sie sich gegenseitig beeinflussen. Dadurch erscheint uns Dunkel an der Grenze zu Hell dunkler als in dunkler Nachbarschaft und Hell an der Grenze zu Dunkel heller als inmitten eines hellen Feldes. Diese Art der Verrechnung erhöht die Kontraste und schärft die Grenzen. Von dem erregten Rezeptor geht eine Hemmwirkung auf seine Nachbarn aus, die umso größer ist, je stärker er erregt ist. Dies führt zu einer überproportionalen Unterdrückung der Nachricht von den schwächer erregten Rezeptoren durch ihre stärker erregten Nachbarn. Diese sogenannte „Randkontrastverschärfung durch laterale Hemmung" spielt für unser Sehen eine wichtige Rolle beim Erkennen von Figuren. Sie erleichtert uns das Lesen unsauber gedruckter Buchstaben.

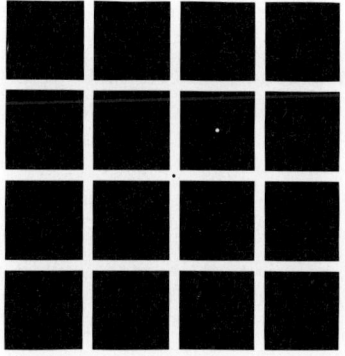

Abb. 3.13. Demonstration des Mach-Effekts. Die Randkontrastverschärfung erkennt man daran, daß uns an den Überkreuzungen der weißen Balken dunkle Flecken erscheinen, die in Wirklichkeit nicht vorhanden sind. Weiß an der Grenze zu schwarz erscheint uns heller, schwarz an der Grenze zu weiß dunkler als im Inneren der Felder.

Farbensehen, ein Rechenergebnis

Was ginge uns verloren, sähen wir unsere Welt nicht farbig! Farben können Lebensfreude vermitteln, Farben beeinflussen unsere Stimmung: Nicht zufällig sprechen wir von „warmem Rot" oder „kühlem Blau". Farben können anlocken oder abschrecken. Auch unsere technisierte Welt verwendet Farben als Informationsträger, man denke nur an die Verkehrsregelung mit farbigen Signalen. Signalfarben in der belebten Natur und in der technisierten Welt geben uns wichtige Erkennungszeichen für unser tägliches Leben, z. B. die abschreckende Zeichnung einer Wespe.

Bisher haben wir Licht vereinfacht als einen Strahl dahinfliegender, verschieden großer Lichtquanten beschrieben, etwa wie Körner aus einem Sandstrahlgebläse. Ein Lichtstrahl, der unser Auge trifft, erscheint uns „weiß", wenn er – wie das Tageslicht – Lichtquanten aller Größen enthält, und farbig, wenn er vornehmlich aus Quanten einer Größe besteht. Bei bestimmten Lichtreizkombinationen entsteht aufgrund einer Verrechnung in unserem Gehirn ein Farbeindruck. Farben beruhen also auf Empfindungen. Sie sind Produkte der Gehirntätigkeit, die auf Eigenschaften unserer realen Umwelt basieren.

Farben faszinieren Künstler, Dichter und Wissenschaftler gleichermaßen. Farben sind nicht einfach physikalische Eigenschaften der Körper und des Lichts, sondern von diesen hervorgerufene phantastische Vorstellungen unseres Gehirns. Auch Goethe hat sich viel mit Farben beschäftigt und eine lange Abhandlung geschrieben, die er „Farbenlehre" nannte und für sein wichtigstes Werk hielt. Physikalisch gesehen ist seine Farbenlehre unzutreffend und in manchem überholt. Dennoch ist das faszinierende Werk auch heute noch höchst lesenswert.

Für das Farbensehen sind in unserem Auge nur die Zapfen zuständig. Dabei kann ein Zapfen mit seinem Rhodopsin keineswegs alle Lichtquanten, die ihn treffen, auch tatsächlich einfangen. Quanten einer spezifischen Größe kann er wesentlich besser fangen als größere oder kleinere. Anders ausgedrückt: Während er von Quanten seiner „Lieblingsgröße" sehr viele, vielleicht sogar alle einfängt (absorbiert), die ihn treffen, kann er von halb so großen oder doppelt so großen Quanten nur jedes zehnte oder fünfzigste einfangen. Bei jedem Fangerfolg wird er aber gleich stark erregt, unabhängig davon, wie groß das eingefangene Lichtquant ist. Die Erregung des Zapfens kann also keinen Unterschied machen, ob er von wenigen Quanten, die er gut einfangen kann, getroffen worden ist oder von vielen, die er schlecht einfangen kann. Ein einzelner Zapfentyp taugt daher nicht zum Farbensehen. Die Fangmißerfolge werden nicht registriert.

Licht, das nur eine Quantengröße enthält (bzw. eine Wellenlänge), bezeichnet man als spektralreines Licht (oder kurz als Spektrallicht). Wenn Spektrallicht einer mittleren Quantengröße, das uns grün erscheint, auf einen sogenannten „grün-empfindlichen" Zapfen fällt, wird es – wie wir oben bereits gesehen haben – in ein elektrisches Signal umgesetzt. Grünes Licht einer bestimmten Stärke verursacht ein relativ großes Signal. Quantengleiches blaues Licht enthält gleich viele, jedoch größere Quanten als das grüne Reizlicht. Dieses blaue Reizlicht löst ein sehr viel *kleineres* Signal aus, da der für „grün" besonders empfindliche Zapfen von diesen großen Quanten nur einen geringeren Prozentsatz einfängt (Abbildung 3.14). Noch kleiner ist das Signal, das ein wiederum an Quantenzahl gleiches rotes Licht hervorruft. Der „grün-empfindliche" Zapfen wird also von Spektrallicht, das uns grün erscheint, besonders stark erregt.

In unserem Auge befinden sich drei verschiedene Zapfentypen, jeder spezialisiert auf den Fang einer bestimmten, für ihn optimalen Quantengröße. Wir nennen sie rot-empfindliche, grün-empfindliche und blau-empfindliche Zapfen. Sie unterscheiden sich durch die Fangpräferenzen ihrer Sehpigmente (Rhodopsine) für verschiedene Quantengrößen (Abbildung 3.15).

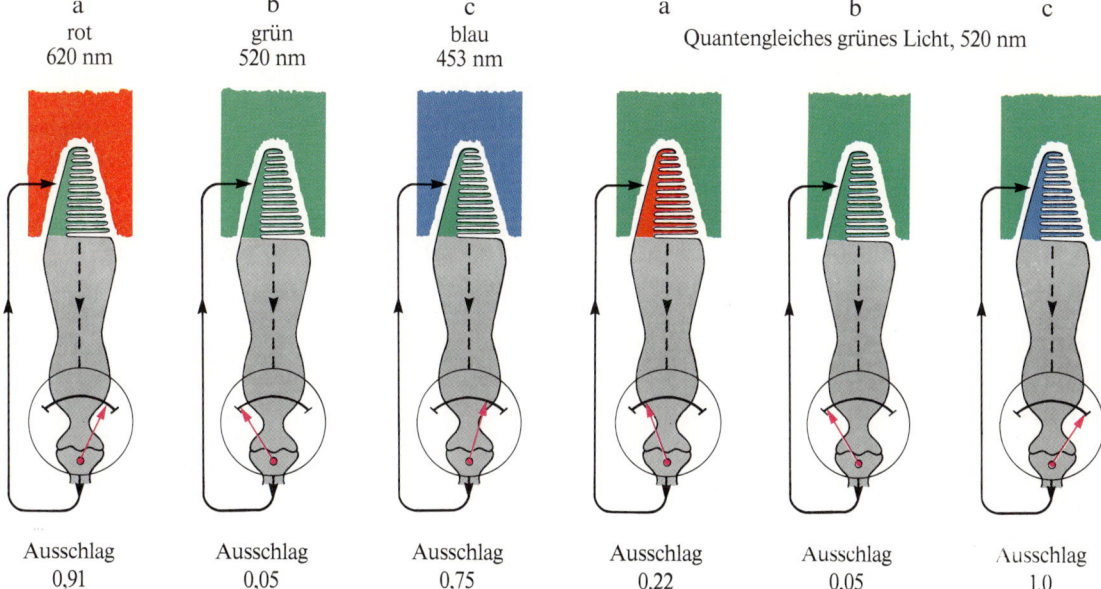

a rot 620 nm	b grün 520 nm	c blau 453 nm	a	b	c
			Quantengleiches grünes Licht, 520 nm		

Ausschlag 0,91   Ausschlag 0,05   Ausschlag 0,75   Ausschlag 0,22   Ausschlag 0,05   Ausschlag 1,0

Abb. 3.14. Ein grün-empfindlicher Zapfen wird mit jeweils quantengleichem Licht, das uns rot, grün oder blau erscheint, belichtet. Bei grünem Licht (b) nimmt der Synapsenstrom am stärksten ab, bei blauem Licht (c) geringer, bei rotem (a) am geringsten. Die Stromwerte sind Relativwerte.

Abb. 3.15. Schematische Darstellung, wie rot-empfindliche, grün-empfindliche und blau-empfindliche Zapfen durch grünes, quantengleiches Reizlicht erregt werden. Der grün-empfindliche (b) zeigt die höchste Stromabnahme, der rot-empfindliche (a) eine geringere und der blau-empfindliche (c) die geringste, fast keine (vgl. auch Abbildung 3.16). Die Stromwerte sind Relativwerte.

Die Quanten-Spezifität unserer Zapfen ist allerdings nicht sehr scharf. Ein für grün maximal empfindlicher Zapfen kann auch noch durch blaues oder rotes Licht erregt werden. Entsprechendes gilt für den blau-empfindlichen und den rot-empfindlichen Zapfentyp. Abbildung 3.16 zeigt die spektralen Empfindlichkeiten unserer drei Zapfentypen für Quantengrößen (bzw. Wellenlängen).

Wenn gleiches Spektrallicht, das uns grün erscheint, unsere Zapfen trifft (Abbildung 3.15), so ruft es in den drei verschiedenen Zapfentypen unterschiedlich große Erregungssignale, d.h. Stromabnahmen, hervor. Die Stromabnahme ist in den grün-empfindlichen Zapfen am größten, in den rot-empfindlichen schwächer und in den blau-empfindlichen am geringsten. Bei einer anderen Größe der Lichtquanten (d.h. Spektrallicht einer anderen Wellenlänge, das uns in einer anderen

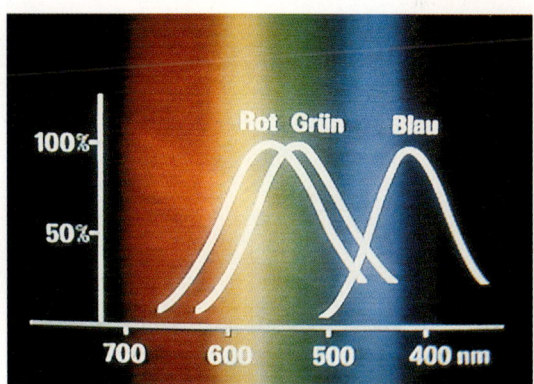

Abb. 3.16. Spektrale Empfindlichkeitskurve unserer drei Zapfentypen. Von links nach rechts: „rot-empfindlich", „grün-empfindlich" und „blau-empfindlich".

Farbe erscheint) sind die Erregungssignale in allen drei Zapfentypen wiederum verschieden. Das ist aber noch lange nicht Farbensehen, sondern erst die Voraussetzung dafür. Die Farbempfindung entsteht in unserem Gehirn als Ergebnis eines rechnerischen Vergleichs der Erregung unserer drei Zapfentypen.

Entsprechend den drei verschiedenen Größen der Erregungssignale melden die Zapfen in verschlüsselter Form an das Gehirn, wie stark sie erregt sind. Obwohl der einzelne Zapfentyp nur eine geringe Spezifität für Quantengrößen hat, kann unser Gehirn durch Erregungsvergleich verschiedene Quantengrößen (bzw. Wellenlängen) sehr genau unterscheiden. Ständig vergleicht das Gehirn die Erregungswerte der drei Zapfentypen

und errechnet aus dem Vergleich der drei Werte die Farbe, die wir empfinden.

Die Ausstattung mit drei Zapfentypen erlaubt uns, die verschiedensten Farben zu sehen (Abbildung 3.17). Ob wir aber die drei Zapfentypen – wie oben geschildert – mit einfarbigem (monochromatischem) Spektrallicht nur einer Quantengröße reizen oder mit einem Mischlicht aus verschiedenen Quantengrößen, das gleiche Erregungsverhältnisse der drei Zapfentypen hervorruft, können unser Auge und Gehirn nicht unterscheiden. Selbst eine geeignet schwarz-weiß gemusterte Drehscheibe (Abbildung 3.18) erscheint uns farbig, wenn sie langsam rotiert, weil sie ein *zeitliches* Erregungsmuster hervorruft, das vom Gehirn mit einem von farbigen Lichtreizen erzeugten verwechselt wird.

Abb. 3.17. Farbenkreis: Anordnung der verschiedenen Farbtöne, die das menschliche Auge wahrnehmen kann.

Die Farbtöne zwischen A und B (Pfeil) sind keine Spektralfarben, sondern Mischfarben von rot und blau.

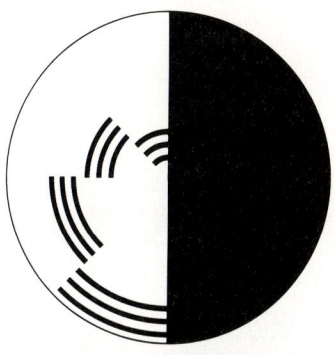

Abb. 3.18. Benhamsche Scheibe. Bei einer geeigneten Umdrehungsgeschwindigkeit (etwa 3 bis 10 Umdrehungen pro Sekunde) scheinen die Teilkreise zu Ringen zu verschmelzen, die uns verschieden farbig und verschieden hell erscheinen.

Abb. 3.19. Die gelbe Fläche auf dem Fernsehschirm löst sich bei Vergrößerung mit der Lupe in Dreiergruppen (Tripel) von roten, grünen und blauen Punkten auf, die überlagert in unserem Gehirn den Eindruck „gelb" erzeugen.

Die Farben, die durch Reflexion des Lichts an farbigen Oberflächen entstehen, beruhen darauf, daß nicht alle Quantengrößen von einem farbigen Gegenstand gleich gut reflektiert oder eingefangen werden. Deshalb hat das reflektierte Licht eine andere Quantenzusammensetzung (spektrale Verteilung des Lichts) als das eingestrahlte und erscheint uns farbig. Interessant ist auch, daß uns die Farben, die wir bei hellem Tageslicht, im Abendrot oder bei Kunstlicht sehen, aufgrund einer kompensierenden Verrechnung im Gehirn relativ konstant erscheinen. Voraussetzung dafür ist jedoch, daß die spektrale Zusammensetzung der Beleuchtungen nicht zu weit voneinander abweichen. Betrachten wir beispielsweise den Farbkreis in Abbildung 3.17 bei Abendlicht und bei Mittagslicht, so sieht er sehr ähnlich aus, obwohl die relativen Häufigkeiten der reflektierten Quantengrößen des Lichts sehr verschieden sind. Stehen wir aber unter einer monochromatischen Lichtquelle, z. B. einer gelben Natriumdampf-Straßenlaterne, so erscheinen uns die Farben unserer Kleider stark verändert.

Farbfernsehen

Diesen Dreirezeptor-Mechanismus unseres Auges nutzt das Farbfernsehen auf raffinierte Weise aus. Wir sehen in Abbildung 3.19 auf dem Fernsehgerät eine leuchtend gelbe Fläche. Wenn wir jetzt aber den Bildschirm, der uns das Gelb zeigt, mit einer Lupe stark vergrößern, ist das Gelb auf einmal verschwunden (das läßt sich leicht ausprobieren). Wir sehen dann nur noch kleine blaue, grüne und rote Punkte, die in Dreiergruppen, sogenannten Tripeln, angeordnet sind. Hinter dieser Merkwürdigkeit steht, daß sich bei geeigneter Helligkeitsabstufung durch Überlagerung dieser drei Grundfarben beliebige Farben erzeugen lassen. Der Bildschirm der Farbfernsehröhre besitzt Hunderttausende von Dreiergruppen aus benachbarten blauen, grünen und roten Leuchtpünktchen. Sie geben die Blau-, Grün- und Rotanteile von dem wieder, was die Kamera aufnimmt. Die Tripel sind so klein, daß wir die einzelnen Pünktchen ohne Lupe nicht auflösen können. Ihre Lichter überlagern sich und so entsteht in unserem Gehirn der Farbeindruck, z. B. gelb, ohne daß gelbes Licht vorhanden ist.

Störungen des Farbensehens (Farbenblindheit)

Gar nicht so selten ist bei Männern die Rot-Grün-Farbenblindheit. Sie beruht oft auf dem Fehlen des Sehfarbstoffs der rot-empfindlichen oder der grün-empfindlichen Zapfen. Das Gen dafür liegt auf dem Geschlechts-(X)-Chromosom, daher tritt diese Anomalie häufiger bei Männern auf (Rotpigment defekt oder fehlend bei 2,6 Prozent, Grünpigment defekt oder fehlend bei 6,2 Prozent aller Männer). Diese Menschen haben daher nur noch zwei funktionierende Zapfentypen zur Unterscheidung der Lichtwellenlängen (vgl. Abbildung 3.16).

Die Farbfernsehtechnik kann uns die Farbwelt ahnen lassen, in der sich Farbenblinde zurecht finden müssen. Ein Rot-Grün-Farbenblinder hat Schwierigkeiten, rot von grün zu unterscheiden. Zwischen grün und blau kann er jedoch viele Farbtöne unterscheiden. Er hat es z. B. viel schwerer als ein Farbtüchtiger, reife von unreifen Himbeeren zu unterscheiden. Für ihn sieht ein Bild reifer Himbeeren (Abbildung 3.20a) vielleicht etwa so aus wie Abbildung 3.20b (in diesem Fernsehbild wurden die Rotanteile der Tripel abgeschaltet). Einen ähnlichen Effekt hat bereits Goethe in seiner Farbenlehre malerisch imitiert. Der Farbenblinde muß sich im täglichen Leben an anderen Merkmalen als der Farbe orientieren, z. B. an Formen oder daran, daß bei der Verkehrsampel rot immer oben ist. Farbenblinde lernen das so gut, daß sie uns

a

b

Abb. 3.20. Reife Himbeeren a) in normaler Farbdarstellung und b) als Fernsehbild, aus dem der Rotanteil der Tripel ausgeschaltet wurde.

im täglichen Leben meist gar nicht auffallen. Farbnuancen können wir nur dort unterscheiden, wo sich die spektralen Empfindlichkeitskurven unserer Zapfen überlappen. Deshalb verliert das Auge durch Ausfall von rot- oder grün-empfindlichen Zapfen in diesem Spektralbereich die Farbauflösung.

Tiefenwahrnehmung (räumliches Sehen)

Computer haben heute meist einige feste Rechenprogramme, die häufig wiederkehrende

42

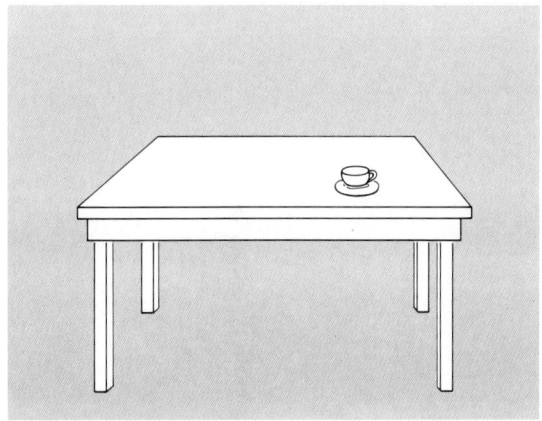

Abb. 3.21. Perspektivische Zeichnung eines Tisches mit Tasse und Untertasse.

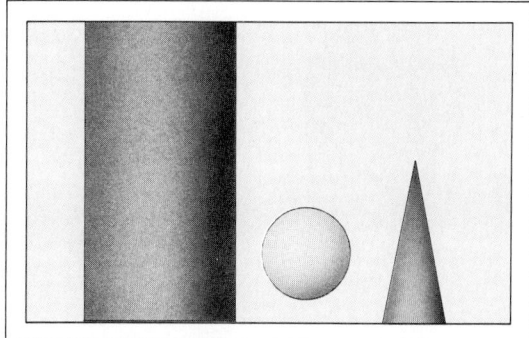

Abb. 3.22. Ein uns nicht vertrauter Anblick, bei dem wir Schwierigkeiten haben, etwas über die dritte Dimension – die Tiefe – oder über die Größe der Gegenstände auszusagen. Durch ein Fenster erkennen wir Zylinder, Kugel und Kegel. Es könnten z.B. ein naher Fabrikschornstein, der Mond und eine Kirchturmspitze sein. Bei einäugiger Betrachtung können wir Größe und Abstände der drei Gegenstände nicht abschätzen.

Berechnungen automatisch ausführen können. Entsprechend verfährt auch die Rechenanlage unseres Auges. Bestimmte Figuren werden von unseren Augen als räumlich gesehen. Dieses Phänomen macht man sich beim perspektivischen Zeichnen zunutze, um mit einer zweidimensionalen Abbildung einen räumlichen Eindruck zu erwecken. Computerergebnisse können aber unsinnig werden, wenn die Rechenprogramme nicht richtig gewählt sind. Wie wir noch sehen werden, schaden solche Rechenfehler unseres Sehens normalerweise nicht viel.

Was in Abbildung 3.21 vorne und was hinten ist, können wir leicht unterscheiden, denn die Objekte und ihre Anordnung sind uns ein vertrauter Anblick. So können wir auch ungefähr abschätzen, wie weit die Gegenstände voneinander entfernt sind und selbst wie groß beispielsweise die Tasse in dem Bild ist. Dabei ist das gar nicht so selbstverständlich, denn von der dreidimensionalen Welt, in der wir leben, erhält die Netzhaut unseres Auges nur eine verstümmelte Information: ein nur zweidimensionales Abbild. Das stört so lange kaum, wie wir uns in einer vertrauten Umgebung bewegen. Wie aber ist es, wenn das nicht zutrifft? In Abbildung 3.22 können wir nicht entscheiden: Liegt die Kugel vor dem Zylin-

der, oder ist es genau umgekehrt? Und wie groß ist der Kegel?

Sichere Informationen über die Tiefe liefert uns erst das Blicken aus verschiedenen Richtungen (Abbildung 3.23). Wenn wir beispielsweise unseren Standpunkt wechseln, können wir nacheinander aus verschiedenen Richtungen in den Raum sehen und so Informationen über die Tiefe gewinnen. Unsere beiden Augen sind etwa 6 bis 7 cm voneinander entfernt. Wenn wir mit beiden Augen sehen, blicken wir daher gleichzeitig aus zwei verschiedenen Richtungen.

Dieses Sehen aus zwei verschiedenen Richtungen hat zur Folge, daß von einem betrachteten Gegenstand in den beiden Augen unterschiedliche Bilder entstehen. Dieser Effekt ist besonders stark, wenn der Gegenstand sehr nah ist (Abbildung 3.24). Aus den Unterschieden dieser Bilder errechnet unser Gehirn – ohne daß wir das geringste davon merken – die Information über die Tiefe.

Abbildung 3.24b zeigt zwei verschiedene Bilder, ähnlich wie sie auf den Netzhäuten der beiden Augen abgebildet werden. Man könnte übrigens die Bilder genau vermessen (mit einem sogenannten Planimeter) und aus den

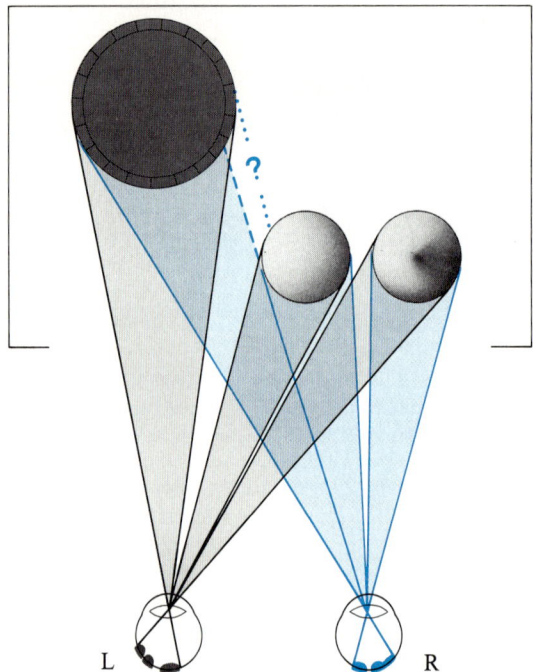

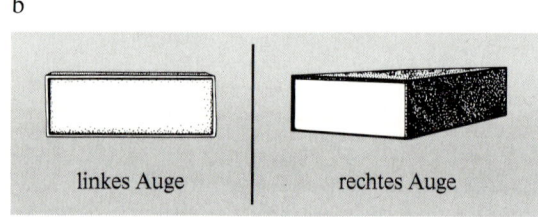

linkes Auge	rechtes Auge

Abb. 3.23. Durch Blicken aus zwei verschiedenen Richtungen können wir die dritte Dimension – die Tiefe – beurteilen. Von oben erkennt man, aus welchen Winkeln die beiden Augen die Gegenstände der Abbildung 3.22 sehen, und erkennen, daß der Zylinder tatsächlich am weitesten entfernt ist. Kugel und Kegel sind gleich groß und gleich weit entfernt, und ein Teil des Zylinders ist für das rechte Auge von der Kugel verdeckt. Aus dem Unterschied dieser Bilder können wir beim zweiäugigen Sehen die Tiefe bestimmen.

Abb. 3.24. a) Die zwei Augen sehen räumlich durch Blicken aus verschiedenen Richtungen. **b)** Die zwei verschiedenen Bilder, die unsere beiden Augen bei gleichzeitiger Betrachtung eines dreidimensionalen Objekts sehen.

Unterschieden die räumliche Tiefe aufwendig errechnen. Das aber schafft unser Gehirn, wie gesagt, automatisch.

Voreilige Annahmen

Abbildung 3.21 stammt wie ein Fernsehbild von einer einäugigen Kamera. Wir können uns ziemlich gut über seine Tiefe orientieren, weil uns die Gegenstände vertraut sind: Schließlich fassen wir jeden Tag eine Tasse an und haben daher eine Vorstellung, wie groß

Tassen sind. So haben wir von den Bildern aller uns vertrauten Gegenstände bestimmte Strukturerwartungen, die sehr weit gehen (Abbildung 3.25): Vier Striche nur und schon erscheinen sie uns zwanghaft als Gesichter, das eine fröhlich, das andere traurig. Andererseits lassen sich auch Figuren wie die in Abbildung 3.26 entwerfen, bei denen uns unsere Strukturerwartung in die Irre führt. Warum irritiert uns dieses Bild? Betrachten wir einmal den rechten und den linken Teil jeweils für sich: Rechts sieht es aus wie ein U-förmiger Körper aus irgendeinem vierkantigen Material, links wie drei Stäbe. Und beides, das einzeln so stimmig erscheint, paßt nicht zusammen. Warum nicht? Weil dies eben nur eine zweidimensionale Figur ist, in die unser Gehirn zwanghaft Dreidimensionalität hineininterpretiert. Wir erkennen an diesem Fehlverhalten einen Mechanismus, der

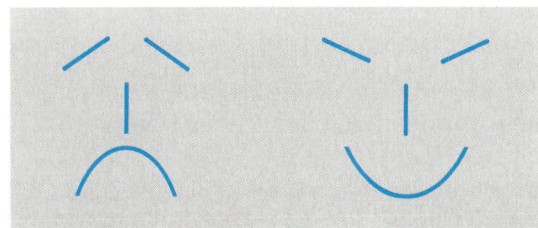

Abb. 3.25. Diese beiden Figuren aus fünf Strichen erscheinen uns als menschliche Gesichter rechts mit fröhlichem und links mit traurigem Ausdruck. Diese Interpretation ist zur Bildauswertung in unserem Gehirn fest einprogrammiert.

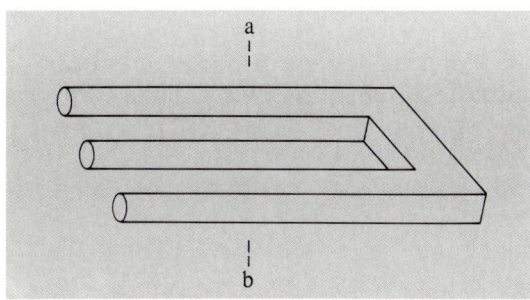

Abb. 3.26. Eine solche unmögliche Figur begegnet uns im normalen Leben nicht. Es ist eine zweidimensionale Darstellung. Wir versuchen sie dreidimensional zu sehen. Wenn wir bei der Verbindungslinie der beiden Striche a und b die eine oder die andere Bildhälfte zudecken, erscheint uns jede Hälfte einzeln stimmig und dreidimensional. Die beiden Teile passen aber nicht zusammen.

im täglichen Leben eigentlich immer zu dem richtigen Ergebnis führt, denn solche „unmöglichen" Figuren begegnen uns normalerweise nicht.

Wir danken Herrn Hans Thomas Hennig für seine Hilfe bei der sorgfältigen Korrektur des Manuskriptes.

Literatur

Chr. von Campenhausen: „Die Sinne des Menschen." Bd. I: „Einführung in die Psychophysik der Wahrnehmung." Georg Thieme Verlag, Stuttgart–New York 1981.

Chr. von Campenhausen: „Die Sinne des Menschen." Bd. II: „Anleitung zu Beobachtungen und Experimenten." Georg Thieme Verlag, Stuttgart–New York 1981.

P. Frisby: „Sehen: Optische Täuschungen, Gehirnfunktionen, Bildgedächtnis." Heinz Moos Verlag, München 1983.

R. F. Schmidt: „Grundriß der Sinnesphysiologie." 5. Auflage. Heidelberger Taschenbücher, Springer Verlag, Berlin–Heidelberg–New York–Tokyo 1985.

J. L. Schnapf und D. A. Baylor: „Die Reaktion von Photorezeptoren auf Licht." Spektrum der Wissenschaft Heft 6/1987, S. 116.

H. Stieve: „Was wissen wir über den molekularen Mechanismus der Erregung von Lichtsinneszellen?" Naturwissenschaften 75, 288 (1988).

Optische Information aus unserer Umgebung wird durch die Augenlinse auf unsere Netzhaut projiziert. Etwa 130 Millionen Sehzellen nehmen diese Information auf und leiten sie zu einem unter der Netzhaut liegenden Netzwerk von Neuronen weiter. Die dort vorverarbeitete optische Information wird dann durch den Sehnerv, einem Bündel von etwa einer Million Nervenfasern, in das Gehirn weitergeleitet.

Die etwa 6 Millionen Sehzellen vom Zapfentyp sind für das Farbensehen bei hellem Licht verantwortlich; die viel häufigeren, wesentlich lichtempfindlicheren Stäbchenzellen sind für das Dämmerungssehen zuständig.

Die wichtigsten Teile der Sehzellen sind das Außensegment, in welchem Millionen Moleküle des Sehfarbstoffes Rhodopsin zum Zwecke des Einfangens der eingehenden Lichtquanten eingelagert sind, das Innensegment, welches mit dem Außensegment in elektrischem Kontakt steht, der Zellkörper und das Axon, das der Weiterleitung der Sehinformation dient. Nach Absorption eines Lichtquantes durch das im Rhodopsin enthaltene Retinal verändert dieses seine Form und zwingt damit seinerseits dem Eiweißrest des Rhodopsin eine Formveränderung auf. Diese bewirkt eine Lawine gekoppelter chemischer Reaktionen, die unter Vermittlung durch den Botenstoff cGMP (cyclisches Guanosin-monophosphat) zur Erniedrigung des zwischen Innensegment und Außensegment ständig fließenden elektrischen Stromes führt. Die zeitweilige Abnahme dieses Rezeptorstromes stellt das Signal dar, welches an die angeschlossene Nervenzelle weitergeleitet wird.

Die Empfindlichkeit unserer Sehzellen adaptiert sich automatisch über einen Bereich von 1:1 000 000 an die gegebenen Lichtverhältnisse. Weil der Rezeptorstrom erst etwa eine Zehntelsekunde nach Reizbeginn seinen Maximalwert erreicht und auch nur langsam abklingt, sind Reize mit einer Abfolge von mehr als 16 pro Sekunde nicht mehr getrennt wahrnehmbar; es entsteht der in Kino und Fernsehen genutzte Effekt der Bewegung.

Die Endverarbeitung der optischen Information erfolgt im Gehirn. Erst dort kommt es zur Randkontrastverschärfung, dem Farbensehen und dem räumlichen Sehen, erst dort entsteht die *bildliche Wahrnehmung*. Mit der Verarbeitung optischer Reize im Gehirn werden sich im folgenden Kapitel Rainer Wolf, Privatdozent am Lehrstuhl für Morphologie und Entwicklungsbiologie der Universität Würzburg, und seine Frau Dorothea Wolf befassen.

Kapitel 4

Vom Sehen zum Wahrnehmen: Aus Illusionen entsteht ein Bild der Wirklichkeit

Von Rainer Wolf und Dorothea Wolf

Wie sehen wir die Welt?

Diese Frage mag auf den ersten Blick unsinnig erscheinen, denn schließlich, so sagt uns der gesunde Menschenverstand, brauchen wir ja nur die Augen aufzumachen. Und wie diese aufgebaut sind und funktionieren, wissen wir ja schon recht gut. Aber dieses Wissen genügt bei weitem nicht, den Sehvorgang zu erklären. Dinge mit den Augen wahrzunehmen, ist nämlich keineswegs nur ein passiver Prozeß. Anders als ein Kinobesucher, der – entspannt zurückgelehnt – das Geschehen auf der Leinwand verfolgt, kann unser Ich das von den Augen auf eine Art „innere Leinwand" übertragene Bild gar nicht direkt wahrnehmen. Vielmehr muß das Bild erst verarbeitet und interpretiert werden, und dabei greift das Gehirn höchst *aktiv* ein, ohne daß wir etwas davon merken. Wie es dabei die Bildinformation verändert, ja sogar zensiert, kann man aber augenfällig machen, und das wollen wir gleich versuchen.

Die Zwillinge auf dem Etagenbett (Abbildung 4.1 a) sieht natürlich jeder gleich groß. Was aber, wenn wir sie unverändert in dieser Lage lassen, das Bettgestell wegblenden und einen *Raum* als Hintergrund wählen (Abbil-

dung 4.1 b)? Nun erscheint das hintere Mädchen plötzlich viel größer als das vordere, obwohl es doch zweifellos im Auge, auf der Netzhaut, genauso groß abgebildet ist wie in Abbildung 4.1 a. Schon ein paar Striche, die einen Raum andeuten, genügen, um diesen Effekt hervorzubringen (Abbildung 4.1 c).

Wir unterliegen hier offenbar einer Täuschung. Entdeckt hat sie der italienische Psychologe Mario Ponzo schon im Jahr 1913. Aber nicht nur die Größe der Kinder schätzen wir in diesem „Room of Illusions" (Abbildung 4.1 b) falsch ein. Die Deckenleiste z. B. erscheint uns deutlich höhenversetzt zur Fußleiste – und doch lassen sich beide zu einer geraden Linie verbinden („Poggendorff-Täuschung"). Ähnlich ergeht es uns, wenn wir die Vorderkante des Teppichs mit der Breite der Rückwand des Raums vergleichen: Der Teppich sieht eindeutig schmaler aus, und doch sind auf den Bildern beide Linien auf den Millimeter genau gleich lang („Müller-Lyer-Täuschung"). Außerdem sehen wir deutlich, daß der Teppich länger ist als breit, obwohl die beiden gelben Linien auf der Zeichnung – und damit auch auf dem Netzhautbild im Auge – in der Länge übereinstimmen („T-Täuschung"). Auch der Zylinder

a

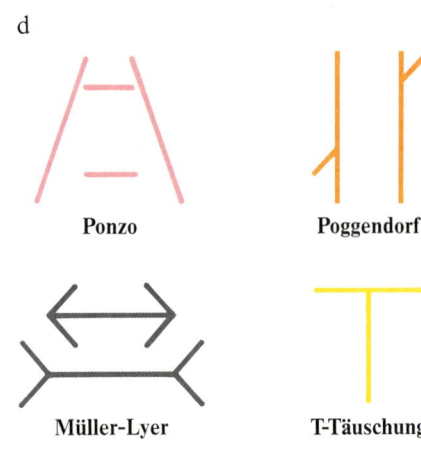

d

Ponzo

Poggendorf

Müller-Lyer

T-Täuschung

b

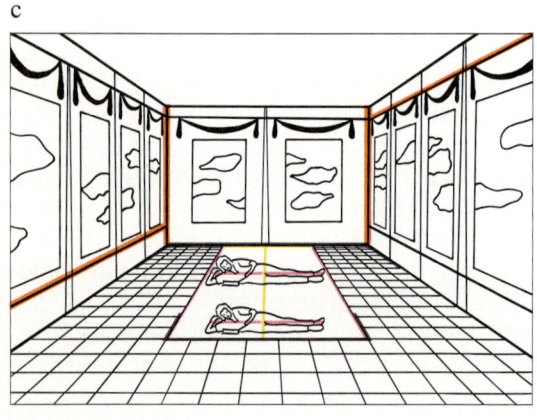

c

Abb. 4.1. a) Zwillinge auf einem Etagenbett – nichts ist erstaunlich an diesem Bild ohne räumliche Tiefe. Mit perspektivischer Tiefenwirkung (b) aber bietet sich ein Raum voller Illusionen, die wir leicht übersehen. c) Seh-Wahrheiten werden zu den geometrischen Täuschungen (d), wenn man die zusammengehörigen Linien von gleicher Farbe für sich allein, also ohne den räumlichen Kontext betrachtet: Die ,,Müller-Lyer-Täuschung" (dicke schwarze Linien) wirkt hier mit halben Pfeilspitzen. Bei der ,,Ponzo-Täuschung" sehen die beiden waagrechten Striche verschieden lang aus; die ,,Poggendorff-Täuschung" gibt vor, die unterbrochene schräge Linie würde nicht fluchten sondern höhenversetzt sein; bei der ,,Müller-Lyer-Täuschung" scheinen die waagrechten Linien zu wachsen oder zu schrumpfen, sobald die Pfeilspitzen umschlagen, und bei der ,,T-Täuschung" wirkt die senkrechte Linie wesentlich länger als der gleich lange, waagrechte Balken.

des Moderators erscheint uns höher als breit; man kann es aber nachmessen: Er ist es nicht.

Ob wir hier wirklich Täuschungen unterliegen, läßt sich gar nicht so einfach entscheiden. Abbildung 4.1 d zeigt die genannten geometrischen Täuschungen in ihrer bekannten Form als einfache Strichzeichnungen – und hier täuschen wir uns wirklich. Zwar bildet unser Auge die Linien leidlich korrekt auf der Netzhaut ab, in der Wahrnehmung aber werden sie auf ganz bestimmte Weise verfälscht. Erst wenn sich dieselben Linien in dem perspektivischen Bild eines Raumes befinden, werden sie zu *Seh-Wahrheiten*: Sie vermitteln räumliche Tiefe und helfen uns, Eigenschaften der Dinge in diesem Raum zu erkennen. Was in einfachen Strichzeichnungen als Täuschung erscheint, dient also der richtigen Wahrnehmung unserer räumlichen Umwelt. Und das ist durchaus sinnvoll, denn in dem uns vertrauten Bereich, dem „Mesokosmos", leben wir ja in einer dreidimensionalen Welt.

Das Auge: mehr als eine Kamera

Wie kommt es zu dieser erstaunlichen Leistung unseres Sehsystems? Um diese Frage zu beantworten, müssen wir das *ganze* System betrachten, also Auge *und* Gehirn. Im Auge scheinen die Vorgänge noch ziemlich einfach zu sein. Sie ähneln, wie wir aus Kapitel 3 schon wissen, in manchem den Abläufen in einer Fernsehkamera: Ein Gegenstand wird von einem Linsensystem auf eine lichtempfindliche Fläche projiziert, die das Bild sofort in ein Muster von elektrischen Signalen umwandelt. Dieses „neuronale Bild" entsteht auf der innersten Schicht der Netzhaut im Auge. Was nun geschieht, geht bereits weit über die Leistungen der heute üblichen Fernsehkameras hinaus. Diese übertragen nämlich das Bild *seriell*: Bildpunkt für Bildpunkt wird nacheinander abgetastet und über ein Kabel auf einen Monitor übermittelt. Würde unser Auge nach diesem Prinzip funktionieren, so könnte eine einzige Nervenfaser das Netzhautbild ins Gehirn melden. Auf der Netzhaut aber beginnen viele nachgeschaltete Nervenzellen sofort damit, dieses neuronale Bild *parallel*, also gleichzeitig, zu bearbeiten. Indem z. B. benachbarte Zellen sich gegenseitig in ihrer Erregung hemmen, werden Kontrast und Konturenschärfe verbessert.

Mit der Schärfe hat es übrigens eine ganz besondere Bewandtnis. So unglaubwürdig es scheint: Wir sehen nur Dinge, deren Bild sich auf der Netzhaut *bewegt*. Und trotzdem können wir uns ruhig hinsetzen und den Anblick einer stillen Landschaft genießen. Unser Auge sorgt nämlich stets selbst für die Bewegung, indem es ständig hin- und herzittert. Dieser sogenannte „Mikro-Nystagmus" macht, daß sich die Netzhaut unter dem ruhenden Bild fortwährend um einen Bereich von 5 bis 10 Sehzellen verschiebt, und das etwa 50mal in der Sekunde! Würde man eine normale Videokamera in dieser Weise einsetzen, so entstünde ein völlig verwaschenes, unscharfes Bild. Nicht so bei unserem Sehsystem: Raffinierte Verrechnungsvorgänge, die man noch nicht genau kennt, ermitteln aus der zeitlichen Veränderung der Bildsignale die Lage einzelner Bildstrukturen mit einer Genauigkeit von 1/10 des Durchmessers einer einzigen Sehzelle und liefern damit eine Bildschärfe, die bei ruhender Netzhaut nie erreicht werden könnte! Kürzlich hat man dasselbe Grundprinzip mit Erfolg in einer Videokamera eingesetzt: Der lichtempfindliche Bildsensor (CCD-Chip) bewegt sich hin und her, und durch elektronische Datenverarbeitung erreicht man im nachhinein eine zehnfach höhere Bildschärfe, als der Zahl der ursprünglich aufgelösten Bildpunkte entspricht.

Daß wir ruhende Bilder nicht wahrnehmen, kann jeder leicht an sich selbst testen. Man befestige vorne seitlich an seinem Nasenflügel einen winzigen schwarzen Papierschnipsel. Starrt man ihn mit einem Auge unbewegt an und stützt den Kopf dabei fest auf, so verschwindet überraschenderweise der schwarze Fleck nach wenigen Sekunden völlig („Troxler-Effekt"). Sein Bild ist nämlich auf der Netzhaut so unscharf, daß der Mikro-Nystagmus nicht mehr genügt, um den Sehzellen die zur Auswertung nötigen Helligkeitsunterschiede zu liefern!

Die Eigenschaft unseres Auges, nur bewegte Bilder zu melden, macht noch ein anderes, einfaches Experiment deutlich, bei dem man quasi in das eigene Auge schaut. Blickt man in einem dunklen Raum nach oben und leuchtet sich mit dem gebündelten Strahl einer hellen Taschenlampe schräg von unten in die Pupille hinein, dann sieht man zarte, bäumchenförmige Strukturen: Es sind die Schatten der feinen Blutkapillaren, die vor (!) der Netzhaut liegen. Dem Verlauf dieser bäumchenförmigen Schatten kann man aber nicht mit dem Blick folgen, denn sie bewegen sich natürlich mit dem Auge mit, und deshalb verschwinden sie auch nach wenigen Sekunden völlig. Leuchtet man aus einer etwas anderen Richtung ins Auge, so verschieben sich die Schatten, und daher werden sie wieder für einige Sekunden sichtbar. Wir schauen also ständig durch ein Netzwerk aus Blutkapillaren, und dennoch ist das Bild, das wir sehen, nicht zerstückelt – ein Wunder, auf das wir noch zurückkommen werden.

Frösche besitzen, im Gegensatz zu uns, ruhende Augen. Das ist biologisch recht sinnvoll, denn Frösche wären vermutlich nicht intelligent genug, um das komplizierte Netzhautbild ihrer Umgebung richtig zu deuten. Das brauchen sie auch nicht, denn erkennen müssen sie nur Dinge, die sich bewegen: kleine, die als Nahrung in Frage kommen, mittelgroße, mit denen man sich vielleicht paaren kann, und große, vor denen man besser flieht. Wir ahnen jetzt, wie das Froschauge arbeitet: Es wirkt wie ein Filter, ein Bewegungsdetektor, der nur bewegte Dinge registriert. Hierdurch wird der visuelle „Input" in eine genügend einfache Information umgesetzt, die es dem Frosch erlaubt, angemessen zu reagieren. Das *komplette Bild* seiner Umgebung, das sehr wohl auf seiner

Netzhaut erscheint, aber nicht wahrgenommen wird, interessiert ihn auch gar nicht. Wir werden sehen, daß dasselbe im Prinzip auch für das unvergleichlich komplexere Sehsystem des Menschen gilt.

Bei der Auswertung des zitternden neuronalen Bildes muß unser Gehirn die räumlichen und zeitlichen Änderungen einrechnen. Diese Rechenvorgänge brauchen Zeit, und deshalb kann unser Sehsystem nicht mehr als etwa 16 Bilder in der Sekunde zeitlich auflösen, d. h. als Einzelbilder erkennen. Diese einlaufenden Bilder werden in der Wahrnehmung wieder zeitlich miteinander verschmolzen. Das ist sinnvoll, denn natürliche Bewegungen sind in aller Regel fließend. Die geringe zeitliche Auflösung unseres Sehsystems ist es, die Film und Fernsehen erst möglich macht. Sie läßt uns aus einzelnen, springenden Filmbildern natürliche Bewegungen herauslesen. Stubenfliegen dagegen, deren Facettenaugen ganz anders aufgebaut sind als unsere Linsenaugen, verarbeiten Bilder mehr als zehnmal so schnell wie wir. Sie sehen selbst die 50 Fernseh-Halbbilder pro Sekunde als eine gemächliche Folge von Standbildern, sozusagen als Dia-Schau. Bewegungen nehmen sie, verglichen mit uns, in Zeitlupe wahr. Wen wundert es da, daß sie sich so schwer fangen lassen!

Der lange Weg vom Auge zum Sehzentrum im Gehirn

Unsere Netzhaut enthält etwa 100 Millionen *Seh*zellen. Sie sind mit weiteren Nervenzellen auf komplizierte Weise zusammengeschaltet, denn aus jedem Augapfel heraus führt nur eine Million *Nervenzell*-Fortsätze. Sie bilden den Sehnerv, der die elektrische Bildinformation in verschiedene Regionen des Gehirns überträgt. Ein kleiner Teil seiner Fasern zieht zum paarigen *Colliculus superior* ins Mittelhirn, zum „optischen Tectum", dem ursprünglichen Sehzentrum der Wirbeltiere.

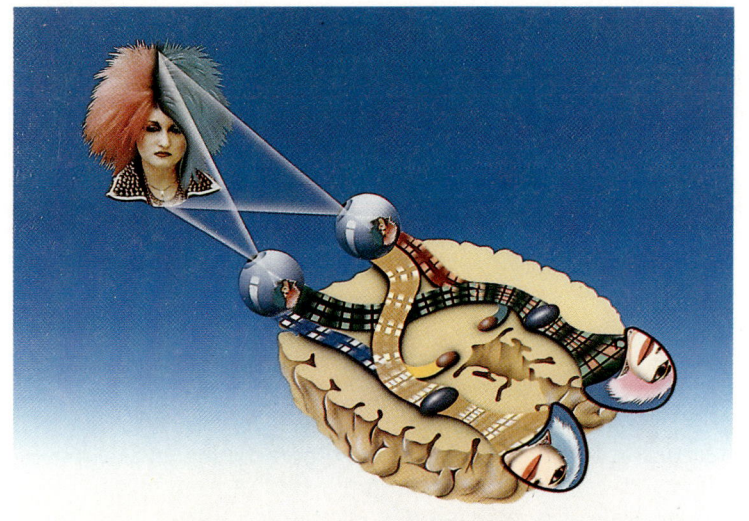

Abb. 4.2. Ein flacher Schnitt durch das menschliche Gehirn zeigt schematisch die „Sehbahnen", welche die Bildinformation – hier von einem Mädchengesicht – aus dem Auge ins Gehirn leiten. Schon auf dem Weg dorthin und in noch höherem Maß im Gehirn selbst wird die Information immer weiter aufgeteilt, auseinandergenommen und bearbeitet. Das paarige optische Tectum (violette kugelige Gebilde) erlaubt eine Art unbewußten Sehens, die beiden seitlichen Kniehöcker (blau) dienen als Umschaltstation in der Informationsleitung.

(Für unser Sehen hat es fast keine Bedeutung mehr, aber es verleiht Menschen, die wegen eines Defektes der Sehrinde erblindet sind, die Fähigkeit zu einer Art unbewußten Sehens, zu einem „Sehen ohne Sehempfindung".) Die meisten Fasern der Sehnerven führen aber in eine Umschaltstation, die beiden „seitlichen Kniehöcker". Von dort ziehen Nervenfasern vor allem in den Hinterkopf, in das *primäre Sehfeld der Sehrinde* (das visuelle Feld V 1). Was bei dieser Übertragung der Bildinformation geschieht, ist – selbst grob vereinfacht dargestellt – erstaunlich. Blicken die beiden Augen eines Betrachters auf die Nasenspitze eines Mädchens (Abbildung 4.2), so erscheint das Mädchengesicht auf beiden Netzhäuten – natürlich kopfstehend und seitenverkehrt, wie in jeder Kamera. Überraschend ist aber, daß die Sehnerven der beiden Augen nicht direkt ins Gehirn ziehen, sondern sich auf ihrem Weg aufspalten und teilweise überkreuzen. Damit gelangen aus beiden Augen die Signale vom linken Teil des Bildes in die rechte Gehirnhälfte und die Signale vom rechten Bildteil in die linke Gehirnhälfte. Also erhält jede Gehirnhälfte des Betrachters Information über lediglich ein halbes Mädchengesicht! Dieses erscheint noch dazu verzerrt, denn die Region um die

Sehgrube (*Fovea*) herum, mit der wir am schärfsten sehen, wird etwa zehnmal größer abgebildet als der Rand des Gesichtsfeldes. Letztlich nimmt aber die linke Gehirnhälfte nur die linke Hälfte des Mädchengesichts wahr (d. h. die rechte Seite des Blickfeldes), und zwar dank komplizierter Verrechnungen aufrecht und wieder entzerrt; und der rechte Teil des Gehirns beschäftigt sich ausschließlich mit der anderen Gesichtshälfte. Das Gehirn verarbeitet also verschiedene Bildteile in mehreren, weit voneinander entfernten Bereichen. Es schneidet das Blickfeld quasi in zwei Teile auseinander und vereinigt sie in der Wahrnehmung auf noch unbekannte Weise wieder miteinander, und das völlig nahtlos!

Arbeitsteilung im Gehirn: Parallele Bildverarbeitung in mehreren Verrechnungskanälen

Wir können hier nur Grundprinzipien aufzeigen, nach denen unser Sehsystem – und das höherer Säugetiere – arbeitet. Die Wirklichkeit ist noch viel komplizierter, denn die Sinnessignale schlagen unglaublich verschlungene Wege ein und werden dabei immer weiter aufgeteilt: In den beiden Umschaltstationen, den seitlichen Kniehöckern, finden wir die Bildsignale jeweils des halben Mädchengesichts nicht weniger als sechsmal übereinander! Und auch im primären Sehfeld der Sehrinde, das im Hinterkopf liegt, treffen wir auf sechs verschiedene Schichten von spezialisierten Nervenzellen. In der vierten Schicht z. B. liegen die Bildinformationen aus dem linken und dem rechten Auge ganz dicht nebeneinander, aufgeteilt in viele Streifen, die jeweils 1/2 mm breit sind. Dies dient ganz offensichtlich dazu, die Bilder des rechten und des linken Auges miteinander zu vergleichen – eine Voraussetzung für das stereoskopische Tiefensehen. Im primären Sehfeld findet man außerdem tropfenförmige Zellgruppen von 1/5 mm Durchmesser, „blobs" genannt, die wie Computer-Chips dicht gepackt nebeneinander liegen, und von denen noch die Rede sein wird. Vom primären Sehfeld übertragen Nervenfasern die Bildinformation weiter in das *sekundäre Sehfeld der Sehrinde* (visuelles Feld V 2), das ein dreifaches System aus dünnen, dicken und blassen Zellstreifen enthält. Weiter läuft die Information zum mittleren Schläfenlappen und zum „visuellen Feld 4", das weiter oben im Gehirn liegt, und schließlich zu den Assoziationsfeldern in der hinteren Schläfenregion. Gut ein dutzendmal treffen wir in beiden Gehirnhälften auf die (immer wieder umcodierten) Signalmuster der beiden Hälften des Mädchengesichts!

Was dieser immense Aufwand soll, war bis vor kurzem eine Frage ohne Antwort. Doch dann machte die Forschergruppe um die amerikanischen Nobelpreisträger Hubel und Wiesel eine erstaunliche Entdeckung. Schon auf der Netzhaut des Auges gibt es mindestens zwei Arten von Nervenzellen: große Ganglienzellen, die *Magno-Zellen*, die nur auf Helligkeitsunterschiede reagieren und (wegen ihrer großen „rezeptiven Felder") die Bildinformation nur unscharf wiedergeben, und kleine *Parvo-Zellen* mit kleinen „rezeptiven Feldern", die *scharfe* Bildinformationen lie-

fern und auf Farben unterschiedlich ansprechen. Bildverarbeitung findet also bereits auf der Netzhaut statt, die man auch als einen vorgeschobenen Außenposten des Gehirns ansehen kann. Und bereits hier beginnt eine Arbeitsteilung im Sehsystem, die im Verlauf der Bildauswertung im Gehirn immer weiter vorangetrieben wird. Dabei werden die Sinnessignale der Augen vervielfacht und parallel, also gleichzeitig, in mindestens drei vollkommen unabhängigen „Auswertkanälen" verarbeitet! Diese Kanäle sind spezialisierte Bahnen unseres Sehsystems, die in ganz verschiedene Teile unseres Gehirns führen. Sie transportieren und verarbeiten jeweils nur eine ganz bestimmte Bildinformation.

Warum das alles so kompliziert sein muß, kann man sich leicht klarmachen: Mit der Übertragung des Netzhautbildes ins Gehirn ist nämlich noch fast nichts für das Sehen getan, denn irgendwo muß doch ein „Ich" stecken, das sich das Ganze anschaut und es *deutet*. Das hat man schon sehr bald erkannt und in einem alten Stich symbolisch-bildhaft festgehalten (Abbildung 4.3): Vier Herren diskutieren angeregt darüber, wie die gerade einlaufende Bildinformation zu deuten sei. Natürlich gibt es in unserem Gehirn keine kleinen Männchen, die über das Netzhautbild nachdenken. Setzt man aber anstelle der Gehirne der einzelnen Herren die verschiedenen Verarbeitungskanäle und andere Verrechnungsmechanismen, die wir noch kennenlernen werden, dann kommen wir dem Prinzip, wie unser Gehirn Bilder verarbeitet, recht nahe.

Wissenschaftlich ausgedrückt: Unser Gesichtssinn ist „modular" strukturiert. Das Hauptprogramm „Sehen" umfaßt eine Anzahl Unterprogramme, die völlig unabhängig voneinander arbeiten können. Bestimmte Auswertekanäle analysieren nämlich Raumtiefe und Bewegung, andere die Form von Objekten und wieder andere schließlich Farbe und Helligkeit der Flächen im Bild. Die Auswertung des Netzhautbildes geschieht sehr abstrakt. So wird z. B. im einfachsten Fall, bei einem Streifenmuster im Netzhautbild, aus

Objekt   Lichtreiz   Auge

Optisches Erinnerungszentrum

Abb. 4.3. Die Herren dieser Diskussionsrunde – hier stellvertretend für die verschiedenen Abteilungen der Bildanalyse und Zensur im Gehirn – beraten untereinander, wie die Information aus dem Netzhautbild zu deuten ist und was davon zu welcher Zeit ins Bewußtsein gemeldet werden soll.

den Abständen der Linien ein charakteristischer Wert ermittelt, die „Raumfrequenz". Das Gehirn führt hierzu komplizierte Berechnungen durch, die in der Mathematik unter dem Begriff „Fourier-Transformationen" bekannt sind. Das Resultat entspricht etwa dem, was der Physiker als ein „Beugungsbild" des auszuwertenden Bildes bezeichnet.

In ihm ist die wesentliche Bildinformation codiert enthalten.

Veranschaulichen kann man sich die Arbeitsweise der verschiedenen Seh-Kanäle nur höchst unzureichend, denn wer kann sich z. B. Bewegung vorstellen ohne das Ding selbst, das sich durch das Gesichtsfeld bewegt? Und doch gibt der für Bewegung zuständige Kanal

53

keine nähere Information über das bewegte
Objekt! Wie und was die drei bisher bekannten Kanäle verarbeiten, können wir also nur
sehr unzulänglich nachempfinden. Nehmen
wir als Beispiel unseren „Room of Illusions"
(Abbildung 4.1). Er enthält farbige Flächen
und vielerlei Formen, man erkennt räumliche
Tiefe, und es könnte sich allerlei bewegen.
Tatsächlich aber setzt das Gehirn das Bild
dieses Raumes aus Teilinformationen zusammen, die es getrennt über die verschiedenen
Auswertekanäle erhält.

Der erste Kanal, dessen „Output" wir bild-
lich nachzuempfinden versuchen, heißt wegen
seiner relativ großen Nervenzellen „*Magno-
Kanal*" (Abbildung 4.4a). Alles erscheint etwas unscharf, es gibt weder Farben noch Flächen unterschiedlicher Helligkeit. Zwar sind
die Grenzlinien sichtbar, die durch Hellig-
keitskontraste benachbarter Farbtöne geliefert werden, nicht aber die Farben selbst.
Man hat den Eindruck einer verwaschenen
Strichzeichnung. Bei der Bildverarbeitung in
diesem Kanal werden also Flächen verschiedener Helligkeit durch Konturen voneinander
getrennt. Das Wesentliche läßt sich allerdings
nur im Filmbild zeigen. Markant tritt nämlich alles hervor, was sich bewegt, kenntlich
an Konturen, die sich verschieben; ebenso
auffällig ist die Tiefenwirkung. Der Magno-
Kanal ist also ein farbenblinder Kanal für das
Wahrnehmen von Bewegung und von räumlicher Tiefe.

Ein ganz anderes Bild liefert das Gehirn
über den sogenannten „*Parvo-Interblob-Kanal*". Er heißt so, weil seine Nervenzellen relativ klein sind und jeweils zwischen den
„blobs" liegen. Dieser Kanal bildet sehr
scharf ab und liefert Formen – allerdings
immer nur von einzelnen, kleinen Teilen des
Gesamtbildes (Abbildung 4.4b), von dort
nämlich, wohin man gerade schaut. Farben, Helligkeitsunterschiede, Bewegung und
Raumtiefe fehlen.

Der „*Blob-Kanal*" hingegen liefert Bilder
von geringer Schärfe, die im mittleren Bereich
intensiv farbig sind (Abbildung 4.4c). Zum
Rand hin fehlt die Farbe. Er gibt auch Flä-

a

b

c

**Abb. 4.4. a) Der farbenblinde „Magno-Kanal" arbeitet un-
scharf und vermittelt räumliche Tiefe und Bewegung –
Informationen, die aber nur das Filmbild veranschaulichen
kann. b) Der „Parvo-Interblob-Kanal" liefert weder Farbe
noch räumliche Tiefe, gibt aber genaue Information über
Kanten und Formen der Dinge aus dem mittleren Bereich
des Sehfeldes, d. h. von dort, wo man gerade hinschaut.
c) Farbe – wenn auch unscharf und keineswegs im ganzen
Bild – vermittelt nur der „Blob-Kanal".**

chen unterschiedlicher Helligkeit an, vermittelt aber weder Bewegung, noch räumliche Tiefe, noch Formen.

Diese Kanäle sind aber nur der Anfang der Bildverarbeitung. Wie man heute weiß, nimmt das Gehirn Bilder noch viel weitergehend auseinander. Das führt z.B. dazu, daß bestimmte Nervenzellen erst und nur dann aktiv werden („feuern"), wenn sich irgendwo im Gesichtsfeld eine schräge Kante mit einer ganz bestimmten Geschwindigkeit auf geradem Weg von links nach rechts bewegt. Und andere solcher „hyperkomplexen" Zellen zeigen wiederum eine andere, hochspezifische Bildinformation an.

Wie das Gehirn die Informationen aus all den Kanälen wieder zu einer für uns einheitlichen Wahrnehmung zusammensetzt, weiß noch kein Mensch. Daß aber die Sehinformation in mehreren, voneinander völlig unab-

hängigen Kanälen verarbeitet wird, dafür gibt es viele Indizien. So können nach einem Schlaganfall ganz spezifische Sehstörungen auftreten, die nur durch den Ausfall eines speziellen Kanals verständlich werden. Das Farbensehen kann verlorengehen, oder die Patienten erkennen zwar Form und Farbe, aber keine Bewegungen; oder sie sehen normal, erkennen aber plötzlich keine Gesichter mehr. Auch hierfür scheint also ein ganz bestimmter Hirnbereich zuständig zu sein.

Den Ausfall des Magno-Kanals kann auch der gesunde Beobachter an sich selbst erleben. Die Linien in der zentralperspektivisch angelegten Abbildung 4.5a vermitteln eine ausgeprägte Tiefenwirkung. Der räumliche Effekt ist so stark, daß die drei dunklen Gestalten ganz verschieden groß wirken, obwohl sie gleich groß gezeichnet sind (wir kommen auf diese Größentäuschung, die wir schon bei

a

b

Abb. 4.5. Die „Ponzo-Täuschung", hier auf eine perspektivische Zeichnung übertragen, läßt uns die drei schemenhaften Gestalten ganz verschieden groß erscheinen, solange die fluchtenden Linien heller oder dunkler sind als der Untergrund. Nur dann kann sie der farbenblinde „Magno-Kanal" erkennen und räumlich deuten (a). Macht man durch geeignete Beleuchtung alle Flächen im Bild gleich hell (b), so gelingt das nicht mehr: Die Tiefenwirkung der Zeichnung verschwindet plötzlich, und die drei Gestalten wirken dann gleich groß. – Die richtige Beleuchtung für die Betrachtung des Bildes muß man selbst ausprobieren,

denn jeder sieht die verwendeten Farben etwas verschieden hell. Im Tageslicht – besonders in der Mittagszeit und bei blauem Himmel – ist das Blau heller als das Rot und umgekehrt bei gelblichem Glühlampenlicht dunkler. Trägt man das Bild langsam von dem einen Beleuchtungsbereich zum anderen, so werden die Farben irgendwann einmal gleich hell. Wem das Blau (oder das Rot) stets dunkler erscheint, der stelle senkrecht, dicht neben dem Bild, eine hell beleuchtete blaue (bzw. rote) Fläche so auf, daß sie das Bild anstrahlt.

den Zwillingen im „Room of Illusions" erlebt
haben, noch zurück). Für den Eindruck von
Tiefe sollte der Magno-Kanal zuständig sein
– der aber ist farbenblind; und so ist er auf
Helligkeitsunterschiede angewiesen, um Tiefe
zu errechnen. Diese Unterschiede kann man
beseitigen, indem man gleich helle Farbtöne
verwendet (Abbildung 4.5 b). Wenn man die
Zeichnung erst ins Tageslicht hält und dann
langsam in den Lichtkegel einer Kunstlicht-
lampe bringt, wird für jeden (normal farb-
sichtigen) Betrachter irgendwann die räumliche Wirkung des Bildes vorübergehend
nachlassen. Mit der räumlichen Tiefe verschwindet auch die Größentäuschung bei den
drei Gestalten – sie erscheinen nun wirklich
gleich groß. Ähnlich ergeht es uns mit dem
„schwebenden Quadrat" in Abbildung 4.15,
das uns später noch begegnen wird: Es verschwindet, wenn man die Bildelemente genau
gleich hell macht. All dies beweist ganz augenfällig, daß der Magno-Kanal wirklich farbenblind ist! An solchen Bildern, die aus
gleich hellen, ruhenden Elementen aufgebaut
sind, können wir einen weiteren Test machen.
Wie wir schon wissen, meldet uns der Magno-
Kanal neben Raumtiefe auch *Bewegung*. Da
aber alle sichtbaren Flächen gleich hell sind,
kann der Magno-Kanal keine Konturen mehr
ermitteln, an denen er Bewegung feststellen
könnte; er „weiß" also gar nicht, ob sich etwas bewegt oder nicht. Der Parvo-Interblob-
Kanal hingegen „erkennt" noch die im Bild
vorhandenen *Formen*. Die Folge: Die Bildelemente scheinen unregelmäßig hin- und herzu-
wabern, da unser Gehirn weder über ihren
Ruhezustand noch über ihre (stabile) Lage
informiert wird, sondern nur über ihre Form.

Berühmte Maler haben wohl etwas von den
Eigenschaften menschlicher Sehkanäle ge-
ahnt: So setzte der belgische Pointillist Theo
van Rijsselberghe Bilder aus Millionen einzelner Punkte in leuchtenden Farben zusammen
– Punkte, die bei normalem Betrachtungsabstand unser Formen-Sehkanal gerade noch
erkennt, während sie im „unscharfen" Farb-
kanal raffiniert zu Mischfarben verschmelzen
(Abbildung 4.6 a). Aus demselben Grund ist es

**Abb. 4.6. a) Theo von Rijsselberghe: „Familie im Obstgar-
ten", Ausschnitt. Der Reiz des Pointillismus liegt in der
Farbverschmelzung: Aus etwa einem Meter Entfernung
betrachtet sind die farbigen Punkte so klein, daß die Farbe
der einzelnen Punkte vom Farb-Sehsystem nicht aufgelöst,
d.h. erkannt wird. Sie sind aber noch groß genug für unser
Form-Sehsystem. Daher sieht man einzelne Punkte, nimmt
aber gleichzeitig nur deren Mischfarben wahr. b) Pablo
Picasso: „Mutter mit Kind." Trotz der flüchtigen Colorie-
rung ordnen wir die Farben den Formen präzise zu, weil
unser Farb-Sehsystem viel ungenauer arbeitet als das For-
mensehen.**

auch nicht weiter schlimm, wenn man eine
Strichzeichnung nur flüchtig coloriert (Abbildung 4.6 b): Farben und Formen werden einander doch richtig zugeordnet, und die Farbe
scheint die Umrißlinien viel präziser auszufül-
len als es in Wirklichkeit der Fall ist. Von dem
geringen Auflösungsvermögen unseres Far-
ben-Sehsystems profitiert auch die Fernsehtechnik. Die Farbanteile eines Bildes werden
nämlich mit weit geringerer Auflösung gesendet als der Schwarzweiß-Anteil, was die Menge an Information, die übertragen werden
muß, erheblich reduziert.

Wahrnehmungen sind
Hypothesen unseres Gehirns...

In unser Bewußtsein gelangt also ein anderes,
ein besseres Bild, als die Augen liefern. Das

wird besonders deutlich bei der Verarbeitung der Farben. Alle bunten Bilder, die wir wahrnehmen, sind ein Kunstprodukt unseres Gehirns! Die Information, die vom Auge des Betrachters kommt, sieht nämlich ganz anders aus. Uns ist schon gar nicht mehr bewußt, daß das Gesichtsfeld jedes Auges (also das, was jedes Auge erfaßt) auf der einen Seite von der Nase begrenzt wird (Abbildung 4.7a). Erstaunlicherweise fehlen außerdem im gesamten Randbereich die Farben, und nicht nur dort: Auch in anderen Bereichen fehlen sie zum Teil. Grün z.B. erkennt man eigentlich nur auf dem mittleren Sechstel der überschaubaren Fläche (Abbildung 4.7c); deshalb „sieht" das Auge nur in einem kleinen Bezirk des Hintergrundes die Farbe Grün. Unser Gehirn aber dehnt dieses Grün auf die gesamte Fläche mit derselben Textur aus (Abbildung 4.7b). Das Gehirn ermittelt sozusagen aus dem Netzhautbild diejenigen Formen, die dieselbe Struktur aufweisen, und „malt" sie dann insgesamt mit derjenigen Farbe aus, die die farbtüchtige Netzhautregion aus nur einem Teilbereich der jeweiligen Formen gemeldet hat. So erscheint uns das gesamte Bild bis zum Rand farbig.

Das Gehirn macht also *ohne unser Wissen* Annahmen und zieht logische Schlüsse. Solche logischen Verrechnungen, die unserer bewußten, rationalen Kalkulation nur funktionell ähnlich sind, weil sie völlig unbewußt ablaufen, nennt man *ratiomorphe Leistungen*. Sie können durch Verhaltens- und Orientierungsexperimente auch bei Tieren nachgewiesen werden. Primitive Asseln z.B. sind in der Lage, durch ein Näherungsverfahren über die verschlungenen Wegstrecken, die sie zurückgelegt haben, mathematisch zu integrieren, so daß sie jederzeit „wissen", wo sie sind, und ohne Wegmarken ihr Schlupfloch wiederfinden können! Solche komplizierten Rechenoperationen würden unser menschliches Denken völlig in Anspruch nehmen, müßten sie *bewußt* vollzogen werden. Die eigenen ratiomorphen Leistungen sind unserem Bewußtsein nicht einmal zugänglich, und sie sind von unserem Verstand auch nicht zu be-

einflussen oder zu belehren. Nichts erweckt den Verdacht, daß etwas, das wir wahrnehmen, seinen Ursprung in uns selbst, in unserem Gehirn, hat. Erst wenn das ratiomorphe Verrechnungsergebnis von dem abweicht, was unser Verstand erwartet, fallen die ratiomorphen Leistungen überhaupt auf – als Täuschung! – und wir trauen dann unseren Augen nicht.

Mit diesem Wissen wollen wir noch einmal in unseren „Room of Illusions" (Abbildung 4.1b) zurückkehren. Auch hier macht unser Gehirn Annahmen. Es deutet die schrägen Linien (richtig) als perspektivisch verkürzte Bilder der parallelen Teppichkanten. Dann aber – so schließt es – ist das eine Kind offenbar weiter entfernt und deshalb im Auge entsprechend kleiner abgebildet. Es muß also zur Korrektur der Wahrnehmung etwas vergrößert werden, und genau deshalb erscheint es uns größer als das vordere Kind. Entsprechendes gilt für die Größentäuschung bei den drei Gestalten in Abbildung 4.5.

Wo und wie solche Verrechnungen im Gehirn ablaufen, weiß man noch nicht. Daß sie aber stattfinden und mit bestimmten Annahmen unseres Gehirns verknüpft sind, wird im nächsten Versuch noch augenfälliger. Abbildung 4.8 zeigt ein paar Linien auf gleichmäßig hellem Grund. Die unterste erscheint ein bißchen länger – das hängt mit der Ponzo-Täuschung (Abbildung 4.1d) zusammen. All das ist deutlich sichtbar, solange man nicht merkt, daß in dem Linienmuster mehr verborgen ist. Sobald man aber erkennt, daß darin die Form eines Schnapsglases steckt, sieht die Zeichnung plötzlich ganz anders aus: Die beiden unteren Linien sind nun gleich lang, und eine helle Kontur scheint das Glas nach außen zu begrenzen. Außerdem wirkt die eingeschlossene Fläche zwischen den Linien etwas dunkler als die Umgebung!

Das Prinzip, das hinter dieser überraschenden Täuschung steckt, ist die sogenannte „Top-Down-Strategie" der Datenverarbeitung in unserem Gehirn. Auf sozusagen höchster Ebene – aber ganz ohne unser Wissen! – macht es Annahmen, es stellt Hypothesen

a

b

c

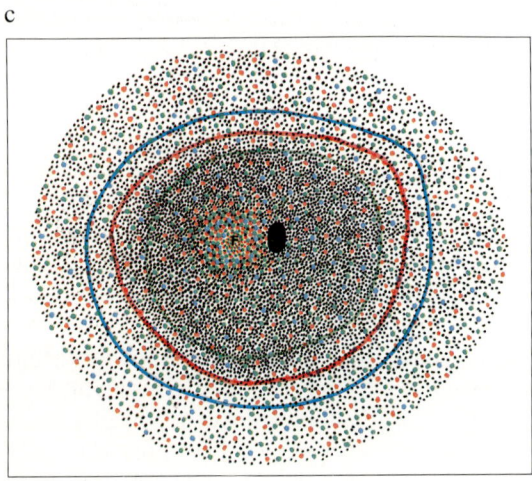

Abb. 4.7. a) Das Gesichtsfeld des rechten Auges eines Menschen, der eine Blumenwiese betrachtet. In (b) ist in etwa die Information veranschaulicht, die von den Sehzellen kommt. Nicht dargestellt ist, daß das Bild außerhalb der Fovea (= Fixierpunkt F) unscharf ist. Auch die Auswirkungen des Blutgefäßnetzes, das viele Teile des Bildes verdeckt (vgl. S. 50), sind der Übersichtlichkeit halber weggelassen. B ist der „blinde Fleck", wo der Sehnerv austritt. c) Hier ist grob schematisch die Verteilung der Sehzellen auf die Netzhaut dargestellt; die Stäbchen sind schwarz gezeichnet, die (relativ) farbspezifischen Zäpfchen in der Farbe, die sie „melden". (Im Auge sind sie jeweils in der Komplementärfarbe gefärbt.) Die pastellfarbigen Linien markieren die Grenzen, bis zu denen man die betreffenden Farben mit Hilfe der entsprechenden Zapfentypen erkennen kann: Die Farbe eines grünen Gegenstandes z. B., der sich vom Rand zum Zentrum des Gesichtsfeldes bewegt, erkennt man schlagartig, sobald er in den Bereich hineinragt, der durch die zartgrüne Linie markiert ist. – Die Bildinformation liegt anfangs „falschfarbig" vor (b), weil die verschiedenen Sehzelltypen nicht gleichmäßig über die ganze Netzhaut verteilt sind und im Bereich außerhalb der Mitte zunehmend mit Nachbarzellen zusammengeschaltet werden, so daß die spezifische Farbinformation verlorengeht. Angrenzend an den mittleren, „farbrichtigen" Bereich von (b), d. h. außerhalb der grünen Linie in (c), fehlt die Information für Grün, deshalb überwiegt dort die Komplementärfarbe Purpur; wo alles rein blau ist, d. h. außerhalb der roten Linie in (c), fehlt außerdem die Information für Rot, und außerhalb der blauen Linie in (c) fehlt auch noch die für Blau. Erstaunlicherweise wird aber Gelb sogar noch etwas weiter außen erkannt. Diese Farbe, für die es keine eigenen Sehzellen gibt, wird immer dann gemeldet, wenn Rot- und Grün-Rezeptoren gleichzeitig „feuern". Im Außenbereich scheinen die Rezeptoren für Rot und Grün also nur in Zusammenschaltung zu arbeiten und nicht mehr – wie in der Sehfeldmitte – auch allein für sich. – Die „falschen" Farben werden erst bei der weiteren Verarbeitung im Gehirn korrigiert, indem alle Farben jeweils auf die gesamten Flächen ausgedehnt werden, welche dieselbe Feinstruktur besitzen. Man sieht daher Flächen auch dann durchgehend farbig, wenn sie in den Außenbereich hineinragen, wo fast nur Stäbchen liegen. Die grüne Fläche der Wiese z. B. nimmt man also insgesamt als grün wahr, obwohl nur ein kleiner Teil davon in der grünempfindlichen Mittelregion liegt.

auf, worum es sich bei dem, was die Augen melden, handeln könnte. Ändert es in diesem Fall die Hypothese „Strichmuster" zugunsten der Hypothese „Schnapsglas", so wirkt das auf die Wahrnehmung zurück: Die Sinnesdaten werden nun anders geeicht, und alles, was wir jetzt quasi „dazusehen", sind Wahrnehmungstäuschungen, die unser Gehirn hinzugefügt hat mit dem Ziel, daß wir die etwas verborgene Gestalt des Glases leichter erkennen.

…und Täuschungen sind falsche Hypothesen

Gelegentlich täuscht sich unser Gehirn bei solchen Annahmen, und eben dann enthüllen sich uns die formalen Prinzipien, nach denen es – normalerweise erfolgreich – arbeitet. Deshalb sind Wahrnehmungstäuschungen, sofern wir sie erkennen, so ungemein aufschlußreich und für die Wissenschaft weit mehr als nur eine Kuriosität unseres Sehsystems! Sie erlauben uns vielmehr, auf Gehirnleistungen rückzuschließen, ohne die Vorgänge im einzelnen zu kennen. Man kann nicht erwarten, ein derart komplexes System wie unser Gehirn von Grund auf zu verstehen; das wäre so, als wolle man die Funktionsweise eines Super-Computers verstehen, der aus 10 Milliarden Einzelelementen besteht, von denen jedes mit etwa 1000 anderen verknüpft ist (bei heutigen Computern ist jedes Element jeweils nur mit *einem* anderen verbunden!) – ein hoffnungsloses Unterfangen. Stattdessen kann man das Gehirn einfach als eine „black box" betrachten, als eine schwarze Kiste mit unbekanntem Inhalt. Was in diese Kiste hineingelangt, kann man messen: Es sind die elektrischen Signale, die von unseren Sinnesorganen kommen. (Daß umgekehrt vom Gehirn auch zahlreiche Nervenbahnen zu den Sinnesorganen hinführen, müssen wir hier unberücksichtigt lassen, weil wir es noch kaum verstehen.) Was die schwar-

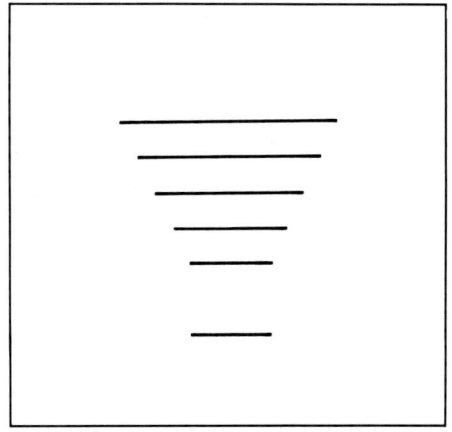

Abb. 4.8. Ein paar Linien – sonst nichts?

ze Kiste produziert, kennt jeder von sich selbst: Es ist das, was wir *wahrnehmen*. Wenn wir von den Wahrnehmungen ausgehen und sie mit den Sinnesreizen vergleichen, betreiben wir Systemanalyse und können so – mit den Methoden der Psychophysik – eine Menge darüber aussagen, wie das Gehirn arbeitet.

Zu den grundlegenden Prinzipien der Bildverarbeitung gehören die Konstanzleistungen, die uns die Dinge meist als konstant in Form, Farbe und Größe wahrnehmen lassen, also unabhängig von den zufälligen Randbedingungen unter denen wir sie betrachten, wie Blickwinkel, Beleuchtungsfarbe und Sehdistanz. Schauen wir z. B. auf einen Stuhl, dann entsteht auf der Netzhaut der beiden Augen jeweils ein flaches Bild davon. In unserem Bewußtsein nehmen wir jedoch die räumliche Gestalt des Stuhles wahr, und wir erkennen seine unveränderte Gestalt unabhängig von dem Blickwinkel, von dem aus wir den Stuhl betrachten, also unabhängig von seinem momentanen Netzhautbild. Wenn man bewußt darüber nachdenkt oder versucht, diese Leistung von einem Computer zu fordern, merkt man erst, wie schwer die Aufgabe ist, von dem flachen, je nach der Perspektive unterschiedlichen Bild auf der Netzhaut auf die konstante räumliche Gestalt zu schließen! Die Größe von Dingen z. B. muß im wahrgenommenen Bild in Abhängigkeit vom Abstand des Beob-

a

b

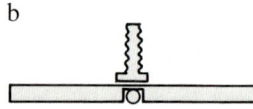

c

Abb. 4.9. Um den überraschenden „Bewegungs-Nach-effekt" auszuprobieren, kann man die auf S. 217 vergrößerte Drehspirale ausschneiden, auf einem Plattenspielerteller oder auf einem einfachen Kreisel (b) im Uhrzeigersinn drehen und dabei ihr Zentrum betrachten. Schaut man dann auf die Windenblüte (c), dann dehnt sich diese aus – ohne dabei größer zu werden! Fertigt man die Drehscheibe aus Plexiglas und xerokopiert die Spirale auf eine durchsichtige Folie, so läßt sich der Versuch am Overheadprojektor durchführen.

achters korrigiert (umgeeicht) werden. Ein Versuch kann uns das vor Augen führen: Man betrachte für eine Weile das Zentrum einer rotierenden Spirale (Abbildung 4.9 a). Dabei entsteht der Eindruck, daß sich etwas nach hinten entfernt. Das Gehirn „weiß" aber, daß etwas, das sich entfernt, normalerweise kleiner zu werden scheint. Und so gibt es hier zur Korrektur ständig den Befehl: „Vergrößern!" Blickt man nun auf einen anderen Gegenstand, z. B. auf die Blüte in Abbildung 4.9 c, so wird diese sinnvolle Konstanzleistung falsch eingesetzt: Die Blüte scheint sich nun auszudehnen, denn das Gehirn überträgt den Korrekturbefehl von der Spirale auf die Blüte, obwohl er dort gar nicht mehr hingehört. Wie wir später verstehen werden, eignen sich für diesen Versuch besonders solche Gegenstände, bei denen ein Wachstumsprozeß nicht allzu sehr mit der Erfahrung kollidiert.

Auch der Stuhl des Monsieur Beuchet, der jeden zum Liliputaner macht, der sich auf ihm niederläßt (Abbildung 4.10 a), beruht nicht auf Zauberei. Dem Bild liegt auch keine Photomontage zugrunde, sondern eine biologisch sinnvolle Größen-Konstanzleistung, die vom Betrachter falsch eingesetzt wird. Der Stuhl besteht nämlich in Wirklichkeit aus zwei ganz verschieden großen Teilen, die weit voneinander entfernt stehen (Abbildung 4.10 b). Nur von einer bestimmten Position aus betrachtet, fügen sie sich zu einem „Schein-Stuhl" zusammen. Daher nimmt das Gehirn an, daß die beiden Personen sich nebeneinander befinden. Es schätzt also die Entfernungen zwischen ihnen falsch ein – und damit natürlich auch ihre Größe.

Während sich die Konstanzleistungs-Mechanismen hier „irren", meistern sie auf der anderen Seite schwierige Probleme: Wenn wir mit den Augen hin- und herblicken, verschiebt sich das Bild auf der Netzhaut, ohne daß der Eindruck entsteht, ruhende Dinge würden sich bewegen. Umgekehrt sehen wir Bewegung, wenn wir ein bewegtes Objekt mit den Augen verfolgen, d. h. wenn sein Bild auf der Netzhaut ruht. All dies geschieht durch

Abb. 4.10. Zwerg und Riesin am Beuchet-Stuhl (a). Das zweite Stereo-Halbbild (b und c) zeigt, wie es zu dieser Wirkung kommt: Zwei weit voneinander entfernte Stuhlteile werden aus der richtigen Perspektive zu einem Schein-Stuhl verschmolzen. Wer die (völlig unschädliche) „Schielmethode" beherrscht, kann das Stereobildpaar zum Raumbild fusionieren, indem er das linke Halbbild (a) mit dem rechten Auge betrachtet und Bild (b) mit dem linken. Neulinge sollten zunächst bei gerader Kopfhaltung ihren Zeigefinger etwa in die Mitte zwischen Augen und Bildpaar halten. Wendet man nun die Aufmerksamkeit vorsichtig von der Fingerspitze weg auf das Bildpaar, so sieht man nach kurzer Übung die Bilder (a) und (b) zur Deckung kommen: Man erkennt das abgebildete Objekt dreimal nebeneinander, und das mittlere schwebt als Raumbild in Höhe des (nun unscharf gesehenen) Zeigefingers. Auch mit den Invertbrillen (Abbildung 4.12 a–c) kann man die Stereo-Halbbilder (a) und (b) fusionieren. Das gleiche leistet auch die preiswerte Prismenbrille der Fa. KMQ Stereographie (auf der Masch 18, D-3171 Adenbüttel), mit der man aus etwa 41 cm Entfernung – bei gerader Kopfhaltung – die Bilder (a) und (c) senkrecht von oben betrachtet. Die Brille ist so zu drehen, daß der Firmenname zu lesen ist, bevor man sie vor die Augen hält. Im Stereobild enthüllt sich der Trick mit dem Beuchet-Stuhl am besten!

a

b

c

Abb. 4.11. Undinge, die es doch gibt (a, d) – allerdings in einer Gestalt, die sehr ungewohnt ist. Man erkennt das offene Penrose-Dreieck (b, c) besonders deutlich, wenn man die beiden Halbbilder zum Stereobild verschmilzt (s. Abbildung 4.10, Betrachtungsabstand jedoch ca. 30 cm). So offenbart sich auch die wahre, überraschend-verbogene Gestalt des „Wasserfalls" (d–f, Betrachtungsabstand ca. 39 cm), den der belgische Künstler Mathieu Hamaekers nach der Escher-Lithographie gestaltete. Er baute das Modell mit Hilfe des von ihm entwickelten „Visual Integral Projections" (VIP)-Systems, das es erlaubt, alle „unmöglichen" Konstruktionen in geschlossene, dreidimensionale Modelle umzusetzen.

Rückmeldungen (Reafferenzen) an die „Zentrale": Das Gehirn berechnet vor jeder aktiven Augenbewegung die zu erwartende Änderung des Gesichtsfeldes. Nach der Augenbewegung wird die tatsächliche Lage des Bildes mit der erwarteten verglichen; stimmen beide überein, so bemerkt der Betrachter von der Verschiebung des Bildes auf der Netzhaut nichts.

Von passiven Augenbewegungen dagegen erfährt dieses Korrektursystem nichts. Daher scheint unsere Umwelt in Bewegung zu geraten, wenn wir mit dem Finger sachte auf das

Augenlid drücken und so unseren Augapfel verschieben!

Von unmöglichen Wahrnehmungs-Hypothesen

Eine Herausforderung für unsere Vorstellung von Raum sind die bekannten „unmöglichen Objekte" (Abbildung 4.11). So echt sie auch aussehen – in unserem Bewußtsein fühlen wir,

d

e

f

Abb. 4.11 d–f.

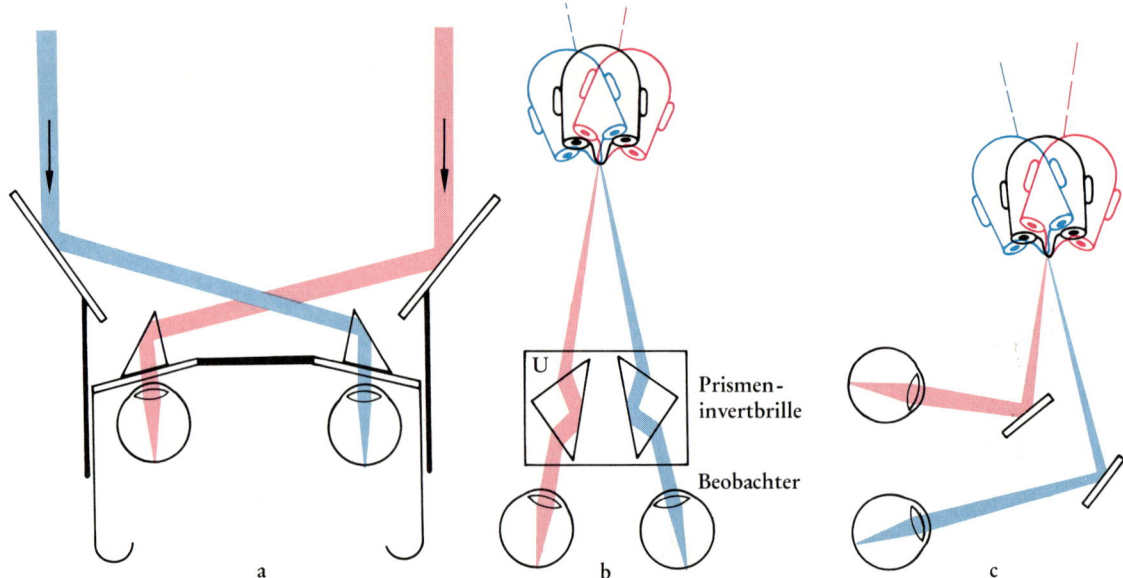

a   Prismen-invertbrille   Beobachter   b   c

es sind Un-Dinge, es kann sie nicht in Wirklichkeit geben. Damit täuschen sie uns aber gleich doppelt. Zum einen meinen wir, die Objekte seien räumlich, obwohl wir doch nur ein flaches Bild betrachten; zum anderen glauben wir, sie seien paradox und könnten räumlich gar nicht existieren. Die Bauteile von Abbildung 4.11a kann man aber sehr wohl herstellen – nur täuschen wir uns über ihre wahre Anordnung und manchmal auch über die Form. Die Scheingestalt des „unmöglichen Dreiecks" sieht man nämlich nur, wenn man die Klötze einäugig aus einer ganz bestimmten Richtung betrachtet. Aus jeder anderen Richtung erkennen wir, daß es gar nicht geschlossen ist (Abbildung 4.11b) oder daß es sich nicht um rechtwinkelige Quader handelt. Unser Gehirn ist es eben gewöhnt, flache perspektivische Bilder, wie sie auch auf unserer Netzhaut erscheinen, räumlich und nach dem Prinzip der „guten" (d.h. bekannten) Gestalt zu deuten. Ist eine Zeichnung aber nur scheinbar perspektivisch, so kann es zu paradoxen Interpretationen kommen, zu Deutungen, die in sich widersprüchlich sind. Obwohl wir in unserem Bewußtsein spüren, daß es solche Objekte räumlich nicht geben kann, bietet das Gehirn unserem Bewußtsein

Abb. 4.12. Invertbrillen, die im wahrgenommenen Raum vorne und hinten vertauschen, und mit denen man versuchen kann, die Mitmenschen als „Hohlköpfe" zu sehen. Besonders einfach zu bauen sind die beiden seitenvertauschenden Brillen: Modell (b) besteht nur aus zwei rechtwinkeligen Glasprismen, die mit etwas Plastillin verschiebbar auf eine ebene Unterlage geklebt sind; mit Modell (c) blickt man mit Hilfe zweier Spiegel, die senkrecht in zwei Rillen eines Holzbrettchens stecken, auch noch um die Ecke. Die tiefenverkehrende Wirkung beider Modelle beruht auf der Vertauschung von rechts und links, denn dadurch erhält z.B. das linke Auge die seitenverkehrte Ansicht der Dinge von links, und die entspricht einer Ansicht von rechts. d) Unsere beiden Augen sehen die Welt aus unterschiedlicher Perspektive: Die beiden Netzhautbilder des Pfeils AB sind verschieden lang. Die Tiefenverrechnungsstelle im Gehirn ermittelt daraus, daß B näher am Beobachter liegt als A. Vertauscht man linkes und rechtes Bild (roter Strahlengang), so liegt das tiefenverkehrte A_i vor B.

diese „Konstruktionen" immer wieder an. In seiner Graphik „Wasserfall" hat M. C. Escher aus solchen unmöglichen Dreiecken ein Perpetuum mobile gestaltet. M. Hamaekers hat danach sogar ein räumliches Modell gebaut (Abbildung 4.11d–f): Ein Bächlein plätschert ständig im Kreis herum und treibt dabei als Wasserfall, nutzbringende Arbeit leistend, ein Mühlrad an.

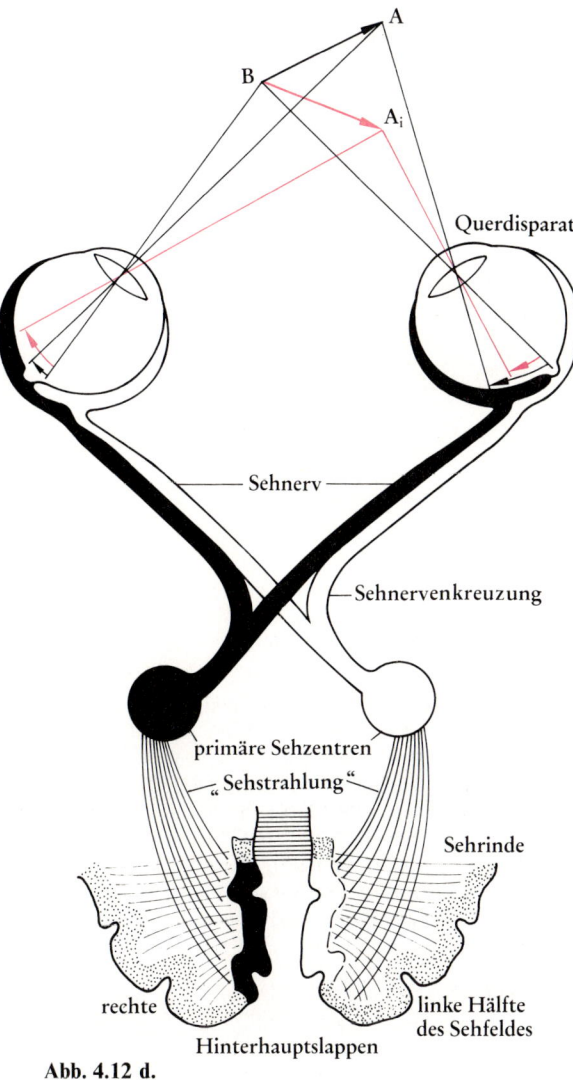

Ursachen der Rauminversion

A

B

A_i

Querdisparation

Sehnerv

Sehnervenkreuzung

primäre Sehzentren

"Sehstrahlung"

Sehrinde

rechte

linke Hälfte
des Sehfeldes

Hinterhauptslappen

Abb. 4.12 d.

Von Hohlköpfen,
Vorurteilen des Gehirns
und Wahrnehmungs-Zensur

Mit einfachen (Faschings-)Masken kann man
besonders eindrucksvolle Experimente machen, wenn die Innenseite nicht allzu unna-
türlich gefärbt ist, oder – besser noch – wenn

man sie von innen einigermaßen lebensecht
mit Filzstiften angemalt hat. Stellt man die
*Hohl*maske in eine Ecke und betrachtet sie
(am besten einäugig) aus einiger Entfernung,
so scheint uns ein ganz normales Gesicht an-
zublicken. Bewegt man sich nun seitwärts,
dann gewinnt das Gesicht auf gespenstische
Weise Leben: Es dreht sich mit und schaut
uns nach! Offensichtlich „meint" unser Gehirn, es sei ganz normal nach außen gewölbt,
und deshalb wird die unerwartete Verschiebung der Perspektive fälschlicherweise als eine Drehung gedeutet.

Warum erkennt unser Gehirn die hohle Ge-
sichtsmaske nicht als hohl? Aufschluß hier-
über gibt ein Experiment, bei dem man mit
Hilfe einer besonderen Prismen-Brille die Bilder des rechten und des linken Auges vertauscht (Abbildung 4.12 a–c): Damit sieht
das linke Auge, was sonst das rechte erblickt,
und umgekehrt. Man muß dazu wissen, daß
unsere beiden Augen die Welt ja immer aus
unterschiedlicher Perspektive sehen, und daher unsere Augen zwei etwas verschiedene
Bilder ins Gehirn melden. Dieses hat nun im
Lauf der Jahrmillionen während Stammesgeschichte gelernt, aus den kleinen Bildunter-
schieden (daneben aber auch aus vielen anderen Bildmerkmalen) auf räumliche Tiefe zu
schließen (Abbildung 4.12 d), und eben deshalb sind wir fähig zu erkennen, ob Dinge
nah oder fern sind. All dies geschieht wieder
durch Verrechnungen, die wir nicht bewußt
erleben (zum echten Stereo-Sehen sind allerdings nur etwa 85 Prozent der Bevölkerung
befähigt; bei den übrigen hat das Gehirn dieses Verfahren wegen Fehlsichtigkeit der Augen nicht ausbilden können). Setzt man sich
nun eine bildvertauschende Prismen-Brille
auf, dann meldet die Verrechnungsstelle für
Raumtiefe eine tiefenverkehrte Welt, eine
„Invertwelt": Nahes erscheint fern und Fer-
nes nah! Wer die Arbeitsweise seines eigenen
Sehsystems ganz unmittelbar und augenfällig
erleben will, der sollte sich eine solche einfache Brille selbst bauen und sein Gehirn her-
ausfordern, eine solche Invertwelt wahrzunehmen! Denn nicht alles, sondern nur ganz

a

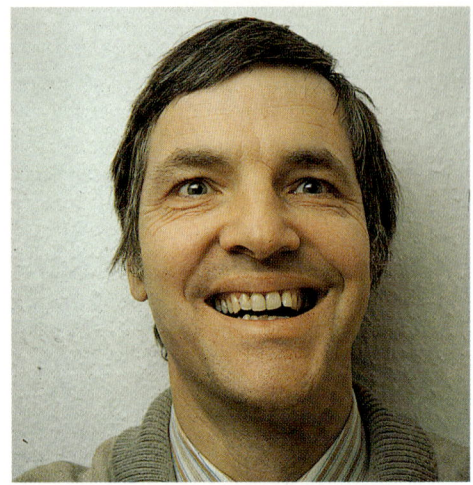

b

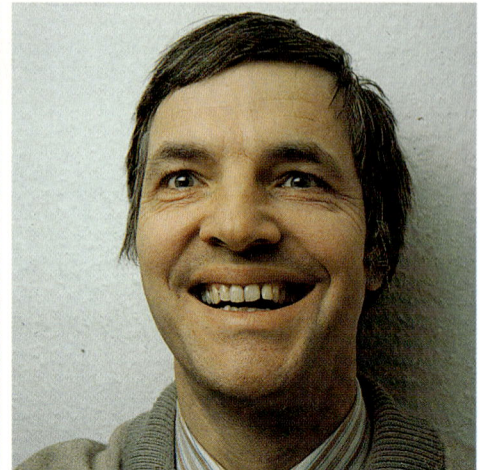

c

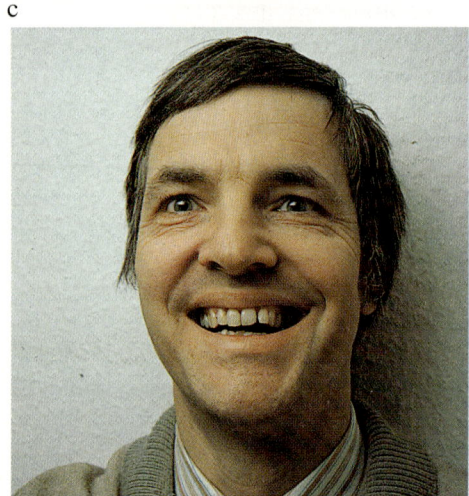

Abb. 4.13. Gehirn-interne Zensur verbietet uns hier das wahrzunehmen, was die Augen „sehen", denn das Stereoporträt eines Hohlkopfs (zu betrachten wie Abbildung 4.10, Betrachtungsabstand jedoch ca. 30 cm) widerspricht völlig unserer lebenslangen Erfahrung. Betrachtet man (a) und (c) mit der Prismenbrille (Legende zu Abbildung 4.10) und dreht sie so, daß der Firmenname seitenverkehrt zu sehen ist, bevor man sie vor die Augen hält, dann erfolgt eine Tiefenumkehr, wie übrigens auch bei den anderen Stereobildpaaren. Dieses Porträt hier wird also raumrichtig.

bestimmte Dinge sehen wir damit wirklich tiefenverkehrt. Ein kahler Zweig eines Baumes z. B., der schräg auf uns zu ragt, zeigt schräg nach hinten, wenn wir ihn durch die Prismenbrille betrachten. Tiefenverkehrte Möbelstücke, Autos, Häuser oder Mitmenschen können wir jedoch nicht sehen. Wir können uns zwar in unserer Phantasie vorstellen, wie sie aussehen müßten, können sie aber nicht wahrnehmen, obwohl unsere Augen sie „sehen"!

Was hier in unserem Gehirn geschieht, das zeigt symbolhaft das uns schon bekannte Bild der Diskussionsrunde (Abbildung 4.3): Einer der Herren – der mit dem Buch – hat hier ein besonders gewichtiges Wort. Er hat nämlich die Funktion eines Zensors, der die Zuverlässigkeit seiner „Kollegen" (nämlich der anderen Prinzipien der Bildverarbeitung) aus langer Erfahrung kennt und abwägt. Dieser Zensor ist es, der es entgegen der Meinung aller anderen Kollegen nicht erlaubt, ein tiefenverkehrtes Gesicht (Abbildung 4.13) hohl zu sehen – denn ein Hohlkopf ist ihm noch nie begegnet und steht daher auch nicht in seinem Buch, in dem lebenslang Erfahrungen gesammelt worden sind. Und so fällt er ein (Vor-)Urteil, ganz nach Christian Morgensterns „Palmström-Prinzip" (... weil nicht sein kann, was nicht sein darf!). Er läßt die Meldung „Hohlkopf" ganz einfach nicht in unser Bewußtsein – eine Zensur, von der wir nicht das Geringste spüren.

Man kann beweisen, daß diese Zensur wirklich auf einem unbewußten Vorurteil unseres Gehirns beruht. Die Zensurinstanz läßt sich nämlich überlisten, wenn man das hohle Gesicht verfremdet, indem man oben und unten vertauscht (Abbildung 4.13 auf den Kopf stellen!). Es wird dann nicht mehr der Rubrik „Gesicht" zugeordnet. Vielmehr gilt es dann als eine fremdartige „Landschaft", die bei etwa der Hälfte der Betrachter akzeptiert, d. h. ins Bewußtsein durchgelassen wird – und dann als ein fast gespenstisches Erlebnis! Und noch eine Erfahrung können wir dabei machen: Die Zensurinstanz ist *lernfähig*. Es braucht zwar eine Weile, bis der Zensor eine derart ungewöhnliche Hohlform akzeptiert. Es ist ein spannender Selbstversuch zu erleben, wie er anfangs bei jedem Blickwechsel erneut sein Veto gegen die Hohlkopf-Hypothese einlegt. Nach einer gewissen Zeit jedoch läßt er sich eines Besseren belehren, und im selben Moment schlägt das wahrgenommene Gesicht von der gewohnten positiven in die fremdartige hohle Form um. Wenn man den Hohlkopf ausreichend lang und wiederholt betrachtet hat, wird er immer leichter akzeptiert, und dann kann man die Abbildung 4.13 sogar aufrichten – das Gesicht bleibt hohl! Wer all diese faszinierenden Erfahrungen nicht machen kann, gehört zu der Gruppe (ca. 50 Prozent von uns), deren Zensor sich nicht überlisten läßt. Er möge aber deshalb seiner Zensur-Instanz nicht gram sein, denn sie ist ein äußerst nützliches *Filter*, das uns vor unrealistischen Wahrnehmungen, wie z. B. Halluzinationen, bewahrt (siehe Kapitel 10). Gewisse Vorurteile unseres Gehirns können für uns also durchaus vorteilhaft sein!

Kann unser Gehirn kopfstehende Gesichter wirklich nicht deuten? Man kann es selbst

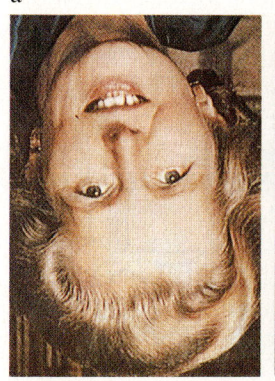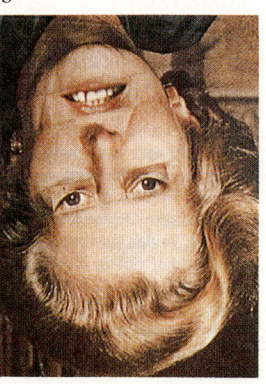

Abb. 4.14. Den Ausdruck von Gesichtern, die auf dem Kopf stehen, können wir nicht deuten. Erst wenn man die Porträts aufrichtet, erkennt man, wie sehr sich (a) und (b) unterscheiden.

ausprobieren: Der Gesichtsausdruck in Abbildung 4.14a und b erscheint nur unwesentlich verschieden. Dreht man die Gesichter aber aufrecht, dann ist man doch ein wenig schockiert darüber, was man vorher an dem umgekehrten Porträt offenbar übersehen hat.

Erkennen: Abrufen von Bekanntem

Erkennen können wir in der Regel nur das, was wir bereits kennen – das können wir schon unserer Muttersprache entnehmen, die mehr, als wir ahnen, vom „gesunden Menschenverstand" geprägt ist. Anders ausgedrückt: Um einlaufende Sinnesdaten einordnen zu können, benötigt das Gehirn stets ein *Konzept*, welches auf Erfahrung beruht. Das Deuten der Daten nennt man „Konzeptualisierung" (vgl. Abbildung 4.16). Vertraute Objekte werden erkannt, weil das, was von den Augen gemeldet wird, bereits im Gehirn in einer Art „Mustersammlung" vorliegt. Man nimmt an, daß das einlaufende elektrische Erregungsmuster mit den gespeicherten Referenzmustern durch Überlagerung

(„Interferenz") verglichen wird. Das Entstehen und Vergehen solcher Erregungsmuster im Zusammenspiel von Nervenzellen kann man sich ähnlich vorstellen wie die riesigen wechselnden Muster, die bei sportlichen oder politischen Massenveranstaltungen entstehen, wenn bestimmte Mitglieder der Veranstaltung gleichzeitig ihre bunten Fähnchen heben. Wegen der großen Zahl der Akteure erkennt man das dargestellte Muster auch dann noch, wenn einige von ihnen ausfallen, sei es auf dem Versammlungsplatz oder im Gehirn. Verantwortlich für das Erkennen scheint die Hinterkopfregion oberhalb der Ohren zu sein; ist dieses Gebiet geschädigt, dann erkennt man gesehene Dinge erst, wenn man sie berührt, also den Tastsinn einsetzt.

Oft erkennt unser Gehirn Dinge schon dann, wenn sie den Augen nur teilweise sichtbar sind. Die Wahrnehmung durch gespeichertes Wissen zu ergänzen, das haben schon unsere Vorfahren (genetisch) gelernt. War es doch überlebenswichtig, schon beim Anblick eines Tigerschwanzes, der hinter einem Busch hervorragt, Gefahr zu wittern. Dieselbe Leistung befähigt uns, halbverdeckte Buchstaben aus ihrem Zusammenhang heraus zu lesen. Den heutigen „sehenden" Computern fällt dies noch sehr schwer.

Steht das Gehirn akut vor der Aufgabe, etwas zu erkennen, dann läßt es sich in der Regel nicht durch Nebensächliches ablenken: Die einlaufenden Sinnesreize werden gefiltert und unwichtige Informationen dabei ausgeschieden. Solche „selektive Aufmerksamkeit" scheint es selbst bei der Stubenfliege zu geben. Bewegt man einen weit entfernten Gegenstand rasch und auffällig in ihrem Gesichtsfeld, dann bemerkt sie die Hand nicht, die sich von der anderen Seite unauffällig nähert, und läßt sich leichter fangen.

Unser Gehirn als „Zeitmaschine"

Wie lange denkt eigentlich unser Gehirn – uns völlig unbewußt – über das Netzhautbild nach, wie lange braucht es, bis dessen Informationsgehalt erkannt ist und ins Bewußtsein gemeldet wird? Oder ganz allgemein: Wieviel Zeit benötigen die uns unbewußten, ratiomorphen Überlegungen? Man nimmt an, daß die meisten Verrechnungen sehr schnell vor sich gehen, so daß unsere Wahrnehmung nicht merklich verzögert ist. Nachgewiesen ist jedoch, daß schwache Sehreize langsamer verrechnet werden als starke. Hält man sich ein dunkles Filter vor *ein* Auge und betrachtet beidäugig ein hin- und herschwingendes Pendel, so „sieht" das bedeckte Auge das Pendel um einige Millisekunden verspätet, also an einem Ort, den es kurz vorher innehatte. Die Tiefenverrechnungsstelle ermittelt daraus eine andere Entfernung des Pendels zum Beobachter, und daher scheint für ihn das Pendel eine elliptische Bahn zu durchlaufen („Pulfrich-Phänomen").

Möglicherweise dauern manche Vorgänge bei der Bildverarbeitung in unserem Gehirn eine ganz beträchtliche Zeit, und dennoch erleben wir unsere Sehwelt nicht verzögert. So rätselhaft es klingt: Wir können nämlich etwas eher erleben als es unser Gehirn errechnet! Das hat B. Libet in Kalifornien am Beispiel der Tastwahrnehmung herausgefunden. Wird man kräftig am Arm berührt, dann meldet das Gehirn den Reiz rasch ins Bewußtsein. Wird man dagegen sehr zart berührt, so dauert es eine halbe Sekunde, bis das Gehirn diesen Reiz verarbeitet hat und ins Bewußtsein meldet. Eine halbe Sekunde, die es in unserer Wahrnehmung einfach nicht gibt! Wie geht das zu? Sehen wir uns einmal genauer an, was geschieht, wenn man zart am Arm berührt wird. Der Reiz ruft eine elektrische Erregung der betroffenen Hautsinneszellen hervor, die bereits 14 tausendstel Sekunden später im Gehirn, im „sensorischen Cortex",

eintrifft. Dort dauert es nun eine halbe Sekunde, bis die Art des Reizes und seine genaue Lage festgestellt ist – niemand weiß bis
heute, warum das so lange braucht. Dann erst
wird die Berührung in unser Bewußtsein gemeldet – zusammen mit dem Vermerk, sie
möge doch bitte eine halbe Sekunde früher
wahrgenommen werden!

Diese unglaubliche Tatsache läßt sich experimentell beweisen: Eine Versuchsperson erhält die Aufgabe, einen Knopf zu drücken,
sobald sie eine zarte Berührung spürt. Zwei
Zehntelsekunden nachdem sie berührt wurde,
also nach der normalen Reaktionszeit, drückt
sie den Knopf. Eine halbe Sekunde nach dem
Reiz kann nun aber der Versuchsleiter *im
nachhinein* elektrisch mit einer ins Gehirn ein-
geführten Drahtelektrode die Wahrnehmung
löschen. Und die Versuchsperson entschuldigt
sich, denn sie meint, sie habe sich getäuscht
und zur unrechten Zeit den Knopf gedrückt!

Wir wissen es besser und fragen uns betroffen, worauf wir uns bei unserer Wahrnehmung überhaupt noch verlassen können.
Aber gerade diese unglaubliche Leistung, die
Wahrnehmung um die Dauer der nervösen
Verrechnungen vorzudatieren, läßt uns die
Vorgänge in unserer Umwelt in der richtigen
Reihenfolge erleben. Ein Gedankenexperi-
ment soll das klar machen. Man stelle sich
vor: Man liegt mit geschlossenen Augen auf
einer Wiese. Plötzlich setzt sich eine Wespe
auf den Arm und sticht (was sie unter solchen
Umständen nie täte). Würde der zarte Berüh-
rungsreiz nicht vordatiert, so spürten wir zuerst den Stich, denn der starke Reiz wird
rasch verarbeitet. Erst nach einer halben
Sekunde hätten wir dann das Gefühl, daß sich
etwas auf den Arm setzt, und wir verstünden
die Welt nicht mehr! Aber die Vordatierung
ermöglicht es uns, Ursachen und Wirkungen
einander richtig zuzuordnen. So können wir
manches Geschehen kausal *vorhersagen* und
uns gegen mögliche Gefahren rechtzeitig
wappnen.

Die Herausforderung, unser Wahrnehmen und Denken zu hinterfragen

Wie also sehen wir die Welt?

Die Augen stehen zwar am Anfang des
Sehvorgangs. Aber wir sehen nicht das Netzhautbild, sondern erleben vielmehr seinen Informationsgehalt. Unser Gehirn baut daraus
ein vereinfachtes Modell der Dinge auf, die
unsere Augen betrachten, und eben das *nehmen wir wahr*: Wir nehmen an, daß es wahr
ist. Unser naives Bewußtsein hält dieses Modell fälschlicherweise für die reale Welt selbst.
Was wir wahrnehmen, ist aber nicht einmal
ein Bild von der wirklichen Welt, sondern ein
selbst zusammengeschustertes *Modell* davon.
So erklärt sich auch die erstaunliche Tatsache, daß wir die Blutgefäße vor unserer Netzhaut, durch die hindurch wir die Welt betrachten müssen, nicht wahrnehmen; dasselbe gilt natürlich auch für den „blinden
Fleck" auf unserer Netzhaut, den Ort, wo der
Sehnerv austritt und daher die Sehzellen fehlen. Aber selbst schwere Sehstörungen werden oft nicht bemerkt, so unglaublich das
klingt. Durch mangelnde Durchblutung der
Sehrinde z. B. kann ein erheblicher Teil des
Bildfeldes plötzlich für einige Minuten ausfallen. In diesem Bildteil sehen dann beide Augen nichts. Die fehlenden Flächen aber sind
wider Erwarten nicht schwarz, denn das Sehsystem unterscheidet, ob Dunkelheit herrscht
oder ob ein Teil des Sehsystems ausgefallen
ist. Und es füllt die entstandene Lücke sofort
mit Bildinformation aus dem sehtüchtigen
Umfeld so vollkommen aus, daß man den
Bildausfall meist gar nicht bemerkt!

Der Modellcharakter unserer selbstge-
schaffenen Seh-Welt zeigt sich auch an dem
Raumbild des schwebenden Quadrats (Abbildung 4.15): Es entsteht ganz offensichtlich
erst in den Tiefen unseres Gehirns, denn
weder in dem gedruckten Bild, noch auf der
Netzhaut ist ein Quadrat zu erkennen! Auf
genau dem gleichen Niveau des Seins aber, als

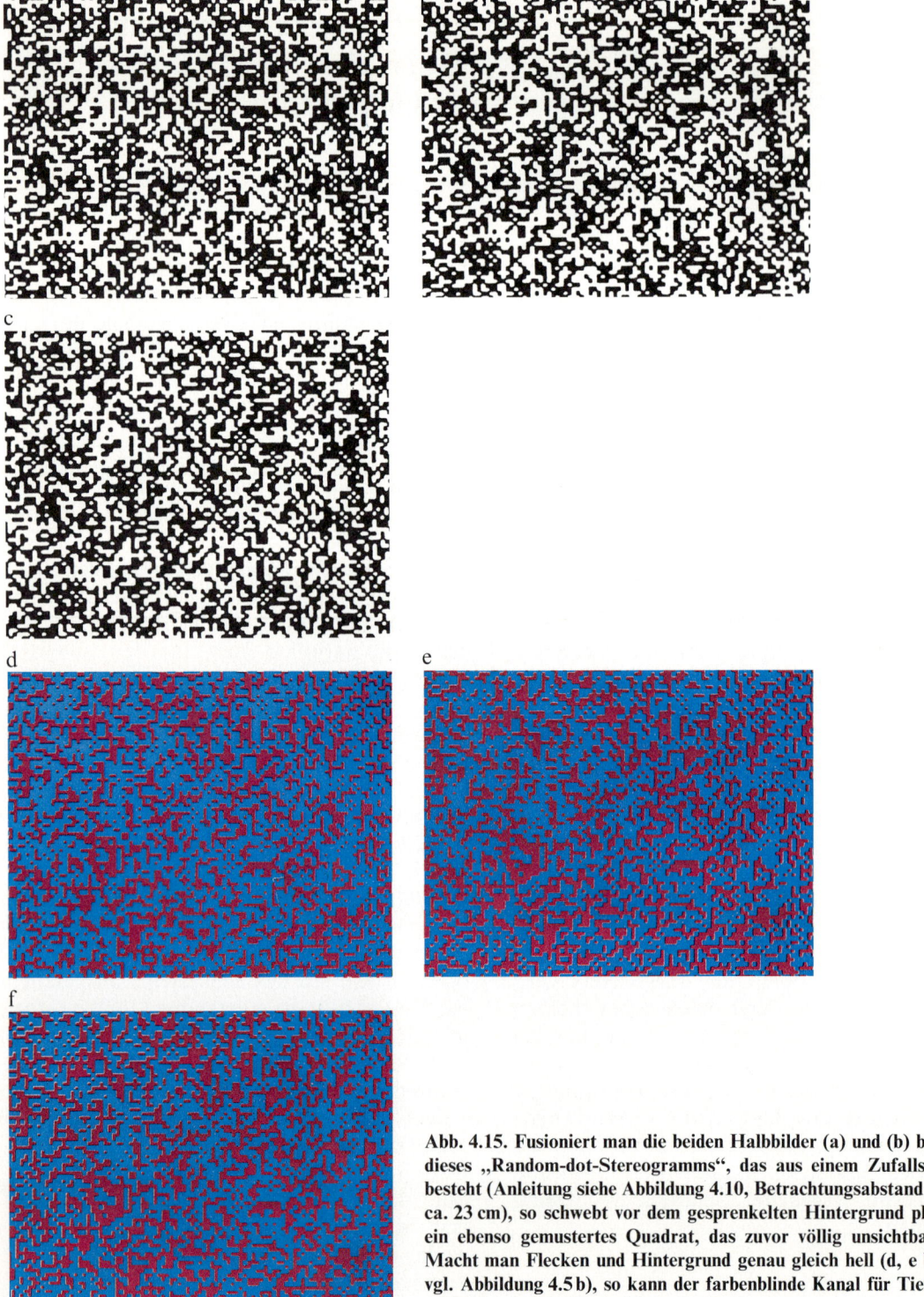

Abb. 4.15. Fusioniert man die beiden Halbbilder (a) und (b) bzw. (c) dieses „Random-dot-Stereogramms", das aus einem Zufallsmuster besteht (Anleitung siehe Abbildung 4.10, Betrachtungsabstand jedoch ca. 23 cm), so schwebt vor dem gesprenkelten Hintergrund plötzlich ein ebenso gemustertes Quadrat, das zuvor völlig unsichtbar war. Macht man Flecken und Hintergrund genau gleich hell (d, e bzw. f; vgl. Abbildung 4.5 b), so kann der farbenblinde Kanal für Tiefenverrechnung das Quadrat nicht mehr gut konstruieren.

Modelle nämlich, existieren alle Dinge in unserer Sehwelt, die „unmöglichen Objekte" (Abbildung 4.11) eingeschlossen. Unser Gehirn weigert sich zwar, ihre räumliche Existenz in der Außenwelt zu bejahen, aber das tut ihrer (modellhaften) Anwesenheit in unserem Bewußtsein keinen Abbruch. Daß es uns so scheint, als sei alles, was wir sehen, ein direktes Bild von der Wirklichkeit, ist eine Illusion – offenbar aber eine höchst *sinnvolle Illusion,* denn unsere tierischen Vorfahren haben damit prächtig überlebt. Wir dürfen aber nicht vergessen, daß unsere Wahrnehmung nur dann annähernd richtige Informationen über Eigenschaften der realen Welt liefert, wenn diese überlebenswichtig waren. Gefühlsmäßige Urteile („ich glaube nur, was ich selbst gesehen habe", oder: „das kann ich mir nicht vorstellen") sind daher stets mit Skepsis zu betrachten. Daß die wahre Struktur dieser Welt ganz anders ist, als wir sie wahrnehmend erleben, daß sie abstrakt und unanschaulich, zugleich aber von hinreißender mathematischer Schönheit ist, zeigt jeder Blick auf das Gedankengebäude der heutigen Physik.

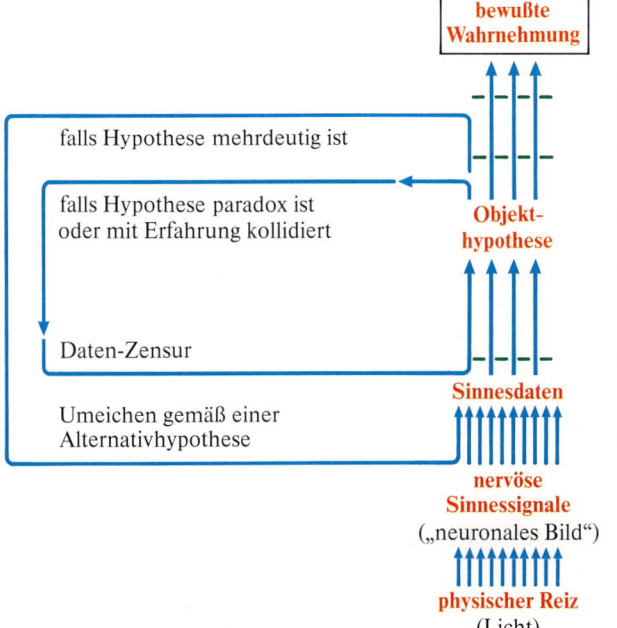

bewußte Wahrnehmung

Zeitkorrektur: Vordatieren um den Betrag der Verrechnungszeit

falls Hypothese mehrdeutig ist

Zensur der Objekthypothese

falls Hypothese paradox ist oder mit Erfahrung kollidiert

Objekt-hypothese

Welches Objekt oder Schema aus dem gespeicherten Erfahrungsschatz „paßt"? Parallele Datenanalyse mit Konzeptualisierung und logischen Schlußfolgerungen

Daten-Zensur

Sinnesdaten

Filterung durch „selektive Aufmerksamkeit"

Umeichen gemäß einer Alternativhypothese

Eichen und „Verbessern" der Information

nervöse Sinnessignale („neuronales Bild")

physischer Reiz (Licht)

Abb. 4.16. Wie der „ratiomorphe Apparat" Bildinformationen auswertet und daraus logische Schlüsse zieht. Ein vereinfachtes Schema der uns unbewußten Datenverarbeitung in unserem Sehsystem: Die elektrischen Sinnessignale, die aufgrund von Lichtreizen auf der Netzhaut entstehen, entsprechen Ausschlägen an Meßinstrumenten, die nur wenig besagen. Erst durch Eichen werden sie zu aussagekräftigen Sinnesdaten. Indem wir unsere Aufmerksamkeit auf etwas Bestimmtes richten, werden viele Sinnesdaten als nebensächlich weggefiltert. Daten, die das Aufmerksamkeitsfilter passiert haben, werden dann in mehreren Kanälen parallel weiterverarbeitet und gedeutet: Aufgrund innerer Konzepte, die manchmal von bewußten Intentionen beeinflußbar sind, zieht das Gehirn Schlußfolgerungen und stellt Hypothesen auf, um was es sich handeln könnte. Ist die Information paradox oder kollidiert sie mit der Erfahrung, so fällt sie – ohne unser Wissen – der Zensur zum Opfer, und das Gehirn sucht nach einer anderen Objekthypothese, die besser zu seinem bisherigen Erfahrungsschatz paßt. Ist die Information mehrdeutig, so wechselt die Deutung zwischen den möglichen Alternativen hin und her, ohne daß unserem Bewußtsein die Mehrdeutigkeit als solche mitgeteilt wird. Schließlich wird vermutlich, wie bei der Tastwahrnehmung, auch beim Sehen die Wahrnehmung um die Zeit vordatiert, die der ganze Verrechnungsablauf gedauert hat.

71

Wir „sehen" Kausalität – auch dort, wo keine ist

In der Abbildung 4.16 ist schematisch dargestellt, wie unser Gehirn physische Reize (Licht) zu einer bewußten Wahrnehmung umdeutet. In seinem Bemühen, die Welt um uns herum für unser Bewußtsein zu rekonstruieren, schießt unser Gehirn häufig über das Ziel hinaus. So läßt es uns z. B. geordnete Bewegungen sehen, wo gar keine sind. Ein Beispiel für diese (Fehl-)Leistung liefert das Fernsehbild eines Kanals, auf dem gerade nicht gesendet wird; man kann auch ein unbespieltes Videoband ablaufen lassen. Verschiebt man langsam eine Drahtschlinge auf dem Bildschirm, so meint man deutlich zu sehen, daß die flimmernden Bildpunkte von der Schlinge eingefangen und mittransportiert werden. Die Punkte scheinen sich selbst dann noch weiterzubewegen, wenn man die Schlinge entfernt – eine Täuschung, denn es handelt sich um nichts als „Zufalls-Schnee".

Ganz ähnlich getäuscht werden wir von unserem bewußten Denken: Die abstrakte Struktur der Wirklichkeit, in der wir leben, können wir uns nicht anschaulich vorstellen. Daher erscheinen uns die Vorgänge im Makrokosmos wie im Mikrokosmos paradox, denn wir können weder die Grenzenlosigkeit des Weltalls noch die Welt der Atome be-greifen, sie sind für uns nicht (an)faßbar! Eine andere Fehlleistung unseres Gehirns ist, daß es überall in der Welt *Kausalität* erwartet. Es versucht – uns unbewußt –, Vorgänge unter allen Umständen nach dem Muster Ursache und Wirkung zu deuten, und läßt uns nicht selten Ursachen auch dort sehen, wo gar keine sind. Das ist der Ursprung des Aberglaubens, der – wie Konrad Lorenz gezeigt hat – schon bei unseren tierischen Vorfahren zu finden ist. Wie mächtig sich diese uralte Neigung beim Menschen immer noch auswirkt, zeigt sich schmerzlich aktuell in unserem „New Age", einer Zeit des wieder aufblühenden Okkultismus und der Magie. Wir können unser

Gehirn nicht ändern – das ist unser Dilemma, mit dem wir leben müssen. Wohl aber ist es möglich, unsere mangelhaften Denkstrukturen und Vorurteile zu erkennen und zu versuchen, sie mit unserer Vernunft, also rational, zu überwinden. Dinge, die man erlebt oder mit den eigenen Augen gesehen hat, *nicht* bedenkenlos zu glauben, und Vorstellungen, von deren Richtigkeit man felsenfest überzeugt ist, trotzdem zu hinterfragen, bedeutet einen ersten Schritt in die richtige Richtung.

Literatur

Allgemeines:

Ch. v. Campenhausen: „Die Sinne des Menschen I, II." Thieme, Stuttgart 1981.
D. Falk, D. Brill und D. Stork: „Ein Blick ins Licht." Birkhäuser, Basel 1989.
E. P. Fischer: „Die Welt im Kopf." Faude, Konstanz 1985.
J. P. Frisby: „Sehen. Optische Täuschungen, Gehirnfunktionen, Bildgedächtnis." Moos, Gräfelfing 1983.
J. E. Gordon: „Theories of Visual Perception." Wiley, New York 1989.
R. L. Gregory: „Auge und Gehirn." Kindler, München 1966.
H. Gardner: „Dem Denken auf der Spur. Der Weg der Kognitionswissenschaft." Klett-Cotta, Stuttgart 1989.
W. Metzger: „Gesetze des Sehens." Kramer, Frankfurt 1975.
I. Rock: „Wahrnehmung. Vom visuellen Reiz zum Sehen und Erkennen." Spektrum der Wissenschaft, Heidelberg 1985.
I. Rock: „The Perceptual World." Readings from Sci. Amer., Freeman, New York 1990.
R. H. Schiffman: „Sensation and Perception. An Integrated Approach." J. Wiley & Sons, New York 1982.

Über Sehkanäle und Verarbeitungszeit:

A. Elepfandt: „Sehen trotz Blindheit." Aus Forschung und Medizin (Schering) **3**, 42 (1988).
D. Hubel: „Auge und Gehirn. Neurobiologie des Sehens." Spektrum der Wissenschaft, Heidelberg 1989.

B. Libet: „Unconscious cerebral initiative and the role of conscious will in voluntary action." The Behavior and Brain Sci. **8**, 529 (1985).

M. S. Livingstone: „Kunst, Schein und Wahrnehmung." Spektrum der Wissenschaft, Heft 3/1988, S. 114.

Optische Täuschungen:

B. Ernst: „Das verzauberte Auge. Unmögliche Objekte und mehrdeutige Figuren." Taco, Berlin 1989.

B. Gillam: „Geometrisch-optische Täuschungen." In M. Ritter (Hrsg.): „Wahrnehmung und visuelles System." Spektrum der Wissenschaft, Heidelberg 1986.

R. Held: „Image, Object, and Illusion." Readings from Sci. Amer., Freeman, New York 1974.

I. Klebe und J. Klebe: „Durch die Augen in den Sinn. Aulis, Deubner & Co., Köln 1988.

R. Wolf: „Binokulares Sehen, Raumverrechnung und Raumwahrnehmung. Experimente zeigen, daß ein ‚ratiomorpher Zensor‘ ohne unser Wissen das Sehen manipuliert." Videofilm, Würzburg 1985; Biologie in unserer Zeit **15**, 161 (1985).

R. Wolf: „Der biologische Sinn der Sinnestäuschung." Videofilm, Würzburg 1987; Biologie in unserer Zeit **17**, 33 (1987).

R. Wolf und D. Wolf: „Sinnestäuschungen und wissenschaftliche Irrtümer. Über Analogien des rationalen und des ratiomorphen Erkenntnisgewinns." Berichte d. Ges. Naturforsch. Freunde Berlin **27**, 101 (1987).

New Age:

B. Couttie: „Forbidden knowledge." Lutterworth Press, Cambridge 1988.

M. Gardner: „The New Age." Prometheus Books, New York 1988.

T. Hines: „Pseudoscience and the Paranormal." Prometheus Books, New York 1988.

Der Sehnerv überträgt die im Auge in elektrische Impulse umgesetzte und vorverarbeitete optische Information in spezifische Regionen des Gehirns. Der Hauptteil der Fasern des Sehnervs führt über den seitlichen Kniehöcker, der als Umschaltstation dient, in das primäre Sehfeld der Sehrinde. Auf diesem Weg spalten sich die Sehnerven der beiden Augen auf und überkreuzen sich teilweise, so daß die aus beiden Augen aus dem linken Teil des Bildfeldes stammenden Signale in die rechte Gehirnhälfte, die aus dem rechten Teil des Bildfeldes in die linke Gehirnhälfte gelangen. Sowohl die seitlichen Kniehöcker wie das primäre Sehfeld der Sehrinde bestehen aus mehreren übereinanderliegenden Schichten spezialisierter Neuronen. Vom primären Sehfeld im Hinterkopf wird die Bildinformation weiter in das sekundäre Sehfeld der Sehrinde und von dort weiter zum visuellen Feld 4 und schließlich zu den Assoziationsfeldern der hinteren Schläfenregion geleitet.

Die Verarbeitung der in den Sehrezeptorzellen entstandenen elektrischen Signale verläuft unter Vervielfachung der Bildinformation auf allen Stufen parallel und in mehreren voneinander unabhängigen Auswertkanälen. Diese verarbeiten die Bildinformation nach jeweils spezifischen Kriterien wie räumliche Tiefe und Bewegung, Form der Objekte und Farbe und Helligkeit. Den Kanälen nachgeordnet sind weitere Hierarchien der Bildverarbeitung durch hyperkomplexe Neuronen.

Die Verarbeitung der Sehinformation im Gehirn erfolgt ratiomorph, d.h. unter Verwendung intern vorhandener Konzepte logisch und unbewußt. Wahrnehmungstäuschungen treten auf, wenn das ratiomorphe Verrechnungsergebnis den Erwartungen unseres Verstandes widerspricht. So bieten Täuschungen die Möglichkeit, auf Gehirnleistungen zurückzuschließen, deren molekulare und zelluläre Grundlagen noch unbekannt sind. Dies ist ein Beispiel für den Ansatz ,,von oben her'' (siehe Kapitel 1); wir sprechen hier von *Psychophysik*.

Mit der Physik und Psychophysik des Sehens haben wir einen unserer Sinne exemplarisch in seinen verschiedenen Aspekten kennengelernt. Im folgenden Kapitel wird sich Ulrich Thurm, Professor für Zoologie an der Universität Münster, mit den *mechanischen Sinnen* beschäftigen. Sein Beitrag befaßt sich im wesentlichen mit der *Signalaufnahme*, da in diesem Bereich die wichtigsten Besonderheiten dieser Sinne liegen.

Kapitel 5

Die mechanischen Sinne: Hören, Tasten…

Von Ulrich Thurm

Gesprochene Worte verstehen, von musikalischen Klängen bewegt werden – dies sind in der Regel die Bedeutungen, die ein zivilisierter Mensch mit Hören verbindet. Es sind komplexe Leistungen unseres Sinnes- und Nervensystems, die für uns praktisch und ästhetisch hohen Wert haben. Wenn wir hier versuchen, auch ihren biologischen Hintergrund zu verstehen, so soll dadurch das Staunen und die Freude über die Leistungen noch verstärkt und ihr Gebrauch bewußter gemacht werden.

Um die biologischen Mechanismen des Hörens und ihre Verwandtschaft mit anderen Sinnesleistungen zu verstehen, müssen wir uns die Natur des Schalles klar machen. Die Vorgänge bei einem Paukenschlag sollen sie uns veranschaulichen. Die Kraft des Schlages und die Einbeulung des Trommelfells der Pauke drücken die Luftmoleküle hinter dem Trommelfell zusammen und geben ihnen einen Bewegungsimpuls. Eine Zone höheren Druckes wandert durch den Luftraum, gefolgt von einer Zone verminderten Druckes, der durch das Zurückschwingen des Trommelfells entsteht. Wie das Trommelfell, so schwingen nun auch die Luftmoleküle wegen der Trägheit ihrer Masse noch einige Zeit lang hin und her. Durch die Pauke wandern also Wellen – Schallwellen –, in denen Zonen kurzdauernder Strömungen der Luft und Zonen kurzdauernder Druckveränderungen miteinander abwechseln. Aus- und Einbeulungen des gegenüberliegenden Trommelfells sind die sichtbare Auswirkung der ankommenden Druckwellen. Dieses Trommelfell setzt selbst natürlich auch wieder die Luftmoleküle auf seiner Außenseite in Bewegung – so erreichen Schallwellen schließlich das Trommelfell unseres Ohres. Die resultierende Durchbeulung dieses Häutchens geschieht also durch die Einwirkung eines kleinen Anteils jener Energie, mit der der Klöppel gegen die Pauke geschlagen worden war. Eine solche Energieleistung mußte in früheren Zeiten zur Signalübertragung über viele Kilometer ausreichen.

Das Ausbeulen eines Trommelfells durch den Druck des Schalles ist nur eine der Möglichkeiten, wie Schall empfangen wird – übrigens auch bei manchen Insekten, wie Heuschrecken und Zikaden. Auch das Hin- und Herströmen der Moleküle in einer Schallschwingung wird von vielen Tieren zum Signalempfang ausgenutzt. Dies ist ein spezieller Fall der Wahrnehmung von Strömungen überhaupt. Haarförmige Strukturen können durch die Reibung des umgebenden strömenden Mediums ein kleines Stück mitgeführt werden, wenn sie leicht biegbar sind (wir werden später Beispiele kennenlernen). Vor allem Wassertiere nehmen auf diese Weise Wasserbewegungen, verursacht u. a. von Räubern oder Beute, wahr (z. B. im Seitenlinienorgan der Fische). Ausschlaggebend für den Empfang ist dabei natürlich nur die Tatsache, daß eine Relativbewegung zwischen der Haar-Umgebung und dem Organismus stattfindet: Es kann also auch die Trägheit einer Flüssigkeit gegenüber dem sich bewegenden Organismus wahrgenommen werden – dies wäre ein Beschleunigungsmesser, wie er Teil unseres Gleichgewichts-Sinnesorgans ist. Oder ein Körperchen, das spezifisch schwerer als seine Umgebung ist, kann mit den Haaren gekoppelt sein – so entsteht ein Schwere-Sinnesorgan, das die Lage des Organismus gegenüber der Richtung der Schwerkraft mißt. (Bei manchen im Wasser lebenden Insekten leistet eine Luftblase an Sinneshaaren den gleichen Dienst mit umgekehrtem Vorzeichen.) Der Körper, der ein Sinneshaar oder andere empfindliche Strukturen verformt, muß natürlich nicht fest mit dieser Struktur gekoppelt sein; es kann auch ein beliebiger Körper in der Umgebung sein – so entsteht ein Berührungs- oder Tast-Sinnesorgan. Der Körper kann aber auch ein Teil des eigenen Organismus sein, der etwa über ein Körpergelenk gegen die Sinnesstruktur bewegt wird. Dann mißt das Sinnesorgan eine Gelenkstellung – ohne Gelenkstellungs-Sinnesorgane wäre unsere Körperbeherrschung unmöglich.

In allen diesen Fällen kann der Organismus die Verformungen und Kräfte natürlich erst dann auswerten, wenn sie in die Sprache seines Nervensystems, also in Nervensignale, umgewandelt worden sind. Dies besorgen Sinneszellen, die mit besonders hoher Empfindlichkeit für kleinste mechanische Kräfte und Verformungen ausgestattet sind. Da die hier betrachteten Einwirkungen auf die Sinneszell-Empfänger prinzipiell ähnlich sind, unabhängig davon, ob es sich um Klänge, Strömungen, Einwirkungen der Erdschwere, Berührungen oder Gelenkstellungen handelt, werden alle diese Sinneszellen als Mechanorezeptorzellen zusammengefaßt. Die mechanischen Kräfte und Verformungen, welche die Nervensignale auslösen, werden kurz als Reize bezeichnet – ebenso wie die chemischen oder physikalischen Einwirkungen (Licht, elektrische Spannung), die bei anderen Sin-

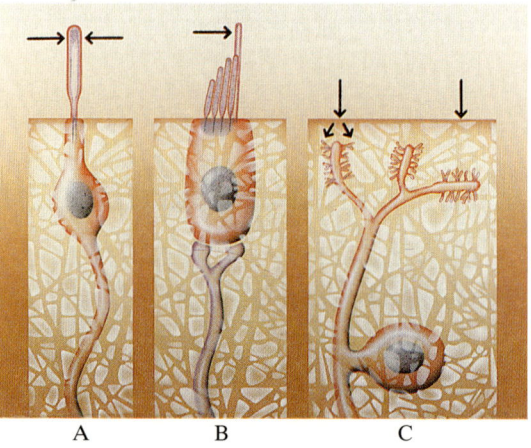

Abb. 5.1. Bei den mechanorezeptorischen Sinneszellen gibt es verschiedene Bautypen. Alle Zellen haben eine spezielle Region, die für Kräfte in den hier durch Pfeile angedeuteten Richtungen besonders empfindlich ist. Bautyp A: Sinneszelle in der Körperwand der Insekten, Krebse und Spinnen. Bautyp B: Sinneszelle der Gleichgewichts- und Hörorgane von Wirbeltieren und Mensch („Haarzelle"). Bautyp C: Sinneszelle der Haut von Wirbeltieren und Mensch. Die Zellkörper mit ihrem Zellkern (hier blau) gehören bei Typ A und B zur äußersten Zellschicht, bei Typ C liegen sie an der Wirbelsäule.

neszellen Nervensignale zur Folge haben. Diese Nervensignale werden als Erregung von den Reizen unterschieden.

Bei Mensch und Tieren gibt es verschiedene Bautypen für Mechanorezeptorzellen; drei wichtige Typen sind in Abbildung 5.1 dargestellt. Einer von ihnen (B) enthält selbst haarförmige Strukturen und wird daher Haarzelle genannt. Die anderen stehen vielfach mit echten Haaren als Hilfsstrukturen in Verbindung. In solchen Sinneszellen von Insekten, auf die ein Haar als Hebel eine von außen einwirkende Kraft überträgt, ist die Umsetzung der mechanischen Kraft in elektrische Signale der Zelle besonders einfach zu untersuchen.

Elektrische Meldungen über mechanische Kräfte

Die zahlreichen Haare und Borsten, die auf der Körperoberfläche von Insekten stehen, sind fast sämtlich kleinste Sinnesorgane, sogenannte Sensillen, die meistens mit einer einzigen Mechanorezeptorzelle und vielfach auch mit Chemorezeptorzellen (Geschmack, Geruch) versehen sind. Die Sinneszellen sind Teil der dichten Zellschicht, die den Körper umschließt (Epidermis) und die Chitin-Cuticula als Panzer und Skelett nach außen abscheidet (Abbildung 5.2). Die Cuticula bildet auch eine äußere elektrische Isolierung für die Sinneszelle und die zwei bis drei Hilfszellen des Sensillums. Dadurch ist es möglich, die schwachen elektrischen Spannungssignale der Sinneszelle aus dem Haar abzuleiten, oh-ne die Sinneszelle zu verletzen. So gelingen elektrische Beobachtungen einer Zelle über Stunden und Tage. Die Ergebnisse sind jenen sehr ähnlich, bei denen die Signale direkt aus der Sinneszelle über eine in die Zelle eingeführte Kapillarelektrode abgeleitet werden (vgl. Kapitel 2, Abbildung 2.7), wodurch aber deren Lebensdauer wesentlich verkürzt wird.

Viele Grillen und Schaben besitzen auf fühlerähnlichen Fortsätzen ihres Hinterleibes, den Cerci, besonders dünne und lange Haarsensillen, die so gelenkig eingebaut und so empfindlich konstruiert sind, daß sie von schwachen Luftbewegungen, wie sie etwa von einer langsam bewegten Hand hervorgerufen werden, stark ausgelenkt werden (Abbildung 5.3). Bei diesen Sensillen der Heimchen genügt schon eine Auslenkung um 0,4 Grad für die maximale Erregung. Diese Sensillen sind geeignet, die Annäherungsbewegungen von Feinden zu melden oder auch die Luftschwingungen tiefer Töne in Erregung umzusetzen („Hörhaare"). Sie zeigen aber auch, wie nahe diese Zellen an der theoretisch-physikalischen Empfindlichkeitsgrenze operieren.

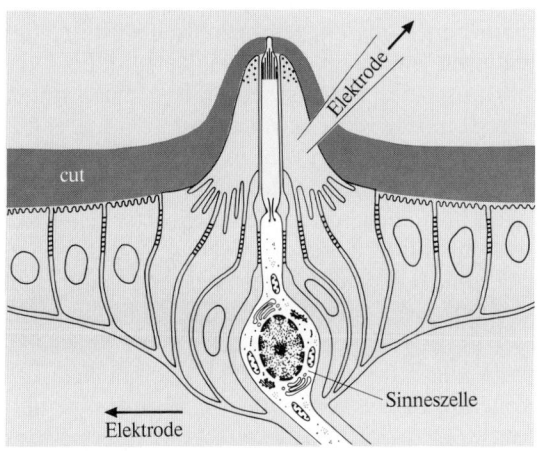

Abb. 5.2. **Die kleinen mechanorezeptorischen Sinnesorgane (Sensillen) in der Körperwand von Insekten sind besonders einfach gebaut: Eine einzige Sinneszelle ist vorhanden; ihre empfindliche Region ist mit einer Hilfsstruktur der Chitinwand (Cuticula, cut), beispielsweise einem Haar, verbunden. Drei Zellen der den Körper umschließenden Zellschicht haben Hilfsfunktionen; so liefern sie einen Teil der elektrischen Signalenergie. Die Signale, die in der Sinneszelle bei mechanischer Krafteinwirkung entstehen, können mit Elektroden in den angegebenen Positionen „abgehorcht" werden, ohne die Sinneszell-Funktion zu stören.**

Abb. 5.3. **Fühler („Antennen") am Kopf und am Körperende von Insekten sind besonders dicht mit Sensillen besetzt. In dieser raster-elektronenmikroskopischen Aufnahme eines Teils eines Hinterleibsfühlers (Cercus) einer amerikanischen Schabe sind die langen mechanorezeptorischen Haare, die von schwächsten Luftströmungen ausgelenkt werden, und die kurzen Haare, die chemisch empfindliche Sinneszellen enthalten (Schmeckrezeptoren), gut zu erkennen.**

77

In ihrer Aufgabe, mechanische Reize in Nervensignale umzusetzen, entspricht eine Mechanorezeptorzelle einem Mikrophon oder Schallplatten-Tonabnehmer: Beide übersetzen mechanische Kräfte und entsprechende Verformungen in elektrische Ströme und Spannungen. Wie präzise eine Mechanorezeptorzelle dies tut, wird in einem Versuch ohrenfällig, der im Zoologischen Institut der Universität Münster für die Fernsehreihe aufgenommen wurde. Das Haar eines Sensillums einer Schabe wurde in einer kleinen Öse eines Stifts geführt und der Stift durch einen kleinen Elektromagneten exakt mit den Tonschwingungen eines Musikstücks bewegt (ohne daß dies hörbar wurde). Der durch diese Haarschwingungen hervorgerufene Strom der Sinneszelle (Abbildung 5.4) wurde nach Verstärkung über einen Lautsprecher hörbar gemacht. Die Qualität dieser Musikwiedergabe übertraf die Leistung eines alten mechanischen Grammophons. Die Leistungsfähigkeit

dieser Insekten-Sinneszellen bleibt offensichtlich nicht viel hinter derjenigen unserer Sinneszellen des Ohres zurück. Für die Unterscheidung und zentralnervöse Wahrnehmung verschiedener Klänge sind allerdings noch zahlreiche weitere Zellen nötig, wie wir später sehen werden. Auch die molekularen Mechanismen, mit denen mechanische in elektrische Schwingungen umgesetzt werden (mechano-elektrische Transduktion = Signalwandlung), beruhen in den Mechanorezeptorzellen der Insekten und des Menschen auf den gleichen Prinzipien; ihre konstruktive Anordnung ist aber in denen der Insekten leichter zu überblicken. Daher eignen sich die Sinneszellen von Grillen, Schaben und Fliegen zur Untersuchung und auch zur Erläuterung dieser Prinzipien.

Entscheidend für die Umwandlung des mechanischen in den elektrischen Vorgang ist, daß die mechanische Druck- oder Zug-Kraft auf eine bestimmte Zone der Zellmembran einwirkt. Die Unterkante des Sensillen-Haares ist mit der Zellmembran an der Spitze des äußeren Sinneszellfortsatzes verbunden (Abbildung 5.5). Da das Haar als zweiarmiger Hebel in der Körperwand-Cuticula leicht beweglich gelagert ist, übt es auch bei der kleinsten Auslenkung Druck oder Zug auf diese Membran aus; denn der Zellfortsatz ist auf der gegenüberliegenden Seite gegen die Körperwand elastisch abgestützt und enthält in seiner Spitze eine versteifende Füllung.

Übt die Haarkante Druck auf die Zellmembran aus, so steigt deren elektrische Leitfähigkeit. Unter der Wirkung von Spannungsquellen, die durch die chemische Energie des Stoffwechsels der Zelle fortwährend aufgeladen werden, fließt nun Strom durch die Membran in die Zelle und durch die Nachbarzellen zurück. Dies ist der Strom, den wir als Folge des mechanischen Reizes ableiten können (Abbildung 5.6). Er wird als Rezeptorstrom bezeichnet. Er führt natürlich auch zu Änderungen der Spannungen über den Zellmembranen (Rezeptorpotential), und zwar zu einer Verminderung der Ruhespannung der Sinneszellmembran (Depolarisation, vgl. Ka-

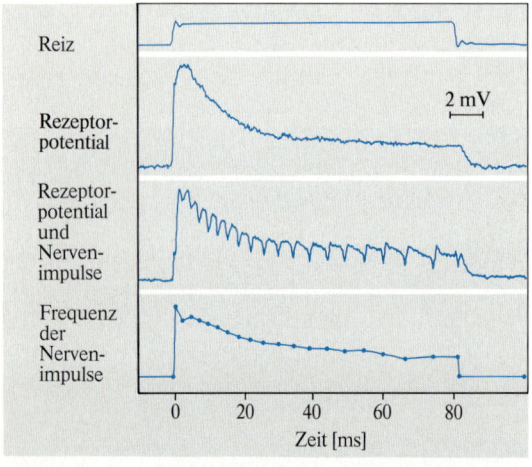

Abb. 5.4. In der Sinneszelle eines Haar-Sensillums (hier das eines Heimchens) führt die stufenförmige Winkeländerung des Haares (oberste Registrierspur) zu einer Spannungsänderung von einigen Millivolt, dem Rezeptorpotential (zweite Registrierspur). Dieses löst in der Nervenfaser dieser Zelle die Bildung von Nervenimpulsen aus. Sie überlagern die wie in Abbildung 5.2 abgeleitete Spannung mit umgekehrter Polarität (3. Spur; in der 2. Spur blockiert). Die Dichte ihres Aufeinanderfolgens (Frequenz) signalisiert die Größe des Reizwinkels (unterste Spur).

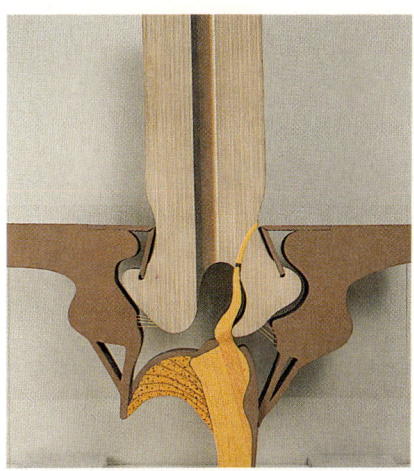

Abb. 5.5. Das Modell zeigt, wie ein Fadenhaar (hier hellbraun gestreift) eines Heimchens in der Chitincuticula (braun) so eingehängt ist, daß es durch schwächste Luftströmungen ausgelenkt werden kann, und wie es die Energie seiner Auslenkung auf das empfindliche Ende der Sinneszelle (gelb) überträgt. Das Haar (nur der unterste Teil ist hier gezeigt) arbeitet als zweiarmiger Hebel; seine Drehachse liegt etwa in der Oberfläche der Körperwand.

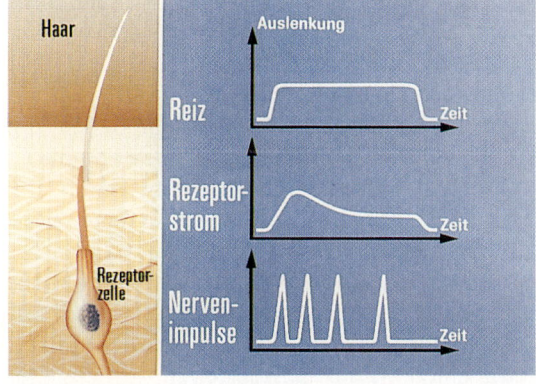

Abb. 5.6. Das Schema zeigt die Folge von Umsetzungsschritten, durch die ein Signal (Reiz) aus der Umgebung eines Organismus dem Nervensystem zugeleitet wird: Über den Rezeptorstrom (und die entsprechende Spannungsänderung, das Rezeptorpotential) in der reizempfindlichen Zone der Sinneszelle und über die von diesem Strom ausgelösten Nervenimpulse, welche die ganze Nervenfaser entlangwandern.

pitel 2); bei starken Reizen beträgt dieser Spannungsabfall beispielsweise 50 mV. Wie an anderer Stelle bereits erläutert wurde, wird die elektrische Leitfähigkeit einer Zellmembran dadurch gesteigert, daß die Ionenkanäle häufiger offen sind. Der mechanische Druck führt also wahrscheinlich zu mehr gleichzeitig geöffneten Kanälen. Da nur eine bestimmte Zahl von Kanälen in die Membran eingebaut sein kann, gibt es auch eine nicht überschreitbare höchste Leitfähigkeit der Membran.

Ein Vorschub der Haarkante von nur 2/100 000 Millimetern (= 20 Nanometer) führt bereits zur höchsten Leitfähigkeit der Sinneszellmembran; selbst bei einem zehnmillionstel Millimeter (= 0,1 Nanometer = 1 Ångström) – das ist der Durchmesser eines Wasserstoff-Atoms – ist bereits eine Widerstandsverminderung nachweisbar. Wie ist diese extreme Empfindlichkeit zu verstehen? Der versteifende Körper (Tubularkörper) im Innern der Sinneszellspitze ist über etwa 1000 Membranprotein-Konen mit der Membran jener Zone verbunden, auf welche die Reizkraft einwirkt (Abbildung 5.7). Durch diese Konstruktion werden die kleinsten Reizkompressionen weitgehend auf Verformungen dieser Membranproteine konzentriert. Reizenergien, die geringer sind als die eines einzelnen Lichtquanten, führen noch zu Spannungs- und Stromänderungen der Sinneszelle. Dies ist nur dadurch möglich, daß diese Energie fast vollständig den „Schaltern" selbst zugeführt wird. Vieles spricht dafür, daß jeder Membrankonus einen Ionenkanal schaltet. Eine solche direkte Steuerung der Ionenkanäle kann auch die hohe Geschwindigkeit erklären, mit der eine mechanische Kraft in einen Rezeptorstrom umgesetzt wird: Die Verzögerung beträgt nur etwa 50 Millionstel Sekunden (50 µs). Dies ist eine der Grundlagen für unseren Musikgenuß durch Schallschwingungen, von denen die einzelne ja auch nur etwa eine Tausendstel Sekunde dauert.

Das Prinzip der sensorischen Umsetzung eines mechanischen Signals in ein elektrisches

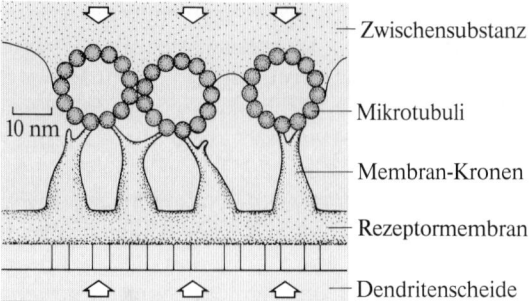

— Zwischensubstanz

— Mikrotubuli

— Membran-Kronen

— Rezeptormembran

— Dendritenscheide

Abb. 5.7. Bei hoher elektronen-mikroskopischer Vergrößerung (10 nm = 1/100 000 mm) ist in der für mechanische Reize empfindlichen Zone von Sinneszellen der Insekten ein Besatz der Zellmembran mit konusförmigen Strukturen zu erkennen, welche die Membran mit den steifen Mikroröhrchen (Tubuli) des Zellinneren verbinden. Die Mikrotubuli sind hier im Querschnitt dargestellt, in dem ihr Aufbau aus kugeligen Molekülen zu erkennen ist. Ein mechanischer Reiz drückt die Membran und ihre Konen um Nanometer-Beträge gegen die steiferen Tubuli. Wahrscheinlich ist es dieser Vorgang, der hier zur Öffnung von Ionenkanälen führt.

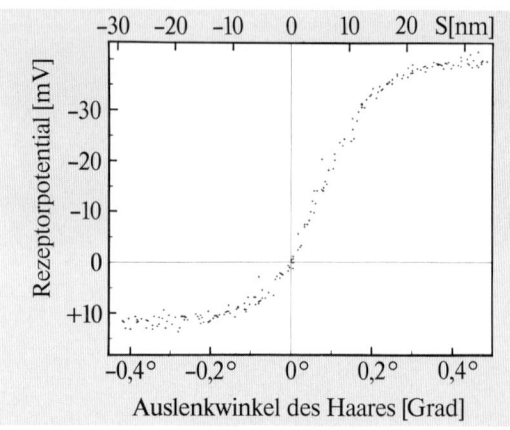

Abb. 5.8. Mit zunehmender Reizgröße wächst die Spannungsänderung in einer Sinneszelle (das Rezeptorpotential) s-förmig an. Hier handelt es sich um die Zelle eines Fadenhaares eines Heimchens. Bei diesen Zellen ergeben Haarauslenkungen α von weniger als einem halben Winkelgrad schon stärkste Reaktionen. Auslenkungen, bei denen das Haar auf die Zelle drückt, führen zu Verminderungen der Membranspannung, Auslenkung in der Gegenrichtung zu Spannungssteigerungen. Wie klein die entsprechenden Auslenkwege S der Haarkante sind, die auf das Zellende einwirken, ist auf der oberen Skala zu erkennen (1 nm = 1/100 000 mm).

ist der Arbeitsweise eines Wasserhahns vergleichbar: Die Energie, die den Durchfluß öffnet, wird nicht Teil der durchfließenden Energie, und die Menge der durchfließenden Energie kann um ein Vielfaches größer sein als die für das Öffnen erforderliche. Es handelt sich um einen Verstärkungs-, allgemeiner: einen Steuervorgang. In der Sinneszelle muß die Energie des Rezeptorstroms so groß sein, daß ein wesentlicher Teil der Zelle elektrisch umgeladen werden kann. Dafür sind tausend- bis millionenfach höhere Energien nötig, als sie die schwächsten Reize mitbringen. Wie wir bereits gesehen haben, wird diese Energie des Rezeptorstroms vom Zellstoffwechsel zur Verfügung gestellt. Der Reiz steuert also nur den Energiefluß.

Eine solche Steuerung bietet nun auch die Möglichkeit, nicht nur die Existenz, sondern auch die Stärke des Reizsignals – hier: den Winkel der Haarauslenkung – im elektrischen Erregungssignal wiederzugeben. Der Rezeptorstrom wird umso stärker und die Membranspannung umso mehr geändert, je größer

der Reiz ist. Diese Entsprechung stößt aber an eine Grenze, wenn alle Ionenkanäle offen oder geschlossen sind. Eine Reiz-Erregungsbeziehung, genannt Rezeptor-Kennlinie, hat daher meist einen s-förmigen Verlauf, d. h. sie endet in Sättigungsbereichen, in denen die Kurve nicht mehr ansteigt (Abbildung 5.8).

Trotz der hohen Verstärkung reicht die durch den Reiz gesteuerte Energie meist nicht aus, um das elektrische Signal vom Sinnesorgan bis zum Zentralnervensystem zu übertragen. In den Nervenfasern der Sinneszellen unseres Fußes beispielsweise muß das Signal etwa einen Meter weit geleitet werden. Die Nervenfasern können keine ausreichend guten Kabel sein, um die Signalabschwächung so gering wie nötig zu halten. Zwei Verfahren, die uns von der Technik geläufig sind, haben bereits die frühesten mehrzelligen Tiere entwickelt, um diese Begrenzung zu überwinden: erstens die Umkodierung des Signals aus sei-

80

ner Wiedergabe in Spannungs- und Stromgrößen (Amplituden-Modulation) in eine Wiedergabe durch den Zeitabstand von gleichbleibenden elektrischen Impulsen (Impulsfrequenz-Modulation); zweitens die elektrische Verstärkung der Impulse und Wiederholung der Verstärkung längs eines Nervenkanals, so daß die unveränderte Übertragung einer Meldung über beliebig lange Strecken möglich ist (vgl. Abbildung 5.6).

Beides hängt miteinander zusammen: Die elektrische Verstärkung arbeitet mit positiver Rückkopplung und ist dadurch so stark, daß es zur Bildung von „Alles-oder-Nichts"-Impulsen kommt (entsprechend dem Prinzip des „monostabilen Multivibrators" der Techniker). Die gleichgroßen Impulse folgen als eine Art von Schwingungen umso schneller aufeinander, je stärker die Spannungsverminderung im Rezeptorpotential ist (vgl. Abbildung 5.4). Die Stärke des Reizes wird also durch die Häufigkeit, genauer: die Frequenz der Nervenimpulse wiedergegeben. Dieses Signal ist auch in den längsten Nervenfasern fast unverzerrt. Es darf aber nicht mit digitalen Signalen verwechselt werden, wie sie in Elektronenrechnern verwendet werden. Das Prinzip der Nervenfasern entspricht vielmehr dem im UKW-Rundfunk benutzten und wegen seiner Übertragungsqualität geschätzten Prinzip. Die in Nervenfasern eingebaute elektrische Verstärkung ist molekular recht einfach realisiert: Ionenkanäle im Membranbereich der Nervenfaser sind so gebaut, daß sie nicht mehr durch mechanische Kraft, sondern durch die Kraft des elektrischen Spannungsfeldes der Membran, die sich mit der Erregung ändert, geöffnet oder geschlossen werden. Und die Ionenkanal-Öffnung führt, wie wir gesehen haben, selbst wieder zu einer Änderung der Membranspannung, d. h. zu einer Rückkopplung.

Diese Prinzipien der elektrischen Umsetzung eines auf die Sinneszelle einwirkenden Reizes sind keine Spezialität der Mechanorezeptorzellen. Im Gegenteil, es sind die allgemeinen Prinzipien der Sprache des Nervensystems, gültig nicht nur für alle Sinneszellen –

also auch solche, die Lichtreize oder chemische Reize aufnehmen –, sondern auch für alle Nervenzellen des Gehirns, von den Nesseltieren bis zum Menschen. Viele Sinnes- oder Nervenzellen, deren Leitungsstrecke bis zur nächsten Zelle nur Zehntel Millimeter lang ist, verzichten aber auf die Umkodierung in Nervenimpulse und leiten nur das amplituden-modulierte Spannungssignal bis zum Ort der Signalübertragung zur nachfolgenden Zelle weiter.

Subjektives Empfinden der Meldung von Mechanorezeptorzellen

Mit Hilfe unserer Körperhaare, beispielsweise des Handrückens, können wir einen subjektiven Eindruck von den Meldungen bekommen, die von einer oder wenigen Sinneszellen das Gehirn erreichen. Die Haarwurzel in der Haut steht mit Sinneszell-Endigungen, die dem Typ C (vgl. Abbildung 5.1) ähnlich sind, in Kontakt, so daß sie bei einer Haarauslenkung gedrückt werden (Abbildung 5.9). Um eine Empfindung hervorzurufen, genügt es (bei Konzentration und geschlossenen Augen), ein einzelnes Haar an seiner Basis um einige Winkelgrade rasch auszulenken, was mit einer Nadel- oder Bleistiftspitze leicht getan werden kann. Eine der Sinneszelleigenschaften, die hierbei auffällt, ist das schnelle Verschwinden der Meldung, sobald das Haar in einer Stellung verharrt. Das mehr oder weniger vollständige Abklingen einer Zellerregung während eines konstanten Reizes – als Adaptation bezeichnet – ist eine der wichtigsten Eigenschaften der meisten Sinneszellen. Adaptation ermöglicht es der Zelle, bei weiteren Reizsteigerungen trotz der engen Grenzen ihrer möglichen Erregungsstärke wieder mit deutlicher Erregung zu antworten. Auf Adaptation beruht es u.a., daß unsere Kleidung nicht unerträgliche Dauererregung hervorruft.

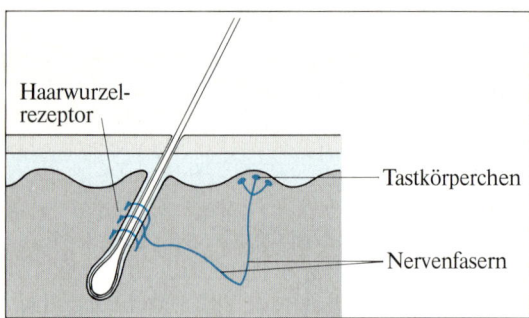

Abb. 5.9. Die Haarwurzeln in der menschlichen Haut (allgemeiner: in der Haut der Säugetiere) sind von Sinneszell-Endstrukturen umgeben. Die verfestigte Hautoberfläche wirkt als Lager für das Haar, das sich daher wie ein zweiarmiger Hebel verhält, vergleichbar den Fadenhaaren von Insekten. Andere Sinneszell-Endstrukturen sind mit Hilfszellen zu druckempfindlichen Tastkörperchen ausgebaut.

Ein anderer, sehr wirksamer Grund dafür ist auch eine Hemmung, welche die Reizung der Sinneszellen in benachbarten Arealen auf die Empfindung der Haarauslenkung ausübt: Der oben geschilderte Versuch gelingt nämlich nur, wenn keine andere Berührung in einem Umkreis von etwa 5 cm vorhanden ist.

Dabei wirken auch Tast-Sinneszellen mit, die nicht mit Haaren verbunden sind. Ihre druckempfindlichen Endigungen liegen dicht unter der Hautoberfläche (Abbildung 5.9). Auf dem Handrücken sind die Abstände zwischen den Endigungen so groß (nämlich über 1 mm), daß man sie einzeln aufspüren kann, indem man beispielsweise mit einer Wimper abtastet, ob man deren Aufsetzen empfindet. An den Fingerspitzen, an den Lippen und der Zungenspitze liegen die Sinnesendigungen am dichtesten (ca. zwei pro Quadratmillimeter an der Fingerspitze). Hier ist uns eine räumliche Gestaltwahrnehmung möglich, die der des Sehens nahekommt. Die Blindenschrift aus einem Raster erhaben geprägter Punkte, wie sie von L. Braille 1825 entwickelt wurde, macht davon Gebrauch. Aber die übliche Größe ihrer Buchstaben von 7 mm × 4 mm läßt den Wert des Lichtsinnes deutlich werden, dem Buchstaben von etwa 2 mm × 1 mm

Größe genügen – die Zungenspitze, die ebenfalls eine Form dieser Größe erkennen kann, möchten wir zum Lesen ja nicht einsetzen.

Auch eine andere, noch staunenswertere Leistung unseres Sinnes- und Nervensystems kann uns durch einen vorübergehenden Verzicht auf den Lichtsinn bewußt werden: Die jeweiligen Stellungen unserer Körperglieder zueinander kennen wir mit solcher Präzision, daß es uns keine Mühe macht, beispielsweise die Spitze der kleinen Zehe mit der Spitze des Zeigefingers – ohne beide zu sehen – auf wenige Millimeter genau zu treffen. Dabei müssen zwischen diesen Gliederspitzen die Stellungen von etwa zehn Gelenken und den Rückenwirbeln aufeinander abgestimmt werden. Tatsächlich läßt sich das Ziel in unzähligen möglichen Gelenkstellungs-Kombinationen und bei unterschiedlichsten Belastungen und Widerständen treffen. Diese enorme kybernetische Leistung vollbringt das Nervensystem, ohne daß wir die Meldungen der vielen Tausend Mechanorezeptorzellen, welche die Gelenkstellungen fortlaufend messen, bemerken. Nur die Verrechnungsergebnisse aus allen diesen Meldungen, nämlich die relativen Orte unserer Glieder, können in unser Bewußtsein treten. Diese Sinneszellen gehören zu den stummen Dienern in unserem Körper.

Die „Meßstellen" dieser Zellen, d. h. ihre mechanisch empfindlichen Endigungen, liegen z. T. innerhalb der Muskeln: Die Muskelspindeln (Abbildung 5.10) melden deren Streckung und Verkürzung. Andere liegen in den Sehnen und messen deren Spannungen. Ihren Meldungen und kraftbegrenzenden Verschaltungen verdanken wir, daß es nicht häufiger zu Muskel- oder Sehnenrissen kommt. Weitere Rezeptorendigungen liegen in den Gelenkkapseln und kontrollieren direkt die Gelenkstellung. Alle diese Rezeptorendigungen gehören zu der vielfältigen Gruppe C (vgl. Abbildung 5.1). Sie werden von Zellen gebildet, die neben der Wirbelsäule lokalisiert sind und ihre äußeren Fasern zu den Muskeln und Gelenken aussenden. Diesen Ursprung haben auch die Sinnesendigun-

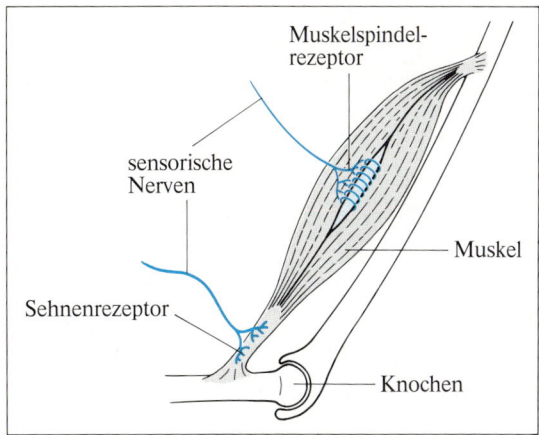

Abb. 5.10. Wirbeltier-Muskeln enthalten Sinneszell-End-strukturen, die Muskelspindeln, die durch Verlängerung des Muskels gereizt werden. Andere Sinnesendigungen, die in den Sehnen liegen, werden durch den Zug einer Sehne gereizt, kontrollieren also die Belastung des Muskels.

gen der Haut. Es ist noch eines der großen Rätsel der Neurobiologie, wie es dazu kommt, daß die äußeren Meßstellen immer funktionsgerecht im Rückenmark verbunden werden, so daß die unglaublichen Leistungen zustande kommen können, wie sie zum Beispiel für virtuoses Klavierspielen notwendig sind.

Gleichgewichtswahrnehmung und Hören durch Haarzellen

Ganz anders aufgebaute Mechanorezeptorzellen als die bisher beschriebenen sind für die Gleichgewichtskontrolle unseres Körpers zuständig. Zu diesem Zelltyp (Typ B in Abbildung 5.1) gehören auch die Sinneszellen, mit denen wir hören. Der stammesgeschichtliche Ursprung dieses Sinnzell-Typs liegt bei den Vorfahren der Wirbeltiere, die im Meer lebten. Bei ihnen signalisierten ähnlich gebaute Zellen auf der Körperoberfläche Bewegungen des umgebenden Mediums und informierten

auf diese Weise über Nahrung, Feinde und die eigene Körperbewegung. Diese Strömungsempfindlichkeit der Sinneszellen kommt durch ein Bündel von 30 bis 50 Fortsätzen zustande, das aus der Zelloberfläche wie eine Gruppe von Orgelpfeifen herausragt (Abbildung 5.1, 5.11 und 5.12). Diese Struktur hat den Zellen den leicht mißverständlichen Namen Haarzellen eingetragen. Diese Zellen bilden keine Nervenfasern aus (Abbildung 5.11); ihr Rezeptorpotential – wie bei den oben diskutierten Sinneszellen die primäre Folge des mechanischen Reizes – löst ohne Vermittlung durch Nervenimpulse direkt die chemische Signalübertragung zur Nervenfaser einer nachfolgenden Zelle aus (vgl. Abbildung 5.1). Diese leitet die Meldung dann wieder als Frequenz ihrer Nervenimpulse zum Gehirn.

Wie werden die Haarzellen mechanisch gereizt? Entscheidend ist die Auslenkung des Haarbündels. Dies geschieht in der Regel über eine gallertige Vermittlungsstruktur, mit der die Spitzen der Bündel verbunden sind (Abbildung 5.12). Auf diese gallertige Struk-

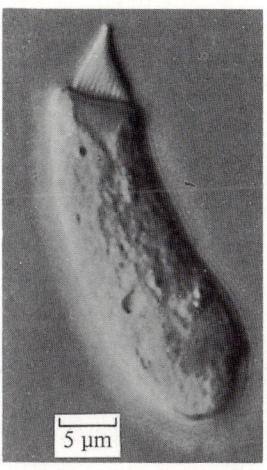

Abb. 5.11. Aus dem Hörorgan einer Schildkröte wurde eine der zahlreichen, relativ großen Sinneszellen herauspräpariert und noch lebend mit hoher lichtmikroskopischer Vergrößerung aufgenommen. Das Bündel aus feinsten Zellfortsätzen, das „Haarbündel", ist am oberen Zellende zu erkennen.

Abb. 5.12. An diesem Modell ist der Aufbau des Haarbündels einer Wirbeltier-Haarzelle zu erkennen. Die „Härchen" sind an ihrem unteren Ende gelenkig mit dem Zellkörper verbunden und an ihrem oberen Ende durch zwei Typen von Verbindungselementen aneinander gekoppelt. Über ein abweichend gebautes „Härchen" (vom Typ eines Flimmerhaares) ist das Haarbündel an die gallertige Hilfsstruktur angekoppelt, die den Reiz zuführt, d. h. – wie hier gezeigt – das Bündel um kleine Winkel kippt.

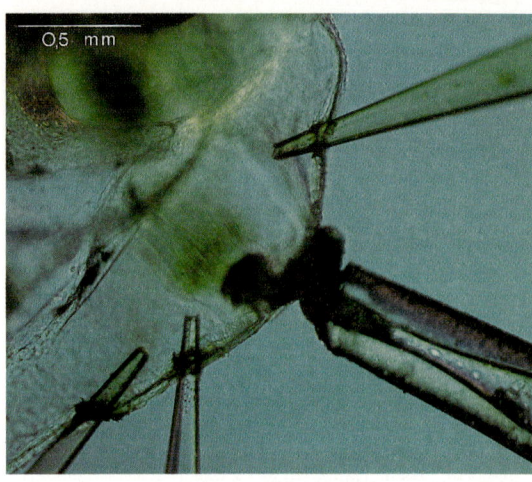

Abb. 5.13. An dem durchsichtigen Bogengangs-Gleichgewichtsorgan eines Glasaals lassen sich die einzelnen Sinneshaarbündel beobachten (vgl. Abb. 5.14), während gleichzeitig das Rezeptorpotential und die Nervenimpulse über die hier erkennbaren Kapillar-Elektroden abgegriffen werden. Drei von ihnen sind in den Bogengang eingeführt (auch für mechanische oder elektrische Reizung); in die mittlere Kapillare ist der Nerv eingesaugt. Die Sinneshaarbündel und die gallertige Hilfsstruktur (Cupula) sind gelblich angefärbt.

tur wirken in den verschiedenen Organen die charakteristischen Kräfte ein: Bei dem Seitenlinienorgan eines Fisches – die ursprünglichste Art dieser Organe – stammt diese Kraft aus der relativen Bewegung zwischen Körper und umgebendem Wasser; im Bogengangsteil unseres Gleichgewichtsorgans (Abbildung 5.13) ist es die Relativbewegung der eingeschlossenen Flüssigkeitsmenge, deren Trägheit die Drehbewegungen des Kopfes anzeigt; in dem Teil des Gleichgewichtsorgans, der die Körperstellung in Bezug zur Schwerkraftrichtung prüft, ist es das Gewicht von Steinchen, die auf der Gallerte liegen; im Hörorgan schließlich werden die Schallschwingungen des Luftdrucks auf die Gallerte übertragen, wie wir später genauer sehen werden.

In allen Fällen führt eine Auslenkung des Haarbündels zur Seite der längeren Härchen

zu einer Öffnung von Ionenkanälen und damit zu ansteigendem Rezeptorstrom (Abbildung 5.12). Eine Auslenkung um etwa zehn Grad (Abbildung 5.14) genügt bereits, um die größtmögliche Reaktion auszulösen. Auslenkungen in der Gegenrichtung schließen Kanäle, die in Ruhestellung offen stehen, und vermindern damit den kleinen Strom der Ruhestellung. Die Ionenkanäle befinden sich wahrscheinlich im Bereich der Härchenspitzen. Man vermutet, daß sie mit Fädchen gekoppelt sind, welche die Härchen untereinander verbinden, also die Reizkraft übertragen. Damit würde auch bei diesen Mechanorezeptoren die Reizkraft auf die elektrischen Schaltelemente konzentriert.

Mit dieser Konstruktion ist es verständlich, daß die Sinneszellen funktionsuntüchtig werden, wenn die Verbindungen zwischen den Härchen reißen oder die Härchen von der

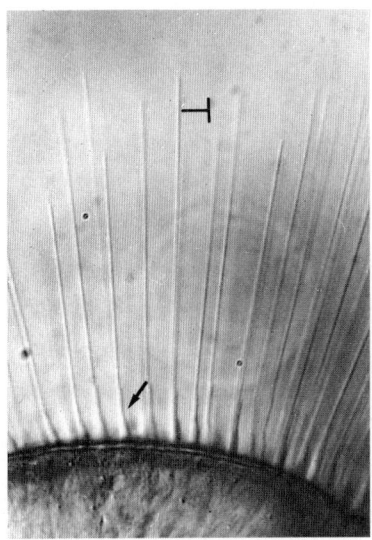

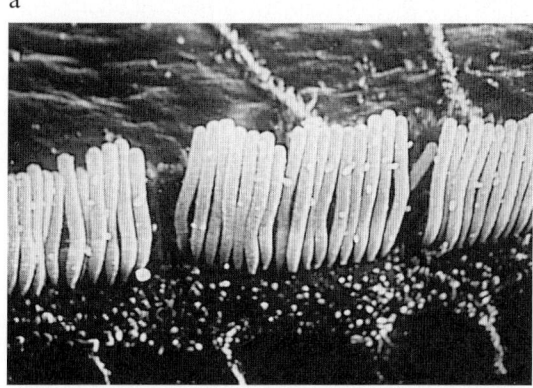

Abb. 5.14. Höhere lichtmikroskopische Vergrößerung des Bogengangsorgans des Glasaals (vgl. Abb. 5.13) zeigt die Anordnung der Sinneshaarbündel. Die Haarbündel sind in diesem Organ sehr schlank (eines ist durch Pfeil markiert) und jeweils über ein einzelnes, besonders langes „Härchen" (umgewandeltes Flimmerhaar) an die gallertige Hilfsstruktur (Cupula) angekoppelt. Die Cupula ist wegen ihrer geringen Dichte nicht erkennbar. Beim mittleren Haarbündel ist die Auslenkung für eine maximale Sinneszell-Reaktion angedeutet.

Abb. 5.15 a) Die Sinneshaarbündel im Hörorgan (Cochlea) der Säugetiere und des Menschen stehen in palisadenartigen Reihen, wie es diese raster-elektronenmikroskopischen Aufnahmen der Oberfläche des Corti-Organs zeigen. Die Einwirkung von überstarkem Schall führt zum Verschmelzen und Abbrechen der einzelnen „Härchen", wie in der unteren Aufnahme b) zu erkennen ist.

Zelle abbrechen (Abbildung 5.15). Das kann geschehen, wenn das Haarbündel zu stark ausgelenkt wird und zu weit schwingt. Zwar gibt es auch hier Adaptationsmechanismen sowohl in jeder Sinneszelle als auch in der Reizzuleitung vor den Sinneszellen, aber sie sind auf natürliche, häufiger vorkommende Reizstärken abgestimmt, nicht auf Reizstärken, wie sie unsere Zivilisation durch Düsentriebwerke, Disco-Sound oder Schüsse den Hörzellen zumutet. Besonders gefährlich ist ein plötzlicher mit hoher Stärke einsetzender Schall, z. B. eine Explosion. Bei ihm versagen die Adaptationsmechanismen, denn sie brauchen zu ihrer Einstellung Zeit. Die Schädigungen der Sinneshärchen (Abbildung 5.15) werden von den Hörzellen des Menschen nicht repariert. Entsprechende Hörschädigungen, die meist selektiv für die besonders stark einwirkenden Schwingungsfrequenzen sind, werden leider häufig festgestellt.

Unser Hörorgan enthält etwa 15 000 Sinneszellen. Handelt es sich dabei um Sicherheitsreserven für derartige Schädigungen oder welche Funktion hat diese große Zahl, da im Prinzip schon eine einzelne Zelle die Schallschwingungen unseres gewohnten Tonspektrums wiedergeben kann, wie an der Insekten-Sinneszelle demonstriert wurde?

Dieser Aufwand ist einerseits notwendig wegen einer Schwäche des Impulsfrequenz-

Codes, in den das so gut wiedergebende Rezeptorpotential-Signal, wie wir gesehen haben, umcodiert werden muß, damit es über die Entfernung bis zum Gehirn übermittelt werden kann: Wegen der Dauer eines Nervenimpulses – etwa eine Tausendstel Sekunde – kann eine Nervenfaser maximal einige 100 Impulse pro Sekunde als stärkstes Signal leiten. Damit kann der uns gewohnte Ton-Frequenzbereich nicht wiedergegeben werden, denn er reicht bis über 10 000 Schwingungen pro Sekunde. Erschwerend kommt hinzu, daß ja auch die Lautstärke, d. h. die Schwingungsamplitude, wiedergegeben werden soll.

Ein zweiter Grund für die aufwendige Zahl von Sinneszellen liegt in der entscheidenden Funktion des Hörens: Unterschiedliche Tonfolgen sollen beim Hörer ja Unterschiedliches veranlassen. Die Ton- und Lautstärkemuster müssen beim Hören also analysiert werden und je nach Muster unterschiedliche „Bahnen" aktivieren. Die Klanganalyse, die dafür notwendig ist, und das unterschiedliche Weiterleiten des Signals in Abhängigkeit vom Analyse-Ergebnis kann eine einzelne Zelle natürlich nicht leisten. Dazu ist ein besonderer Tonhöhen-(Frequenz-)Analyseapparat erforderlich, der dafür sorgt, daß jede einzelne Sinneszelle nur durch einen engeren Frequenzbereich erregt wird. Entsprechendes gilt auch für die meisten Nervenfasern zum Gehirn. Die Erregung einer dieser Fasern bedeutet also, daß ein Ton bestimmter Frequenz erklungen ist. Damit steht die Häufigkeit der Nervenimpulse in dieser Faser nun zum eindeutigen Signalisieren der Lautstärke dieses Frequenzbereiches zur Verfügung.

Offensichtlich erfordert diese Art der Klang-Repräsentation im Nervensystem eine Zahl von Sinneszellen und Nervenfasern, die umso größer ist, je breiter der Bereich und je schärfer die Unterscheidung von wahrzunehmenden Tonfrequenzen sind. Die scharfe Abstimmung der einzelnen Sinneszellen auf einen so weiten Bereich von Frequenzen – wir können etwa neun Oktaven wahrnehmen – gelingt durch das Zusammenwirken mehrerer erstaunlicher Mechanismen im Sinnesorgan.

Ihre Arbeitsweise ist im einzelnen noch nicht völlig geklärt. Wir können hier aber die Grundzüge betrachten.

Abstimmung der Sinneszellen auf unterschiedliche Tonhöhen

Die 15 000 Sinneszellen stehen höchst geordnet in vier parallelen Reihen (zusammen nur 1/20 mm breit; Abbildung 5.15) auf einer Lamelle mit der erstaunlichen Länge von 32 mm. Diese einfache geometrische Anordnung der Zellen entspricht wie die Tastenanordnung eines Klaviers der Verteilung ihrer Funktion: Es ist eine lineare Skala, auf der die Zellelemente für die höchsten bis zu den tiefsten Schwingungsfrequenzen abgestimmt sind (10 000 bis 20 000 Schwingungen pro Sekunde = 10 bis 20 kHz an einem Ende; etwa 30 Schwingungen pro Sekunde = 30 Hz am anderen Ende). Leider haben die parallelen Reihen nicht die Funktion, Zellreserven zu bieten und sind auch nicht direkt mit den Manualen einer Orgel für verschiedene Register vergleichbar. Nur eine der Reihen, die der „inneren" Haarzellen, ist direkt für die Wahrnehmung der Töne zuständig; von den anderen drei, den „äußeren" Haarzellen, die auch eine andere Haarbündelform haben, wird später die Rede sein.

Die Gruppierung der Sinneszellen mit den dazwischen stehenden Stützzellen wird nach ihrem Entdecker Alfonso Corti, 1850 Assistent der Anatomie in Würzburg, als Corti-Organ bezeichnet und die Lamelle, auf der sie stehen, als Basilarmembran.

Wie kommen nun die Schwingungsreizung und die Abstimmung der Sinneszellen für bestimmte Tonhöhen zustande? Die Basilarmembran mit den Sinneszellreihen teilt ein Rohr der Länge nach in zwei parallele Kanäle (der obere ist noch einmal unterteilt). Daß dieses Rohr wie ein Schneckenhaus gewunden ist, erleichtert bei seiner Länge von über 3 cm

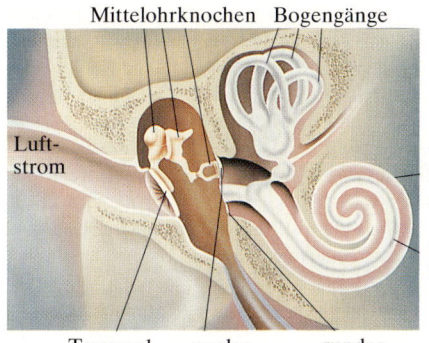

Mittelohrknochen Bogengänge

Luft-
strom

Cochlea,
flüssigkeits-
gefüllt

Basilar-
membran

Trommel-   ovales   rundes
fell   Fenster   Fenster

Abb. 5.16. Im Hörorgan der Säugetiere und des Menschen werden die Druckschwingungen der Luft über die Mittelohrknochen in Schwingungen der Flüssigkeitssäule der Cochlea (Schnecke) umgesetzt. Während das Trommelfell das luftgefüllte Mittelohr vom äußeren Luftraum trennt, begrenzt das ovale Fenster die Flüssigkeitssäule gegen den Mittelohr-Luftraum.

seine Unterbringung im Schädelknochen und hat unserem Hörorgan den Namen Schnecke (Cochlea) eingetragen (Abbildung 5.16). An der Spitze der Schnecke sind die beiden Kanäle miteinander verbunden. An ihrem anderen Ende ist dagegen jeder der Kanäle einzeln durch eine Membran, das ovale und das runde „Fenster", gegen das luftgefüllte Mittelohr abgeschlossen. Hier am ovalen Fenster wird dem Organ die Schallschwingung durch Ein- und Ausbeulen der Fenstermembran zugeführt. Dafür ist im Laufe der Stammesgeschichte ein raffinierter Hebelmechanismus entwickelt worden, der die Schwingungen des äußeren Trommelfells auf das ovale Fenster überträgt. Er besteht aus drei kleinen Knochen, den Mittelohrknochen Hammer, Amboß und Steigbügel (Abbildung 5.16). Sie transformieren die relativ großen Schwingungswege und kleinen Druckschwingungen, die dem Trommelfell von den Schallschwingungen der Luft aufgeprägt werden, in kleinere Schwingungswege der Flüssigkeitssäule, wobei die Druckschwingungen etwa 80fach verstärkt werden. Nur so kann der Verlust an Schallenergie bei der Übertragung aus dem gasförmigen in das viel dichtere flüssige Medium vermindert werden. Der mögliche Ener-

gieverlust wird jedoch ausgenutzt, wenn die Lautstärke über den günstigen Bereich ansteigt: Zwei Muskeln können die Beweglichkeit von Hammer und Steigbügel vermindern und auf diese Weise den übertragenen Energieanteil herabsetzen (s. oben Schutzmechanismen).

Die Schall-Druckwellen, die nun im oberen Kanal entlanglaufen, breiten sich längs dieses Weges in den unteren Kanal aus, indem sie die trennende Basilarmembran durchbiegen und in Querschwingung versetzen (Abbildung 5.17). Das führt zur Reizung der Sinneszellen: Die gallertige Hilfsstruktur, mit der die Spitzen der Sinneshaarbündel verbunden sind – sie wird hier als Tektorialmembran bezeichnet –, ist seitlich des Corti-Organs befestigt; biegt sich die Basilarmembran durch, so führt dies zu einer Parallelverschiebung der Sinneszellen gegenüber der Tektorialmembran; dabei werden die Haarbündel ausgelenkt (Abbildung 5.17) – ein Vorgang, der, wie wir bereits wissen, die Haarzellen reizt.

Das System der gekoppelten Kanäle ist nun derart perfektioniert, daß die Schwingungen unterschiedlicher Tonfrequenzen die Basilarmembran an unterschiedlichen Orten maximal durchbiegen: Daraus ergibt sich die bereits erwähnte Verteilung der Frequenzen auf die verschiedenen Sinneszellen längs ihrer Reihe. Dieser Effekt wird durch eine stetige Verbreiterung der Basilarmembran längs der Kanäle erreicht. Die Membran wird dadurch mit zunehmender Entfernung vom ovalen Fenster zunehmend leichter durchbiegbar. Während die Schwingungen höchster Frequenz schon am Anfang des Kanalsystems die Basilarmembran durchbiegen können, können es die Schwingungen niedrigster Frequenz erst am Ende des Systems und dringen damit erst hier zum unteren Kanal durch (Abbildung 5.18). An einem Kanalmodell, in dem eine Flüssigkeitsoberfläche – als Membranersatz – mit zunehmendem Abstand vom Ort des Schwingungsanstoßes zunehmend breiter wird, läßt sich diese unterschiedliche Ausbreitung der Wanderwellen gut beobachten. Das Modell läßt erkennen, wie die Wellen

a

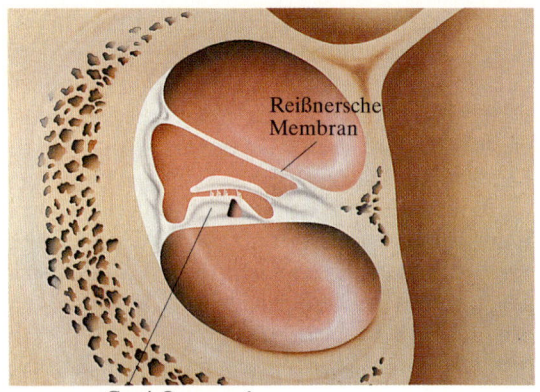

Reißnersche
Membran

Corti-Organ auf
Basilarmembran

Abb. 5.17 a) Das hier im Querschnitt gezeigte Rohr einer Schneckenwindung wird durch die Basilarmembran mit dem Corti-Organ (und durch eine weitere, die Reißnersche Membran) unterteilt. b) und c) Die Durchbiegung der Basilarmembran unter der Einwirkung einer Schall-Schwingungswelle führt zur Abbiegung der Sinneshaarbündel der auf der Basilarmembran im Corti-Organ stehenden Sinneszellen. Entscheidend ist wieder die gallertige Hilfsstruktur, die Tektorialmembran, die einen anderen Drehpunkt hat als die Basilarmembran.

b

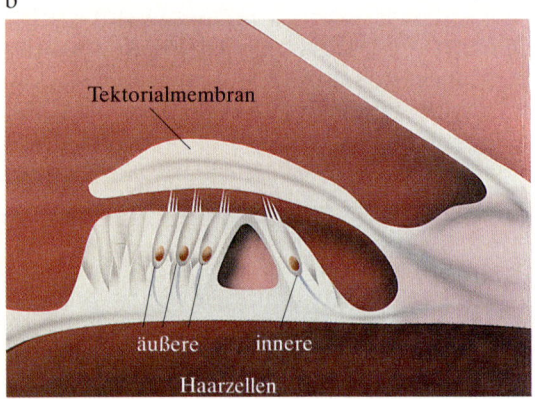

Tektorialmembran

äußere   innere

Haarzellen

c

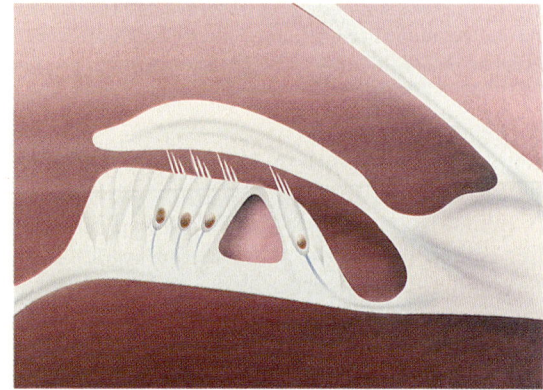

jeweils an einem bestimmten, frequenzabhängigen Ort ihre maximale Schwingungshöhe ausbilden.

Dieses Verhalten der Wanderwellen im Cochlea-Kanalsystem ist die Grundlage für die Zuordnung der verschiedenen Tonhöhen zu verschiedenen Sinneszellen. Allerdings haben genauere Untersuchungen der letzten Jahre gezeigt, daß die stärksten Schwingungen jeder Frequenz auf weniger Zellen konzentriert sind, als dieses Prinzip erwarten läßt. Die Tonhöhen-Unterscheidung ist also schärfer, als nach diesem Prinzip zu erwarten wäre. Diese Verschärfung wird interessanterweise geringer, wenn die drei Reihen der äußeren Haarzellen geschädigt werden.

Noch überraschender ist, daß das Hörorgan selbst Töne produzieren kann. Sie sind in

seltenen Ausnahmefällen direkt am äußeren Gehörgang mit dem Ohr eines Beobachters wahrnehmbar. Die normalere Erscheinung in gesunden Hörorganen ist, daß sich nach einem von außen gegebenen Ton mit einem hinreichend verstärkenden Mikrophon ein sehr schwaches und kurzes Nachklingen im Gehörgang nachweisen läßt (Abbildung 5.19). Diese echoähnliche „oto-akustische Emission" klingt in etwa einer Hundertstel Sekunde nach dem äußeren Ton ab (Abbildung 5.19 oben). Bei manchen Menschen klingt sie aber wesentlich länger oder gar unbegrenzt weiter (Abbildung 5.19 unten). Damit wird offensichtlich, daß es sich nicht um ein echtes Echo, d. h. um eine Schallreflexion handelt, sondern um zusätzlich produzierten Schall. Das Ohr stellt also Energie zur Verfügung,

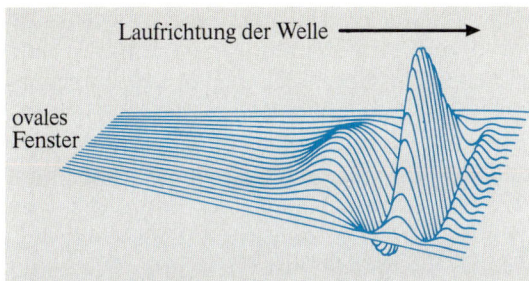

Abb. 5.18. Wenn die Tonschwingung in die Flüssigkeitssäule der Cochlea übertragen wird, läuft eine Querschwingung die Basilarmembran entlang (Wanderwelle). Ihre Schwingungsweite (Amplitude) nimmt mit der zunehmenden Breite dieser Membran zu. Aber nur die tiefen Tonschwingungen, wie hier dargestellt, erreichen das Ende der Basilarmembran. Je höher der Ton, desto weiter vorn liegt das Maximum der Schwingung.

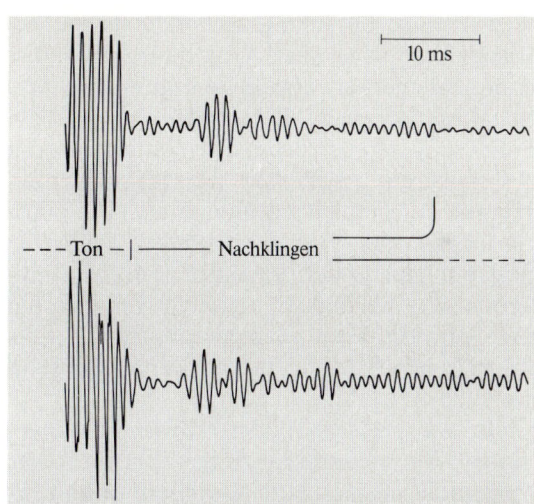

Abb. 5.19. Nach einem kurzen Ton folgt in jedem funktionstüchtigen Ohr ein etwa 20 Millisekunden langes Nachklingen, das sich nicht als passives Echo erklären läßt. Es ist in der oberen Registrierung wiedergegeben, die erst mit dem Ende des Tons (der bei der Registrierung unterdrückt wurde) beginnt. Die untere Registrierung zeigt das Nachschwingen im Ohr einer Versuchsperson, bei der es mit nur geringer Dämpfung längerfristig weiterläuft. Hier ist es offensichtlich, daß im Hörorgan eine eigene Schwingungsquelle vorhanden sein muß.

um selbst Schwingungen zu erzeugen. Merkwürdigerweise werden diese selbstproduzierten Töne subjektiv in der Regel nicht wahrgenommen. Das Klingen, Zirpen, Pfeifen oder Rauschen, das viele Menschen ohne äußere Schallquelle andauernd wahrnehmen und das als Tinnitus bezeichnet wird, wird durch die akustischen Zentren des Gehirns verursacht. Ihm entspricht also keine mechanische Schwingung.

Es gibt Hinweise, daß die echte Schallproduktion im Hörorgan von Sinneszellen selbst herrührt. So überraschend es ist, daß Zellen, die Verformungen in elektrische Schaltvorgänge umsetzen, auch selbst Verformungen produzieren, so sind elektrisch hervorgerufene Verformungen von Haarzellen doch tatsächlich nachgewiesen worden. Für einen Physiker oder Techniker mag dies nicht erstaunlich sein; piezoelektrische Bauelemente beispielsweise sind sowohl elektro-mechanische wie auch mechano-elektrische Wandler. Die mechanische Betätigung der Ionenkanäle in den Sinneszellen ist aber nicht umkehrbar; diese Schalter können durch Anlegen einer Spannung nicht bewegt werden. In Sinneszellen muß es daher für die elektro-mechanische Wandlung einen zusätzlichen Mechanismus geben.

Es wurde festgestellt, daß daran wieder die äußeren Haarzellen beteiligt sind: Ihnen stehen anscheinend sogar zwei Mechanismen zur Verfügung, um elektrische Erregung in Verformungen umzusetzen. Nur der eine von ihnen arbeitet aber schnell genug, um als Ursache für die Tonproduktion des Hörorgans in Betracht zu kommen. Verminderung der Membranspannung führt zu einer Verkürzung des Zellkörpers. Dies geschieht schneller (in Mikrosekunden), als es durch die von Muskelzellen bekannte Kontraktion erklärbar wäre, und ist von der chemischen Energieversorgung des Stoffwechsels unabhängig. Vielleicht ist es die Zellmembran selbst, die verformt wird. Die Energie von Rezeptorpotential und Rezeptorstrom ist, wie wir eingangs gesehen haben, wesentlich höher als die Energie des mechanischen Reizes, der sie hervorruft. Eine Bewegung, die durch diese elektrische Energie gespeist wird, kann also selbst energiereicher sein als die Bewegung, die vom Schallreiz ausgeht. Das bedeutet, daß die Schallschwingung der Basilarmembran durch die äußeren Haarzellen verstärkt werden könnte. Tatsächlich vermindert sich die Empfindlichkeit der inneren Haarzellen, wenn die äußeren Haarzellen ausfallen. Modelle zeigen, daß eine derartige aktive Verstärkung der Schwingungen zu einer schärferen Frequenzunterscheidung führen kann, wie man sie auch feststellt.

Der zweite Mechanismus für aktive Bewegungen der äußeren Haarzellen führt bei einer Verminderung der Membranspannung ebenfalls zu einer Verkürzung des Zellkörpers, aber auch zu einem Kippen des Haarbündels. Er arbeitet allerdings zu langsam, als daß er einzelnen Tonschwingungen folgen könnte, und verhält sich ähnlich wie Muskelkontraktionen. Es handelt sich bei diesem Mechanismus also anscheinend um einen klassischen Kontraktionsmechanismus, wie er vielen Zellen, auch Nicht-Muskelzellen, zur Verfügung steht. Seine Funktion hängt wahrscheinlich mit den zahlreichen Nervenfasern zusammen, die Nervensignale vom Gehirn zu den äußeren Haarzellen hinleiten. Bei manchen dieser Zellen sind diese Fasern zahlreicher als jene, die in umgekehrter Richtung Meldungen von den Sinneszellen zum Gehirn leiten. Schon seit einiger Zeit war bekannt, daß die zu den Zellen hingeleitete Erregung die Empfindlichkeit der inneren Haarzellen vermindert. Über diesen zweiten Verformungsmechanismus können die äußeren Haarzellen anscheinend die Sinnesfunktion an die jeweilige Lautstärke anpassen – es handelt sich also um einen der oben angesprochenen Adaptationsmechanismen.

Der scharfen Tonhöhen-Unterscheidung dient wahrscheinlich noch ein weiterer Verstärkungsmechanismus, der aber ganz im elektrischen Bereich arbeitet. Die Membranen der Sinneszellen enthalten außer den mechanisch schaltbaren Ionenkanälen auch elektrisch schaltbare. Diese führen zu einer elektrischen Verstärkung einer mechanisch hervorgerufenen Spannungsänderung. Sie sind mit einem weiteren Kanaltyp, der entgegengesetzte Wirkung hat, derart mit Verzögerung gekoppelt, daß die Membranspannung leicht zu Schwingungen angestoßen werden kann. Die Verzögerungsdauer bestimmt die Frequenz dieser Eigenschwingung. Je nach dem Ort der Sinneszelle innerhalb ihrer Reihe findet man unterschiedliche Eigenschwingungsfrequenzen – abgestimmt auf die Frequenz, die durch die geometrischen Verhältnisse am Zellort festgelegt ist. Vermutlich sind es die molekularen Ionenkanal-Anordnungen, die diesen elektrischen Resonanzmechanismus auf die unterschiedlichen Frequenzen abstimmen.

Technische Hörhilfe als Forschungsprodukt

Die Kenntnis der elektrischen Vorgänge im Sinnesorgan und der Repräsentation der verschiedenen Tonhöhen in den Nervenfasern hat zu einer neuen Art technischer Hörhilfe geführt. Die bisherigen Hörgeräte bieten dem hörgeschädigten Ohr einen lauteren Schall an – sei es durch verbesserte Zuleitung des Schalls mit Hilfe der alten Hörrohre oder durch elektronische Verstärkung in den modernen Geräten. Alle diese Geräte setzen voraus, daß die Sinneszellen intakt sind und von außen durch Schall erreicht werden können. Die neueren Kenntnisse über die Arbeitsweise des Sinnesorgans bieten gemeinsam mit neuester Mikroelektronik die Chance, auch hinter dem mechano-elektrischen Wandlungsmechanismus dem Organ passende Signale zuzuführen, d. h. die Sinneszellen oder die Nervenfasern direkt elektrisch so zu reizen, daß der mechano-elektrische Wandlungsvorgang ersetzt wird. Auf diese Weise besteht eine grundsätzliche Hilfsmöglichkeit auch dann, wenn entweder der Schall-Leitungsmechanismus oder der Wandlungsmechanismus der Sinneszellen geschädigt sind.

Der Schall wird in einem äußeren Gerät in elektrische Signale umgewandelt, und diese werden drahtlos einem zweiten, sehr kleinen Gerät übermittelt, das unter der Haut am Schädel implantiert wird. Dieses führt nun die passend umgeformten elektrischen Signale über eine einzelne oder wenige Elektroden in die Cochlea ein, so daß die Reizspannung die Nervenendigungen direkt erreicht.

Über die Erfolge und Ausbaumöglichkeiten dieses prothetischen Verfahrens läßt sich Endgültiges noch nicht sagen. In manchen Fällen werden überraschend gute sprachliche Verständigungsmöglichkeiten erreicht; in anderen Fällen war der Erfolg geringer. Diese Ergebnisse spiegeln insoweit den Stand der Erforschung des Hörvorgangs wider und demonstrieren, welche Möglichkeiten durch genaue Kenntnis der physiologischen Vorgänge erreicht werden können.

Literatur

E. Horn: „Vergleichende Sinnesphysiologie." G. Fischer Verlag, Stuttgart, New York 1982.

A. J. Hudspeth: „Die Haarzellen des Innenohres." Spektrum der Wissenschaft. 1983/Heft 3, S. 108.

R. F. Schmidt: „Grundriß der Sinnesphysiologie." Springer-Verlag, Berlin-Heidelberg-New York 1985.

U. Thurm: „Mechano-elektrische Transduktion." In: Biophysik (Hrsg.: W. Hoppe; W. Lohmann; H. Markl; H. Ziegler), S. 691–696, Springer-Verlag, Berlin-Heidelberg-New York 1982.

H.-P. Zenner und A. H. Gitter: „Die Schallverarbeitung des Ohres." Physik in unserer Zeit 18, 97 (1987).

E. Zwicker und G. Manley: „Schallrezeption am Beispiel der Säugetiere und des Menschen." In: Biophysik (Hrsg.: Hoppe, W.; W. Lohmann; H. Markl; H. Ziegler), S. 696–707, Springer-Verlag, Berlin-Heidelberg-New York 1982.

Zu den mechanischen Sinnen zählen der Hörsinn, der als Zugang zur Sprache besonders wichtig für unsere sozialen Beziehungen ist, der Tastsinn und der Gleichgewichtssinn. Die Tastsinneszellen sind in der Haut konzentriert und sehr unterschiedlich über unseren Körper verteilt. Die Gleichgewichtssinneszellen befinden sich im Innenohr, und zwar in den mit den Bogengängen verbundenen Maculaorganen.

In allen Fällen übersetzen die Mechanorezeptorzellen mechanische Kräfte in elektrische Signale, wobei die mechanische Kraft auf eine entsprechend sensitive Zone der Zellmembran einwirken muß. Dort werden als Folge des mechanischen Reizes Ionenkanäle geöffnet, und es kommt zu einem Stromfluß (Rezeptorstrom) und Spannungsabfall (Rezeptorpotential) über die Sinneszellmembran. Rezeptorstrom und Rezeptorpotential sind der Stärke des Reizes, z. B. dem Winkel der Haarauslenkung proportional. Im Falle der Tastrezeptoren werden die elektrischen Impulse für die Weiterleitung ins Zentralnervensystem umkodiert, so daß die Signalstärke nicht in Form der Signalgröße (Amplitude), sondern in Form der Impulshäufigkeit (Frequenz) zum Ausdruck kommt. Diese Nervenimpulse können über weite Entfernungen ohne wesentliche Verluste weitergeleitet werden.

Die Sinneszellen für die Gleichgewichtswahrnehmung und das Hören enthalten auf ihrer Oberfläche ein Bündel von 30 bis 50 Orgelpfeifen-ähnlichen Fortsätzen. Sie ragen in eine gallertartige Vermittlungsstruktur hinein, welche die mechanischen Reize überträgt. Wird das Haarbündel ausgelenkt, entsteht ein Rezeptorpotential, das ohne die Vermittlung durch ein Aktionspotential eine chemische Signalübertragung zur benachbarten Nervenzelle auslöst.

Die große Zahl von Sinneszellen, z. B. 15 000 in unserem Hörorgan, wird für eine detaillierte Klangrepräsentation durch parallele Verarbeitung in unterschiedlichen Verarbeitungskanälen benötigt. Die Hörsinneszellen sind in vier parallelen Reihen wie die Tasten eines Klaviers angeordnet. Nur die innere der Reihen ist für die Tonwahrnehmung zuständig; sie stellt eine lineare Skala der Tonhöhen dar. Die drei äußeren Reihen sind u. a. an der Verbesserung der Tonhöhenunterscheidung sowie der Erzeugung eigener Töne durch das Hörorgan (oto-akustische Emission) beteiligt.

Nach dem Sehsinn und den mechanischen Sinnen wollen wir uns in den folgenden beiden Kapiteln mit den *chemischen Sinnen* Riechen und Schmecken, den entwicklungsgeschichtlich ältesten unserer Sinne befassen. Besonders der Riechsinn ist tief mit unserem Unbewußten und unseren ursprünglichen Verhaltensweisen verbunden. Zunächst gibt uns Hanns Hatt, Privatdozent am Institut für Physiologie der Technischen Universität München, eine Einführung in die Physiologie der chemischen Sinne.

Kapitel 6

Physiologie des Riechens und Schmeckens

Von Hanns Hatt

Bevor Lebewesen sehen und hören konnten, waren sie in der Lage zu riechen. Der „chemische Sinn" – wie man den Geruchs- und Geschmackssinn auch zusammenfaßt, weil beide an chemische Substanzen als stoffliche Überträger gekoppelt sind – ist das älteste unserer Sinnessysteme. Vor Urzeiten, als alles Leben sich noch im Meer abspielte, benutzten die Tiere das sie umspülende Wasser, um Informationen weiterzugeben. Die von einem Tier abgegebenen Substanzen wurden direkt auf die Sinneszellen der anderen Tiere gespült. Ähnlich arbeitet unser Geschmackssinn heute noch; ein Stoff, den wir schmecken sollen, muß unmittelbar mit der Zunge in Berührung kommen.

Als das Leben aus dem Wasser an Land stieg, wurde die Luft das Medium, um die Moleküle eines Duftstoffes, d. h. seine kleinsten Bestandteile, weiterzutragen. So bildeten die Tiere spezielle Organe aus, mit denen die herbeigewehten Duftstoffe aufgefangen und wahrgenommen werden konnten. Als Mittel der Fernwahrnehmung war der Geruch wichtiger als die anderen Sinnesorgane, kilometerweit konnten Informationen über Gefahr oder Beute, über die Anwesenheit eines Rivalen oder eines Sexualpartners empfangen werden. Deshalb hat dieser Sinn sich ganz schnell bis zur höchsten Leistungsfähigkeit entwickelt. Er hat den Geschmackssinn weit überflügelt. Auch wenn man in unserer Sprache

oft sagt „das schmeckt", hält dies einer genauen Prüfung nur selten stand. Wir benutzen das Wort „Schmecken", meinen aber „Riechen". Schmecken können wir nämlich nur, ob etwas salzig, sauer, süß oder bitter ist, sonst nichts. All die nuancierten Feinheiten einer guten Küche oder eines edlen Tropfen Weines werden fast ausschließlich mit unserem Geruchssinn wahrgenommen. Aber das Riechen ist noch viel leistungsfähiger, greift auf vielen Ebenen tief in unser Leben ein, auch wenn uns dies nicht immer bewußt wird. Gerüche können unsere Stimmung beeinflussen, sie können aufheitern und anregen, aber auch abstoßen; sie können Lust oder Unlust erzeugen. Gerüche spielen eine wichtige Rolle in unseren zwischenmenschlichen Beziehungen, als Auslöser für Sympathie und Antipathie. Sie wirken als Sexualsignale, können erotisieren, verführen. Unbewußt war uns dies schon immer klar, sonst würden wir nicht so häufig Redewendungen gebrauchen wie „ich kann ihn nicht riechen" oder „der stinkt mir gewaltig".

Der Geruchssinn wurde einmal als unser „verlorener Sinn" bezeichnet. Aber so verkümmert, wie wir denken, ist unsere Nase gar nicht. Gerade in der heutigen Zeit, in der wir uns wieder mehr auf unseren Körper besinnen, achten wir verstärkt darauf. Beliebte Fernsehsendungen, wie „Die Nase vorn" oder Bestseller auf dem Büchermarkt, wie

„Das Parfum" geben Zeugnis davon. Der vor kurzem verstorbene Maler Salvadore Dali hat es vielleicht am treffendsten ausgedrückt, als er sagte: „Von unseren fünf Sinnen ist der Geruchssinn sicher derjenige, der den besten Eindruck von der Unsterblichkeit vermittelt." So verwundert es nicht, wenn wir wieder mehr den Düften vertrauen und uns ihrer bedienen. Parfums, auch für Männer, sind weiter verbreitet denn je. Duft, diese geheimnisvolle, faszinierende Droge, die uns Verführung und Sinnlichkeit verheißt – ihr gehört die Zukunft.

Inzwischen wissen wir, daß unsere Riechzellen eng mit den Hirnteilen verbunden sind, in denen Gefühle und Triebe entstehen, in denen die tiefsten, längsten Erinnerungen gespeichert sind. Düfte erreichen direkt das Zentrum unseres Unbewußten, das limbische System im ältesten Teil unseres Gehirns. In Sekundenschnelle tritt ihre psychische Wirkung ein, und nur einige wenige Moleküle genügen, um Stimmungen zu ändern und komplizierte Reaktionen auszulösen und Regelsysteme in Gang zu setzen. Kein Wunder, daß seit alters versucht wird, sich selbst und andere mit Düften zu manipulieren. Schon die Königin von Saba wußte wohlriechende Essenzen zu benutzen, um Geist und Körper zu stimulieren, und auch in Pharaonengräbern fand man ein ganzes Repertoire an Duftstoffen. Heute erforscht die Wissenschaft an Universitäten, aber auch in den Laboratorien der chemischen Industrie, systematisch diese Phänomene. Man kann Düfte benutzen, um Krankheiten zu heilen, sein Wohlbefinden zu steigern und sich in die heile Welt der Kindheit zurückzuversetzen. Man ist aber auch extrem verletzlich und hilflos der Wirkung der Düfte ausgeliefert. So kann man ganz einfach manipuliert werden, ohne es bewußt wahrzunehmen: eine große Gefahr in unserer heutigen Zeit.

Während der Geruchssinn erst Ende des letzten Jahrhunderts in den Mittelpunkt des wissenschaftlichen Interesses trat, kann der Geschmackssinn auf eine lange Forschungstradition zurückblicken. Bereits Aristoteles

hat jene vier Empfindungen (süß, sauer, salzig, bitter) beschrieben, die wir auch heute noch als grundlegend postulieren. Bis 1770 geht der detaillierte Stammbaum der Geschmacksforscher zurück, und mit zunehmendem materiellen Wohlstand wuchs das Interesse an Genußwerten und sensorischer Qualität und damit auch an den physiologischen Grundlagen des Geschmacks. Aber erst die enorme Verbesserung der Meßmethoden in den letzten Jahren führte zu ersten Einblicken, wie „Schmecken" tatsächlich auf molekularer Ebene funktioniert.

Der Geschmackssinn

Beim Menschen gibt es nur vier primäre Geschmacksqualitäten: süß, sauer, salzig und bitter. Dies macht den Geschmackssinn zu einem recht groben Sinnesinstrument. Zwar läßt sich damit eine saure Gurke von einer süßen Banane unterscheiden, aber viel mehr nicht. Wenn wir also bei einer köstlich zubereiteten Speise oder einem edlen Tropfen Wein sagen, daß es uns „schmeckt", drücken wir uns sicher nicht korrekt aus. Hier irrt auch der Volksmund, der von der „feinen Zunge eines Gourmets" spricht. Die „Feinschmecker" sollten richtiger „Feinriecher" heißen, denn für den nuancierten Eßgenuß ist überwiegend unser Geruchssinn in der Nase verantwortlich. Trotzdem gibt es natürlich über den Geschmackssinn noch vieles Interessante zu berichten. Japanische Wissenschaftler z. B. postulieren noch eine fünfte Geschmacksqualität, den Geschmack für Glutamat, eine chemische Substanz aus der Gruppe der Aminosäuren. In der chinesischen und ostasiatischen Küche wird Glutamat anstelle von Salz verwendet, es intensiviert den Speisengeschmack und wirkt, auf Fleisch gestreut, als Weichmacher. Bei uns Europäern verursacht es, in zu hoher Konzentration verwendet, oft Kopfschmerz und Übelkeit, das sog. „chinese restaurant syndrom". Eine mögliche Erklärung dafür könnte in der Wirkung von Glutamat auf unsere Gehirnzellen liegen, wo es der wichtigste erregende Überträgerstoff zwischen Nervenzellen ist.

Lage der Geschmackssinneszellen

Die geschmacksempfindlichen Sinneszellen finden sich bei Erwachsenen auf der Zungenoberfläche, teilweise auch in der hinteren Rachenwand und im Kehlkopfinneren. Nur bei Kleinkindern besteht zusätzlich zu den genannten Gebieten noch eine Geschmackssensibilität auch im mittleren Bereich der Zunge, auf der Unterseite der Zungenspitze, in Teilen des harten Gaumens sowie der Lippen- und Wangenschleimhaut. Im Gegensatz zum üblichen Sprachgebrauch, der häufig die Bedeutung des Gaumens für die Geschmackswahrnehmung betont („Gaumenkitzel, Gaumenfreuden, feiner Gaumen" usw.), ist also nicht dieser, sondern nur die Zunge selbst der eigentliche Sitz unseres Geschmackssinnes.

Die sensiblen Bereiche der Zunge – Zungenhintergrund, Zungenränder und Zungenspitze – lassen sich in verschiedene Zonen einteilen, die jeweils für eine der vier Geschmacksqualitäten besonders empfindlich sind (vgl. Abbildung 6.2). Schon seit langem ist bekannt, daß der vordere Bereich der Zunge besonders stark auf Süßes anspricht. Kein Wunder also, daß das Lecken mit der Zungenspitze z. B. an Schokoladeeis eine ganz schön süße Empfindung auslösen kann. Die sensiblen Gebiete für bittere Substanzen dagegen befinden sich vor allem im Zungenhintergrund, nahe dem Areal, wo der Würgereflex ausgelöst wird. Bei Pflanzen bedeutet bitter oft gleichzeitig auch giftig, und so mag die Nähe zu diesem Zentrum für uns oft unangenehme, aber lebensrettende Folgen haben. Die Zungenränder haben die höchste Empfindlichkeit für saure Geschmackstoffe im hinteren Bereich und für salzige Substanzen mehr zur Zungenspitze zu.

Aufbau unseres Geschmacksorgans

In der Schleimhaut der Zungenoberfläche liegen kleine Erhebungen, die man Geschmackspapillen nennt. Es lassen sich drei verschiedene Typen von Papillen unterscheiden, die ungleichmäßig über die Zunge verteilt sind (Abbildung 6.1a und b). Über die ganze Oberfläche verstreut sind nur die sog. *Pilzpapillen.* Die 1 bis 3 Millimeter großen, von oben gesehen runden *Wallpapillen,* von denen der Mensch nur 7 bis 15 hat, liegen an der Grenze zum Zungengrund. Der dritte Typ, die *Blätterpapillen,* finden sich als dicht hintereinander liegende Falten am hinteren Seitenrand der Zunge. In den Wänden und Gräben der Papillen findet man die sog. Geschmacksknospen (Abbildung 6.1c), etwa 70 µm hoch mit einem Durchmesser von 50 µm. Sie haben ihren Namen von der Ähnlichkeit mit der Knospe einer Blüte. Eine Wallpapille eines Erwachsenen enthält z. B. 100 bis 150 Geschmacksknospen, in den Blätterpapillen sind sie seltener, höchstens 50 bis 100, in den Pilzpapillen kommen sogar nur drei bis vier Geschmacksknospen vor. Insgesamt finden sich beim Erwachsenen mittleren Alters etwa 2000 Geschmacksknospen. Im Alter wird diese Zahl auf etwa ein Drittel reduziert, und dementsprechend ist auch die Geschmacksempfindlichkeit deutlich vermindert. So verwundert es nicht, daß bei älteren Menschen (und nicht nur bei Verliebten) oft kräftig „nachgesalzen" wird. In den Geschmacksknospen liegen die eigentlichen Sensoren (Rezeptoren) für die vier Geschmacksqualitäten: die Geschmackssinneszellen oder Schmeckzellen (Abbildung 6.1c). Sie liegen in Gruppen von ungefähr 50 Zellen in einer Geschmacksknospe zusammen. Neben den Sinneszellen findet man noch Stütz- und Basalzellen. Letztere ersetzen die abgestorbenen Rezeptorzellen. Die Lebensdauer der Geschmackssinneszellen beträgt nur wenige Tage. Ihre Regeneration ist auch ein Grund, daß wir, wenn wir uns einmal „die Zunge verbrannt haben", innerhalb kurzer Zeit wieder unser vollständiges Ge-

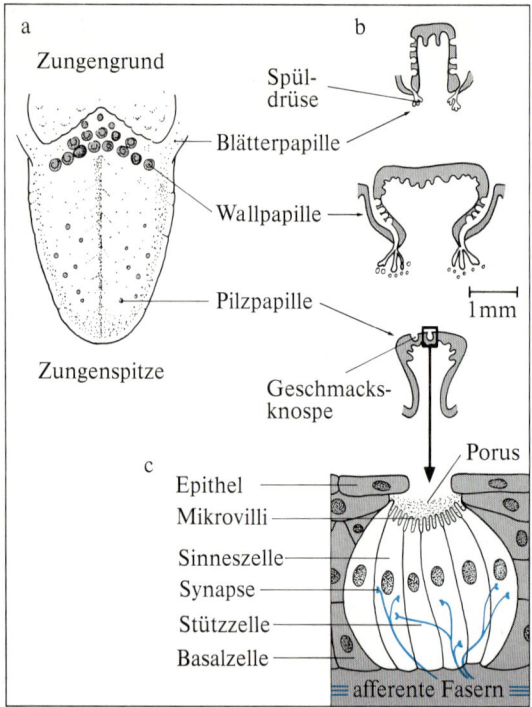

Abb. 6.1. **Lage und Bau der Geschmacksknospen auf der
Zunge. a) Schematische Übersicht der Verteilung der Geschmackspapillen; b) Lage der Geschmacksknospen auf
den drei verschiedenen Typen von Geschmackspapillen;
c) Bau und Innervation einer Geschmacksknospe. Die drei
Zellelemente: Sinneszellen, Stützzellen und Basalzellen
sind knospenartig angeordnet und gegenüber der Epitheloberfläche etwas versenkt, somit entsteht ein flüssigkeitsgefüllter Raum (Porus), in den die Mikrovilli der
Sinneszellen ragen. Die Geschmackssinneszellen werden
durch afferente Nervenfasern versorgt. Einzelne Fasern
können sich stark verzweigen und mehrere Sinneszellen
versorgen. Die Verbindung hat alle Eigenschaften einer
chemischen Synapse.**

schmacksvermögen zurückgewinnen. Zu
häufiges Beschädigen der Zellen, z. B. auch
durch sehr pfefferscharfe Gerichte, führt aber
doch mit der Zeit zu Einbußen. Durch die
knospenartige Form und die Anordnung der
Sinnes- und Stützzellen etwa wie die Schnitze
einer Orange entsteht etwas unterhalb der
Epitheloberfläche ein flüssigkeitsgefüllter
Raum (Porus), in dem sich die im Speichel
gelösten Geschmacksstoffe ansammeln. Die

schmalen, freien oberen Enden der Sinneszellen sind gegen den Porus geneigt und senden
in ihn feine, fingerförmige Fortsätze, die sog.
„Mikrovilli". Jede Sinneszelle (Rezeptorzelle)
hat zahlreiche (etwa 50) dieser winzigen Mikrovilli (nur etwa 1 bis 2 μm lang). Sie dienen
vor allem der Oberflächenvergrößerung. Man
nimmt heute an, daß sich in der Membran
dieser fingerförmigen Fortsätze die molekularen Empfänger befinden, die für den eigentlichen Geschmacksvorgang von Bedeutung
sind: die Rezeptormoleküle oder kurz Rezeptoren, die – wie so viele „Werkzeuge" in der
Biologie – chemisch gesehen Proteine (Ei-
weißstoffe) sind.

Bisher wurde keine Zuordnung einer Geschmacksqualität zu einem bestimmten Typ
von Geschmacksknospen gefunden. Weder
eine einzelne Geschmacksknospe, noch einzelne Sinneszellen reagieren qualitätsspezi-
fisch. Vielmehr werden in der Regel von allen
Sinneszellen Reize aus den vier Qualitätsbe-
reichen beantwortet, allerdings mit unterschiedlicher Intensität.

Die Sinneszellen werden von einem schlei-
migen Sekret umspült, welches aus Drüsen,
die nahe den Papillen liegen, ausgeschieden
wird. Diese Drüsen werden auch als Spüldrü-
sen bezeichnet, denn ihr Sekret hat die Aufgabe, Speiseteilchen und Mikroorganismen
wegzuspülen, außerdem aber auch die Konzentrationen an Reizstoffen im Bereich der
Rezeptoren durch Verdünnung herabzuset-
zen. Ob das Sekret zusätzlich eine Wirkung
auf unsere Geschmackswahrnehmung selbst
hat, ist zur Zeit noch nicht bekannt.

Die Geschmackssinneszellen sind sog. sekundäre Sinneszellen, das heißt sie besitzen
keine eigenen ableitenden Nervenfortsätze
(Axone). Jede einzelne Sinneszelle wird vielmehr durch eine zuführende (afferente) Nervenfaser von unserem Gehirn aus versorgt
(Abbildung 6.1 c). Dabei sind vor allem der
VII., IX. und X. unserer großen Hirnnerven
beteiligt. Die Verbindung zwischen der Sinneszelle und der zuführenden Nervenfaser
vom Gehirn hat alle Eigenschaften einer chemischen Synapse (vgl. Kapitel 2). Interessant

ist, daß sich die Gehirnnervenfasern vielfach aufzweigen, so daß eine einzelne Nervenfaser häufig mehrere Geschmacksknospen und dort jeweils noch mehrere Sinneszellen versorgen kann. Die im Gehirn ankommenden Nervenimpulse in einer solchen Nervenfaser können also von mehreren Geschmackssinneszellen aus verschiedenen Geschmacksknospen stammen. Daran erkennt man, welche Leistung das Gehirn zu vollbringen hat, um aus der Verarbeitung dieser verschlüsselten Signale zu erkennen, welcher Sinnesreiz empfangen worden ist.

Nervöse Versorgung der Zungenbereiche

Wall- und Blätterpapillen des hinteren Seitenbereichs der Zunge und des Zungenhintergrundes werden überwiegend von Fasern des IX. Hirnnerven, dem *Nervus glossopharyn-*

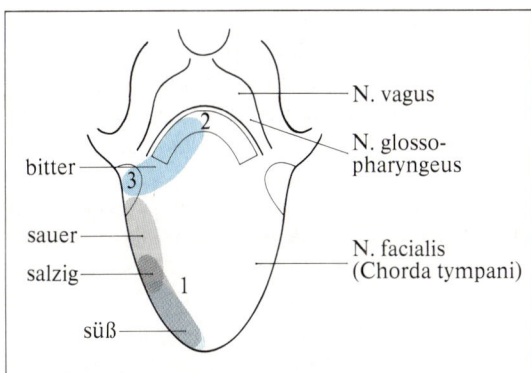

Abb. 6.2. Schematisierte Übersicht der menschlichen Zunge mit der Verteilung der regionalen Vorzugsempfindlichkeit für verschiedene Geschmacksqualitäten und der Innervation der verschiedenen Areale durch die drei Gehirnnerven. Die an der Zungenspitze besonders dicht stehenden Pilzpapillen (1), die Wallpapillen (2) am Zungengrund und die Blätterpapillen (3) am hinteren Zungenrand sind die Trägerstruktur für die Geschmacksorgane. Dabei sammeln sich die von den Wall- und Blätterpapillen ausgehenden Nervenfasern vorwiegend im *Nervus glossopharyngeus*, während die Fasern von den Pilzpapillen in einem Ast des *Nervus facialis* verlaufen.

geus, versorgt, während die Pilzpapillen im vorderen Zungenbereich vornehmlich von der *Chorda tympani,* einem Ast des VII. Hirnnerven (*Nervus facialis*) versorgt werden (Abbildung 6.2). Im Rachen- und Kehlkopfbereich trägt zusätzlich der X. Hirnnerv, der *Nervus vagus* zu unserem Geschmackssinn bei. Die Geschmackssinneszellen sind auf diese Versorgung (Innervation) angewiesen. Wird z. B. einer der Nerven durchschnitten oder verletzt, so degenerieren alle von ihm versorgten Sinneszellen, und der Geschmack geht verloren. Allerdings sorgt die etwa wöchentliche „Zellmauser" dafür, daß die Zellen bald wieder ersetzt werden. Bei der Verknüpfung der neuen Schmeckzellen mit den versorgenden Gehirnnervenfasern bleibt die Eigenschaft der Nervenfasern erhalten. Die Vorgänge, die zu dieser Abstimmung zwischen Rezeptorzelle und Faser führen, sind noch nicht geklärt.

Weiterer Weg der Geschmacksfasern im Gehirn

Die Geschmacksnerven, zusammengefaßt in den VII., IX. und X. Hirnnerven, verlaufen gemeinsam im *Tractus solitarius,* wie in Abbildung 6.3 gezeigt ist. Sie endigen im *Nucleus tractus solitarii* unseres Gehirns. Im Vergleich zur Zahl der Sinneszellen gibt es sehr viel weniger Zellen in diesem Kerngebiet. Offenbar findet schon auf der Ebene des zweiten Neurons eine erhebliche *Konvergenz* (d. h. Zusammenlaufen von Erregungsimpulsen aus verschiedenen Nervenfasern auf eine zentrale Zelle) von Geschmacksimpulsen (und zusätzlich Berührungs- und Temperaturreizen) statt. Von *Nucleus tractus solitarii* werden die Informationen in den ventralen Thalamus geleitet und dort umgeschaltet. Dabei bleibt die Geschmacksinformation zum großen Teil auf der gleichen Gehirnseite, d. h. die Geschmacksbahn kreuzt nicht in dem Maße auf die andere Gehirnhälfte, wie es z. B. bei der Sehbahn der Fall ist. Über Nervenfortsätze

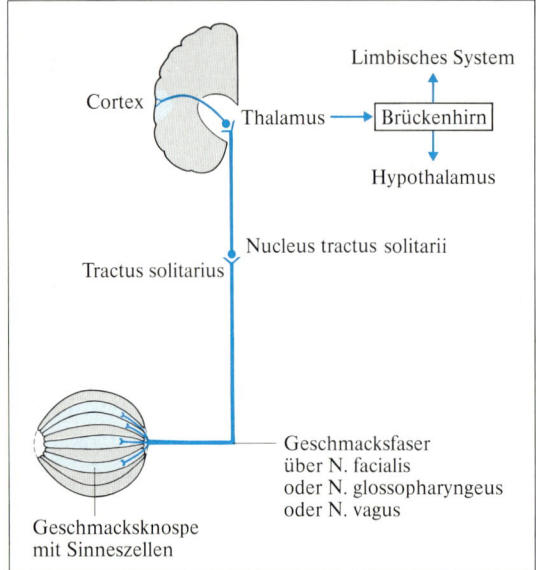

Abb. 6.3. Schema der zentralen Verbindungen von den Geschmacksknospen ins Gehirn. Die Geschmacksfasern werden im *Tractus solitarius* gesammelt und ziehen von dort in den ventralen Thalamus. Von hier wird über ein weiteres Neuron die Verbindung mit der Großhirnrinde (*Cortex*) hergestellt sowie – nach Umschaltungen im Brückenhirn (*Pons*) – mit dem limbischen System und dem Hypothalamus.

wird schließlich die Verbindung mit der Großhirnrinde (*Cortex*) hergestellt. Die Geschmacksfelder (*Gyrus postcentralis*) in unserer Großhirnrinde liegen nahe den sensomotorischen Feldern und sind somit eng mit der Gehirnregion verknüpft, die für die Gesamtmotorik zuständig ist.

Eine weitere wichtige Verbindung verläuft aus dem Thalamus über das sog. Brückenhirn zum limbischen System (s. Kapitel 7) und zum Hypothalamus. Diese Verbindung ist besonders wesentlich für die emotionalen Komponenten der Geschmacksempfindung.

Physiologische Grundlagen des Geschmackssinnes

Über die molekularen Grundlagenprozesse der Geschmackswahrnehmung ist bisher noch wenig bekannt. Geschmack ist ein sog. Nahsinn, d.h. die Reizmoleküle müssen *direkt auf die Zunge* gelangen. (Wir können nicht aus der Ferne erkennen, ob eine Suppe versalzen ist, das müssen wir schon probieren.) Man geht heute davon aus, daß mit dem Essen Reizmoleküle auf die Zunge kommen und dort verteilt werden; je mehr man kaut, desto besser. Auf diese Weise kommen die Moleküle der Geschmacksstoffe auch in den Porus von Geschmacksknospen und in Kontakt mit den Sinneszellen. Aufgabe der Geschmackssinneszellen ist nun die Erkennung von süß, sauer, salzig oder bitter „schmeckenden" Reizmolekülen und die Umformung (*Transduktion*) dieser chemischen Reize in elektrische Signale (Nervenimpulse), denn nur diese kann unser Gehirn entschlüsseln. In der Membran der Sinneszellen warten die dort eingebauten Rezeptorproteine darauf, die Reizmoleküle abzufangen und zu binden und eine sensorische Reaktionskette in Gang zu setzen.

Wie funktioniert das? Ein Reizmolekül – zumindest nimmt man dies für den Süß- und Bittergeschmack an–, das entweder schon in der Nahrung gelöst ist oder im Speichel gelöst wird, bindet an ein Rezeptorprotein in der Membran einer Geschmackszelle (s. Abbildung 6.4a). Diese Reaktion des Moleküls mit dem Rezeptor führt zu einer Änderung in dessen molekularer Struktur (Konformationsänderung), wodurch eine Pore (Kanal) in der Membran entsteht, die den Einstrom von geladenen Teilchen (Ionen) in das Zellinnere ermöglicht (Abbildung 6.4b). Dieser molekulare Elementarvorgang – Öffnung von Membranporen, Einströmen von Ionen ins Innere der Sinneszelle und davon ausgelöste elektrische Prozesse – finden wir bei der Analyse aller Sinneswahrnehmungen wieder (vgl. Kapitel 2): Geschmackssinneszellen haben, wie alle Körperzellen, ein Zellmembranpotential: Das Innere der Zellen und ihre äußere Umgebung sind, bedingt durch die jeweilige chemische Zusammensetzung, unterschiedlich elektrisch geladen, wobei die Innenseite der Zelle um etwa 80 mV relativ zur Außen-

a

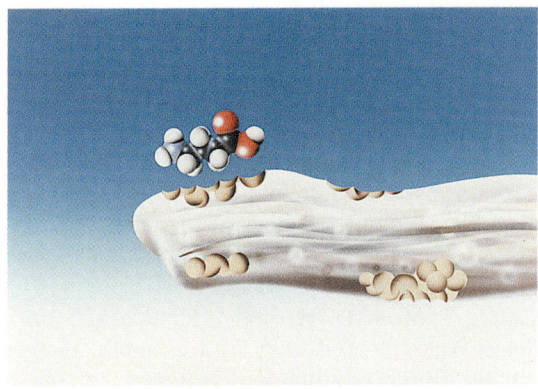

c

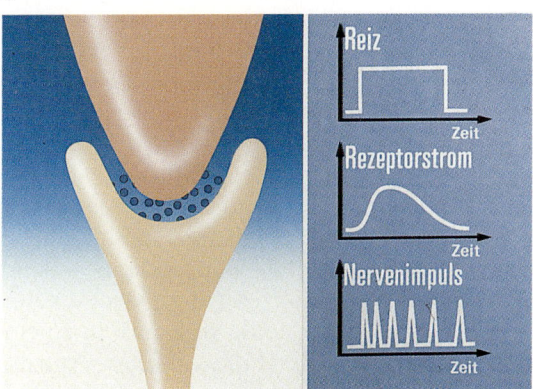

b

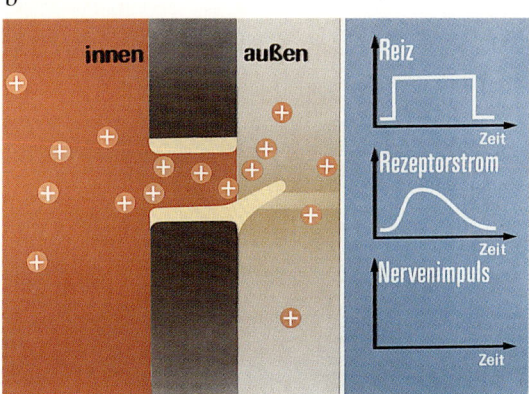

Abb. 6.4. **a) Schematische Darstellung der Ankopplung eines Reizmoleküls (Zuckermolekül) an das Rezeptorprotein in der Membran der Mikrovilli. b) Eine Bindung des Reizmoleküles an den Rezeptor hat das Öffnen eines Ionenkanals in der Mikrovilli-Membran zur Folge. Durch diesen Kanal können positiv geladene Ionen in die Zelle einströmen (Rezeptorströme) und verursachen eine Membranpotentialänderung (Depolarisation). c) Die Membranpotentialänderung breitet sich über die ganze Zelle aus und führt an der Verbindung (Synapse) der Geschmackszelle mit der afferenten Gehirnnervenfaser zu einer Freisetzung von Überträgerstoff-Molekülen. Die Überträgerstoff-Moleküle bewirken an der Gehirnnervenfaser die Entstehung von Nervenimpulsen, die über diese Faser in unser Gehirn geleitet werden.**

seite (Abb 6.4 b) *negativ* geladen ist. Der Einstrom (Rezeptorstrom) von positiven Ladungen wie z. B. Natrium (Na$^+$)-Ionen in die Zelle (oder umkehrt die Blockierung des Ausstroms von positiven Ladungen aus der Zelle, s. u.) verändert dieses Potential (das sog. Rezeptorpotential) etwas zum Positiven im Sinne eines Ladungsausgleichs, d. h. die Zelle „depolarisiert". Erreicht diese Potentialänderung einen bestimmten Schwellenwert (Verminderung des Zellpotentials auf ca. − 50 mV), so werden an der Verbindungsstelle (Synapse) zwischen Sinneszelle und der vom Hirnnerven heranführenden Nervenfaser genügend Überträgerstoffmoleküle (s. Kapitel 2) ausgeschüttet, um dort einen oder mehrere fortgeleitete Nervenimpulse zu er-

zeugen (Abbildung 6.4 c). Damit ist die Transformation eines chemischen Signals (Geschmacksreiz) in eine elektrische Signalfrequenz, die zum Gehirn geleitet wird, beendet.

Warum hat eine Substanz einen bestimmten Geschmack?

Es wurde von der Wissenschaft seit langem vermutet, daß die verschiedenen Geschmacksqualitäten unterschiedliche Transduktionsmechanismen haben. Seit kurzem sind einige der grundlegenden molekularen Mechanismen der Transduktionskette der verschiede-

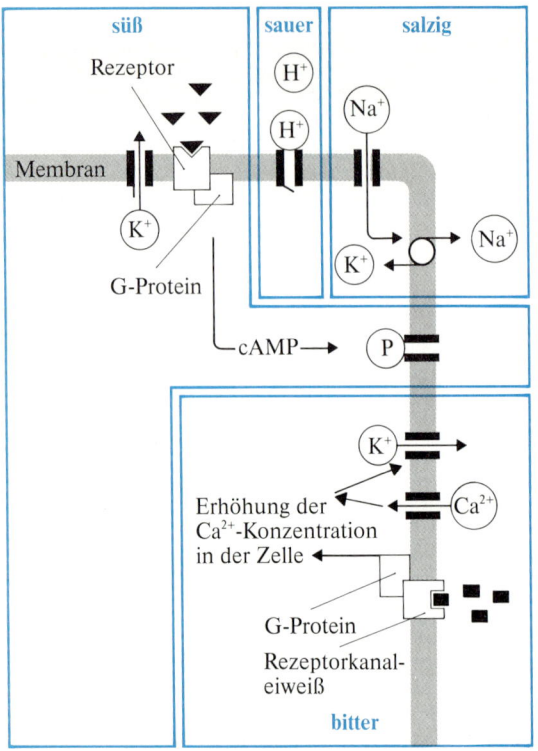

nen Geschmacksqualitäten bekannt. Sie sind in Abbildung 6.5 dargestellt.

1. Sauergeschmack

Daß Essig oder Zitronensäure sauer schmekken ist für jedermann selbstverständlich. Was haben diese Substanzen aber gemeinsam, um diesen Geschmack hervorzurufen? In der klassischen Chemie ist eine Säure eine chemische Substanz, die Wasserstoff-Ionen (H^+-Ionen, Protonen) freisetzt oder erzeugt, und diese Wasserstoff-Ionen sind es auch, durch die der Sauergeschmack ausgelöst wird; seine Intensität nimmt mit der H^+-Ionenkonzentration zu. Neutralisierung der Säuren (d. h. Abfangen der H^+-Ionen) hebt den Sauergeschmack auf. Registrierungen der Nervenimpulsfrequenz an einzelnen Gehirnnervenfasern, die von Geschmackszellen kommen, haben bei Ratten gezeigt, daß die Zahl der Nervenimpulse der Protonenkonzentration proportional ist. Die Chemie kennt starke und schwache Säuren, je nachdem, welche Wasserstoffionen-Konzentration sich beim Lösen in Wasser einstellt. Sind z. B. in einem bestimmten Volumen die gleiche Anzahl von Molekülen Salzsäure oder Essigsäure gelöst, so schmeckt die letztere Lösung weniger sauer.

In jüngster Zeit konnte gezeigt werden, daß die Mikrovilli-Membran der Sinneszellen spezielle Rezeptorproteine (Kanalproteine) enthält, die Kalium-Ionen (K^+-Ionen) erlauben, die Zellmembran zu durchdringen. Unter Ruhepotentialbedingungen strömen dabei K^+-Ionen aus der Zelle, weil die K^+-Ionenkonzentration im Zellinneren 50- bis 100mal höher ist als außerhalb. (Um das Ruhepotential aufrecht zu erhalten, wird der K^+-Ionenstrom durch andere Ionenströme oder -pumpen kompensiert.) Interessanterweise führt eine Zugabe von Säuren auf diese Membranen zu einer Reduktion der Öffnungen der K^+-Kanäle, wodurch der Ausstrom von Kaliumionen aus der Zelle gestoppt wird. Damit wird das Membranpotential der Zelle positiver als die ca. -80 mV des Ruhepotentials,

d. h. die Zelle depolarisiert. Ob die H^+-Ionen der Säure den Kanal direkt blockieren oder zuerst an einen spezifischen „Sauer"-Rezeptor ankoppeln, der mit dem Kanal verbunden ist und dann indirekt zum Schließen des Kanals führt, ist noch nicht geklärt.

2. Salzig

Alle Stoffe mit salzigem Geschmack sind kristalline, wasserlösliche Salze, die in Lösung in positive (Kationen) und negative Ionen (Anionen) zerfallen. Typisches Beispiel ist das Kochsalz (NaCl), dessen Kristalle beim Lösen in positive Na^+-(Kation) und negative Cl^--(Anion)-Ionen zerfallen. Während Kochsalz einen salzigen Geschmack hat, rufen viele andere Salze, wie Ammoniumchlorid, NH_4Cl, (sauer/salzig) oder Magnesiumchlorid, $MgCl_2$, (bitter/salzig) einen Mischgeschmack hervor. Dabei spielt auch die Konzentration der Substanz eine Rolle. So schmecken Kochsalzlösungen bei sehr niedrigen Konzentrationen süß und erst in höherer Konzentration salzig. Salze, die aus – chemisch gesehen – leichten Ionen zusammengesetzt sind, schmecken vorwiegend salzig, solche aus größeren Ionen schmecken überwiegend bitter. Sowohl die Anionen wie die Kationen tragen zur spezifischen Geschmacksqualität und Geschmacksintensität der Salze bei. Nimmt man Kochsalz (Natriumchlorid) als Standard, so läßt sich durch den Vergleich mit anderen salzig schmeckenden Stoffen, ein Grad für die Salzigkeit einer Substanz aufstellen. Es wurde durch Verhaltensversuche, aber auch durch elektrophysiologische Experimente folgende Reihenfolge beim Menschen gefunden[*]:

Kationen:
$$NH_4^+ > K^+ > Ca^{2+} > Na^+ > Li^+ > Mg^{2+}.$$

Anionen:
$$SO_4^{2-} > Cl^- > Br^- > I^- > HCO_3^- > NO_3^-.$$

Dies bedeutet, daß z. B. Ammoniumchlorid (NH_4Cl) eine sehr stark salzig schmeckende Substanz ist, während die gleiche Konzentration von Magnesiumnitrat ($MgNO_3$) nur schwach salzig schmeckt. Interessant ist, daß fleischfressende Tiere eine andere Reihenfolge haben als Nagetiere, angepaßt an den Salzgehalt der Nahrung:

Fleischfresser:
$$NH_4^+ > Ca^{2+} > K^+ > Mg^{2+} > Na^+$$

Pflanzenfresser:
$$Na^+ > NH_4^+ > Ca^{2+} > K^+ > Mg^{2+}$$

Die absolute *Schwelle*, d. h. die Mindestkonzentration, die zur Auslösung der Geschmacksempfindung „salzig" nötig ist, liegt für Kochsalz z. B. bei einigen Gramm pro Liter.

Die Übertragung des Salzgeschmacks basiert auf einem anderen molekularen Mechanismus, als wir ihn beim Sauergeschmack kennengelernt haben (s. Abbildung 6.5). In jüngster Zeit wurde gezeigt, daß am Übertragungsprozeß ein Na^+-Kanal in der Mikrovilli-Membran der Sinneszelle beteiligt ist. Erste Hinweise darauf wurden durch Arbeiten gefunden, die zeigten, daß ein bestimmtes Medikament, Amilorid, den Kochsalzgeschmack auf der Zunge des Menschen selektiv weitgehend blockieren kann. Amilorid ist ein in den letzten Jahren medizinisch häufig angewandtes Medikament, das die Harnausscheidung beeinflußt, und man weiß, daß seine Wirkung darauf beruht, daß es Na^+-Kanäle in der Membran von Nierenzellen blockiert. Eine Erhöhung der Natriumkonzentration in der Umgebung der Geschmackssinneszelle, z. B. durch Essen von salzreicher Kost, führt zu

---

[*] In der chemie-üblichen Schreibweise für Ionen ist rechts oben an das Elementsymbol (z. B. K = Kalium, Cl = Chlor) die elektrische Ladung (z. B. $^{2-}$ = doppelt negativ geladen) geschrieben. Bei den zusammengesetzten Ionen bedeutet NH_4^+ = Ammonium, SO_4^{2-} = Sulfat, HCO_3^- = Hydrogencarbonat (Bicarbonat), NO_3^- = Nitrat.

einem Einstrom von Na^+-Ionen in die Zelle durch diese Kanäle, das Membranpotential wird dadurch positiver und somit die Zelle durch Depolarisation erregt. In anderen Bereichen der Sinneszelle ist eine hohe Dichte von „Pumpen" bekannt, die das Natrium, das in die Zelle geflossen ist, wieder heraustransportieren und damit die Zelle wieder erregbar machen.

3. Bitter

Substanzen, die bitter schmecken, haben oberflächlich betrachtet eine Variabilität in ihrem molekularen Aufbau, die gemeinsame Grundstrukturen nur schwer erkennen läßt. Lange Zeit war es deshalb sehr schwierig, eine eindeutige Zuordnung chemischer Eigenschaften eines Stoffes zu dem Bittergeschmack zu machen. Inzwischen wissen wir, daß es mindestens zwei unbedingt erforderliche Voraussetzungen für ein Molekül gibt, um Bittergeschmack auszulösen. Das Molekül muß mit einer polaren (d. h. eine kleine positive oder negative elektrische Ladung tragenden) sowie einer größeren wasserabweisenden (hydrophoben) Gruppe in definiertem Abstand davon ausgestattet sein. Die Intensität einer bitteren Verbindung hängt von der räumlichen Anordnung der verschiedenen Gruppen und der Verteilung elektrischer Ladungen im Molekül ab. Typische pflanzliche Bitterstoffe sind die Alkaloide, komplexe Stickstoffverbindungen von oft hoher Toxizität, wie Chinin, Coffein, Strychnin und Nikotin. Auch eine Reihe von Aminosäuren haben stark bitteren Geschmack, der aber sehr von Details der räumlichen Molekülform abhängt*. Die Beziehung zwischen Geschmack und Molekülgestalt ist insgesamt bei bitteren Verbindungen schwerer zu erfassen als z. B. bei süßen, zumal viele Bitterstoffe mehrere polare Gruppen enthalten, die als geschmacksentscheidend in Frage kommen.

Unsere Zunge ist in der Lage, Bittersubstanzen bereits in geringsten Konzentrationen zu entdecken. So reichen etwa 0,006 Gramm pro Liter von Chininsulfat aus, um die Schwellenkonzentration für Bittergeschmack zu übersteigen. Diese hohe Empfindlichkeit des Geschmackssinnes für diese Bitterstoffe ist biologisch sehr sinnvoll, da diese oft giftig sind und deshalb eine Warnung vor bereits geringen Konzentrationen bei der Nahrungsaufnahme wichtig ist. Stärkere Bitterreize lösen leicht Brech- und Würgereflexe aus.

In jüngster Zeit gewonnene Erkenntnisse zeigen, daß es auch für den Bittergeschmack offensichtlich spezifische Rezeptor-Kanalproteine gibt (Abbildung 6.5). Moleküle, die Bittergeschmack auslösen, wie z. B. Nikotin, Chinin oder Harnstoff, verbinden sich spezifisch mit diesen Rezeptoren. „Spezifisch" heißt, daß der Rezeptor aufgrund seiner räumlichen molekularen Struktur und seiner elektrischen Ladungsverteilung nur die entsprechend geformten und geladenen Bitterstoff-Moleküle akzeptiert, so wie ein Schloß nur durch den passenden Schlüssel geöffnet wird. (Dieses Schlüssel/Schloß-Prinzip gilt auch für die Bindung von süß schmeckenden Stoffen, s. u.) Jedenfalls setzt durch diese Bindung der Rezeptor eine Signalkette in Gang, die zu einer Erhöhung der Konzentration von Calcium-Ionen (Ca^{2+}) in der Zelle führt, die dann direkt oder indirekt die Öffnung von Ionenkanälen in der Zelle hervorruft.

4. Süß

Die oberflächlich betrachtet vielleicht größte Variabilität in der Struktur der Moleküle finden wir beim Süßgeschmack. Aber auch hier konnten Wissenschaftler, als Pioniere gelten Shallenberger und Acree (1971), einige allen Molekülen gemeinsamen Strukturmerkmale herausarbeiten, die notwendig sind, um Süßgeschmack hervorzurufen. Es konnte gezeigt werden, daß Moleküle, die süß schmecken sollen, eine Kontaktgruppe benötigen, bei der

---

*) Von den Aminosäuren Tryptophan, Tyrosin und Leucin schmeckt jeweils die natürliche, sog. L-Form bitter, die im allgemeinen nur synthetisch herstellbare D-Form dagegen süß.

eine protonenabgebende (A-H)- und eine protonenaufnehmende (B)-Gruppe in einem bestimmten Abstand liegen müssen. Man nimmt an, daß dieses AH/B-System im Sinne des erwähnten Schlüssel/Schloß-Prinzips mit einem komplementären System des Rezeptors über zwei sogenannte Wasserstoffbrückenbindungen in Wechselwirkung tritt. Eine zusätzliche „hydrophobe Wechselwirkung" über eine elektrisch neutrale Gruppe ist nicht essentiell, aber bestimmend für die Intensität des Süßgeschmacks. Selbstverständlich spielen auch Größenverhältnisse und die räumliche Anordnung bestimmter Gruppen des Moleküls eine wichtige Rolle.

Ein schematisches Bindungsareal auf dem Rezeptor-Eiweißmolekül für süße Substanzen muß man sich demnach als wasserabstoßende (hydrophobe) Tasche vorstellen, die das komplexe Säure/Base-System AH/B enthält. Die exakte molekulare Struktur solcher Rezeptorareale aufzuklären, ist noch nicht gelungen. Auch ein indirekter Weg erwies sich in der Praxis bisher als schwierig: nämlich an der chemischen Struktur der Süßstoff-Moleküle solange herumzufeilen, bis sie, wie der Schlüssel zum Schloß, optimal zum Rezeptor passen. Als relativ leistungsfähiges System erwies sich ein neues Werkzeug der modernen Rezeptorforschung, das sog. „molecular modeling". Bei ihm konstruiert der Chemiker mit Hilfe ausgeklügelter Computerprogramme räumliche *Modelle* seiner Moleküle. Er kann sie variieren, drehen und auf diese Weise auf dem Bildschirm eines Computers regelrecht durchspielen, ob ein Molekül in das Rezeptorschloß paßt. Die Intention der chemischen Industrie geht dahin, mit „molecular modeling" Strukturideen für neuartige hochwirksame Geschmacksstoffe zu bekommen, die kalorienärmer sind als der gewöhnliche Zucker und die nicht die Nebenwirkungen haben, die man – zu Recht oder nicht – bei manchen herkömmlichen Süßstoffen vermutet. Die meist durch Zufall gefundenen synthetischen Süßstoffe wie Saccharin, Cyclamat, Aspartam oder Acesulfam, die zehn- bis hunderttausendmal süßer schmecken als unser gewöhnlicher Zucker (Glucose), werden durch „molecular modeling" systematisch weiter entwickelt. Die Geschmacksschwelle für Glucose liegt bei 0,2 Gramm pro Liter.

Ähnlich wie beim Bittergeschmack ist in den letzten Jahren gezeigt worden, daß es auch für den Zuckergeschmack ein spezifisches Rezeptorkanalprotein in der Membran der Sinneszellen gibt. Bindung eines Zuckermoleküls an solche Rezeptoren führt zum Anstoß einer Signalkette in der Zelle, wodurch ein Enzym (Adenylatcyclase) aktiviert wird, das zur Erhöhung der Konzentration eines Botenstoffes (cAMP) führt (Abbildung 6.5). Dieser bewirkt durch eine biochemische Reaktion (Phosphorylierung) dann direkt oder indirekt eine Blockierung von Ionenkanälen, die spezifisch für Kalium durchlässig sind. Dadurch wird wiederum durch Depolarisation die Zelle erregt, denn der Ausstrom positiv geladener K^+-Ionen aus der Zelle wird vermindert. Man geht heute davon aus, daß es nur einen Typ von Rezeptor gibt, der für alle süßschmeckenden Moleküle gleichermaßen empfänglich ist.

Informationsverarbeitung im Gehirn

Alle besprochenen Mechanismen der Signalübertragung führen zu einer Zelldepolarisation, d. h. einer Verminderung des Zellpotentials. Überschreitet das Rezeptorpotential eine bestimmte Schwelle (ca. -50 mV statt des Ruhepotentials von ca. -80 mV), so werden an der Verbindungsstelle zur Gehirnnervenfaser genug Überträgerstoffmoleküle ausgeschüttet, um an der nachgeschalteten Nervenfaser die Schwelle für die Auflösung von Nervenimpulsen zu überschreiten (s. Kapitel 2). Diese Impulse werden dann in unser Gehirn weitergeleitet. Wie erkennt aber nun unser Gehirn, um welche Art von Geschmacksreiz es sich handelt? Wie wir bereits wissen, konnten keine spezifischen Sinneszellen, Geschmacksknospen oder Nervenfasern gefunden werden, die nur auf eine bestimmte Geschmacksqualität, z.B. sauer oder bitter,

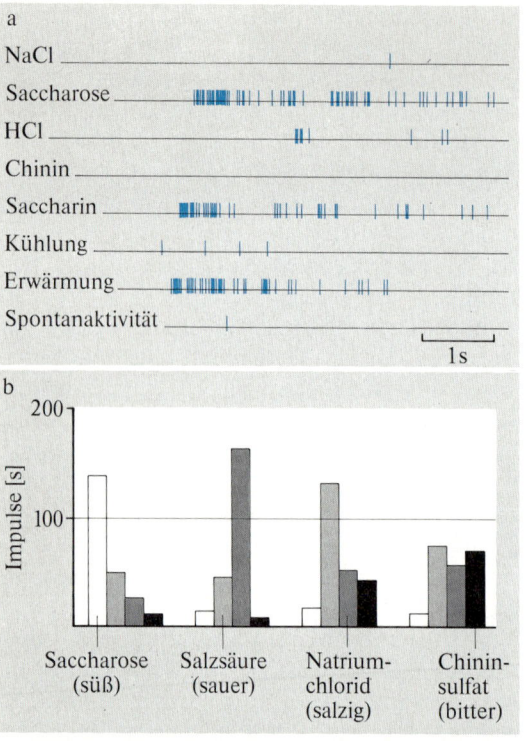

Abb. 6.6. a) Originalableitung der Nervenimpulse von einer Einzelfaser des *Nervus facialis* einer Ratte. Die Reizung der Geschmacksknospen auf der Zunge mit Geschmacksstoffen verschiedener Qualität hat eine Erhöhung der Nervenimpulsfrequenz an der Faser zur Folge. b) Das Antwortverhalten von vier verschiedenen einzelnen Geschmacksnervenfasern auf Reizstoffzugabe aus dem angegebenen Qualitätsbereich. Die Geschmacksnervenfasern stammen aus der *Chorda tympani* einer Ratte. Es wurden alle Nervenimpulse gezählt, die durch einen Reizstoff ausgelöst wurden. Die typischen Muster der Erregungszunahme werden als Geschmacksprofile bezeichnet. Man beachte die unterschiedlichen Empfindlichkeiten der verschiedenen Fasern auf bestimmte Geschmacksqualitäten.

ansprechen. Jede Sinneszelle in einer beliebigen Geschmacksknospe antwortet auf alle Reize – oft sogar zusätzlich noch auf Temperaturänderungen –, allerdings mit jeweils unterschiedlicher Intensität. Dies zeigen Originalregistrierungen der Impulse einer einzelnen Nervenfaser von einer Ratte (Abbildung 6.6 a). Man kann erkennen, daß die

Nervenfaser, ebenso wie die Sinneszelle, auf Reize aus allen vier Qualitätsklassen reagiert. Dies war nicht anders zu erwarten, wenn wir uns erinnern, daß hier nicht die Signale einer einzelnen Sinneszelle transportiert werden, sondern, da ja jede Faser in Kontakt mit mehreren Sinneszellen steht, ein aus den Aktivitäten verschiedener Sinneszellen entstandenes Erregungsmuster. Nur bei ganz wenigen Wirbeltieren hat man bisher streng qualitätsspezifische Geschmackszellen (sog. Spezialisten) gefunden, wie sie bei Insekten vorherrschen. Unsere Nervenfasern antworten auf alle vier Qualitäten: salzig, sauer, bitter und süß – stets aber abgestuft, d. h. mit einer festgelegten Reihenfolge der Empfindlichkeit für die verschiedenen Qualitäten. Die Reihenfolge und die quantitative Empfindlichkeit kann aber von Zelle zu Zelle für die verschiedenen Substanzen verschieden sein, so daß man von einer relativen Spezifität spricht. In Abbildung 6.6 b ist gezeigt, daß die eine Nervenfaser bevorzugt auf Zucker reagiert, weniger empfindlich für sauer und salzig und fast unempfindlich für bitter ist, während die nächste Faser dagegen ein ganz anderes Muster (Geschmacksprofil) hat. Informationstheoretisch betrachtet ergibt sich dabei das Problem, daß eine einzelne Nervenfaser nur einen Freiheitsgrad der Codierung hat, nämlich eine Erhöhung oder Erniedrigung der Nervenimpulsfrequenz, aber zwei Reizparameter – Reizqualität und Konzentration – gleichzeitig übertragen muß. Wir nehmen heute an, daß die aus unterschiedlichen Signalen verschiedener Einzelfasern zusammengesetzten Erregungsmuster im Gehirn dechiffriert werden und dadurch integrierte Geschmackseindrücke entstehen. Unser Gehirn ist also in der Lage, diesen geheimen Code zu analysieren und zu erkennen, welche Substanz in welcher Konzentration die Rezeptoren erregt hat.

Dauerreize verändern unseren Geschmackseindruck

Wie bei allen Reizen, die unsere Sinnesorgane stimulieren (mit Ausnahme vielleicht des Schmerzes), kommt es auch beim Geschmack nach kontinuierlicher Reizung zur Abnahme der Geschmacksempfindung trotz konstanter Reizkonzentration. Man nennt dies *Adaptation*. Anschließend bedarf es einer gewissen Zeit der Erholung ohne Reiz, bis man wieder ähnlich empfindlich ist wie vorher. Im Fall von Kochsalz dauert die Erholung je nach Konzentration nur einige Sekunden (s. Abbildung 6.7). Bei hohen Reizkonzentrationen, z. B. bestimmter Bitterstoffe, kann diese Erholungszeit mehrere Stunden betragen. Die Adaptation ist abhängig von der Reizsubstanz und der Konzentration und zeigt einen typischen Zeitverlauf, normalerweise im Sekundenbereich. Adaptation einer Geschmacksqualität verändert die Empfindlichkeit für die anderen. So wird sauer als viel saurer empfunden, wenn der Süß-Rezeptor, z. B. durch eine Zuckerlösung, adaptiert ist und umgekehrt. Man kann Adaptation auf Rezeptorebene, aber auch zentral an Gehirnzellen nachweisen.

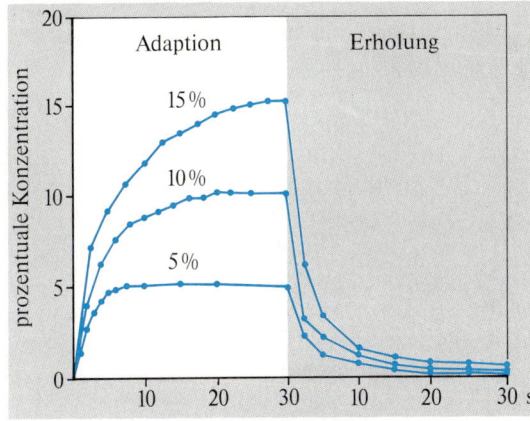

Abb. 6.7. Adaptation und Erholung der Antwort einer Geschmackssinneszelle auf einen Dauerreiz mit drei Kochsalzkonzentrationen. Die Schwellenkonzentration ist auf der Ordinate, die Reizdauer auf der Abszisse aufgetragen.

Biologische Bedeutung

Ist Lust auf Süßes angeboren?

Gerade beim Geschmackssinn spielt die Lust bzw. Unlust, die wir empfinden, wenn wir mit den verschiedenen Geschmacksqualitäten konfrontiert werden, eine wesentliche Rolle („hedonische Bewertung"). Sie drückt sich gut sichtbar in unserer Mimik aus. Jeder weiß, was es bedeutet, wenn „jemand sauer schaut", „eine bittere Miene macht" oder „süß-sauer lächelt". Es gibt viele Anzeichen dafür, daß entsprechende Referenzmuster genetisch vorgegeben sind und sich schon unmittelbar nach der Geburt im sensorischen Verhalten manifestiert haben. Bereits Neugeborene reagieren mit einer sehr spezifischen Mimik auf die unterschiedlichen angebotenen Geschmacksqualitäten. Süße Substanzen verursachen beim Säugling einen freundlichen, lächelnden Gesichtsausdruck, während saure und vor allem bittere Stoffe ein offensichtliches Unlust- und Abwehrverhalten hervorrufen (s. Abbildung 6.8). I. E. Steiner (1979) bezeichnet solche mimischen Reaktionen als angeborene „gusto-faciale Reflexe". Bei Säugetieren konnten für die verschiedenen Geschmacksqualitäten Präferenzstrukturen, die denen des Menschen zum Teil recht ähnlich waren, gefunden werden. So kann bei Affen, ja sogar bei Elefanten aufgrund ihrer mimischen Reaktion eindeutig die jeweils verabreichte Substanz erkannt werden.

Der Körperbedarf reguliert die Nahrungsaufnahme

Beim Menschen konnte auch ein Zusammenhang zwischen der hedonischen Bewertung und einem ernährungsphysiologischen Bedarf festgestellt werden. So kennt jeder die Aversion gegen süß schmeckende Nahrungsmittel und die Lust auf eine saure Gurke oder einen Hering nach einer Woche ausgiebiger Kost mit Weihnachtsplätzchen. Es konnte gezeigt werden, daß zwischen der Höhe des Blutzuckerspiegels und der Bevorzugung von Zuckerlösungen unterschiedlicher Konzen-

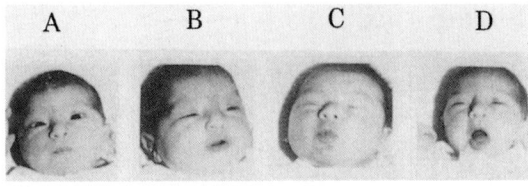
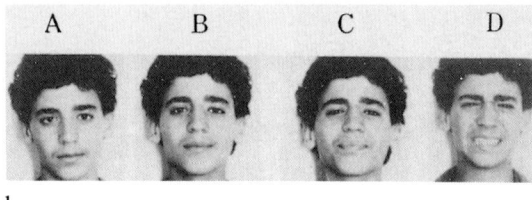

a

b

Abb. 6.8. Reaktionen eines Neugeborenen a) vor der ersten Nahrungsaufnahme und eines normalen Jugendlichen b) auf die Zugabe verschiedener Geschmacksqualitäten. In A wird destilliertes Wasser, in B ein Süß-, in C ein Sauer- und in D ein Bitter-Reiz gegeben. Die sog. gusto-facialen Reaktionen sind charakteristisch für die jeweilige Geschmacksqualität. Sie sind bereits bei Säuglingen voll ausgeprägt und zeigen, daß das Verhalten angeboren ist.

tration ein Zusammenhang besteht. Steigt der Blutzuckerspiegel stark an, sinkt die Lust auf Süßigkeiten. Klinische Versuche ergaben, daß bei Probanden mit normalem Blutzuckerspiegel eine 30prozentige Zuckerlösung als unangenehm übersüßt angesehen wurde, während dieselbe Lösung bei Versuchspersonen mit niederem Blutzucker als wohlschmeckend eingestuft wurde.

Andere Aufgaben des Geschmackssinnes

Die zwei wichtigsten Aufgaben des Geschmackssinnes sind: Prüfung der Nahrung auf unverdauliche oder giftige Stoffe und eine reflektorische Steuerung der Sekretion der Verdauungsdrüsen. Jeder Pilzsammler, der den giftigen Bitterröhrling mit dem wohlschmeckenden Maronenröhrling verwechselt und versehentlich dem Pilzgericht beigefügt hat, wird dies sehr schnell bemerken. Seine Bitterrezeptoren warnen ihn und werden ihn am Weiteressen hindern. Das Gericht ist absolut ungenießbar. Die Bitterrezeptoren können so zu Lebensrettern werden. Ähnliches passiert mit vielen giftigen, bitter schmeckenden Kräutern, die in größerer Menge gegessen zu schweren Vergiftungserscheinungen führen würden. Gerade durch die Kombination sauer/bitter lassen sich so starke Reaktionen wie Würgen, Übelkeit und Erbrechen auslösen. Sowohl emotionale Beeinflussung, als auch direkte reflektorische Wirkung

(Nähe der Rezeptoren zum Würgereflex) sind dafür verantwortlich. In starken Verdünnungen können allerdings diese Pflanzen zu wohlschmeckenden Getränken (Magenbitter) oder Gerichten verarbeitet werden. Die Inhaltsstoffe lösen eine reflektorische Erhöhung der Produktion von Magensäure und anderen Verdauungssäften, z. B. in der Bauchspeicheldrüse aus. Deshalb ist ein kleiner „Verdauungsschnaps" nach einem sehr reichlichen Essen physiologisch durchaus sinnvoll. Sogar die Sekretzusammensetzung des Speichels wird verändert, je nachdem ob die Nahrung überwiegend süß oder salzig war.

Krankhafte Veränderungen des Geschmacks

In der Klinik werden Störungen der Geschmacksempfindung relativ selten beobachtet. Ein reduziertes Geschmacksvermögen nennt man Hypogeusie, einen völligen Verlust des Geschmackssinnes Ageusie. Häufiger sind allerdings die spezifischen Ageusien, d. h. es können ganz bestimmte Geschmacksqualitäten nicht erkannt werden. Meist sind Verletzungen, Tumorerkrankungen oder operative Schädigungen bestimmter Hirnnerven die Ursache. Ageusien können auch erstes Symptom einer schwereren Erkrankung sein. Eine plötzliche starke Änderung in unserem Geschmacksempfinden ist auf alle Fälle ein

Warnsignal. So führt z. B. eine Schädigung des *Nervus glossopharyngeus* (vgl. Abbildung 6.2), wie sie in vier Prozent der Fälle nach einer Mandeloperation auftritt, zu einer stark herabgesetzten Empfindlichkeit für Bitterreize, während eine Schädigung der *Chorda tympani* (vgl. Abbildung 6.3), etwa nach einer Ohroperation oder einer Lähmung des Gesichtsnerven *(Nervus facialis)* nach einem Schlaganfall, zu einem Verschwinden der drei anderen Geschmacksqualitäten führt. Auch können bestimmte Pharmaka, z. B. Lokalanästhetika oder Penicillin, eine starke Geschmacksempfindung hervorrufen. Hormonelle Einflüsse werden für alle Geschmacksempfindungen gleichermaßen beschrieben. So wurde gezeigt, daß die Geschmacksschwelle ein bis zwei Tage vor der Menstruation am niedrigsten ist (Abhängigkeit vom Östrogenspiegel).

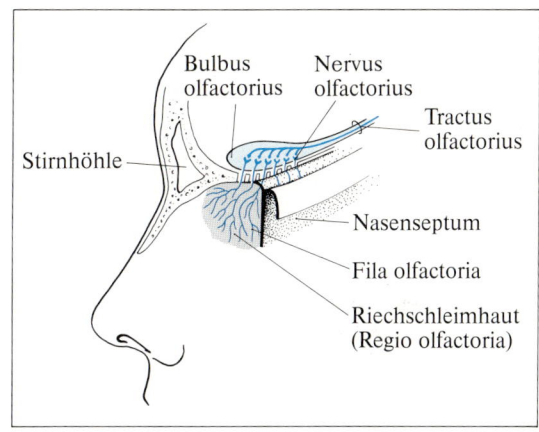

Abb. 6.9. **Lage der Riechschleimhaut auf der oberen und mittleren Conche der Nasenwand. Die Nervenfortsätze der Riechzellen ziehen als *Fila olfactoria* durch das Siebbein und danach als *Nervus olfactorius* zum *Bulbus olfactorius*.**

Der Geruchssinn

Aufbau unserer Nase

Von der menschlichen Nase ist nur der aus dem Gesicht hervorspringende äußere Teil, der zur Ausprägung der individuellen Physiognomie entscheidend beiträgt, sichtbar. Abbildung 6.9 zeigt den Aufbau des Naseninneren. Die gesamte Nasenhöhle wird durch eine Scheidewand, das *Nasenseptum*, in einen linken und einen rechten Raum gegliedert. Die beiden *Nasenhöhlen,* die bis zur Schädelmitte hin voneinander abgeschlossen sind, münden durch einen Kanal in den Nasenrachenraum und von dort in die Mundhöhle.

In jeder Nasenhöhle befinden sich drei übereinanderliegende, wulst- bzw. muschelartige Gebilde, die der Oberflächenvergrößerung dienen. Die gesamte Nasenhöhle ist mit Schleimhaut (respiratorisches Epithel oder Riechschleimhaut) ausgekleidet, abgesehen vom Naseneingang und dem Riechareal (*Regio olfactoria*). Diese olfaktorische Region erstreckt sich über die ganze obere Conche und bildet auch noch Inseln auf der mittleren. Die Riechschleimhaut enthält die für die Wahrnehmung von Duftmolekülen spezialisierten Sinneszellen. Beim Menschen nimmt sie nur eine geringe Fläche von ca. 2×5 cm^2 ein. Viele Säugetiere, wie z. B. Hunde, verfügen über das mehr als Fünffache dieser Fläche. Die Riechschleimhaut ist von Schleim bedeckt, und in neuerer Zeit gibt es Hinweise für eine Beteiligung bestimmter Eiweißmoleküle im Riechschleim am Transport der Riechstoffe zu den Sinneszellen und einer anschließenden Präsentation der Geruchsmoleküle am Rezeptor. Normalerweise bemerken wir den Schleim über den Riechzellen gar nicht, nur während eines Schnupfens kann er sehr lästig werden und, in größeren Mengen produziert, unseren Geruchssinn völlig zudecken. Dann „schmeckt" einem das beste Essen nicht mehr. Auch hier zeigt sich wieder, daß unsere Sprache den falschen Begriff verwendet.

Aufbau der Riechschleimhaut

Die Riechschleimhaut besteht aus gelblich pigmentierten Stützzellen, Basalzellen und den eigentlichen Riechzellen (s. Abbildung 6.10). Beim Menschen schätzt man die Gesamtzahl der Riechzellen auf etwa 10 Millionen. Die Spürnase von Hunden, ebenso wie das Schnuppernäschen der Kaninchen dürften mindestens zehnmal soviel besitzen. Bei den Riechzellen handelt es sich um bipolare Sinnesnervenzellen, die aus einem länglichem Zellkörper bestehen, der am oberen Ende einen kurzen Fortsatz (Dendrit) mit zahlreichen, in den Schleim hineinreichenden, dünnen, geißelartigen Sinneshaaren (Cilien) besitzt und am anderen Pol einen langen Nervenfortsatz (Axon), der Informationen bis tief ins Hirn leiten kann. Man bezeichnet solche Zellen als primäre Sinneszellen. Damit unterscheiden sie sich deutlich von den Geschmackszellen, die keinen eigenen Nervenfortsatz besitzen, sondern von Nervenfasern, die von Gehirnzellen ausgesandt werden, versorgt werden müssen (sekundäre Sinneszellen). Die Riechzellen besitzen nur eine kurze Lebensdauer von wenigen Tagen, dann werden sie aus „unreifen" Riechzellen, den Basalzellen, ersetzt. Man nimmt heute an, daß in der Membran der Cilien sich die Empfängermoleküle (Rezeptoren) befinden, die für den eigentlichen Riechvorgang verantwortlich sind.

Geruchsverarbeitung im Gehirn

Wie der Geruchsreiz von den Riechzellen ins Gehirn weitergeleitet wird, ist schematisch in Abbildung 6.11 gezeigt. Die an den Riechzellen entspringenden Nervenfortsätze durchdringen die Basalmembran des Riechepithels und formen sich zu dünnen Bündeln *(Fila olfactoria)* und ziehen dann durch die sog. Siebbeinplatte hinter die Nasenwurzel in das Schädelinnere. Dort treten sie in einen Gehirnteil ein, der als „Riechkolben" (*Bulbus olfactorius*) zu erkennen ist. Er macht beim Menschen nur einen winzigen Bruchteil unseres Gehirns aus, bei manchen Tieren aber bis ein Drittel des gesamten Gehirns. Hier nehmen die Nervenfasern der Riechzellen den ersten und einzigen (synaptischen, s. Kapitel 2) Kontakt mit Gehirnnervenzellen (Mitralzellen) auf. Die Mitralzellen haben sich in kugelförmigen Gruppierungen (*Glomeruli*) zusammengeballt und senden den Riechzell-Nervenfasern viele fingerförmige Ausläufer, einen sog. Dendritenbaum, entgegen. Hier kommt es zu einer deutlichen Reduktion der Duftinformation: Die Fortsätze von etwa 1000 Riechzellen enden an einer einzigen Mitralzelle (Konvergenz, s.o.). Die Nervenfortsätze der etwa 60 000 Mitralzellen bilden einen gemeinsamen Trakt (*Tractus olfactorius*), der zum primären Riechhirn, dem olfaktorischen Cortex zieht. Hier werden die Informationen verstärkt und weitergeleitet zu anderen Hirnbereichen wie Thalamus, Hypothalamus, Amygdalum und sogar zurück zum Riechkolben. Durch die Nähe zum Hypothalamus, der so wesentliche Funktionen für unser Verhalten (Nahrungs-, Flüssigkeitsaufnahme, Sexualverhalten, Abwehr- und Fluchtverhalten), für unsere hormonelle Re-

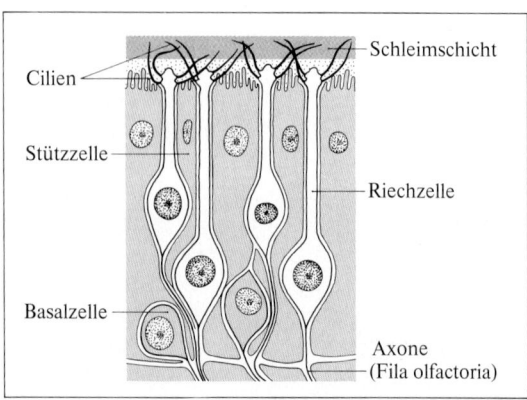

Abb. 6.10. Aufbau der Riechschleimhaut mit ihren verschiedenen Zelltypen. Die Enden der Riechzellen, die sog. Riechköpfchen tragen feine Fortsätze (Cilien), die in die Schleimschicht über den Riechzellen hineinragen. Am anderen Ende ziehen von den Riechzellen Nervenfortsätze, die sich zu den *Fila olfactoria* vereinigen, zum Gehirn.

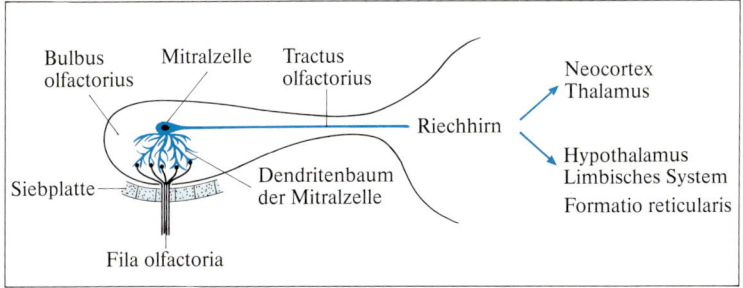

Abb. 6.11. Verlauf und Verbindungen der Riechbahn. Die Endigungen der Nervenfortsätze der Riechzellen bilden Synapsen mit den dendritischen Ausläufern der Mitralzellen. Die Nervenfortsätze der Mitralzellen ziehen als *Tractus olfactorius* zu tieferen Gehirnteilen. Wie im Text detailliert beschrieben, haben die Mitralzellen Verbindungen über das Riechhirn zum Thalamus und von dort zum Neocortex, sowie zum limbischen System, dem Hypothalamus und der *Formatio reticularis*.

gulation und für Wahrnehmung und Emotionen spielt, haben Riechreize einen schnellen und direkten Zugang zu den tiefsten Zentren unserer Gefühlswelt. Die limbischen Anteile der Riechbahn werden für die Stärke der emotionalen Komponenten (hedonische Komponente) und die vegetativen Reaktionen der Geruchswahrnehmung verantwortlich gemacht. Vom Thalamus ziehen Bahnen zum Neocortex und enden dort in eher unspezifischen, evolutionsgeschichtlich alten Gehirnregionen. Mit ein Grund wohl für die „Sprachlosigkeit" unserer Riechempfindungen.

Was passiert nun beim Riechen? Eine Rose oder ein toter, stinkender Fisch geben ständig eine winzige Menge von charakteristischen Molekülen aus dem Gewebe in die umgebende Luft ab, die Rose natürlich ganz andere als der Fisch. Diese werden mit der Luftströmung mitgetragen, und durch das Einatmen – stärker noch beim heftigen „Schnüffeln" – gelangen sie in unsere Nase bis hinauf zum Riechepithel (Abbildung 6.12). Es gelangen auch zusätzlich Gerüche während des Einatmens durch den Mund, vor allem aber während des Essens durch Diffusion aus dem Mund/Rachenraum über die Choane zum Riechepithel. Deshalb überlagern sich bei der Nahrungsaufnahme Geschmacks- und Geruchsempfindungen zu einer Mischempfindung. Die wesentliche Aufgabe der Riechzellen liegt nun darin, die Information, die in der chemischen Struktur des Geruchsmoleküls steckt, in elektrische Nervensignale umzuwandeln, denn nur diese sind für unser Gehirn verständlich. Man nennt diesen Vorgang *Transduktion*.

Der Transduktionsprozeß

Transduktion eines Riechreizes an den Riechzellen beginnt damit, daß sich in der Schleimhaut des Riechepithels Duftstoffmoleküle lösen, zu den speziellen Rezeptormolekülen in der Membran der Cilien gelangen und sich chemisch an diese binden. Dabei hat jedes

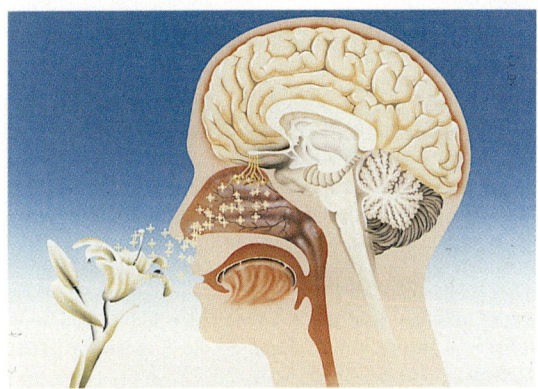

Abb. 6.12. Schnitt durch einen menschlichen Kopf mit der für einen Geruchsreiz wichtigen zentralen Verbindungen.

Duftstoffmolekül eine unterschiedliche chemische Struktur und muß das passende Rezeptormolekül finden, wie *Schloß und Schlüssel* (s.o.). Seine Ankopplung bewirkt eine Umformung des Rezeptormoleküls in einen offenen Kanal, durch den dann elektrisch geladene Ionen durch die Zellmembran strömen können (Rezeptorstrom). Damit kommt es zu einer Änderung des Membranpotentials der Zelle. Überschreitet dieses Potential eine gewisse Schwelle, werden Nervenimpulse ausgelöst und über die Nervenfortsätze zum Gehirn geleitet. Dieses wiederum assoziiert: Aha, eine Rose oder ein stinkender Fisch.

Über die Einzelheiten des molekularen Prozesses der Umsetzung eines chemischen Duftreizes zu elektrischen Signalen (Transduktion) an den Riechzellen sind wir bei Säugetieren noch schlecht unterrichtet. Weit besser lassen sich dagegen die Riechsinneszellen von wirbellosen Tieren wie Schmetterlingen oder Flußkrebsen mit elektrophysiologischen Methoden untersuchen. An diesen Tieren ist es erstmals gelungen, die grundlegenden Mechanismen, die zur Erkennung eines Duftstoffes führen, zu entschlüsseln.

Nahrungsmittel haben eine charakteristische chemische Zusammensetzung

Der Flußkrebs (Abbildung 6.13) ernährt sich normalerweise von kleinen Krebsen, Fischen und Würmern, aber auch von toten Tieren und von Pflanzen. Er ist sozusagen ein Allesfresser, aber auch ein Feinschmecker, denn z.B. Kalbsleber mag er genauso gern wie viele von uns. Im Aquarium läßt er sich deshalb sehr leicht mit kleinen Leberstückchen füttern, die er rasch findet und als Delikatesse erkennt. Seine Sinnesorgane für die Nahrungserkennung liegen in seinen langen Antennen am Kopf und auf den Scheren seiner Laufbeine (Abbildung 6.13 B). Dort besitzt er zähnchenartige Strukturen, sog. Sensillen, in denen sich verschiedene Typen von Sinneszellen befinden, mit deren Hilfe er Nahrung in

A

B

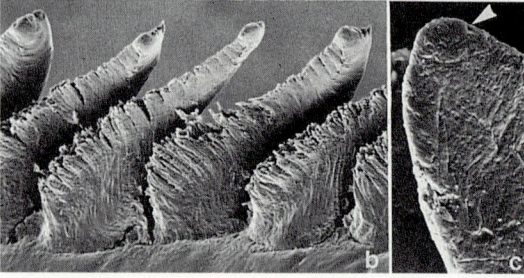

Abb. 6.13.
A. Flußkrebs aus einem einheimischen Gewässer
B. a) Lokalisation der Sinnesorgane, die für die Nahrungserkennung des Flußkrebses wichtig sind. Gezeigt ist die vergrößerte Schere eines der vorderen Laufbeine. Die Pfeile weisen auf zähnchenförmige Strukturen auf der Innenseite der Schere, sog. Sensillen hin. b) Vergrößerte Darstellung dieser Sensillen, die Sitz der chemorezeptiven Sinneszellen sind. c) Eine kleine Öffnung am oberen Ende dieser Sensillen gestattet das Eindringen der Nahrungsmoleküle ins Innere, wo sie dann auf die Sinnesnervenzellen treffen.

seiner Umgebung analysieren und finden kann. Jede dieser Zellen reagiert sehr empfindlich und spezifisch auf Moleküle aus bestimmten chemischen Stoffklassen, wie z. B. Aminosäuren, Amine oder Nucleotide. Moleküle dieser Stoffklassen sind in der Regel in charakteristischer Zusammensetzung mit relativ hoher Konzentration in den verschiedenen Nahrungsmitteln enthalten und können sozusagen als Erkennungssubstanzen, um welches Futter es sich handelt, benutzt werden. So ist Leber durch einen hohen Gehalt an Nucleotiden gekennzeichnet. Moleküle dieser Gruppe wirken auch sehr stark auf unsere Geschmacks- und Riechzellen. Sie haben eine Eigenschaft, die als „mouth satisfaction" beschrieben wird und eine Intensivierung von Sinnesempfindungen, insbesondere bei fleischähnlichen Aromen und bei Fisch hervorruft. Substanzen wie das Guanidinmonophosphat (5-GMP) werden deshalb Lebensmitteln von der Nahrungsmittelindustrie zugesetzt: zur Geschmacksintensivierung und um den Eindruck von „Frische und Naturbelassenheit" zu vermitteln.

Wie schmeckt der Krebs?

Am Beispiel des Krebses wollen wir uns einmal anschauen, was passiert, wenn die charakteristischen Moleküle, die dem Krebs Leber signalisieren (5-GMP-Moleküle) in Kontakt mit diesen chemorezeptiven Sinneszellen kommen: Zu diesem Zweck werden einzelne dieser Sinneszellen aus den Laufbeinen des Krebses durch eine vorsichtige Präparation isoliert und in eine kleine Schale gegeben. Unter dem Mikroskop kann man mit Hilfe von sehr feinen Glas-Mikroelektroden, die eine Spitze mit einer Öffnung von nur etwa einem tausendstel mm haben, aus der Membran dieser Sinneszellen kleine Membranfleckchen stanzen, die noch genauso funktionsfähig sind wie in der Zelle selbst (Abbildung 6.14). Durch eine komplizierte Verfahrensweise kann dieses Membranstückchen sogar so gedreht werden, daß die ursprüngliche Zell-

außenseite wieder an der Elektrodenspitze nach außen schaut und die Innenseite zum Elektrodeninneren (die sog. outside-out-Konfiguration). Die Elektrode wird außen von einer Lösung umspült, die der Außenlösung einer Sinneszelle entspricht, sozusagen ein künstlicher „Blut"-Ersatz. Bringt man nun die Elektrodenspitze mit der Sinneszellmembran in einen Flüssigkeitsstrahl, in dem pürierte Leber gelöst ist, so werden die charakteristischen Moleküle (5-GMP) aus dieser

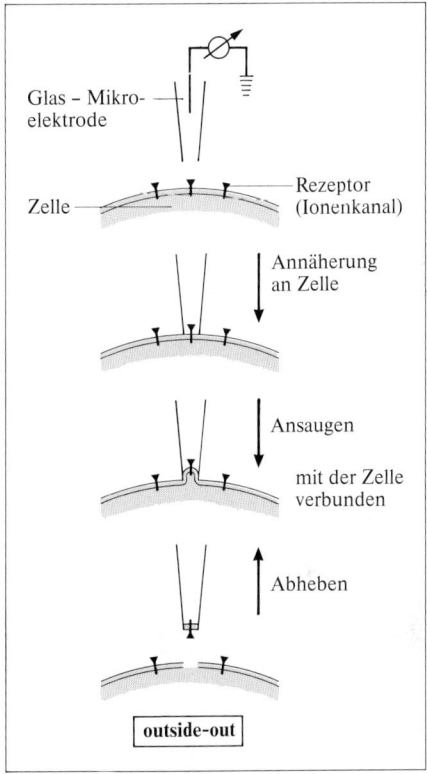

Abb. 6.14. Darstellung der Methode der sog. „Patch-Clamp-Technik". Die Glas-Mikroelektrode wird vorsichtig auf die Zelle aufgesetzt und durch Anlegen eines Unterdrucks eine hohe Abdichtung zwischen der Glaswand und der Zellmembran erreicht. Stärkerer Unterdruck führt zu einem Herausbrechen des Membranstückes unter der Spitze der Glasmikroelektrode. Hebt man die Elektrode vorsichtig von der Zelloberfläche ab, so schließt sich die Glasmikroelektrodenöffnung wieder mit einem Stück der Zellmembran in einer Weise, daß die Außenseite der Zellmembran wieder an der Außenseite der Elektrodenspitze zu liegen kommt (outside-out-Konfiguration)

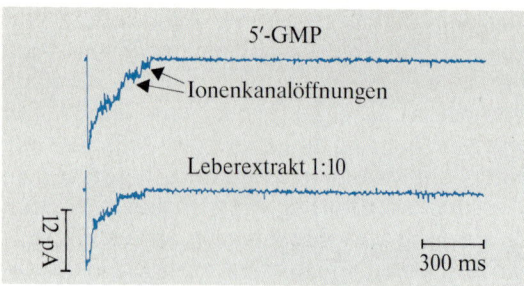

Abb. 6.15. Aktivierung von Rezeptorkanalproteinen auf einem isolierten Membranstück aus einer Sinneszelle auf dem Laufbein des Krebses. Sofort nach Zugabe von Leberextrakt bzw. 5-GMP öffnen sich ca. acht Kanäle, durch die Ionen in die Zelle einströmen.

Flüssigkeit mit den in die Membran eingelagerten Rezeptorproteinen in Kontakt kommen und sich an diese binden. Diese Bindung bewirkt, daß sich die chemische Struktur (Konformation) der Eiweißmoleküle ändert und in der Mitte des Moleküls eine Öffnung (Kanal) entsteht. Durch diese Öffnung in der Membran, die vorher ganz dicht war, können sich nun kleine Ionen, die sich auf beiden Seiten der Membran befinden, bewegen. Vor etwa zehn Jahren ist es zwei deutschen Wissenschaftlern (E. Neher und B. Sakmann) gelungen, eine Technik zu entwickeln, die es erlaubt, die winzigen Ströme, die durch die Bewegungen der Ionen durch die Membran entstehen, zu messen. Diese Methode konnten wir erstmals auf Riechzellen anwenden. Die Ergebnisse beim Flußkrebs haben gezeigt, daß beim Kontakt von Nucleotiden (5-GMP) oder Leberextrakt mit den Rezeptorproteinen diese direkt und schnell ihre Konfiguration ändern und sich direkt zu offenen Kanälen umformen, die für bestimmte Ionen (in diesem Fall vor allem Natrium-Ionen, Na^+) durchlässig sind. Zwischen der Zugabe der Leberlösung und dem ersten Öffnen eines Ionenkanals vergehen weniger als 1/1000 Sekunden (Abbildung 6.15). Verläßt das Reizmolekül die Bindung mit dem Rezeptor wieder, so schließt sich der Ionenkanal, und die Erregung ist beendet. Genau dieselben Kanäle öffnen sich bei Zugabe von

5-GMP. Normalerweise hat eine Zelle in Ruhe ein Potential von ca. -75 mV innen gegenüber der Außenseite, dies haben wir an unserem Membranfleckchen „künstlich" erzeugt. Außerdem befinden sich unter physiologischen Bedingungen auf der Innenseite der Zelle viele K^+-Ionen und auf der Außenseite viele Na^+-Ionen, auch diese Bedingungen haben wir im Experiment genauso hergestellt. Es herrscht also zwischen Innen- und Außenseite der Membran ein chemisches und elektrisches Ungleichgewicht. Bei Öffnung von Kanälen für Na^+-Ionen, hervorgerufen durch die Bindung des Reizmoleküls an den Rezeptor, kommt es zu einem Einstrom von positiv geladenen Natrium-Ionen in die Zelle, so daß Konzentrationsausgleich (chemisches Gleichgewicht) und – durch Transport der positiven Ladungen – elektrisches Gleichgewicht erreicht werden. Jeder Kontakt zwischen einem Rezeptormolekül und einem Reizmolekül (5-GMP) führt zu einem sofortigen Öffnen eines Ionenkanals und damit einem meßbaren Einstrom von Na^+-Ionen in die Zelle. Löst sich die Bindung wieder, im Durchschnitt etwa nach wenigen tausendstel Sekunden, so schließt sich der Kanal wieder (s. Abbildung 6.16).

Auf jeder Sinneszelle gibt es Tausende von solchen Rezeptorkanälen. Sind genügend Reizmoleküle vorhanden, werden alle Kanäle aufgehen und entsprechend viele Na^+-Ionen ihre positive Ladung in die Zelle bringen. Dies führt dann dazu, daß das Membranpotential sehr viel positiver wird, man nennt diese Depolarisation der Zelle Rezeptorpotential. Diese Veränderung des Zellpotentials wird dann rein passiv über die Zelle weitergeleitet. An spezialisierten Membranbereichen, meist am Übergang zwischen dem Zellkörper und dem Nervenfortsatz kommt es dann zu einer Umsetzung der *Signalamplitude* (Intensität) in eine Aktionspotential*frequenz*: Starke Depolarisation, hervorgerufen durch hohe Reizkonzentration, führt zu hoher Frequenz von Nervenimpulsen. Diese Nervenimpulse werden dann von den Nervenfortsätzen oft über lange Strecken zum Zentralnervensy-

a

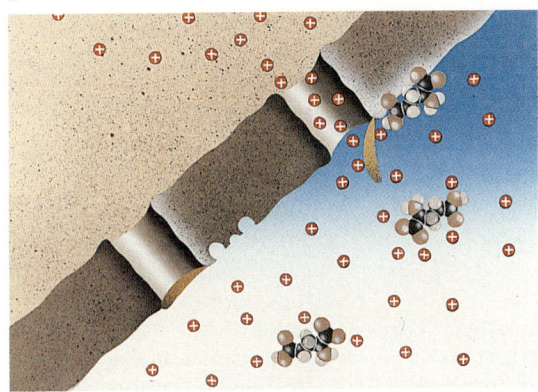

b

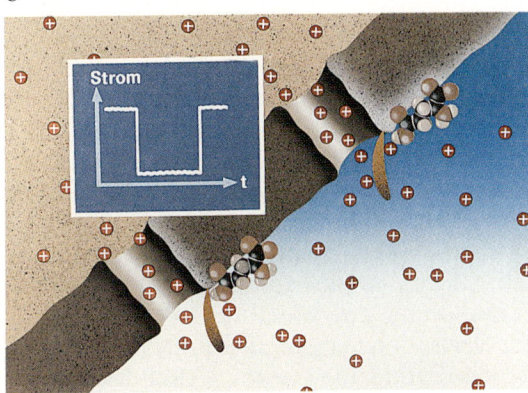

Abb. 6.16. a) Annäherung eines Duft-Reizmoleküls an die Zellmembran einer Riechsinneszelle. In der Zellmembran sind sog. Rezeptorkanalproteine eingelagert. b) Passen die chemische Struktur und elektrische Ladungsverteilung des Duftmoleküls zu den Oberflächenstrukturen des Rezeptorproteins, so bindet es dort. Diese Bindung bewirkt eine Öffnung eines Ionenkanals in der Sinneszellmembran. Solange das Duftmolekül gebunden ist, bleibt der Kanal offen, und es können geladene Ionen aus der Umgebung in die Zelle einströmen (sog. Rezeptorstrom). Entfernt sich das Duftmolekül wieder, so kommt es sofort zu einem Schließen des Kanals.

stem des Tieres geleitet. Die Frequenz und der Zeitverlauf der Nervenimpulsantwort werden im Zentralnervensystem des Tiers ausgewertet und signalisiert ihm: Hier gibt es Leber, die mußt du finden. Die hohe Geschwindigkeit der chemischen Prozesse (wenige tausendstel Sekunden von der Bindung des Duft-

moleküls an den Rezeptor bis zum Einstrom der Ionen) erlaubt dem Tier eine schnelle Verhaltensreaktion. Daß der Krebs seine Nase sozusagen auf den Zehenspitzen hat, ist für ihn eine sehr praktische Einrichtung der Natur, denn bei seinem Spaziergang über den dunklen Grund eines Sees oder Bachs erkennt er sofort, wenn er auf etwas Freßbares tritt. In seiner Gier läßt er sich im Labor sogar ganz leicht überlisten: Tropft man etwas Lösung der chemischen Substanz, die ihm Leber meldet (5-GMP), in die Nähe seiner Beine, so fängt er an, wie verrückt Freßbewegungen zu machen und mit seinen Beinen die vermeintliche Nahrung in den Mund zu schaufeln, obwohl weit und breit keine Leber da ist.

Signalverstärkung, ein wichtiger Mechanismus beim Schmetterling

Inzwischen sind uns ähnliche Messungen auch an Riechzellen von Nacht-Schmetterlingen gelungen. Auf den Antennen der Männchen existieren hochspezialisierte Sinneszellen mit nur einem Typ von Rezeptor-Eiweißmolekülen in der Membran, empfindlich nur für das Molekül des weiblichen Sexuallockstoffs. Die einzige Funktion dieser Zellen ist es, dem Männchen zu helfen, das Weibchen zu finden. Beim Flußkrebs war durch den direkten Kontakt der Sinneshaare mit der Nahrung eine hohe Konzentration von Futtermolekülen an der Sinneszelle garantiert, so daß viele Reizmoleküle auch viele Ionenkanalöffnungen und damit eine starke Zellerregung produzieren konnten. Anders verhält es sich beim Schmetterling, der schon mit nur einzelnen Duftmolekülen eine Verhaltensreaktion zeigt. Hier muß es einen besonderen Verstärkermechanismus geben. Interessanterweise führt auch hier die Bindung eines Sexualduftstoffmoleküls (Bombykal) an den Rezeptor wieder zu einem Öffnen eines Kanals, aber dieses Rezeptorprotein ist in der Lage, im Zellinneren eine chemische Reaktionskette in Gang zu setzen, die dazu führt, daß sich viele

Kanäle zusätzlich öffnen, ohne daß weitere Duftmoleküle vorhanden sind – ein Mechanismus ähnlich, wie er bereits für den Bittergeschmack beschrieben wurde. Ein einziges Duftmolekül kann sozusagen eine ganze Erregungslawine auslösen, wie beim berühmten „Schneeballsystem". Dieser enorme Verstärkungsmechanismus ist für die Fortpflanzung der Tiere von eminenter Bedeutung: Bereits ein einziges Molekül „Weibchenduft" erzeugt einen Nervenimpuls an der Sinneszelle; nur wenige Moleküle, die oft über weite Entfernung (etwa 10 km) in der Luft hergetragen werden können, reichen aus, beim Männchen genug Erregung auszulösen, um sich sofort auf die erfolgversprechende Suche nach dem Weibchen zu machen, immer der „Nase nach". Jedes Weibchen einer Schmetterlingsart produziert dabei ein eigenes „Parfum", und nur die Männchen *dieser Art* können es riechen. So gibt es keine von der Natur nicht gewünschte Vermischung von Arten. Einige kluge, gefräßige Spinnen allerdings haben die „gute Idee" gehabt, den Sexuallockstoff von bestimmten Nachtfaltern exakt nachzumachen und abzugeben. Selbstverständlich werden die Schmetterlingsmänner ihn riechen und sich erregt und freudig auf den Weg machen – zum vermeintlichen Glück beim Weibchen. Aber es wartet der Tod.

Riechen bei Wirbeltieren

Von der Riechschleimhaut bei Wirbeltieren liegen solche Daten über den Transduktionsprozeß auf molekularer Ebene noch nicht vor. Die Grundmechanismen dürften allerdings dem der Schmetterlinge ähnlich sein, denn auch Wirbeltiere können Düfte in ganz geringen Konzentrationen riechen und benötigen eine Signalverstärkung. Man vermutet deshalb, daß das Duftmolekül durch die Bindung an das Rezeptorprotein den Anstoß für eine Signalkette auf der Innenseite der Sinneszelle gibt, die dann wohl über eine Erhöhung von Calcium-Ionen (Ca^{2+}) in der Zelle indirekt zu einer Aktivierung von vielen Ionenka-

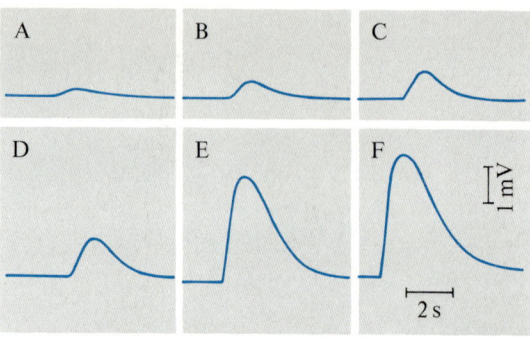

Abb. 6.17. Lokales Potential (sog. Elektro-Olfactogramm, EOG) von der Riechschleimhaut eines Frosches bei Zugabe eines Duftstoffes (Butanol) in steigender Konzentration (B–F). In A ist als Kontrollreiz gefilterte Luft angeboten. Eichmarke: 1 mV, 2 s.

nälen führt. Auch hier tritt wieder ein riesiger Verstärkungsmechanismus in Kraft, der es erlaubt, nur wenige Moleküle von Dufstoffen zu entdecken. Dann läuft die Zellreaktion in bekannter Weise ab. Registrierungen der Gesamtaktivität des Riechepithels mit großflächigen Elektroden (sog. EOG-Messungen, d. h. Elektro-olfaktogramm) zeigten, daß die Veränderung des Membranpotentials (Zelldepolarisation) umso größer ist, je höher die Reizkonzentration war (Abbildung 6.17). Mit solchen Ableitungen kann man auch die Spezifität der Riechzellen für nur bestimmte Duftmoleküle eindeutig nachweisen.

Geruchsqualitäten

Die Empfindlichkeit des Riechsinnes ist auch beim Menschen ziemlich groß. Manche Stoffe werden noch in milliarden- oder sogar billionenfacher Verdünnung wahrgenommen. Der Mensch kann Tausende verschiedener Duftstoffe geruchlich unterscheiden. Die verschiedenen Geruchsempfindungen lassen sich dabei nur sehr schwer in Duftgruppen entsprechend gewisser molekularer Ähnlichkeiten einordnen, so daß Qualitätsklassen ähnlich dem Geschmackssinn abgegrenzt werden können. Bereits 1970 hat Amoore sieben typische Duftklassen aufgestellt, die bis heute

114

ihre Gültigkeit haben: blumig, ätherisch, moschusartig, campherartig, schweißig, faulig, stechend (Tabelle 6.1). Für jede dieser verschiedenen Geruchsklassen existieren typische Moleküle, an denen wir sie erkennen. So ist z. B. Geraniol die repräsentative Verbindung im Rosengeruch und kennzeichnet auch andere blumige Gerüche. Schwefelwasserstoff dagegen ist der typische Bestandteil von allem, was faulig riecht. 1,2-Dichlorethan dagegen ist charakteristisch für alle ätherischen Gerüche. Bei allen natürlich vorkommenden Düften, z. B. Blütendüfte, Schweißgerüche, dem Geruch faulenden Fleisches usw. handelt es sich allerdings um *Duftgemische,* in denen entsprechende Komponenten vorherrschen.

Eine neurophysiologische Grundlage für eine Aufteilung der Duftstoffe auf Qualitätsklassen konnte bisher nicht ermittelt werden. Es ist bis heute bei Wirbeltieren noch völlig unklar, ob es für eine bestimmte Duft- oder Qualitätsklasse eine dazugehörige spezifische Sinneszelle gibt (wie beim Flußkrebs oder Schmetterling), oder ob einzelne Sinneszellen alle möglichen verschiedenen Typen von Gerüchen wahrnehmen können. Ähnlich wie beim Geschmackssinn, müßte dann anhand bestimmter Reaktionsmuster der Riechzell-

antworten unser Gehirn entschlüsseln, welcher Geruch auf die Sinneszellen gerade eingewirkt hat.

Eine der wenigen Möglichkeiten, solche Spezifitäten zu prüfen, findet sich beim Menschen durch das Krankheitsbild der Geruchsblindheit für bestimmte Stoffe. Man nennt es auch *partielle Anosmie* (s. Tabelle 6.2). Es ist bekannt, daß viele Menschen bestimmte Düfte nicht mehr wahrnehmen können, obwohl sie sonst einen völlig normalen Geruchsinn haben. So können z. B. zwei Prozent der Bevölkerung keinen Schweißgeruch wahrnehmen und drei Prozent keinen Kotgeruch. 40 Prozent der Menschen können den Urin nicht riechen. Für all diese Gerüche gibt es wiederum die repräsentativen chemischen Moleküle. Diese Reizmoleküle scheinen in den Nasen dieser Leute keinen entsprechenden Bindungspartner zu haben: Es fehlt der passende Rezeptor. Man muß also davon ausgehen, daß es eine Klasse von Rezeptorproteinen gibt, die bei diesen Menschen genetisch nicht ausgeprägt wurden.

Eine andere Möglichkeit, zu testen, ob es bestimmte Klassen von Rezeptorproteinen gibt, ist die *Kreuzadaptation.* Wir alle wissen, daß wir nach einer bestimmten Zeit in einem Raum mit intensivem Duft (z. B. Zigarettenrauch) diesen Duft nicht mehr wahrnehmen. Verläßt man den Raum für einige Minuten und kommt wieder zurück, so kann man er-

Tabelle 6.1. Klassifikation der Primärgerüche nach Amoore, Johnston und Rubin

Primärgeruch	Chemische Substanz	Trivialsubstanz
campherartig	Campher	Mottenpulver
moschusartig	ω-Hydroxy-pentadecan-säurelacton	Angelikawurzelöl
blumig	Phenylethyl-methyl-ethyl-carbinol	Rose
minzig	Menthon	Pfefferminzbonbon
ätherisch	Ethylen-dichlorid	Fleckenwasser
stechend	Ameisensäure	Essig
faulig	Butyl-mercaptan	faule Eier

Tabelle 6.2. Anosmien beim Menschen

Vorkommen	Haupt-Duftkomponente	Häufigkeit in % der Bevölkerung
Urin	Androstenon	40%
Malz	Isobutanal	36%
Campher	1,8-Cineol	33%
Sperma	1-Pyrrolin	20%
Moschus	Pentadecanolid	7%
Fisch	Trimethylamin	7%
Schweiß	Isovaleriansäure	2%

neut den starken Duft bemerken, gewöhnt sich allerdings wieder nach kurzer Zeit daran; man nennt dies *Adaptation* (s.o.). Elektrophysiologische Daten an einzelnen Rezeptormolekülen haben gezeigt, daß bei längerer Anwesenheit des Reizmoleküls am Rezeptor die Erregung des Rezeptors (Öffnen von Ionenkanälen) immer geringer wird und oft schließlich ganz aufhört, obwohl die Reizmoleküle weiterhin vorhanden sind. Alle anderen Typen von Rezeptoren, empfindlich für andere Duftstoffe, sind von dieser *Desensibilisierung* nicht betroffen. Man kann also einen Typ von Rezeptoren spezifisch inaktivieren und dann testen, ob und wieviele andere Duftklassen weiterhin „riechbar" sind. Diese Untersuchungen ergaben etwa zehn verschiedene Typen von Rezeptoreiweißen, was in der Größenordnung der Zahl der sieben Geruchsklassen entspricht.

Riechempfindlichkeit bei Mensch und Tier

Interessant ist, daß die Riechstoffe, für die wir am empfindlichsten sind, in die Gruppe der schädlichen Substanzen gehören, z.B. Mercaptan oder Schwefelwasserstoff. Um z.B. Methylalkohol wahrzunehmen, benötigen wir bereits etwa eine Milliarde mal mehr Moleküle als von Mercaptan.

Trotzdem gehört der Mensch mit seinem Geruchssinn zu den unterentwickelten Lebewesen. Wie schon erwähnt, genügen beim Schmetterling bereits weniger als etwa 100 Moleküle, beim Aal etwa tausend Moleküle und beim Hund ebenfalls etwa tausend Moleküle, um eine Substanz zu erkennen und eine Verhaltensreaktion auszulösen. Beim Menschen müssen es von den bestwirksamen Duftsubstanzen schon 10 bis 100 Millionen sein. Nicht unerwähnt bleiben soll allerdings, daß es auch sehr giftige Substanzen wie z.B. Kohlenmonoxid gibt, die wir nicht riechen können.

Die trigeminale Chemorezeption

Die Beteiligung unseres V. Hirnnerven (*Nervus trigeminus*) an Riechprozessen ist seit langem bekannt. Der *Nervus trigeminus* versorgt die gesamte Gesichtsregion, insbesondere Nase und Mundhöhle. Seine freien Nervenendigungen sprechen nicht nur auf Temperatur-, Berührungs- und Schmerzreize an, sondern auch auf chemische Stimuli. Im Unterschied zu dem bisher dargestellten Riech- und Geschmackssystem sind dem Trigeminuskomplex keine primären oder sekundären Sinneszellen zuzuordnen. Die Reizaufnahme erfolgt vielmehr über die freien, unauffälligen sensiblen Endbereiche einzelner Äste des trigeminalen Nerven. Sowohl auf der Zungenoberfläche als auch in der Riechschleimhaut, von der man ursprünglich annahm, daß sie nicht trigeminal versorgt ist, finden sich trigeminale Nervenendigungen. Die Fasern dieses Nerven reagieren auf verschiedene chemische Reizstoffe, wenn auch erst bei sehr hohen Konzentrationen. Empfindungen wie stechend, beißend (wie Salzsäure, Ammoniak oder Chlor) sind typisch für Reizung des nasal/trigeminalen Systems, und brennend, scharf (z.B. Piperin, das in allen Pfefferwirkstoffen enthalten ist) für das oral/trigeminale System. Die brennend heiße Empfindung, die wir beim Kauen einer frischen Pfefferschote oft als sehr unangenehm empfinden, scheint ebenfalls auf einer Wirkung auf das trigeminale System zu beruhen. Man fand dort eine Substanz, das Capsaicin, die eine erregende Wirkung auf diese freien Nervenendigungen hat und zur Reizung führt. Diese Substanz kann die Geschmackszellen schädigen, ja sogar abtöten.

Wissenschaftliche Ergebnisse der letzten Jahre haben gezeigt, daß hoher Pfefferkonsum sowohl kurzfristig als auch langfristig vor allem die trigeminale Sensibilität mindert, aber auch die Empfindlichkeit unseres Geschmackssinnes herabsetzt. Ob die Vorliebe für scharfe Gewürze eher genetisch bedingt ist oder im Verlauf von Sozialisations- und Kulturprozessen erworben wird, läßt sich heute noch nicht sagen. Mit hoher Wahrscheinlichkeit spielen aber Lern- und Konditionierungsprozesse eine Rolle. Interessant ist auch, daß es eine geschlechtsspezifische Variation der trigeminalen Sensibilität gibt. Es konnte gezeigt werden, daß weibliche Versuchspersonen mit höheren Empfindungsintensitäten auf die Stimulation dieses Systems reagieren als Vergleichsgruppen von Männern. Dies betraf vor allem das nasal/trigeminale System.

Biologische Bedeutung

In der weitgehend sprachlosen Welt der Tiere ist der Geruchssinn das wohl wichtigste Kommunikationsmittel neben dem visuellen System. Bevor sich andere sensorische Leistungen entwickelt haben, waren zu Beginn der Evolution die Lebewesen in der Lage, chemische Signale zu erkennen, um Nahrung oder einen Organismus anderen Geschlechts zur Fortpflanzung zu finden. So gibt es bereits bei den primitivsten Formen des Lebens, den Prokaryonten (Bakterien, Blaualgen), die Fähigkeit, chemische Signalstoffe zu erkennen. In ihren Membranen konnten Wissenschaftler vor kurzem Rezeptorproteine mit ähnlichen Eigenschaften nachweisen, wie wir sie in den letzten Abschnitten kennengelernt haben. Sie gehen mit spezifischen Reiz-Molekülen, die für die Ernährung oder Fortpflanzung des Einzellers eine Bedeutung haben, eine chemische Bindung ein, und als Folge davon wird der Bewegungsapparat der Bakterien so beeinflußt, daß der Einzeller sich auf die Reizquelle hin bewegt. Auch bei der Fortpflanzung des Menschen kommt es ja zur Verschmelzung zweier Zellen, dem Spermium des Mannes und der Eizelle der Frau. Die Wissenschaft geht heute davon aus, daß ohne die Abgabe von „Lock"-Molekülen der Eizelle keine Befruchtung möglich wäre: Nur entlang einer solchen chemischen Duftspur kann das Spermium zur Eizelle finden. Wie sollte sonst ein so winziges Spermium in dem riesigen, dunklen Eileiter die ebenso winzige Eizelle finden? Als Vergleich sei vielleicht angeführt, daß in einer mehr als 50 Meter langen Röhre mit einigen Metern Durchmesser zwei Erbsen rein zufällig zusammentreffen müßten. Von Tieren kennt man inzwischen bereits solche Botenstoffe (Gamone), die von Eizellen abgegeben werden, um den Geschlechtspartner anzulocken; bei Affen ist sogar die chemische Struktur des Moleküls (Spermin) bekannt.

Derartige Stoffe nennt man auch allgemeiner *Pheromone*. A. Butenandt, ein Münchner Nobelpreisträger, hat diesen Ausdruck geprägt und damit Moleküle bezeichnet, die von einer Spezies gebildet und an Tieren *derselben Spezies* bestimmte Reaktionen hervorrufen. Er konnte 1959 beim Seidenspinner, einem Schmetterling, zum erstenmal ein solches Pheromon (den weiblichen Sexuallockstoff) isolieren und seine Struktur identifizieren. Seit dieser Zeit hat die Pheromonforschung einen kaum mehr überschaubaren Umfang angenommen – nicht zuletzt mit dem Ziel einer biologischen Schädlingsbekämpfung: Die Männchen von Obst- oder Waldschädlingen werden von künstlichen Lockstoffquellen über bis zu zehn Kilometer Entfernung in Fallen gelockt und „aus dem Verkehr gezogen". Inzwischen ist der Mensch noch eine Spur raffinierter geworden. Anhand der Zahl der gefangenen Tiere in den Lockstoff-Fallen erkennt er den Höhepunkt der Flugzeit der Tiere und überströmt zu dieser Zeit das ganze Gebiet mit künstlichem Sexualduft in hoher Konzentration. Damit hat ein Männchen keine Chance mehr, die schwache Duftspur des Weibchens zu finden. Es irrt völlig verwirrt umher. Außerdem kann man zusätzlich in diesen wenigen Tagen Insektizide einsetzen und damit deren Anwendung auf einen geringen Zeitraum reduzieren.

Darüber hinaus benutzen Insekten Pheromone zu einer Reihe anderer Kommunikationen wie z. B. der Arterkennung (Bienen, Ameisen), Orientierung (Küchenschaben, Termiten, Ameisen) oder Warnung.

Eine weitere Möglichkeit, Duftsubstanzen wirksam im Sozialstaat einzusetzen, finden wir bei Bienen. Ein Pheromon, die „Queensubstanz", wird von der Königin permanent abgegeben, um die Ausbildung von Eierstöcken (Ovarien) bei den Arbeiterinnen zu verhindern.

Wirbeltiere

Bei den Wirbel- bzw. Säugetieren existieren sehr viel lückenhaftere wissenschaftliche Erkenntnisse über chemische Kommunikation. Wo man allerdings nachgeschaut hat, fand man überall eine große Zahl verschiedenster Pheromone. Die meisten Säugetiere leben in einer stark geruchsorientierten Welt. Gerade nachtaktive Tiere benützen, wie man sich gut vorstellen kann, hauptsächlich chemische Signale zur Kommunikation mit Artgenossen, erkennen Gefahren und finden die Nahrung anhand von Gerüchen.

Bei Säugetieren unterscheidet man zwei Typen von Pheromonen: die *Primärpheromone* und die *Signal-* oder *Releasepheromone*. Letztere lösen nach ihrer Aufnahme durch das Sinnesorgan direkt und unmittelbar eine bestimmte Verhaltensreaktion aus, wie wir es von den meisten Pheromonen bei Insekten gesehen haben. Primärpheromone dagegen bewirken nach Reizung des Sinnesorgans im Körper eine Serie von endokrinen Folgereaktionen (Stoffwechsel- und Hormonveränderungen), die sich dann in einem charakteristischen Verhalten widerspiegeln. Die Geschmacks- bzw. Geruchsrezeptoren auf den Sinneszellen sind die Empfänger für beide Signalformen. Wofür werden diese Pheromone verwendet?

Sozialverhalten

Eine Reihe von Säugetieren gibt permanent Substanzen ab, mit denen die Rangordnung zwischen den Tieren festgelegt wird. So können z. B. ein Hund, ein Affe oder eine Katze am Geruch der Fußspur eines anderen Tieres erkennen, ob es sich dabei um ein stärkeres, größeres und ranghöheres Tier handelt. Eine interessante Entdeckung, die Grund für uns zum Nachdenken sein sollte, machte Prof. v. Holst (Universität Bayreuth) an Halbaffen (Tupaias). Er brachte zwei Männchen in einem Käfig zusammen, und schnell kam es zu einem Kampf, der entschied, welches Tier das dominante war, d. h. wer der „Chef" ist. In der Natur würde sich das unterlegene Tier ein anderes Revier suchen, unter den Laborbedingungen mußten die beiden zusammen bleiben, was beim Verlierer zu ständigem Streß führte. Entfernte man das dominante Tier aus dem Käfig und blies nur noch den Geruch dieses Tieres hinein, so genügte dies, um beim Unterlegenen den Streß weiter aufrechtzuerhalten. Erschreckend waren die Befunde, daß solch ein Tier innerhalb weniger Wochen impotent wurde und meist nach einigen Monaten starb – nur dem unausweichlichen Geruch des Bosses für längere Zeit ausgesetzt.

Bei anderen Tieren (z. B. Mäusen) wurde gezeigt, daß sich die Zahl der Tiere innerhalb einer Population über den Geruch regelt: Wird die Population zu dicht, d. h. der Geruch zu intensiv, reduziert dies auf hormonellem Weg die Zahl der freigesetzten Eier in den Ovarien, es werden weniger Jungtiere geboren.

Familien- und Gruppenverhalten

Alle in einer Gemeinschaft zusammenlebenden Säugetiere wie Wölfe, Hirsche, Gazellen, aber auch Kleinfamilien von Katzen, Hunden usw. benutzen zur Arterkennung einen familien- bzw. gruppenspezifischen Duft, meist ein Bestandteil des Urins. Dabei wird der Reifestatus der Jungtiere am Geruch erkannt; sobald die männlichen Tiere Geschlechtsreife erreicht haben, werden sie vertrieben. Die Weibchen werden dagegen häufig durch ein aggressionshemmendes Pheromon geschützt, wie für Meerschweinchen und Wüstenspringmaus gezeigt. Injiziert man diesen Tieren das männliche Sexualhormon Testosteron, so verschwindet der Schutz, und die weiblichen Tiere sind ebenfalls Aggressionen ausgesetzt. Nicht zuletzt wird durch den Geruch eine Rangordnung innerhalb der Gruppe bzw. Familie festgelegt. Von Seidenäffchen weiß man, daß bei untergeordneten Weibchen, selbst wenn sie befruchtet werden, keine Schwangerschaft auftritt, solange sie den Duft des ranghöheren Weibchens wahrnehmen. Dieser führt dazu, daß die Produktion von Gonadotropin, einem Hormon, das für den Eisprung nötig ist, stark reduziert wird.

Markierungs- und Alarmstoffe

Bei den meisten der untersuchten Säugetiere konnten Pheromone festgestellt werden, die zur Orientierung dienen, aber auch zur Revierabgrenzung, Alarmgebung und Feindabwehr. Jeder hat den penetranten, urinartigen Geruch männlicher Katzen, die ihr Revier markiert haben, in der Nase oder hat schon vom scheußlichen Gestank der Stinktiere gehört, wenn sie Alarm geben wollen oder einen Feind abwehren. Rehe und Hirsche, aber auch Mäuse und Ratten setzen bei einer Angstsituation einen Geruch frei, der andere Tiere der Art zu einer sofortigen Fluchtreaktion veranlaßt. Dieses Wissen wird seit kurzem benutzt, um an stark befahrenen Autostraßen den Wildwechsel über die Straße zu verhindern. Ein „chemischer Zaun" aus dem Alarmpheromon der Rehe bildet eine wirkungsvolle Barriere.

Bei Fischen (Elritze und Goldfisch) konnte man sogar das Angstpheromon isolieren und seine chemische Struktur aufklären. Man vermutet auch im Achselschweiß des Menschen solche Pheromone. Ob das die Erklärung ist, warum wir schon beim Betreten der Zahnarztpraxis am liebsten sofort wieder umkehren würden? Angstgeruch liegt in der Luft!

Reproduktion

Auf diesem Gebiet liegen sicher die meisten und vielleicht auch interessantesten Ergebnisse von Pheromonwirkungen bei Säugetieren bis hin zum Menschen vor.

Eine interessante Substanz, das 5-α-Dihydrotestosteron (unser männliches Sexualhormon) konnte in jüngster Zeit auch aus dem Urin männlicher Mäuse isoliert werden. Dieses Hormon führt bei Applikation auf weibliche Tiere zu einigen gravierenden Veränderungen im Hormonhaushalt dieser Tiere. So wurde gefunden, daß Exposition des Riechsystems weiblicher Mäuse mit diesem Pheromon innerhalb weniger Tage zu einer drastischen Verkürzung des Menstruationscyclus auf nur wenige Tage führt, alle weiblichen Mäuse in der Gruppe ihren Cyclus synchronisieren, junge Mäuse in Gegenwart dieses Duftes die Pubertät signifikant früher erreichen und schwangere weibliche Mäuse in Gegenwart des Duftes eines artfremden Männchens ihre Frucht in kurzer Zeit verlieren. Eine Reihe ähnlicher Effekte konnte (wie im späteren Verlauf dieses Kapitels noch beschrieben werden wird) inzwischen auch beim Menschen nachgewiesen werden.

Ein anderes Pheromon, das bei Tieren isoliert und identifiziert werden konnte und inzwischen hohe wirtschaftliche Bedeutung erlangt hat, ist das Androstenon und das chemisch nah verwandte Androstenol. Sie gehören chemisch zur Klasse der Steroide, von denen es auch in unserem Körper einige prominente und wichtige Vertreter gibt, wie das Cholesterin, das Cortison, aber auch die Sexualhormone Östrogen, Progesteron und Testosteron. Androstenon und Androstenol sind inzwischen bei Schweinen als die Paarungspheromone, die vom Eber abgegeben werden, nachgewiesen. Erreichen diese Duftmoleküle die Riechzellen des Weibchens, so lösen sie unmittelbar nach Perzeption den sog. Duldungsreflex aus. Das weibliche Tier wird immobilisiert und nimmt eine bestimmte Körperstellung ein (die sogenannte Duldungsstarre). Erst dann ist dem Eber eine Kopulation möglich. Eine künstliche Besamung ohne den Männchenduft aus der Spraydose ist heute nicht mehr denkbar. Dieser Geruchsstoff, der im Hoden gebildet und auch im Fett eingelagert wird, hat allerdings auch eine negative Seite: für uns stinkt er in hoher Konzentration und macht den Genuß von Eberfleisch unmöglich. Nebenbei bemerkt sind beide Hormone in Trüffeln, aber auch im Sellerie enthalten – ein Grund vielleicht, warum gerade diesen Nahrungsstoffen aphrodisierende Bedeutung zugeschrieben wird. Es erklärt aber auch, weshalb in Südfrankreich Schweine für die Suche nach den teuren, aber seltenen Trüffeln verwendet werden. Das Schwein geht seinem Sexualduftstoff nach und hofft, den vergrabenen „Prinzen" zu finden.

Ein anderes Pheromon, das gerade erst isoliert und in seiner molekularen Struktur aufgeklärt wird, ist das Zitzenpheromon des Kaninchens. Es handelt sich dabei um eine Duftsubstanz, die vom weiblichen Kaninchen aus Drüsen um die Brustwarzen herum abgegeben wird und den jungen Kaninchen den Weg zur Nahrungsquelle weist. Die blinden Jungtiere würden ohne diese „Duftspur" (oder z. B. bei Zerstörung ihrer Riechorgane) unweigerlich verhungern. Dieses Pheromon ist auch die Ursache, warum junge Kaninchen andere Tiere wie z. B. Hunde, Katzen usw. nicht als Ersatzmütter akzeptieren. Diese Versuche haben auch gezeigt, daß die Jungtiere bereits mit dem Wissen um die duftmarkierte Nahrungsquelle geboren werden, die Geruchsinformation also angeboren ist und nicht erlernt werden muß. Ein interessantes Experiment gelang dazu Wissenschaftlern aus München (H. Distel und R. Hudson): Wenn man eine Kaninchenmutter, die das richtige Pheromon produziert, zusätzlich mit einem Parfüm bestreicht, so können Jungtiere bereits einen Tag nach ihrer Geburt bei einmaliger Exposition lernen, den Pheromongeruch der Mutter mit diesem Parfümgeruch zu verknüpfen (konditionierender Reiz) und werden am nächsten Tag dann auch ein anderes Tier (z. B. eine Katze), wenn es nur mit diesem Parfum eingerieben ist, als Mutter zu akzeptieren.

Pheromone beim Menschen

Beim Menschen, der aufgrund der kleinen Fläche seines Riechepithels von nur drei bis fünf Quadratzentimetern und der relativ geringen Rezeptorzahl (etwa 10 Millionen) im Vergleich zu anderen Säugetieren als *Mikrosmatiker* bezeichnet wird, lassen sich Pheromonwirkungen nur schwer eindeutig nachweisen. Vor allem ethische Gründe verbieten selbstverständlich elektrophysiologische Experimente und erschweren die Untersuchung von Verhaltensmustern. Außerdem sind die Verhaltensweisen natürlich sehr von persönlicher Erfahrung, Tradition und Tabus überlagert. Trotzdem liegen einige interessante Befunde vor.

Die meisten von uns haben schon einmal die Erfahrung gemacht, daß es auch bei Menschen einen Familiengeruch gibt. Auch in Partnerschaften ist der charakteristische Geruch des anderen oft genau bekannt und führt dazu, daß ständig unbewußt Erinnerungen an frühere Gefühle und Situationen ausgelöst werden. Der alte Spruch: „Ich kann dich riechen" enthält viel Wahrheit, wie wir inzwischen aus einer Großstudie von Annemarie Schleidt, einer bekannten deutschen Verhaltensforscherin aus dem Institut von Konrad Lorenz in Seewiesen wissen. Sie hat eine große Zahl von japanischen Ehepaaren, die traditionsgemäß durch ihre Eltern verheiratet wurden, ohne sich vorher gekannt und geliebt zu haben, untersucht und mit europäischen Ehepaaren verglichen, die sich aufgrund von „Liebe auf den ersten Blick" gefunden haben. Die Experimente liefen folgendermaßen ab: Alle Personen mußten ein T-Shirt mehrere Tage tragen und dem Versuchsleiter abgeben. Dieser kennzeichnete es; anschließend bekam jede Versuchsperson alle getragenen T-Shirts zu riechen und wurde gefragt, ob sie den Geruch des T-Shirts als angenehm oder unangenehm empfand. Das aufregende Ergebnis: Unter den japanischen Ehepaaren bezeichneten über 80 Prozent den Geruch des T-Shirts ihres Partners als unangenehm, bei den europäischen Ehepaaren verhielt es sich fast genau umgekehrt. Sie empfanden den Geruch ihres Partners überwiegend als angenehm. Diese Versuche zeigen, daß offensichtlich Sympathie und Antipathie, die wir uns oft gar nicht rational erklären können, häufig unbewußt durch einen angenehmen oder unangenehmen Geruch des anderen hervorgerufen werden.

Vor kurzem hat die französische Wissenschaftlerin G. Schaal auch Experimente vorgestellt, die an unsere Kaninchenexperimente erinnern. Sie konnte zeigen, daß Menschenbabies offenbar eine gute Nase für ihre leibliche Mutter haben: Die Säuglinge beruhigten sich merklich, wenn sie mit dem Baumwolltuch eingewickelt wurden, das ihre Mutter eine Zeitlang getragen hatte, zeigten aber vermehrt Unruhe, wenn dieses frisch gewaschen war oder nach einer fremden Frau roch. Darüber hinaus konnte auch gezeigt werden, daß Kinder etwa zwei Wochen nach der Geburt hochsignifikant in der Lage sind, den Geruch der eigenen Mutterbrust von der einer fremden Mutter zu unterscheiden. Umgekehrt konnten auch Mütter ihr Kleinkind am Geruch, etwa der gebrauchten Hemdchen, erkennen. Die höchste Trefferquote erzielten jene Frauen, die unmittelbar nach der Entbindung ihren Sprößling in den Händen halten durften, während die Erkennung nach einer Geburt unter Narkose und im sterilen Umfeld wesentlich häufiger falsch war. Aus solchen Untersuchungen konnten schon früher gemachte Entdeckungen des amerikanischen Forschers W. Caen bestätigt werden, der fand, daß Frauen beim Benennen und Erkennen von Gerüchen den Männern weit überlegen sind. Er konstatierte: „Frauen können offensichtlich die Bezeichnung der Gerüche leichter und schneller aus dem Gedächtnis abrufen." Seine Vermutung war, daß Männer Gerüche meist zufällig kennenlernen und Frauen diesen Lernvorgang direkter und bewußter vornehmen. Er stellte auch fest, daß Moschus, das Sexualsekret, mit dem Männchen einer asiatischen Hirschart ihre Weibchen betören (übrigens ebenfalls ein Steroid), paradoxerweise beim Menschen von Männern besser wahrgenommen und auch als angenehmer eingeschätzt wird als von Frauen (und zusätzlich noch bei Kindern und Greisen beliebter war als bei jungen Männern und solchen im mittleren Alter). Auch für das Androstenon, dem Paarungslockstoff von

Schweinen, gibt es größere Unterschiede: Nur etwa 50 Prozent der Männer, aber 76 Prozent der Frauen können diesen Duft riechen. Ob dies allerdings etwas mit dem Paarungsverhalten oder gar mit der Anziehung von Geschlechtern beim Menschen zu tun hat, ist bis heute noch nicht geklärt. Androstenon wird mit dem Schweiß ausgeschieden, bei Männern allerdings in sehr viel höherer Konzentration. Als möglicher Hinweis, daß Androstenon für Frauen tatsächlich eine anziehende Wirkung hat, gelten die Arbeiten von Kirk/Smith und Boot 1980, die fanden, daß Stühle in Wartezimmern, die mit Androstenon besprüht waren, signifikant häufiger von Frauen benutzt wurden als andere Stühle ohne diesen Duft. Dieser Duft beeinflußt übrigens auch Dauer und Regelmäßigkeit des weiblichen Cyclus, dies findet bereits klinische Anwendung.

Alle Säugetiere, mit Ausnahme einiger höherer Primaten, paaren sich nur während der fruchtbaren Zeit des Weibchens. Die Zeit des Eisprungs wird dabei von den Männchen am Geruch erkannt (siehe Läufigkeit einer Hündin). Eine Studie am Menschen sollte zeigen, ob auch hier solche Geruchserkennungen möglich sind. Hierzu wurden 50 männlichen Probanden während des Schlafs weibliche Sexualdüfte (Vaginalsekretdüfte), die während des Eisprungs gewonnen wurden, zum Riechen angeboten. Dabei wurden Änderungen der physiologischen Parameter (Atemfrequenz, Herzfrequenz, Hirnströme, Hautwiderstand, Peniserektion) gemessen und auch Trauminhalte analysiert und diese Ergebnisse mit Daten von Kontrollgerüchen (Orange, Skatol) verglichen. Dabei zeigte sich erstmals, daß man im Traum in der Lage ist, Düfte wahrzunehmen (vgl. Kapitel 9). Es zeigte sich darüber hinaus, daß Sexualdüfte der Frau im Schlaf vom Mann bemerkt werden und Auswirkungen auf verschiedene vegetative Parameter haben. Eine größere Studie von McIntock zeigte auch, daß Frauen, die sich für längere Zeit ein gemeinsames Zimmer teilen (z. B. im College oder im Krankenhaus), nach einigen Wochen ihren Cyclus synchronisierten.

Welche Duftmoleküle dafür verantwortlich sind, ist bisher nicht bekannt. Für Hunde jedenfalls ist der spezifische Geruch eines Menschen, der sich aus einer Vielzahl von komplexen Geruchsmischungen zusammensetzt und vor allem durch die Besiedelung der Haut durch Mikroorganismen verursacht wird, praktisch ein „chemischer Fingerabdruck", der es ihm erlaubt, Personen eindeutig zu identifizieren.

Düfte und Motivation

Natürlich werden nicht nur „Normalsterbliche" durch Düfte gelenkt, auch von unseren Dichterfürsten wissen wir einiges über ihre Duftvorlieben. So ist überliefert, daß Friedrich Schiller am kreativsten war, wenn es bei ihm nach faulen Äpfeln stank. Deshalb moderten stets ein paar von ihnen in seiner Tischschublade, und als Goethe, der im übrigen auch gestanden hat, Frau von Stein ein Mieder entwendet zu haben, um nach Herzenslust daran riechen zu können, Schiller einmal besuchte, konnte er sich keinen Reim darauf machen, so sehr würgte es ihn. Heute könnte man Schiller und Goethe eine Erklärung anbieten: Vielleicht hat Schiller einmal als junger Mann von Fallobst umgeben im Schatten eines Apfelbaumes gelegen und dabei hat ihm ein prägender „Kreativ-Schub" tiefe Erkenntnisse eingebracht. Dieses Erlebnis hat sich als Reflex in sein Gehirn eingeprägt, und von diesem Zeitpunkt an war bei ihm der Geruch von faulen Äpfeln mit Kreativität verbunden. Man glaubt auch zu wissen, daß dumme Menschen schlechte Nasen haben, und kluge Leute mehr riechen als die dummen, und man erklärt das damit, daß das Gehirn das Riechen erst mühsam lernen muß. Zuerst müssen Gerüche in Verbindung mit einer Quelle, einem Lebewesen oder einem Ereignis gebracht werden, bevor unser Gehirn den Duft einordnen und später als Erinnerung abrufen kann. Da hat jeder Kopf seine eigenen Grenzen.

Die Wissenschaftler gehen heute auch davon aus, daß sich die hedonische Differenzierung, das heißt die Einordnung von Gerüchen in angenehm und unangenehm, erst im Kindesalter herausbildet und nicht für jeden Geruch von vorne herein angeboren ist. Jede Mutter weiß, daß ihre Säuglinge und auch die Kleinkinder den Geruch ihres eigenen Kots nicht als unangenehm empfinden und sogar mit ihren eigenen Exkrementen spielen. Erst der ständige Hinweis der Mutter, daß dies schlecht riecht oder „pfui" ist, wird es dem Kind einprägen, diesen Geruch mit dem Gefühl unangenehm zu besetzen. Außerdem weiß man auch, daß ganz alltägliche Gerüche bei verschiedenen Menschen unterschiedlich bewertet werden. Knoblauchgeruch kann z. B. für den einen himmlisch sein, für den anderen abstoßend. Auch Geruch von Parfums, Tabak oder Blumendüfte sind bei verschiedenen Menschen sehr unterschiedlich bewertet, meist abhängig von Situationen, in denen sie sehr glücklich oder unglücklich gewesen sind und während dieser Zeit diesem bestimmten Geruch ausgesetzt waren. Natürlich können sich solche Wertungen auch ändern, unangenehme Gerüche können allmählich weniger unangenehm empfunden werden, aber auch attraktive Düfte ihre Anziehungskraft verlieren. Es handelt sich hierbei um Habituationsprozesse, das psychologische Gegenstück zu der bereits beschriebenen, weitgehend physiologisch gesteuerten Adaptation.

Duft und Psyche

„Ein Mensch mit halbwegs ausgeprägtem sexuellen Temperament betritt nicht ungestraft ein Parfumlaboratorium. Die Düfte, die er dort einatmet, sind so erotisierend, daß er praktisch unzurechnungsfähig wird." Das jedenfalls berichtet einer, der es wissen muß, der französische Parfumeur Pierre Blaizot. Ein Parfum ist ein äußerst kunstvolles Gemisch aus sehr unterschiedlichen Duftbausteinen. Jeder dieser Bausteine besteht wieder aus einzelnen Substanzen, die in unterschiedlich schneller Zeit ihren Duft entfalten, bei jedem Menschen anders riechen und verschiedenste Gefühle auslösen können. Als Beispiel sei nur auf die Wirkung von Blütendüften hingewiesen. So wird der Rosenduft eher zärtlich und gefühlvoll, die Orangenblüte anregend und lebhaft, der Jasmin sinnlich und verführerisch, die Narzisse lebhaft und verlockend, das Maiglöckchen spielerisch und flirtanregend und die Tuberose aufregend und geheimnisvoll empfunden. All diese Blütendüfte sind in bestimmten Parfums enthalten, und je nach Anteil entfaltet das Parfum seine Wirkung. Das individuelle Duftbedürfnis eines Menschen wird ganz wesentlich durch seine emotionalen Gefühls- und Stimmungszustände bestimmt, durch den von ihm angestrebten Lebensstil und eine Reihe anderer Faktoren wie Geschlecht, Alter und sein gesamtes Persönlichkeitsbild. So konnte vom Psychologen und Soziologen J. Mensing in einer großen wissenschaftlichen Studie gezeigt werden, daß man die Menschen grob in vier Gruppen einteilen kann. Abhängig von ihrer Stimmungstendenz, ob sie introvertiert oder extravertiert sind, und ob sie emotional stabil oder wechselhaft sind. Jede dieser Gruppen hat ein für sie charakteristisches Farb- und Duftbedürfnis. Zeigt man Versuchspersonen eine Farbpalette, so werden sie je nach ihrer Persönlichkeitsausprägung eine bestimmte Farbzusammensetzung bevorzugen, die eng korreliert ist mit charakteristischen Duftnoten. So werden extravertierte Menschen, die mehr die kräftigen, grünen und roten Farbtöne wählen, ein Duftbedürfnis eher nach frischen, blumigen Noten haben, während introvertierte Menschen, die Pastellfarben und lila Farbtöne wählen, mehr zu orientalischen Noten tendieren. Diese individuellen Differenzen zwischen den Persönlichkeitsdimensionen erklären Psychologen mit angeborenen, unterschiedlichen neuronalen Aktivierungsprozessen im limbischen System und im Hypothalamus, und diese hirnphysiologischen Prozesse sind entscheidend, wie die Persönlichkeitsausprägung in den Bereichen Extra/Introversion und emotional stabil/wechselhaft aussehen.

Duft und Medizin

Dieses Wissen um die geheimnisvollen Wirkungen von Düften auf das Unbewußte, ihren Einfluß auf körperliche und geistige Funktionen durch ihren direkten Zugang zum limbischen System und den Hypothalamus, die neben Gefühlsleben auch vegetative Körperfunktionen koordinieren, wird von altersher und in zunehmendem Maße wieder von der Medizin ausgenutzt. Die *Aromatherapie,* bei der über Duftreize ganz gezielt Körperfunktionen, wie z. B. Blutdruck, Muskelspannung oder Herzfrequenz beeinflußt werden, ist das beste Beispiel dafür. Hier in der Bundesrepublik faßt diese Heilmethode langsam Fuß. Die Behandlung umfaßt dabei Bäder, Massagen, Verdampfungen und Inhalationen. Der Münchner Aromatherapeut M. Henglein hat einen ganzheitlichen Ansatz entwickelt, um durch die Verwendung verschiedener Duftstoffe tiefenpsychologische Prozesse in Gang zu setzen. Der Therapeut versucht zuerst, etwas über die Persönlichkeit des Patienten zu erfahren und orientiert sich dabei an der Reaktion des Patienten auf die vier wichtigen Duftstoffe: Rosmarin, Bergamotte, Geranium und Patschuli. Diese Düfte stellen die Eckpunkte eines archetypischen Duftschemas dar (Abbildung 6.18), das eine Vielzahl von Duftstoffen enthält. Dieses Ordnungsschema beinhaltet eine Zuordnung von bestimmten Düften zu Eigenschaften und Problemfeldern des Menschen.

Von den Düften entspricht Rosmarin dem Osten, Feuer. Rosmarin stärkt die Ich-Kräfte, den Willen, die Durchsetzungsfähigkeit. Er macht aktiver, bessert die Durchblutung, stärkt den Kreislauf. Bergamotte, eine Zitrusfrucht, belebt, hellt innerlich auf, hilft bei Ängsten und Depressionen. Bergamotte ist der Luft, dem Süden zugeordnet. Geranium gehört zum Westen, zum seelischen Element Wasser. Patschuli, der stärkste Geruch im

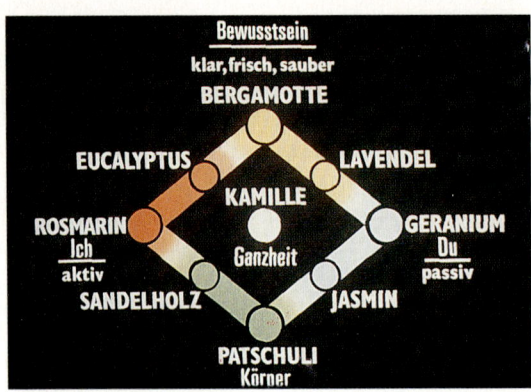

Abb. 6.18. Archetypisches Duftschema. Die Eckpunkte dieses Duftschemas beinhalten eine Zuordnung von bestimmten Düften zu Eigenschaften und Problemfeldern des Menschen. So entspricht eine Vorliebe für Rosmarin einer starken Selbstbehauptung und Dynamik. Dieser Geruch stärkt den Willen und die Durchsetzungsfähigkeit. Geranium dagegen gehört zum seelischen Element Wasser. Es vermittelt Gefühle, Liebe anzunehmen, aber auch loslassen zu können. Bergamotte, eine Zitrusfrucht, ist charakteristisch für eine geistige Beweglichkeit, für Helligkeit und Belebung, es hilft bei Ängsten und Depressionen. Patschuli trägt die vitalen Erdkräfte, es kann helfen, Energiekräfte wieder aufzuladen und sich zu verwirklichen.

Pflanzenreich, trägt die vitalen Erdkräfte in sich, lädt die feinstofflichen Energiezentren wieder auf. Zwischen diesen Hauptvertretern der Duftrichtungen findet sich das gesamte Spektrum der Düfte in feinen Abstufungen, die alle spezifischen Themen zum Ausdruck bringen. So finden wir in der Kamille das Thema „Annehmen des eigenen Schicksals", für den Lavendel „Klärung eines Problems, eine Entscheidung treffen und innere Reinigung". Die Rose und Geranium: „Lieben und sich öffnen können, einen seelischen Schmerz loslassen".

Dies entspricht in etwa den Persönlichkeitsausprägungen, die wir bei der Farb/Duftcharakterisierung vorher kennengelernt haben. Nach dieser Orientierung wird der Therapeut für den Patienten ein individuelles Duft-Therapieprogramm ausarbeiten, das täglich angewandt werden muß. Die Duftkonzentrationen sind dabei äußerst gering, so daß keine unerwünschten Effekte ausgelöst

werden könnten. Es können vor allem psychosomatische Erkrankungen wie Nervosität, Schlaflosigkeit, Kopfschmerzen, Magenbeschwerden, Unruhezustände, Überreiztheit u.v.a. sehr gut therapiert werden. So weiß man, daß Pfefferminz gegen Durchfall hilft, Geranium gegen Magenschmerzen, Knoblauch gegen Schnupfen, Eukalyptus gegen Fieber, Melisse gegen Nervosität, Rosmarin den Kreislauf anregt oder Sandelholz bei Kopfschmerzen günstig wirkt. Manchmal genügt auch schon die einmalige Applikation eines Duftstoffes, um Langzeitwirkungen auszulösen.

In der Klinik gibt es eine Reihe von Erkrankungen, die sich durch eine Veränderung in der Riechfähigkeit ausdrücken: von Hyposmie, spricht man, wenn das Riechvermögen reduziert ist, von Anosmie, wenn Riechstoffe überhaupt nicht mehr wahrgenommen werden können. Kakosmie ist eine Veränderung der Geruchsempfindung, die durch die Wahrnehmung von üblen Gerüchen gekennzeichnet ist. Neben einigen angeborenen Hyp- und Anosmien bei Chromosomenanomalien (z. B. Turner-Syndrom, Kallman-Syndrom), die meist auch mit anderen Defekten verbunden sind, zählen Hyposmien, die durch Langzeitbenutzung von lokal angewandten Pharmaka, wie z. B. Nasensprays, aber auch durch Kokain- oder Morphineinwirkungen hervorgerufen wurden, zu den häufigsten. Dabei kommt es zu einer chronischen Schädigung des Riechepithels.

Interessanterweise gehen einige neurologisch-psychiatrische Erkrankungen mit Hyposmien oder Geruchshalluzinationen einher. So ist die sog. „Geruchsaura" vor und während epileptischen Anfällen schon seit dem letzten Jahrhundert bekannt. Man weiß auch, daß bei einem Drittel aller Schizophrenien sog. Geruchshalluzinationen auftreten. Es handelt sich dabei meist um unangenehme Geruchsempfindungen ohne Vorhandensein eines Riechstoffes. Der Kranke glaubt, Eigentümliches, Übelriechendes zu riechen, was seine Ängste in Zusammenhang mit einem Verfolgungswahn sehr steigern kann. Eine ausgeprägte Hyposmie tritt auch als Frühsymptom bei der Alzheimer- und bei der Parkinsonkrankheit auf. Die Geruchsstörungen können hier sogar zur Frühdiagnostik angewandt werden.

Geruch und Manipulierbarkeit

Wenn man sich daran erinnert, daß Informationen, die über die Riechsinneszellen in unser Gehirn gelangen, einen direkten Zugang zu einem der ältesten Teile unseres Gehirns haben, dem limbischen System und dem Hypothalamus, und wenn man weiß, daß diese Systeme unter anderem für Emotionen, Stimmungen, Gefühle und Sexualität verantwortlich sind, kann man sich vorstellen, daß der Mensch für Manipulationen über den Geruchssinn sehr anfällig ist. Oft werden dabei die Informationen gar nicht erst zum Cortex und in unser Bewußtsein geleitet, sondern bleiben ausschließlich in unserem Unbewußten gespeichert. Das limbische System spielt auch bei der Auswahl und Übertragung von Informationen vom Kurzzeit- ins Langzeitgedächtnis eine wichtige Rolle. Damit wird auch verständlich, warum mit der Wahrnehmung von bestimmten Düften die Erinnerung an ganz spezifische, längst „vergessene" Erlebnisse verbunden sein kann oder warum uns beim Riechen spezieller Düfte gerade Kindheitserinnerungen und/oder Emotionen von früher empfundenen, angenehmen oder unangenehmen Situationen ins Gedächtnis kommen. Wenn man für Manipulation so offen ist, dann wird das heutzutage auch ausgenutzt. Supermärkte in den USA haben schon längst erkannt, daß sich mit bestimmten Düften, die über die Klimaanlage ständig in die Verkaufsräume geblasen werden, Menschen beeinflussen lassen. Die Idee ist, daß schwangere Frauen dort einkaufen und schon die Kinder im Mutterleib, wo sie sich wohl und geborgen fühlen, diese Düfte wahrnehmen und später als Erwachsene unbewußt mit diesem Duft auch den Supermarkt suchen, der sie an die Geborgenheit des Mutterleibs erinnert. Man sagt auch, daß die Lufthansa vor den Landungen über die Klimaanlage beruhigende Pflanzendüfte in den Passagierraum sprüht, um den Leuten etwas die Angst zu nehmen. Die meisten Hersteller synthetischer Schuhe werden einen künstlichen Ledergeruch dem Plastik beimengen, um die Menschen eher zum Kauf dieses Schuhs zu verlokken. Eine Großzahl von Nahrungsmittelfirmen hat schon längst erkannt, daß der Verbraucher bei Gemüse oder Pilzsuppen einen typischen, intensiven Geschmack wünscht und daß dieser am besten durch Zusatz künstlicher Aromastoffe suggeriert wird. In diesem Sinne muß man auf vielen Etiketten die (vorgeschriebenen) Kennzeichnungen lesen: naturidentische oder künstliche Aromastoffe, Geschmacksverstärker und ähnliches. Die Manager japanischer Großunternehmen haben längst erkannt, daß mit Duft auch Geschäftspartner manipuliert werden können und benutzen, je nach Erwartung an die Haltung des Kunden Düfte, die sein Befinden positiv oder negativ beeinflussen.

Jeder von uns hat schon erlebt, wie er durch den Geruch frischen Brotes verführt wurde, in die Bäckerei zu gehen, oder durch den Popcorngeruch, der im Kino über die Klimaanlage in den Raum geblasen wird, sich in der Pause ein Paket davon zu kaufen. Beide Aromen werden heute schon synthetisch hergestellt, und die Industrie profitiert von der „Phantasie" unseres Gehirns. Es genügt meist schon, eine einzige wesentliche, charakteristische Duftkomponente aus der komplexen Mischung von Nahrungsstoffen anzubieten, dann meinen wir schon, das Essen zu riechen, weil unser Gehirn einfach den Rest aus der Erinnerung ergänzt – ähnlich wie beim Lesen eines Wortes bereits wenige Buchstaben genügen, um es zu verstehen.

Aber nicht nur von anderen werden wir manipuliert. Wir machen es auch ganz bewußt selbst, und ein trauriger Höhepunkt ist folgendes Beispiel: In der USA wurde ein Set mit Spraydosen, die den synthetischen Geruch verschiedener Nahrungsmittel enthielten, ein Verkaufsschlager. Übergewichtige

Leute benutzten, wenn sie plötzlich das Verlangen nach „Kalorienbomben" wie Pizza, Schokolade oder Popcorn hatten, einfach einen „Schuß" aus der Spraydose in den Mund, und der Körper ließ sich durch den Geruch täuschen und gab sich damit zufrieden: Lustbefriedigung mühelos und völlig kalorienfrei.

Literatur

H. Altner: „Physiologie des Geschmacks, Physiologie des Geruchs." In R. F. Schmidt (Hrsg.): „Grundriß der Sinnesphysiologie." 5. Aufl., Springer-Verlag, Berlin-Heidelberg 1985, S. 287–304.

H. Altner und J. Boeckh: „Geschmack und Geruch." In R. F. Schmidt und G. Thews (Hrsg.): „Physiologie des Menschen." 23. Aufl., Springer-Verlag, Berlin-Heidelberg 1987, S. 320–328.

H. D. Belitz und W. Grosch: „Lehrbuch der Lebensmittelchemie." 3. Aufl., Springer-Verlag, Berlin-Heidelberg 1987, S. 273-321.

N. Birbaumer und R. F. Schmidt: „Biologische Psychologie." Springer-Verlag, Berlin-Heidelberg 1989, S. 413–426.

J. Boeckh: „Somatische Sensibilität, Geruch und Geschmack." In O. H. Gauer, K. Kramer und E. Jung (Hrsg.): „Sinnesphysiologie I." Band 11. Urban & Schwarzenberg, München-Berlin (1972), S. 169–230.

K. J. Burdach: „Geschmack und Geruch. Gustatorische, olfaktorische und trigeminale Wahrnehmung." Verlag Hans Huber, Bern-Stuttgart-Toronto 1988.

J. P. Ewert: „Neuro-Ethologie. Einführung in die neurophysiologischen Grundlagen des Verhaltens." Springer-Verlag, Berlin-Heidelberg 1976.

H. Hatt: „Stimulus-driven chemosensory membrane channels on crayfish sensory cells." Chemical Senses 1, 363 (1989).

M. Henglein: „Die heilende Kraft der Wohlgerüche und Essenzen." Oesch Verlag AG, Zürich 1985.

H. Hensel: „Allgemeine Sinnesphysiologie. Hautsinne, Geschmack, Geruch." Springer-Verlag, Berlin-Heidelberg 1966.

S. C. Kinnamon: „Taste transduction: a diversity of mechanisms." Trends in Neurosciences 11, 491 (1988).

F. Mechsner und W. Volz: „Gerüche. Immer der Nase nach." GEO, Das Reportage-Magazin, Nr. 4 (1987), S. 14.

J. Müller: „Aspekte des Duftes. Geschichte, Herkunft, Entwicklung, Bedeutung." Das H & R Buch Parfum. Glöss Verlag, Hamburg 1984.

B. Roseburg und R. Fikentscher: „Klinische Olfaktologie und Gustologie." In A. Herrmann und H. Jakobi (Hrsg.): „Hals-, Nasen- und Ohrenheilkunde", Band 27. Johann Ambrosius Barth, Leipzig 1977.

Riechen und Schmecken, wegen ihrer engen Verknüpfung oft auch unter „der chemische Sinn" zusammengefaßt, sind die entwicklungsgeschichtlich ältesten unserer Sinne. Der Geschmackssinn kann nur vier Qualitäten, nämlich süß, sauer, salzig und bitter unterscheiden. Die feinere Unterscheidung von Speisen kommt unter Beteiligung des Riechsinnes zustande. Geschmack wird in den Bereichen der Papillen wahrgenommen; dies sind kleine Erhebungen auf der Zungenoberfläche, die in drei Typen vorkommen. In den Wänden und Gräben der Papillen befinden sich die Geschmacksknospen, von denen der Mensch insgesamt etwa 2 000 besitzt. Die eigentlichen Sinneszellen liegen in Gruppen zu 50 innerhalb der Knospen. Jede einzelne Sinneszelle enthält viele fingerförmige Fortsätze, die Mikrovilli, in deren Membranen sich die eigentlichen Rezeptormoleküle befinden. An diese binden die in der Speise enthaltenen Reizmoleküle, induzieren dadurch eine Verformung des spezifischen Rezeptors und damit die Öffnung von Ionenkanälen (vgl. Kapitel 2).

Wie im Falle der Mechanorezeptoren des Gleichgewichtsinnes haben auch die Geschmacksinneszellen keine Axone, sondern leiten ihre Signale über chemische Synapsen an benachbarte zuführende (afferente) Neuronen weiter. Dabei kann ein einzelnes afferentes Neuron mit vielen Geschmacksknospen und ihren Sinneszellen verbunden sein. Wie schon für den Sehsinn exemplarisch dargestellt, gibt es auch für den Geschmacksinn mehrere Stufen der Verschaltung (und Signalverarbeitung), bis die Information im ventralen Teil des Thalamus in einem für den Geschmack vorbehaltenen Unterkern angelangt ist.

Die für die Wahrnehmung von Duftmolekülen spezialisierten Sinneszellen befinden sich in der Riechschleimhaut der Nasenhöhle. Der Mensch besitzt etwa 10 Millionen Riechzellen, die jeweils aus einem länglichen Zellkörper mit einem in den Riechschleim hineinreichenden Dendriten auf der einen Seite und einem langen Axon auf der anderen Seite bestehen. Die Rezeptormoleküle für die Duftstoffe befinden sich auf den dünnen, geißelartigen Fortsätzen (Cilien) des Dendriten. Das Binden des im Riechschleim gelösten Duftstoffes an seinen spezifischen Rezeptor führt zu einem Rezeptorpotential, welches – wie schon beim Tastsinn beschrieben (Kapitel 5) – bei Überschreitung eines Schwellenwertes zu einem zur axonalen Leitung fähigen Aktionspotential werden kann. Die Axone treten in dünnen Bündeln in den Riechkolben ein und nehmen dort mit den Dendritenbäumen der Mitralzellen synaptische Kontakte auf. Dabei kommt es durch den Kontakt von jeweils etwa 1 000 Riechzellaxonen mit einer Mitralzelle zur ersten Reduktion der Riechinformation. Die Axone der etwa 60 000 Mitralzellen bilden ein gemeinsames Bündel, das mit dem primären Riechfeld der Großhirnrinde verbunden ist. Nach Verstärkung der eingehenden Information wird diese von dort zu anderen Hirnbereichen, u. a. dem Thalamus, dem Hypothalamus und dem Amygdalum weitergeleitet. Die Verknüpfung mit dem Hypothalamus erklärt den Einfluß des Geruchs auf unser Sexual-, Eß- und Abwehrverhalten und seine Bedeutung für unsere Gefühlswelt. Insbesondere bestehen auch Verknüpfungen zu den vegetativen Kernen des Hypothalamus und Bereichen des Hirnstammes. Durch den Thalamus ist der Riechsinn mit der Hirnrinde des Neocortex verknüpft, also den entwicklungsgeschichtlich jungen Bereichen des Gehirns, die auch der Sitz unseres Bewußtseins sind.

Die Einwirkungen des Geruchs auf unsere Psyche sind auch das Thema des folgenden, von Gerd Kobal, Professor für Physiologische Pharmakologie an der Universität Erlangen–Nürnberg, geschriebenen Kapitels.

Kapitel 7

Die Psychophysiologie des Geruchs

Von Gerd Kobal

In seinem faszinierenden Roman „Das Parfüm" unternahm Patrick Süskind den Versuch, mit Mitteln der Fiktion die elementarsten Sinneseindrücke seines Romanhelden und den Ort des Geschehens in der Welt des Geruchs anzusiedeln. Daß dabei auch noch ein spannender Kriminal-Bestseller herauskam, klingt geradezu unwahrscheinlich. Man hätte eher vermutet, daß die begrifflich kaum strukturierte Welt der Düfte nicht genügend Material für ein ganzes Buch hergäbe. Nun, das Beispiel dieses Romans belehrt uns eines Besseren. Schon in der Einleitung wird mit dem Vorurteil aufgeräumt, in den Städten der vergangenen Jahrhunderte sei es für unsere jetzigen Begriffe hinsichtlich des Geruchs besonders angenehm zugegangen. Beklagen wir heute den Gestank von Industrieanlagen, dann hat das seine Berechtigung. Keineswegs dürfen wir uns aber dem Irrtum hingeben, es hätte in den industrielosen, „guten alten" Zeiten alles wunderbar und lieblich nach Blumen und Gewürzen geduftet. Nicht einmal für die privilegierte Oberschicht des Adels war alles Wohlgeruch, was riechbar war. Lebhaft beschreibt Süskind, wie es seiner Ansicht nach in einer Stadt des 18. Jahrhunderts ausgesehen und gerochen haben muß:

„Zu der Zeit, von der wir reden, herrschte in den Städten ein für uns moderne Menschen kaum vorstellbarer Gestank. Es stanken die *Straßen nach Mist, es stanken die Hinterhöfe nach Urin, es stanken die Treppenhäuser nach fauligem Holz und nach Rattendreck, die Küchen nach verdorbenem Kohl und Hammelfett; die ungelüfteten Stuben stanken nach muffigem Staub, die Schlafzimmer nach fettigen Laken, nach feuchten Federbetten und nach dem stechend süßen Duft der Nachttöpfe. Aus den Kaminen stank der Schwefel, aus den Gerbereien stanken die ätzenden Laugen, aus den Schlachthöfen stank das geronnene Blut. Die Menschen stanken nach Schweiß und nach ungewaschenen Kleidern; aus dem Mund stanken sie nach verrotteten Zähnen, aus ihren Mägen nach Zwiebelsaft und an den Körpern, wenn sie nicht mehr ganz jung waren, nach altem Käse und nach saurer Milch und nach Geschwulstkrankheiten. Es stanken die Flüsse, es stanken die Plätze, es stanken die Kirchen, es stank unter den Brücken und in den Palästen. Der Bauer stank wie der Priester, der Handwerksgeselle wie die Meisterfrau, es stank der gesamte Adel, ja sogar der König stank, wie ein Raubtier stank er, und die Königin wie eine alte Ziege, sommers wie winters."*

Wie bereits erwähnt, ist die mangelnde begriffliche Ausstattung dieser Domäne menschlicher Wahrnehmung eklatant. So gibt es kaum eigene Adjektive, welche die Qualitäten des Riechens hinreichend beschreiben, während wir für andere Sinnessysteme eine

Vielfalt von deskriptiven Wörtern (purpur, Moll etc.) entwickelt haben. In der Welt des Riechens muß es genügen, daß es „nach... etwas..." riecht. Schon in der Schule werden wir gemäß unserem kognitiven Bildungsideal, wonach das analytische Erkennen gegenüber dem intuitiven Erfassen den höheren Stellenwert hat, hauptsächlich im Sehen und Hören trainiert; das an Emotionen gekoppelte Riechen und Schmecken hingegen wird vernachlässigt. Das kann damit zusammenhängen, daß die Welt der Gefühle sich äußerst schwer begrifflich erfassen läßt, sie muß erlebt, erfahren werden.

Von diesen Überlegungen ausgehend könnte man hoffen, daß es wenigstens wissenschaftliche Untersuchungen zu den Themen „Emotionen und Geruch", „Die Bedeutung des Geruchs für die Ernährung" oder „Die Rolle der Duftstoffe bei der Fortpflanzung" gibt. Schaut man in den großen Datenbanken unter diesen Stichwörtern nach, dann wird diese Erwartung nicht erfüllt. Die Literatur zum Thema Geruch enthält so gut wie keine Untersuchungen, die das Verhältnis von Riechen und Emotionen wissenschaftlich analysieren. Höchstens begegnet man einigen Allgemeinplätzen über die enge Beziehung des Riechsystems zum limbischen System, das landauf, landab als derjenige Hirnanteil angesehen wird, der für Emotionen verantwortlich ist. Die Psychologen, für dieses Thema eigentlich zuständig, beschäftigen sich zwar seit Jahrzehnten mit der Erforschung von Emotionen, doch der Geruchssinn kommt in ihren Theorien nirgendwo vor.

Ganz anders in der Zoologie! Hier findet man eine Menge von Veröffentlichungen, die sich mit dem Geruchssinn, seiner Bedeutung für die Kommunikation von Lebewesen untereinander und mit seinen physiologischen und biochemischen Grundlagen befassen. Allerdings muß man, um Gerechtigkeit widerfahren zu lassen, konstatieren, daß in jüngster Zeit das Interesse der Wissenschaftler auch am menschlichen Geruchssinn gewachsen ist, nicht zuletzt angeregt durch die zunehmenden Probleme, die industrielle und private belästigende Absonderungen mit sich brachten. Selbst die Medizin nimmt sich mittlerweile etwas intensiver des Geruchssinns und seiner krankhaften Störungen an. In einer Welt zunehmender Sensibilität möchte kein Patient sich einfach mit Riechstörungen abfinden, sondern verlangt berechtigterweise nach einer Therapie, die es dann allerdings in den meisten Fällen nicht gibt.

Schließlich hat auch die Industrie großes Interesse an wissenschaftlich fundierten Kenntnissen über die Arbeitsweise des Geruchs- und Geschmackssinns. Immerhin gibt es eine Anzahl von Produkten, die beide Sinne unmittelbar ansprechen. Manche Produkte beziehen sich sogar ganz direkt und ausschließlich auf den Geruchssinn, z. B. solche, die den natürlichen Körpergeruch, auf den in unserem Kulturkreis gerne verzichtet wird, verändern oder übertünchen helfen. In anderen Fällen soll mit Hilfe von Düften die Attraktivität bestimmter Produkte gesteigert werden, indem sie als Zusatz den Kaufentscheid unbewußt beeinflussen sollen. Eine wichtige Funktion haben auch solche Duftstoffe, die als Warnzeichen z. B. dem Brenngas zugemischt werden. Durch sie wird es riechbar, so daß ein unkontrolliertes Ausströmen rechtzeitig bemerkt werden kann. Schließlich gibt es noch eine Reihe von Anwendungen, bei denen der Einsatz von Düften gewissermaßen therapeutischer Natur ist. Manche Fluggesellschaften lassen z. B. über die Klimaanlage ihrer Flugzeuge kurz vor der Landung Menthol verströmen, um ein eventuelles Auftreten von Übelkeit bei den Passagieren zu verhindern oder um nach einem langen, ermüdenden Flug Frische zu suggerieren.

Die erste und scheinbar einfachste Frage der Geruchsforschung ist die nach der Intensität eines Geruchs. Will man sie beantworten, muß nach Möglichkeiten gesucht werden, Geruchsintensitäten auf irgendeine Art und Weise mit Zahlenwerten zu assoziieren, damit rational und für jeden nachvollziehbar mit Riechstoffen in definierten Mengen umgegangen werden kann.

Intensität – Psychophysik

Zwei deutsche Naturforscher, der Physiologe Ernst Heinrich Weber und der Psychologe und Philosoph Gustav Theodor Fechner, suchten schon Mitte des vorigen Jahrhunderts nach einem gesetzmäßigen Zusammenhang zwischen der Intensität eines Sinnesreizes und der Stärke einer Sinnesempfindung. Zwei Begriffe kristallisierten sich dabei heraus:

● Die *Reizschwelle* entspricht dem Energiebetrag oder der Konzentration (bei Geruchsstoffen) eines Reizes, bei dem er gerade eben wahrgenommen werden kann. Diese Schwelle stellt gewissermaßen den Anfangspunkt auf einer Skala zunehmender Reizintensitäten dar, die zu zunehmenden Empfindungsstärken führen. Die alltägliche Erfahrung läßt uns nicht daran zweifeln, daß drei Lastwagen mehr Lärm verursachen als einer allein und wir sie dementsprechend auch als deutlich lauter empfinden werden. Die Frage ist nur, wie die Skala der Empfindungen aussieht, welche Dimension sie haben soll und wie man diese Empfindungsstärken, die schließlich psychische Variable sind, messen kann?

Die geniale Idee von Weber war nun, zu versuchen, die Welt der Empfindungen mit einer ihr eigenen Größe zu erfassen. Diese Größe glaubte er in einem anderen Schwellenphänomen gefunden zu haben: der Unterschiedsschwelle.

● Die *Unterschiedsschwelle* (engl.: just noticeable difference, jnd) ist definiert als derjenige Reizzuwachs, der notwendig ist, um einen Reiz als gerade eben merklich stärker als einen Vergleichsreiz zu empfinden.

Fechners Beitrag war es, diese Größe, die eindeutig durch die innere Welt der Empfindung bestimmt ist, als Stufe für eine Skala zu verwenden, die aus solchen aneinandergereihten Unterschiedsschwellen zusammengesetzt ist. Das gesteckte Ziel war erreicht! Es war jetzt möglich, eine Empfindungsstärken-Skala zu erstellen, deren Stufen sich dimensionslos durch Verhältnisse von Reizintensitäten darstellen ließen.

Für die ersten Experimente auf diesem Gebiet benutzte Weber (1834) Gewichte. Seine Versuchspersonen mußten immer zwei Gewichte miteinander vergleichen, um festzustellen, ob sie „gerade eben" unterschiedlich schwer waren. Das Überraschende an den Ergebnissen dieser grundlegenden Experimente war, daß es für die Probanden offensichtlich nicht auf die absolute Gewichtsdifferenz ankam, um eine Zunahme zu bemerken, sondern auf das Verhältnis der beiden Vergleichsgewichte. Der Unterschied im Gewicht fiel bei leichten Vergleichsgewichten geringer aus als bei schweren. Außerdem stellte Weber fest, daß das Verhältnis von gerade eben als schwerer empfundenem Gewicht zum Ausgangsgewicht sogar konstant war, und er formulierte daraufhin das nach ihm benannte Gesetz

$$\text{delta phi/phi} = c \quad \text{oder}$$

$$\text{delta phi} = c \text{ mal phi (Webers Gesetz)}$$

mit phi = Reizintensität, delta phi = Reizdifferenz zwischen gerade als stärker empfundenem Reiz und Vergleichsreiz, c = Konstante.

Rund zwei Prozent, so stellte Weber fest, muß die Differenz betragen, damit ein Mensch zwei Gewichte als gerade eben voneinander verschieden empfindet. Zwei Prozent – gleichgültig, ob es sich um leichte oder schwere Gewichte handelt!

Fechner verwendete diesen Zusammenhang, um, der ursprünglichen Intention folgend, die Welt der Empfindungstärken mit der Welt der Reizintensitäten in einer einzigen Formel zu verbinden. Dabei ging er von der Reizschwelle als Vergleichsreiz aus, kumulierte alle Weberschen Unterschiedsschwellen und stellte fest, daß der Empfindungszuwachs – definiert als Schritt von einer jnd-Stufe zur nächst höheren jnd-Stufe – einem logarithmischen Zuwachs der Reizintensität entspricht.

Er formulierte folgende Beziehung (Fechners Gesetz):

$$psi = k \text{ mal } \log (phi/phi_0)$$

mit psi = Empfindungsstärke, phi = Reizintensität, phi_0 = Reizschwelle und k = Proportionalitätskonstante.

Diese beiden Gesetze der Psychophysik galten etwa hundert Jahre lang uneingeschränkt und sind nach wie vor die Grundlage für viele technische Skalen, z. B. der Dezibel(dB)- und der Phon-Skala. In den fünfziger Jahren dieses Jahrhunderts war die Zeit reif für eine Änderung. Der amerikanische Psychologe S. S. Stevens stellte ein neues psychophysisches Gesetz auf. Vor allem aus zwei Gründen war das Weber-Fechnersche System angreifbar geworden:

- Es stellte sich bald heraus, daß der Weber-Quotient nur im mittleren Intensitätsbereich gilt. Bei Reizen in Schwellennähe, also bei schwachen Reizen, nimmt das Verhältnis von Reizzuwachs zum Ausgangsreiz zu, ja, die notwendigen Unterschiede können im akustischen System sogar bis auf 80 Prozent anwachsen.
- Die Fechnersche Beziehung geht davon aus, daß alle Stufen der Empfindungszunahme tatsächlich gleich groß sind oder, mit anderen Worten, daß sich die Empfindungsstärke verdoppelt, wenn man von der zehnten Stufe auf die zwanzigste Stufe übergeht. Bei Experimenten, in denen die Versuchspersonen direkt die Verdoppelung der Empfindungsstärken schätzten, oder selber, z. B. durch Drehen an einem Lautstärkeknopf, herstellten, ergaben sich aber Abweichungen von dieser Annahme. Der Sprung von der zehnten Stufe auf die zwanzigste Stufe macht mehr als eine Verdoppelung der Empfindungsstärke aus!

Stevens ließ nun seine Versuchspersonen in einem neuen experimentellen Ansatz die Intensität eines Reizes direkt schätzen, wobei die Reizschwelle dem Wert Null entsprach und der gerade empfundene Reiz mit einem Standardreiz verglichen werden mußte, in-

dem ihm eine Zahl zugewiesen wurde, die sein Intensitätsverhältnis zum Standard widerspiegelte. Auf diese Weise erhielt er als beste Beschreibung des Zusammenhangs von Reizintensität und Schätzwert der Empfindungsstärke die nach ihm benannte Stevens-Potenzfunktion:

$$psi = k \text{ mal } (phi \text{ minus } phi_0) \text{ hoch } a$$

mit psi = Intensitätsschätzung, phi = Reizintensität, phi_0 = Schwellenreizintensität, a = Exponent, der für die Sinnesmodalität charakteristisch ist, und k = Konstante.

Auch hier erkennt man wie im Fechnerschen Gesetz die nicht-lineare Beziehung zwischen der Reizzunahme und der Empfindungszunahme. Ist der Exponent kleiner als eins, was in der Regel der Fall ist, muß man bei den Reizen wesentlich kräftiger zulegen, als es die Empfindungszunahmen, die daraus resultieren, vermuten lassen.

Im Alltag hat dies verblüffende Konsequenzen! Um z. B. die Empfindungsstärke, also den Krach, den ein Lastwagen verursacht, subjektiv zu verdoppeln, müssen nicht zwei Lastwagen lärmen, sondern acht! Der Vorteil dieses Mechanismus ist, daß das Sinnesorgan für einen größeren Bereich empfindlich ist und sehr starke Reize nicht zu einer Übersteuerung des Systems führen, die nur noch als schmerzhaft empfunden würde. Technisch ausgedrückt heißt das, daß die Dynamik des Sensors durch eine solche Charakteristik vergrößert wird. Ein weiterer Vorteil besteht darin, daß der Lärm in unserer Umwelt erträglicher wird. Dies Phänomen darf allerdings nicht mit einer Sinnestäuschung verwechselt werden, sondern ist ganz allgemein typisch für unsere Sinne. Wir dürfen allerdings nicht davon ausgehen, daß das, was uns die Sinne mitteilen, auch exakt der Wirklichkeit entspricht. Die Dinge der Welt werden allenfalls unter Einhaltung gewisser Abbildungsfunktionen in die Welt der Wahrnehmung übertragen. Kant hat das in aller Konsequenz durchdacht und geht über das hier Gesagte noch hinaus, indem er postuliert, daß auch die logischen Zusammenhänge, die wir in der Welt sehen, Folge der uns innewohnenden Abbildungsfunktionen, der Kategorien, sind. Daraus zieht er den Schluß, daß das Ding an sich nicht zu erkennen sei. Für den Sinnesphysiologen ist es damit nicht getan, sondern es stellt sich ihm die interessante Aufgabe, die Abbildungsfunktionen von Teilbereichen der Sinnessysteme zu suchen und sie so exakt wie möglich zu formulieren.

Zurück zum Geruchssinn: Auch er folgt dem Stevensschen Gesetz. Um also die subjektive Empfindungsstärke, die der Duft einer Rose verursacht, zu verdoppeln, muß die Anzahl der Duftstoff-Moleküle, die auf die Riechschleimhaut treffen sollen, etwa vervierfacht werden. Das ist leichter gesagt als getan. Denn es ist nicht damit getan, zu diesem Zweck anstelle der einen Rose vier Rosen vor die Nase zu halten. Damit wäre noch lange nicht gewährleistet, daß auch viermal soviel Duftstoff-Moleküle auf die Riechschleimhaut treffen. Dabei gibt es viel zu viele Störmöglichkeiten. Ein leichter Wind z. B. könnte verhindern, daß mehr als nur die Duftstoff-Moleküle der unmittelbar vor den Nasenlöchern befindlichen Rose in die Nase gelangt, so daß es überhaupt keinen Unterschied macht, ob der Strauß aus vier, acht oder zwanzig Rosen besteht. Man kann an diesem Beispiel leicht erkennen, daß sich die Duftstoffdarbietung in genau quantifizierten Mengen als technisch äußerst aufwendig erweisen kann. Das Fehlen eines geeigneten Instrumentariums, mit dem exakt definierte Konzentrationen von Riechsubstanzen in einer für die Reizung geeigneten Weise hergestellt werden können, hat die Forscher in der Vergangenheit vor allem davon abgehalten, sich intensiver mit dem Geruchssinn zu beschäftigen. Inzwischen sind aber Geräte entwickelt worden, mit denen man Versuchspersonen genau definierte Duftstoffkonzentrationen anbieten kann. Solche Geräte nennt man Olfaktometer (Abbildung 7.1).

Die Empfindungsstärken werden am besten mit einer sogenannten visuellen Analog-

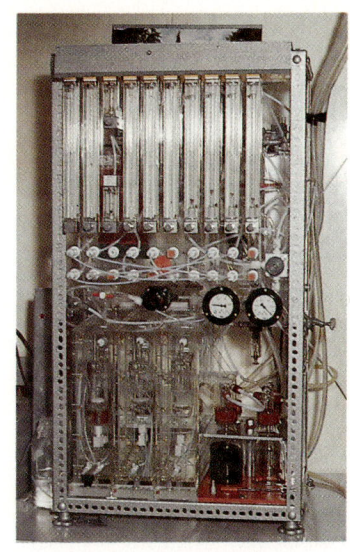

Abb. 7.1. Mit einem Olfaktometer können exakte Duftstoffreize hergestellt werden. Dabei kommt es darauf an, daß auch bei mehrfachen Wiederholungen immer genau die gleichen Konzentrationen erreicht werden. Zusätzlich ist es bei dem abgebildeten Olfaktometer auch möglich, zeitlich exakt geschaltete Riechreize zu erzeugen. Olfaktometer werden in den meisten Fällen für einen bestimmten Anwendungszweck konstruiert und nur in kleinen Stückzahlen gebaut.

skala wiedergegeben. Dabei gibt der Proband nicht direkt eine Zahl an, die ausdrückt, wie stark der Reiz empfunden wurde, sondern die Empfindungsstärke wird in Form einer Länge auf einem definierten Balken angegeben. Man nennt solche Verfahren Kreuz-Modalitätsschätzungen (cross modality estimates), weil die Stärke einer Sinnesempfindung mit Hilfe eines anderen Sinneskanals (Modalität) in der physikalischen Welt abgebildet wird. Für solche Verfahren lassen sich heute Computer einsetzen: Die Versuchsperson schätzt auf einem Bildschirm, auf den sie während oder nach der Präsentation eines Reizes schaut, durch einfaches Bedienen eines Hebels (Joystick) die Länge, die der empfundenen Reizintensität entspricht. Die Abbildungen 7.2 und 7.3 zeigen ein Beispiel für ein solches Verfahren und sein Ergebnis mit dem Geruchsstoff Schwefelwasserstoff. Die Un-

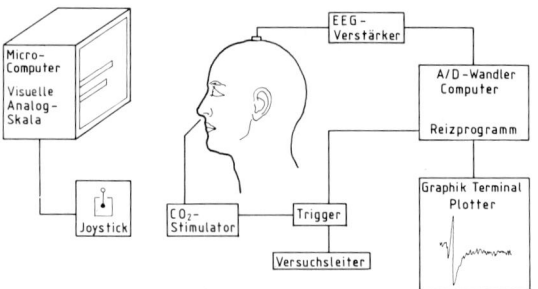

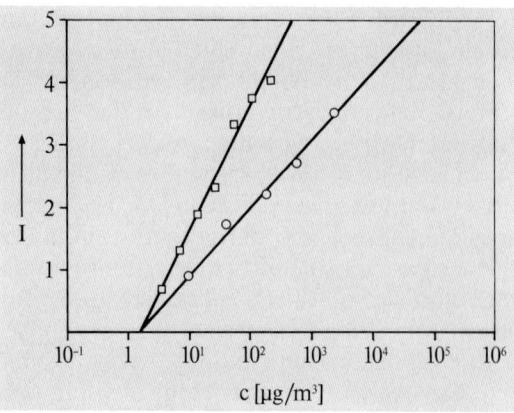

Abb. 7.2. Empfindungsstärken-Schätzung mit visueller Analogskala. Über einen Computerbildschirm kann die Versuchsperson durch Betätigen eines Hebels angeben, wie stark sie einen Riechreiz empfunden hat, indem sie ihn mit einem Standardreiz vergleicht. Die Empfindungsstärke des Standardreizes wird durch den oberen Balken symbolisiert. Hat die Versuchsperson den Eindruck, daß der momentane Riechreiz genau so stark war wie der Standardreiz, soll sie den unteren Balken in der gleichen Länge wie den oberen Balken einstellen. Hat sie überhaupt nichts gemerkt, dann soll sie den unteren Balken verschwinden lassen.

Abb. 7.3. Reizintensität-Empfindungsstärke. Das Diagramm stellt den Zusammenhang von Reizintensität c und Empfindungsstärke I dar. Bei zunehmenden Konzentrationen von Schwefelwasserstoff werden zunehmende Empfindungsstärken angegeben. Die Kurven zeigen, daß die Intensitätsabhängigkeit der Empfindungen von den Randbedingungen des Experiments abhängt. Offene Kästchen: Olfaktometer der Landesanstalt für Immissionsschutz Essen – Freie Atmung der Probanden. Offene Kreise: Erlanger Olfaktometer – 200 Millisekunden lange Riechimpulse. Aus den verschiedenen Steigungen der Kurven ergibt sich, daß die Darbietungszeit des Duftstoffes eine wichtige Rolle spielt. Aus neueren Untersuchungen wissen wir, daß die Empfindungsstärken etwa bis zu einer Verlängerung der Reizdauer auf 1800 Millisekunden weiter zunehmen, obwohl die Konzentration des Duftstoffes nicht verändert wird. Das beruht sicher auf einem zeitlichen Integrationsvorgang an der Sinneszelle, ohne daß man weiß, wo genau sich dieser Vorgang abspielt.

tersuchung hatte den Zweck, verschiedene Duftstoff-Applikationsformen durch unterschiedliche Geräte zu vergleichen. Man erkennt deutlich, daß die Empfindungsstärke von der Dauer der Reizdarbietung abhängt. Bei einem Olfaktometer atmeten die Probanden die Reizluft frei ein (Kästchen). Sie konnten schnuppern oder inhalieren, ganz wie es ihnen am besten gefiel. Bei dem anderen Olfaktometer (Kreise) bekamen die Probanden den Duftstoff in 200 Millisekunden kurzen Impulsen angeboten. Das ist etwa die Zeit, die vergeht, wenn man einmal schnuppert. Wir wissen heute, daß eine Verlängerung der Reizdauer bis zu etwa 1800 Millisekunden die Empfindungsstärke erhöht, auch wenn die Konzentration des Duftstoffes dabei konstant bleibt. Einen solchen Ringversuch hat die Kommission zur Reinhaltung der Luft des Vereins deutscher Ingenieure veranlaßt, um die Grundlagen für die Entwicklung einer Meßvorschrift zur Erfassung der Geruchsintensitäten zu schaffen. Diese Meßvorschrift liegt inzwischen vor, so daß jetzt etwa im Zusammenhang mit juristischen Streitfällen Untersuchungen, die an verschiedenen Orten

oder zu verschiedenen Zeiten durchgeführt wurden, miteinander verglichen werden können.

Aber es gibt noch ein weiteres Problem bei der Bekämpfung der Belästigung durch Geruchsimmissionen. Manche Riechstoffe sind bereits in geringen Konzentrationen so störend, daß man es gar nicht schafft, sie chemisch-analytisch zu untersuchen. Ihre Konzentrationen liegen entweder unter der Nachweisgrenze, oder ihre Zusammensetzung ist zu komplex und verändert sich sehr schnell, so daß es nicht möglich ist, sie einfach einzusammeln und unverfälscht in ein Labor zu transportieren, wo sie Testpersonen zur Beurteilung angeboten werden könnten. In solchen Fällen wird der umgekehrte Weg eingeschlagen: Das Meßlabor begibt sich vor Ort. Verfahren dieser Art wurden zuerst in Schweden eingesetzt, inzwischen gibt es sie auch in Deutschland. Mit speziell ausgerüsteten Fahrzeugen fahren die Tester zu einer Industrieanlage oder einem Bauernhof, um die Messungen durchzuführen. Dabei können unverfälschte, frische Proben über ein Ansaugsystem den Testpersonen direkt zur Beurteilung zugeführt und falls möglich, chemisch analysiert werden. Trotz der weit entwickelten instrumentellen Analytik ist allerdings die menschliche Nase heute noch nicht zu ersetzen.

Messung von geruchsinduzierten Änderungen der Hirnaktivität

Die Einschätzung von Geruchsintensitäten beruht immer auf subjektiven Eindrücken. Diese Subjektivität durch eine objektive Meßmethode aufzuheben oder wenigstens einzuschränken, war das Ziel von Forschungen, deren Anfänge bis in das vorige Jahrhundert zurückgehen. Bereits 1875 hat der englische Physiologe R. Caton in Tierexperimenten festgestellt, daß von der Oberfläche des unverletzten Gehirns elektrische Spannungen – wenn auch nur in der Größenordnung von einigen Tausendstel Volt – abgeleitet werden können (vgl. Kapitel 2).

Die Übertragung der Messungen solcher „ereigniskorrelierter Potentiale" (engl.: event-related potentials, ERP) auf den Menschen ließ aber noch lange auf sich warten. Denn erst die Entwicklung besserer Verstärker und schließlich der Einsatz von Computern machten es in den sechziger Jahren dieses Jahrhunderts auch beim Menschen möglich, durch die Schädeldecke hindurch durch Riechreize ausgelöste Potentialänderungen zu messen. Die Wissenschaftler, die sich mit der Messung dieser olfaktorisch evozierten Potentiale

(*Nervus olfactorius* = Riechnerv) beschäftigten, hatten dabei allerdings noch manche harte Nuß zu knacken. In der Hirnrinde liegen nämlich leider – oder zum Glück – nicht nur Zellen, die für die Verarbeitung von Riechinformationen zuständig sind, sondern auch noch eine große Anzahl anderer Nervenzellen, die sehr unterschiedliche Funktionen erfüllen; schließlich wird bei allen Bewußtseinsvorgängen die Hirnrinde aktiviert. Versucht man mit relativ groben Meßfühlern, z. B. einer auf die Schädeldecke geklebten Elektrode (ein kleines Silberplättchen mit einem Durchmesser von z. B. zwei bis drei Millimetern), die Hirnfunktionen zu analysieren, dann sind Schwierigkeiten zu erwarten. Im Einzugsgebiet dieser im Vergleich zu den Zellen riesigen Elektrode liegen einige Millionen Nervenzellen, die mit Sicherheit nicht alle zu den die Riechinformationen verarbeitenden Zellen gehören. Die Gesamtanzahl der Nervenzellen der Hirnrinde wird auf etwa 14 Milliarden geschätzt. Ihr Durchmesser kann maximal etwa 130 Mikrometer (Millionstel Meter) betragen.

Das folgende Beispiel soll diese Probleme verdeutlichen: Man stelle sich ein vollbesetztes Stadion während eines Fußballspiels vor, über dem ein Mikrofon hängt. Dieses Mikrofon wird kaum in der Lage sein, eine Unterhaltung aufzuzeichnen, die zwei Fans in der Nordkurve miteinander führen. Erst wenn ein erfolgreicher Torschuß alle Fans zu einem gemeinsamen, gleichzeitigen Ausruf veranlaßt, kann man über das Mikrofon ihren Ruf „Tooooor" registrieren. Beim Einsatz mehrerer Mikrofone wüßte man auch, daß dieser Ruf in der Nordkurve lauter als in der Südkurve war, da die Aufzeichnungsgeräte der Nord-Mikrofone die größten Ausschläge anzeigten. Überträgt man dieses Beispiel auf die Messung ereigniskorrelierter Potentiale, so werden die technischen Tricks klar, die notwendig sind, um elektrische Hirnaktivitäten bestimmter, spezialisierter Nervengruppen zu erfassen.

Zunächst braucht man ein plötzliches Ereignis, also einen Reiz (vgl. Torschuß), damit alle Zellen der Zielgruppe das gleiche oder wenigstens etwas ähnliches tun. Dann nimmt man viele Elektroden (mehrere Mikrofone), um aus den verschiedenen Antwortstärken an verschiedenen Stellen Rückschlüsse auf die Lage der aktivierten Zellgruppe zu ziehen. Gerade das letztere ist nicht ganz so einfach, wie es auf den ersten Blick scheint. Erst in den letzten Jahren ist es gelungen, einigermaßen zuverlässige Ortsangaben über die Quellen der am Kopf registrierten Spannungsänderungen abzugeben. Dabei muß erwähnt werden, daß der Biomagnetismus viel zur Erhellung dieses Phänomens beigetragen hat. Über die Registrierung von Magnetfeldern, die nach den Regeln der Physik immer senkrecht zu den elektrischen Feldern auftreten, ist die Ortung der Quellen ereigniskorrelierter Potentiale wesentlich verbessert, ja zum Teil erst möglich geworden.

Aber auch die erste, oben genannte Bedingung, die Plötzlichkeit des Reizbeginns, ist nicht ganz einfach zu erfüllen. Im Gegensatz zum Hören und Sehen, wo solche Ereignisse sehr einfach mit elektronischen Bauteilen herzustellen sind (Blitz, Knall oder Klick), erweist sich dies für das Riechen als außerordentlich schwierig. Es muß nämlich mit speziellen Maschinen ein blitzartig verlaufender Duft reproduzierbar freigesetzt werden, ohne daß unerwünschte Begleiterscheinungen, wie z. B. Strömungsschwankungen des Transportgases, auftreten. Doch schließlich wurde auch dieses Problem gelöst, so daß heute eine zuverlässige Methode zur Messung olfaktorisch evozierter Potentiale zur Verfügung steht. In Abbildung 7.4 ist ein Beispiel eines Potentials zu sehen, das durch einen Riechimpuls mit Vanillin ausgelöst wurde. Der Impuls dauerte dabei nur 0,2 Sekunden und brauchte ganze 0,016 Sekunden, bis er seine volle Intensität erreicht hatte.

Allerdings reicht eine einmalige Reizung noch nicht aus, um Potentialänderungen sichtbar zu machen. Vielmehr muß der Reiz mehrmals wiederholt werden, um mit Hilfe des Computers das Signal/Rauschverhältnis (olfaktorisch evoziertes Potential gegenüber

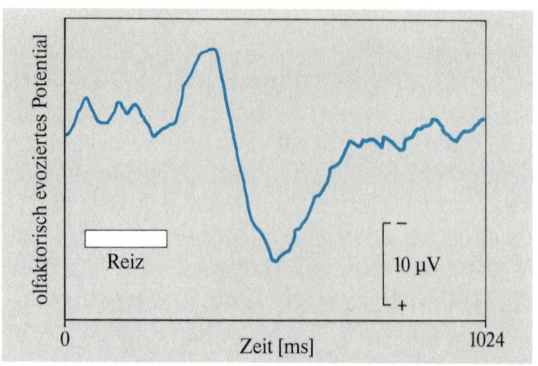

Abb. 7.4. **Olfaktorisch evoziertes Potential (durch 0,78 ppm Vanillin). Dieser Kurvenzug stellt die Reaktion von einigen Millionen Nervenzellen der Hirnrinde auf die Applikation eines kurzen, blitzartig auftretenden Riechimpulses dar. Da die gemessenen elektrischen Spannungen sehr klein sind und normalerweise in den Spontanaktivitäten der anderen Nervenzellen der Hirnrinde untergehen, müssen sie mit Hilfe von Rechnern erst herausgefiltert und sichtbar gemacht werden (vgl. Abbildung 7.5).**

restlicher Aktivität der anderen Nervenzellen) durch statistische Methoden so zu verbessern, daß sich vor den Augen des Untersuchers ein solcher Kurvenzug von positiven und negativen Spannungsschwankungen enthüllt (Abbildung 7.5).

In Abbildung 7.6 ist die Größenverteilung dieser Spannungsschwankungen auf der Schädeloberfläche dargestellt. Die Potentiale gleicher Amplitude sind durch Linien oder Farben miteinander verbunden (Isopotential-Linien). Die so entstehenden Karten dürfen jedoch nicht so interpretiert werden, daß unter der Region des größten Ausschlags auch der Ort der gesuchten Nervenzellpopulation liegt. Vielmehr ist erst mit einem theoretischen Modell für die Ausbreitung dieser Potentiale, das der Kugelform des Kopfes und vielen anderen physikalischen und anatomischen Gegebenheiten Rechnung trägt, eine brauchbare Angabe über den Ort der Potentialquelle zu gewinnen.

Schaut man sich die Farbverteilungen in Abbildung 7.6 genauer an, dann erkennt man, daß die größten Amplituden bei der

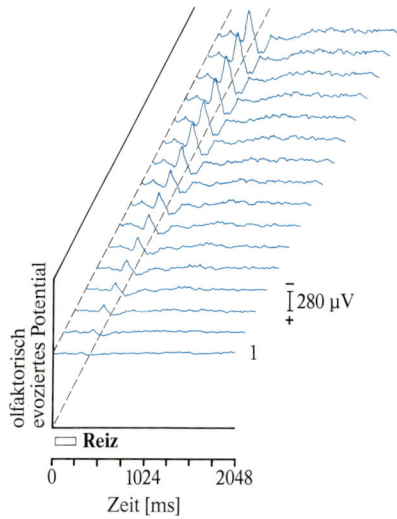

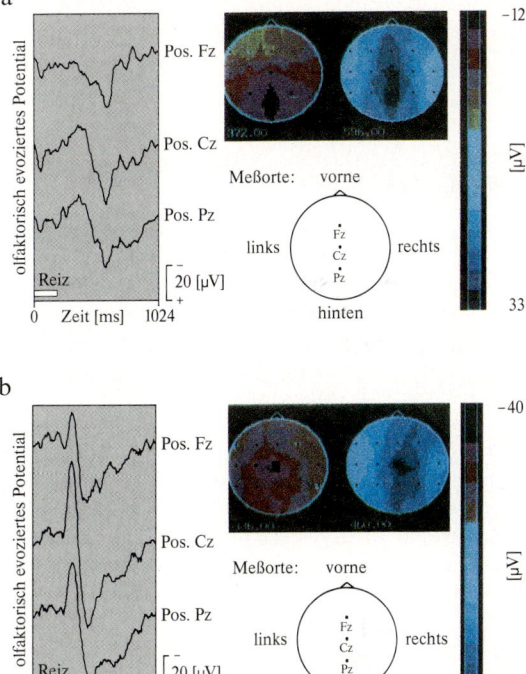

Abb. 7.5. Mittelungsverfahren zur Darstellung von evozierten Potentialen. Identische Reize werden mehrfach appliziert und die reiz-synchronen Elektroenzephalogramme durch den Rechner verarbeitet. Dabei werden die zeitgleichen Abschnitte addiert, so daß sich die zufälligen Schwankungen der Spontanaktivität „herausmitteln" und die immer gleichgerichteten, durch den Reiz determinierten Antworten „wachsen".

Abb. 7.6. Topographische Verteilung der Amplituden evozierter Potentiale. Die Ableitepositionen (Fz, Cz, Pz) sind nach einer internationalen Norm so bezeichnet. a) Reizung mit Schwefelwasserstoff. Die Maxima der Amplituden finden sich an den Ableitepositionen hinter dem Scheitel. Diese Amplitudenverteilung ist typisch für Duftstoffe, die keine Nebeneffekte wie Stechen, Schmerzen, Kühlen, Druck etc. haben. b) Reizung mit Acetaldehyd in höheren Konzentrationen. Die Maxima der Amplituden finden sich genau am Scheitelpunkt. Diese Amplitudenverteilung ist typisch für Riechstoffe, die deutliche Nebeneffekte haben, die auf eine Miterregung des *Nervus trigeminus*, des fünften Hirnnerven, hinweisen. Solche Nebeneffekte sind Schmerz, Stechen, Kühlen etc. Die meisten Riechstoffe haben, wenn auch z.T. nur sehr gering ausgeprägt, solche Nebenwirkungen.

Reizung mit Acetaldehyd genau in der Mitte, am Scheitelpunkt, diejenigen bei der Reizung mit Schwefelwasserstoff dagegen etwas weiter hinten liegen. Ähnliche Unterschiede findet man bei vielen anderen Substanzen, so daß man sie geradezu nach diesem Kriterium einteilen kann. Substanzen, bei denen man eine Verteilung wie beim Schwefelwasserstoff beobachtet, können von Patienten mit komplettem Riechausfall nicht wahrgenommen werden. Substanzen, die dem Muster des Acetaldehyds folgen, haben einen stechenden, schmerzenden oder kühlenden Charakter. Interessant ist, daß manche Substanzen bei niedrigen Konzentrationen dem Muster des Schwefelwasserstoffs und bei höheren Konzentrationen dem Muster des Acetaldehyds folgen. Später werden wir sehen, daß die „Scheitelverteilung" ein Zeichen dafür ist, daß nicht der Riechnerv, sondern hauptsächlich ein zweiter Nerv in der Nasenhöhle erregt wird, nämlich der *Nervus trigeminus*.

Wenn es gelingt, Potentiale zu registrieren, so lassen sie sich auf vielerlei Weise untersuchen und für praktische Fragestellungen einsetzen. So ist es z.B. möglich, ihre Veränderungen bei Änderung der Reizstärken zu messen. In der Tat können wir die oben beschriebenen Experimente der Psychophysik mit diesen modernen Methoden wiederholen

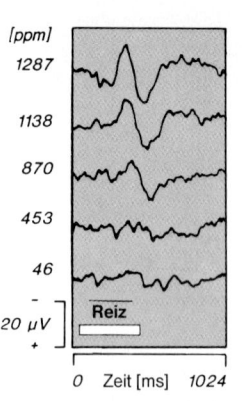

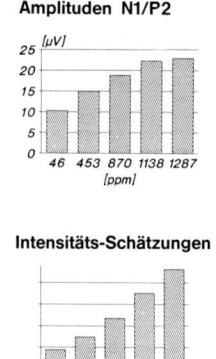

Amplituden N1/P2

Intensitäts-Schätzungen

Abb. 7.7. Dosisabhängigkeit der Reizantworten auf Linalool, einen blumig riechenden Duftstoff. Sowohl die olfaktorisch evozierten Potentiale (gemessen am Abstand der beiden größten Ausschläge N 1/P 2) nehmen mit steigender Reizintensität zu (angegeben in ppm = parts per million) als auch die Empfindungsstärken (Säulen rechts), die mit Hilfe visueller Analogskalen ermittelt wurden.

und haben dann nicht nur die Intensitätsschätzungen der Versuchspersonen zur Verfügung, sondern auch die objektive Größe der Schwankungen des olfaktorisch evozierten Potentials. Wir können auch die Latenzzeit bestimmen, die vom Reizbeginn bis zum Auftreten der einzelnen Spannungsspitzen vergeht. In Abbildung 7.7 erkennen wir am Beispiel des Duftstoffes Linalool, daß die Potentiale mit steigender Reizintensität zunehmen. Gleichzeitig beobachten wir eine Verkürzung der Latenzzeit mit zunehmender Reizintensität, d. h. je intensiver ein Reiz ist, um so schneller reagieren die Nervenzellen in der Hirnrinde. Für die meisten Sinnessysteme, einschließlich des Geruchs, sind diese Untersuchungen inzwischen abgeschlossen, und die Ergebnisse der subjektiven psycho-physischen Methoden konnten erfolgreich mit diesen neuen psycho-physiologischen Methoden objektiviert werden. Damit ist ein Teilaspekt eines alten wissenschaftlichen Traums in Erfüllung gegangen, nämlich der, eine „seelische“ Größe, wie die Stärke einer Geruchsempfindung, die bis dahin nur der Intro-

spektion zugänglich war und über die allenfalls ein Individuum seine Mitmenschen informieren konnte, in dem Bereich physikalisch meßbarer Größen abzubilden. Vor allzu großer Euphorie muß allerdings gewarnt werden, da diese ereigniskorrelierten Potentiale durch sehr viele sensorische und psychische Einflüsse variiert werden können, die bei den entsprechenden Messungen sehr genau kontrolliert werden müssen. Trotzdem hat sich in einigen Bereichen der Medizin und Psychologie die Anwendung dieser Methode als äußerst nützlich erwiesen, so daß sie inzwischen einen festen Platz in der Erforschung der Hirnaktivitäten einnimmt. So kann man mit evozierten Potentialen krankhafte Veränderungen des Riechvermögens erfassen. Das ist besonders dann wichtig, wenn es aus irgendwelchen Gründen nicht möglich ist, genaue Angaben vom Patienten über sein Geruchsvermögen zu erhalten. In der letzten Zeit ist eine Krankheit, bei der es sehr frühzeitig zu Störungen des Geruchssinns kommt, in den Mittelpunkt des Interesses gerückt – die Alzheimersche Krankheit. Die Patienten leiden dabei unter einem zunehmenden Verlust ihrer geistigen Fähigkeit bis hin zu schwerer Demenz, so daß es oft sehr schwierig ist, von ihnen Auskünfte über die Beeinträchtigungen ihrer Sinnesfunktionen zu bekommen. Da man Grund zu der Annahme hat, daß Störungen des Geruchssinns ein Frühsymptom dieser Erkrankung sind, ergibt sich hier ein Anwendungsgebiet für Geruchsmessungen. Möglicherweise sind sogar diejenigen Gehirnregionen, welche die Riechinformationen verarbeiten, in besonderer Weise an der Entstehung dieses Krankheitsbildes beteiligt. Zukünftige Forschungsprojekte, die sicherlich auch das Riechsystem im Blickfeld behalten müssen, werden sich dieser noch ungelösten Fragen annehmen müssen.

Aber es gibt auch bereits routinemäßig etablierte Anwendungen für olfaktorisch evozierte Potentiale. So werden zur Diagnose von Hirnverletzungen Geruchsmessungen erfolgreich angewendet. Ein Patient, der nach einem Unfall seinen Geruchssinn völlig ver-

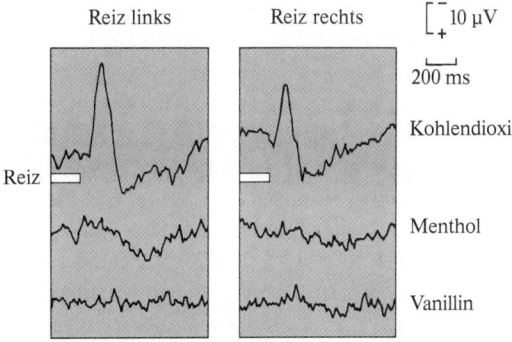

Reiz links   Reiz rechts $10\,\mu V$

200 ms

Kohlendioxid

Reiz

Menthol

Vanillin

Abb. 7.8. Fehlende olfaktorisch evozierte Potentiale bei einem Patienten mit komplettem Riechverlust nach einem Schädel-Hirn-Trauma. Man erkennt deutlich, daß die Potentiale nach Reizung mit Kohlendioxid noch vorhanden sind, weil Kohlendioxid nicht den Riechnerven *(Nervus olfactorius)*, **sondern den Nerven des somatosensorischen Systems** *(Nervus trigeminus)* **erregt. Die erzeugte Empfindung ist ein stechender Schmerz.**

loren hat, kann mit dieser Methode seinen Anspruch auf Entschädigung objektiver als zuvor geltend machen (Abbildung 7.8). Ein Koch oder gar ein Parfümeur sind ohne Geruchssinn berufsunfähig. Die Vorstellung, ein Mahl verzehren zu müssen, das von einem Koch zubereitet wurde, der den Duft von Vanillepudding nicht von dem verfaulten Fleisches unterscheiden kann, ist schließlich nicht gerade verlockend.

Diese schwerste Schädigung des Riechsystems, den totalen Verlust des Riechvermögens, nennen die Mediziner „Anosmie". Ihr entspricht im Sehbereich die totale Erblindung. Anosmie tritt aber nicht nur bei unmittelbaren Verletzungen des Riechsystems auf, sondern kann auch durch Tumoren in den entsprechenden Gehirn- oder Nasenregionen verursacht werden. Selbst als Folge eines grippalen Infekts können persistierende schwere Störungen des Geruchssinns vorkommen.

Riechstörungen, die nicht total sind, sondern nur in einer verminderten Empfindlichkeit des Geruchssinns bestehen, nennt man „Hyposmien". Vielen Menschen sind sie als vorübergehender Zustand während einer

Grippe wohlbekannt: Der Geruch des Apfels ist kaum von dem der Birne zu unterscheiden, der Wein hat keine Blume und ein Fleischstück ist nur noch an seiner Farbe und Festigkeit, aber nicht mehr an seinem geschmacklichen Aroma zu erkennen. Leider bleibt bei manchen Patienten diese Riechstörung auch nach Abklingen der Grippe bestehen, im schlimmsten Fall für immer. Das Virus hat offenbar in solchen Fällen wichtige Teile des Geruchssystems dauernd zerstört. Es kommt vor, daß sich der Schaden zwar teilweise zurückbildet, aber die Regeneration ist unter Umständen teuer erkauft. Es können nämlich gelegentlich Störungen auftreten, die den Patienten wünschen lassen, er hätte nie eine Nase mit auf den Lebensweg bekommen: Blumen, Weihnachtsplätzchen etc., ehemals angenehm aromatisch duftend, stinken nun abscheulich nach Benzin oder Katzendreck. Das Riechsystem ist zwar noch in der Lage, Gerüche wahrzunehmen, aber es gelingt ihm nicht mehr, die Duftstoffe korrekt zu analysieren und dem konkreten Geruchsgeber zuzuordnen. Das Fatale dieses in der Hals-Nasen-Heilkunde „Parosmie" benannten Phänomens muß wohl nicht näher erläutert werden. Die Möglichkeit, Gerüche falsch zu interpretieren, führt uns unmittelbar zu der interessanten Frage, wie das Riechorgan es eigentlich schafft, „richtig" zu riechen, daß heißt im einfachen Falle, zwischen verschiedenen Duftqualitäten richtig zu unterscheiden.

Qualitätscodierung

Unterschiedliche Duftstoffe haben jeweils eine ganz bestimmte chemische Struktur, die nicht nur durch verschiedene Größen und Zusammensetzungen der Moleküle, sondern auch durch die unterschiedlichsten räumlichen Formen gekennzeichnet ist. Treffen diese Teilchen auf die Sinneszellen der Riechschleimhaut, erregen sie diese auf jeweils spezifische Art. Wie in Kapitel 6 ausgeführt wurde, treffen die Duftstoff-Moleküle an der Oberfläche der Riechzellen auf bestimmte Rezeptoren. Als Folge davon kommt es – wie in Kapitel 2 ausführlich erläutert wurde – zu kurzdauernden Umpolungen der Zellmembranen, die als Aktionspotentiale bezeichnet und über die Fortsätze der Riechzellen an das Gehirn weitergeleitet werden. Sie erreichen zunächst den Riechkolben, *Bulbus olfactorius,* und gelangen dann über die Riechbahn, *Tractus olfactorius,* zur Hirnrinde, dem sog. präpiriformen Areal. Von dort gibt es Verbindungen zum limbischen System, dessen Hauptaufgabe in der Verarbeitung von emotionalen Informationen und in Gedächtnisfunktionen besteht und das als das oberste Hirnareal für die Steuerung autonomer Funktionen (Herz, Kreislauf, Atmung, Ernährung, Fortpflanzung) gilt. Andere Verbindungen erreichen den *Thalamus.* Durch ihn laufen alle Informationen, die letztlich die Hirnrinde und damit unser Bewußtsein erreichen. Auch die olfaktorischen Nachrichten gelangen über den *Thalamus* – entgegen der in der älteren Literatur geäußerten Auffassung – in die Hirnrinde des *Neocortex.* Darunter versteht man diejenigen Regionen der Hirnrinde, die phylogenetisch (entwicklungsgeschichtlich) jung sind und deren Zunahme eng mit der Evolution der Arten bis hin zum Menschen verknüpft ist. Allerdings ist bis heute nicht bekannt, wo genau diese olfaktorischen Areale im menschlichen *Neocortex* lokalisiert sind. Experimente mit Affen deuten darauf hin, daß sie in der *Insula,* also etwa im Schläfenbereich, liegen könnten. Wie eine Weiterleitung von Informationen durch Nervenfasern vonstatten geht und was an den Verbindungsstellen der Nervenzellen, den Synapsen, im einzelnen abläuft, wurde ausführlich in Kapitel 2 erläutert.

Gehen wir zurück zur Riechschleimhaut. Die Hoffnung, daß es für die Tausenden von Gerüchen, die der Mensch unterscheiden kann, jeweils eine eigene, spezifische Sinneszelle gäbe, wurde bald enttäuscht. Anders als bei Insekten, die in der Tat für ganz bestimm-

te Moleküle spezialisierte Sensoren haben können, gibt es bei den Wirbeltieren keine Spezialisten in diesem Sinne. Nach den Ergebnissen von Experimenten an verschiedenen Wirbeltieren gibt es zwar eine relativ kleine Anzahl chemischer Rezeptoren, die jeweils auf eine Gruppe von Stoffen ansprechen. Sie sind aber nicht getrennt auf verschiedenen Sinneszellen lokalisiert, sondern eine einzelne Sinneszelle hat in ihrer Zellmembran eine Kollektion dieser chemischen Rezeptoren, allerdings in so individueller Zusammensetzung, daß es gewissermaßen keine zwei Sinneszellen mit identischem Rezeptorensatz gibt. Trifft nun ein bestimmter Geruchsreiz auf die Oberfläche der Riechschleimhaut, so werden die Sinneszellen in Abhängigkeit von der Menge der für diesen Riechstoff empfindlichen Rezeptoren erregt – manche mehr, manche weniger. Es ergibt sich eine über die ganze Riechschleimhaut verteilte, typische Gesamtaktivierung, die durch ein räumliches Muster charakterisiert ist. Das könnte grob vereinfacht bedeuten, daß der Riechstoff A hauptsächlich das Zentrum der Riechschleimhaut erregt, während der Riechstoff B im wesentlichen eine andere Stelle aktiviert. Es entstehen für jeden Riechstoff typische räumliche und zeitliche Erregungsmuster, die dann an den Riechkolben weitergeleitet werden. Auch dort, so haben Stoffwechseluntersuchungen ergeben, lassen sich für bestimmte Riechstoffe charakteristische Aktivitäten nachweisen.

Es ist noch nicht erwiesen, ob diese im Tierexperiment gefundenen Ergebnisse auch auf den Menschen übertragbar sind; dazu sind noch viele Untersuchungen notwendig. Sollte aber die Qualitätscodierung von Gerüchen über die Analyse räumlicher und zeitlicher Muster von Erregungen zustandekommen, dann wäre es verständlich, daß Schäden, die durch ein Virus an manchen Nervenfasern verursacht wurden, gerade zu Fehlern bei dieser feinen Mustererkennung führen. Ein Riechstoff kann dann nicht mehr sein charakteristisches Muster erzeugen und wird infolgedessen nicht mehr erkannt oder falsch interpretiert. Es entsteht gewissermaßen ein weißer Fleck auf der Landkarte des Erregungsmusters. Interessant ist in diesem Zusammenhang, daß es nur äußerst selten angenehme Parosmien gibt. In der Regel berichten die Patienten, unangenehme Gerüche anstelle der gewohnten angenehmen wahrzunehmen. Für eine Deutung dieses Phänomens gibt es zur Zeit keine empirischen Anhaltspunkte. Ein spekulativer Blick auf die anderen Sinnessysteme zeigt aber ähnliche Erscheinungen. Beim somatosensorischen System (Fühlen) scheinen Störungen im geordneten Gefüge der zentralwärts geleiteten Informationen die Ursache für das Entstehen von chronischen Schmerzen zu sein. So gibt es den sogenannten Deafferentierungs-Schmerz, der darauf beruht, daß die Zuleitung von sensorischen Impulsen unterbrochen oder gänzlich weggefallen ist. Alle Versuche, die „Schmerzbahn" durch chirurgische Maßnahmen an immer weiter zentralwärts gelegenen Stellen zu unterbinden, haben in der Regel das gegenteilige Resultat: Die Schmerzen nehmen eher zu als ab. Die elektrische Reizung der Haut, der Nerven, des Rückenmarks oder sogar des Gehirns, die in der Annahme, diese fehlenden Impulse künstlich zu ersetzen, unternommen wird, ist vielfach die letzte therapeutisch erfolgreiche Maßnahme gegen einen sonst unbehandelbaren Schmerz.

Eine Erklärung für diese Phänomene könnte sein, daß neue, schwer zu interpretierende oder sogar widersprüchliche Informationen im Gehirn sinnvollerweise zu Alarmreaktionen führen. Diese Art von Sinneseindrücken wird deshalb mit einer emotional negativen Komponente versehen, die den Organismus in erhöhte Reaktionsbereitschaft versetzen soll. Er ist damit gewarnt und besser gewappnet, möglichen Schaden von sich abzuwenden. Neuere Ansätze in der Psychologie verfolgen diese Hypothese, z. B. bei der Erforschung der Ursachen von Herzschmerzen ohne organische Veränderungen.

Emotionen durch Gerüche

Jede Geruchsempfindung hat also – wie wir jetzt sagen können – eine bestimmte Intensität und eine bestimmte Qualität. Beide Größen beeinflussen aber noch eine dritte Komponente, die eine wichtige Rolle bei der Wahrnehmung von Gerüchen spielt, nämlich die emotionale Wirkung, die sie auslösen. Ein starker Geruch nach verdorbenem Fleisch wirkt abstoßend und veranlaßt uns zur Vorsicht beim Genuß oder erregt sogar Ekel. Ein morgendlicher Geruch nach Kaffee wird uns freundlich stimmen, da wir zu recht vermuten können, daß das Frühstück schon bereitet ist. Spezielle menschliche, durch Gerüche ausgelöste Verhaltensweisen wurden bisher allerdings noch nicht mit Sicherheit nachgewiesen. Vieles wurde diskutiert – bis zu der kühnen Hypothese, ein immunologisch kompatibler Sexualpartner werde über den Geruch ausgewählt. In Tierexperimenten wurde nämlich gezeigt, daß Ratten untereinander die Zugehörigkeit zu einer bestimmten, genetisch definierten Gewebegruppe „erriechen" können. Es wäre ja immerhin möglich, daß sich manche Menschen deshalb „nicht riechen" können, weil eine Verbindung im Falle der Fortpflanzung ein immunologisches Risiko für die Nachkommenschaft darstellte. Diese und ähnliche Spekulationen beschäftigen heute eine Reihe von Forschern, die sich mit der Geruchssprache, d. h. mit der Übergabe von Informationen durch Botenstoffe, die von Organismus zu Organismus durch die Luft fliegen, beschäftigen. In Anlehnung an die Botenstoffe im Inneren des Körpers, die Hormone, nennt man diese äußeren Botenstoffe Pheromone.

Pheromone spielen möglicherweise auch bei der Steuerung von körperlichen Funktionen eine wichtige Rolle. So ist es wahrscheinlich, daß Frauen, die in einer engen Gemeinschaft leben, ihren Menstruationszyklus aufgrund von Körpergerüchen synchronisieren.

Geruchswirkungen, so unterschiedlich sie auch ausfallen mögen, können vereinfacht in zwei Klassen eingeteilt werden: Entweder berühren sie den Rezipienten angenehm oder unangenehm; ein bestimmter Geruch zieht uns entweder an, oder er stößt uns ab, er aktiviert gewisse Körperfunktionen, oder er hemmt sie. Zuneigung oder Abneigung, Duft oder Gestank, Anziehung oder Abstoßung, Aktivierung oder Depression sind die Pole der Geruchswelt. Mit anderen Worten, es gibt kaum einen Geruchsstoff, der nicht auf irgendeine Weise mit Emotionen verbunden ist, d.h. nicht irgendwelche Emotionen induziert oder Erinnerungen an Gefühle weckt.

Aufgrund der anatomischen Lage des Riechsystems wissen wir, daß es sehr viele und enge Berührungspunkte mit einem Abschnitt des Gehirns hat, der gerade auf Gefühle und Emotionen spezialisiert zu sein scheint, nämlich mit dem limbischen System (Abbildung 7.9). Die von den Riechstoff-Molekülen ausgelösten Erregungen haben es nicht weit bis zu diesem Hirnabschnitt. Sie müssen nur zwei oder drei Synapsen, die Verbindungs- und Schaltstellen zwischen den Nervenzellen, überwinden. Leider gibt es über die Weiterverarbeitung der Geruchsinformationen innerhalb des limbischen Systems so gut wie keine physiologisch fundierten Kenntnisse. Aus der Medizin wissen wir,

daß Patienten, bei denen in dieser Gehirnregion sogenannte fokale Epilepsien ausgelöst werden, gelegentlich unter Geruchshalluzinationen leiden. Bei Psychosen, die mit affektiven Störungen einhergehen, treten ebenfalls Geruchshalluzinationen auf, meistens mit einer unangenehmen affektiven Komponente.

Einige interessante Befunde aus der Medizin und Psychologie zeigten, daß emotionale Informationen in den beiden Hirnhälften (Hemisphären) unterschiedlich verarbeitet werden. Dies geschieht nach dem Prinzip der Arbeitsteilung: Die linke Hirnhälfte scheint sich mehr auf angenehme, die rechte dagegen mehr auf unangenehme Emotionen spezialisiert zu haben. Diese Hypothese beruht auf Beobachtungen bei Patienten mit einseitigen Hirnverletzungen. Die jeweilige unverletzte Hirnhälfte übernahm in diesen Fällen die Führungsrolle und der Patient war je nach verletzter Seite einmal mehr traurig und depressiv (Verletzung links) oder mehr fröhlich, läppisch (Verletzung rechts). Mit Hilfe geschickter Versuchsanordnungen konnten psychologische Untersuchungen zeigen, daß in der Tat eine solche Hemisphären-Spezialisierung vorliegt. So wurden über speziell konstruierte Brillen Filme immer nur auf eine Gesichtsfeldhälfte projiziert. Aufgrund der Verschaltung des visuellen Systems (vgl. Kapitel 3) gelangten die Informationen der gereizten Gesichtsfeldhälfte – schließt man die Stelle des schärfsten Sehens aus – fast ausschließlich in die gegenüberliegende Hemisphäre. Während dieses Experiments betrachteten die Versuchspersonen verschiedene Filme. Anschließend sollten sie beurteilen, ob der Film, den sie gesehen hatten, lustig oder traurig, angenehm oder unangenehm war. Gezeigt wurden u.a. ein Zeichentrickfilm und ein Film von einer blutig verlaufenden Operation. Es ergab sich, daß die blutigen Szenen statistisch signifikant als unangenehmer und abstoßender beurteilt wurden, wenn sie der rechten Hemisphäre angeboten wurden. Der Erfolg des angenehmen, lustigen Zeichentrickfilms war am größten, wenn ihn die linke Hemisphäre zu „Gesicht"

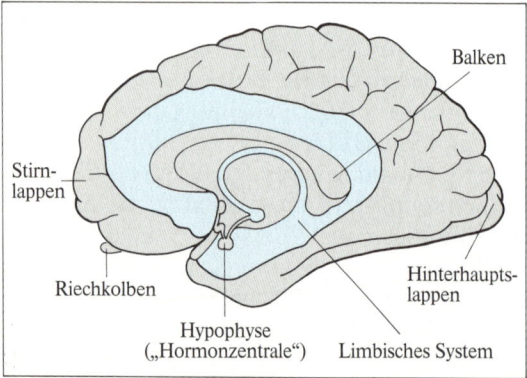

Abb. 7.9. Darstellung des limbischen Systems. Das limbische System ist die Gehirnregion, die sich als oberste Steuerzentrale der Körperfunktionen u.a. auf Emotionen und Gedächtnisfunktionen spezialisiert hat.

bekam. Daraus schlossen die Autoren, daß – relativ gesehen – die linke Hemisphäre für die angenehmen und die rechte Hemisphäre für die unangenehmen Emotionen zuständig ist.

Überraschend war, daß bei Geruchsexperimenten die Lateralisierungs-Phänomene emotionaler Funktionen noch genauer verifiziert werden konnten. Bei der Aufzeichnung von Gehirnaktivitäten wurden bei Reizung beider Nasenlöcher in zufälliger Abfolge mit verschiedenen Riechstoffen Unterschiede in den olfaktorisch evozierten Potentialen entdeckt, die eigentlich nur durch emotionale Komponenten der Riechempfindung erklärt werden können (Abbildung 7.10). Diese Lateralisierung der emotionalen Informationsverarbeitung läßt sich aber nur dann erkennen, wenn man beide Riechschleimhäute streng getrennt voneinander aktiviert. Das

Interessante an diesen Ergebnissen ist, daß die affektiven Unterschiede der Gerüche offensichtlich in die Zeitdomäne transponiert werden. Anders ausgedrückt: Die verschiedenen emotionalen Komponenten der Riechempfindungen führen nicht zu Aktivierungen verschiedener Hirnrindenareale, was sich in Unterschieden in den Karten der Potentialverteilung dargestellt hätte, sondern zu Unterschieden in den zeitlichen Charakteristika der kortikalen Reizantworten. Das muß bedeuten, daß die emotionalen Inhalte von Geruchsempfindungen bereits ausgewertet sind, bevor die Information die Hirnrinde erreicht. Diese Behauptung beruht auf den Ergebnissen folgender Experimente:

Mißt man mit Hilfe der Technik olfaktorisch evozierter Potentiale die Reaktionen beider Hirnhälften, indem man die beiden

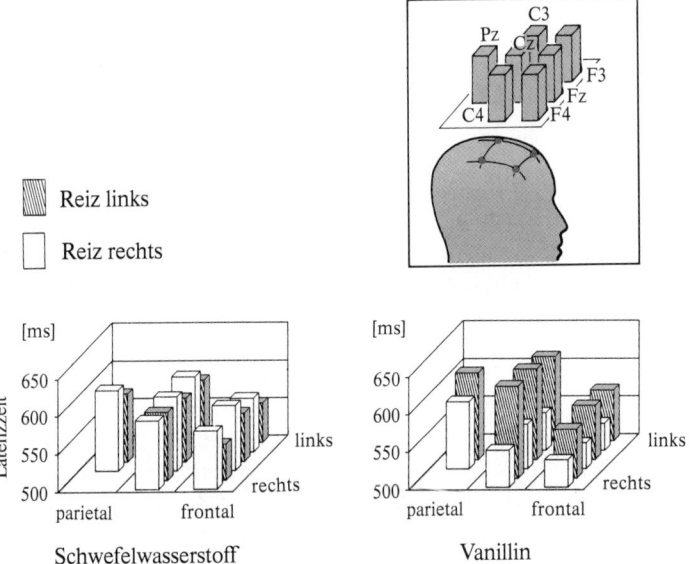

Schwefelwasserstoff Vanillin

Abb. 7.10. Unterschiede in den Latenzzeiten der olfaktorisch evozierten Potentiale in Abhängigkeit von der gereizten Seite und dem emotionalen Gehalt des Duftstoffes. Angenehme Duftstoffe, wie Vanillin, führen zu Reizantworten mit langen Latenzzeiten, wenn die linke Nasenseite gereizt wird, unangenehme zu kurzen Latenzzeiten. Bei Reizung der rechten Nasenseite ist es genau umgekehrt. Das Bild rechts oben zeigt, an welchen Stellen auf der Kopfoberfläche die Spannung abgeleitet wurde. (Die Benennung erfolgt nach einer internationalen Norm; s. a.

Abbildung 7.6). Aus diesem Befund kann man ableiten, daß die beiden Hirnhälften positive und negative Emotionen unterschiedlich auswerten. Man kann umgekehrt durch Korrelation der Latenzzeitverschiebung mit den affektiven Beurteilungen der Probanden den Grad der Angenehmheit/Unangenehmheit eines Reizes quantifizieren. Bei erneuter Messung ist es dann möglich, aus der Latenzzeitverschiebung auf die wahrscheinliche emotionale Komponente der Riechempfindung zu schließen, ohne den Probanden unbedingt danach fragen zu müssen.

143

Riechsysteme getrennt aktiviert, so sieht man, daß die Antworten auf das angenehm duftende Vanillin anders ausfallen als die auf den unangenehm nach faulen Eiern riechenden Schwefelwasserstoff. Hauptsächlich zeigen sich Unterschiede in den Latenzzeiten dieser Reizantworten, also in der Zeit, die vom Beginn des Reizes bis zum Auftreten der Reaktion verstreicht. Treffen die Schwefelwasserstoff-Moleküle auf die linke Riechschleimhaut, lassen sich die Reaktionen der Hirnrinde um Bruchteile einer Sekunde (etwa 50 Millisekunden) eher messen als beim Reiz mit der appetitlichen Vanille. Reizt man dagegen das rechte Nasenloch, ist es genau umgekehrt. Inzwischen konnte dieser Effekt mit einer Reihe anderer Riechstoffe untersucht werden. Dazu gehören der allgemein als angenehm empfundene Phenylethylalkohol, das Eugenol und das als weniger angenehm beurteilte Dipyridyl. Besonders interessant ist die Tatsache, daß ein Duftstoff, z. B. Acetaldehyd, der konzentrationsabhängig seine affektive Komponente ändert, im Falle der angenehmen Beurteilung Latenzzeitverschiebungen ergibt, die den olfaktorisch evozierten Potentialen nach der Reizung mit Vanillin ähnlich sind. In höheren Konzentrationen, bei denen die Substanz unangenehm wird, mißt man Latenzzeitverschiebungen wie die bei der Reizung mit dem stinkenden Schwefelwasserstoff. Gerade dieser Befund zeigt, daß das emotions-korrelierte Latenzzeitphänomen unabhängig von der Chemie der Substanzen ist, sondern vielmehr von dem endogenen Verarbeitungsmodus der Geruchsempfindungen abhängt. Ob nun die Effekte angeboren oder erlernt sind, kann zur Zeit noch niemand beantworten.

Da die Zeitunterschiede auf der ganzen Schädeloberfläche ziemlich gleichförmig ausgeprägt sind, entstehen sie mit Sicherheit nicht erst zu dem Zeitpunkt, wenn die Erregungen die Hirnrinde erreichen. Vielmehr müssen sie in davor liegenden, also bereits in subcorticalen Verarbeitungsstationen oder in den ersten, noch zum eigentlichen Riechhirn gehörenden Anteilen, dem präpiriformen

Cortex, ihren Ursprung haben. Erst danach, wenn die Zeitunterschiede zwischen positiven und negativen affektiven Erregungsabläufen bereits aufgetreten sind, werden die Informationen über den Thalamus an die neocorticalen Areale beider Hemisphären weitergeleitet. Welche Mittel nun unser Gehirn anwendet, um diese zeitlichen Unterschiede in der Informationsverarbeitung in die wichtige Botschaft „unangenehm" oder „angenehm" zu übersetzen, bleibt freilich noch offen. Denkbar wäre, daß beide Hemisphären in einer Serie von Vergleichsoperationen zur Feststellung des affektiven Gehalts in unterschiedlicher Reihenfolge oder mit unterschiedlichen Zeitcharakteristika auf die entsprechenden Speicherelemente zugreifen. Beim Vergleich der sich daraus ergebenden Zeitgänge mit gespeicherten Mustern ergibt sich als Resultat die emotionale Beurteilung.

Richtungsriechen

Eine kuriose Frage bleibt: Warum haben wir eigentlich zwei Nasenlöcher? Wofür zwei Augen und zwei Ohren dienen, wissen wir: zur Orientierung im Raum. Durch die paarige Anlage dieser Sinnesorgane können wir Gegenstände räumlich wahrnehmen und Entfernungen schätzen, was nicht nur beim Autofahren dringend notwendig ist. Wir sind aber auch in der Lage, Schallquellen zu orten, also den Kopf Dingen zuzuwenden, die außerhalb unseres Gesichtsfelds liegen. Da uns die Natur mit zwei Nasenlöchern und zwei von einer Knochen- und Knorpelwand getrennten Riechschleimhäuten mit jeweils getrennten Riechnerven, Riechkolben und Riechbahnen ausgestattet hat, liegt die Frage nahe, ob wir auch räumlich riechen können? Wäre das der Fall, könnte man zurecht den Geruchssinn in die Gruppe der sogenannten Fernsinne (Sehen und Hören, nicht aber Geschmack und Fühlen) einordnen. Die Möglichkeit einer räumlichen Orientierung mit Hilfe des Geruchssinns wäre z. B. für Blinde sehr hilfreich. Voraussetzung ist allerdings, daß es so etwas wie Richtungsriechen (in Analogie zum Richtungshören) tatsächlich gibt. Betrachten wir zunächst die prinzipiellen Möglichkeiten einer räumlichen Orientierung mit Hilfe der Nase. Denkbar wäre, daß die Analyse von Konzentrationsgefällen, die auf eine Abnahme der Menge des Geruchsstoffs und damit auf eine größere Entfernung von der Geruchsquelle hindeuten, der Schlüssel zur Lösung dieses Problems ist. Allerdings wäre eine olfaktorische räumliche Orientierung auf diese Weise auch mit nur einem Nasenloch möglich, genauso wie für den Geschmackssinn und die Nahrungsaufnahme nur ein Mund ausreicht.

Bisher wurde ein Faktor nicht berücksichtigt, nämlich die Tatsache, daß der Geruchssinn sehr schnell „habituiert", d. h., daß es bei wiederholter Reizung der Riechzellen und des angeschlossenen Riechsystems zu einer schnell einsetzenden Verminderung der Empfindungsstärke kommt, auch wenn identische Reize eintreffen. Jeder kennt die Erfahrung, daß ein wiederholt auftretender oder andauernder Geruch immer schwächer und schließlich überhaupt nicht mehr wahrgenommen wird. Diese Antwortminderung des Riechsystems beginnt möglicherweise bereits an den Riechzellen und setzt sich bis ins zentrale Nervensystem fort. Der Anteil des peripheren Prozesses auf der Ebene der Sinneszellen wird dabei allerdings vielfach überschätzt. Unter diesem Aspekt der Antwortminderung bei wiederholter Reizung ist es sehr schwer zu verstehen, daß geringfügige Konzentrationsunterschiede beim „Herumschnuppern" überhaupt mit hinreichender Präzision analysiert werden können. Da die Antwortminderung des olfaktorischen Systems auch noch sehr stark von der Dauer der Reizintervalle abhängt, spielt es zusätzlich noch eine Rolle, wie weit die beiden Riechproben zeitlich auseinanderliegen.

Ein Hund, der eine Spur aufgenommen hat, bewegt sich meistens auf einer Zick-Zack-Linie fort. Dieses Verhalten könnte durchaus im Sinne der oben vorgestellten Hypothese (Erkennung von Konzentrationsunterschieden) gedeutet werden. Wenn man allerdings beachtet, daß die Spurensuche oft im vollen Lauf vor sich geht, wird diese Deutung unwahrscheinlich. Plausibel erscheint allerdings, daß feinste Links-Rechts-Unterschiede bei den Konzentrationen zwischen den Nasenlöchern ausgewertet werden, und das Tier damit mit jedem Atemzug oder jedem Schnuppern richtungsweisende Informationen erhält, unabhängig davon, wie lange die letzte Probennahme zurückliegt. Dieser Vorgang wäre also habituations-unabhängig und böte daher eine größere Sicherheit bei der Lokalisation einer Geruchsquelle.

Wie ist es nun beim Menschen? Können wir überhaupt links oder rechts angebotene Geruchsreize voneinander unterscheiden? In der Vergangenheit gingen die Ansichten darüber sehr weit auseinander. Extrempositionen von „wir können nicht" bis „wir können" sind gleichermaßen in der Literatur vertreten. Selbst der Nobelpreisträger v. Békésy, der für seine Arbeiten über die Funktion des Innenohres ausgezeichnet wurde, blieb von Irrtümern nicht verschont, als er behauptete, man könne eine Geruchsquelle auf 7 bis 10° genau orten.

Um diese grundlegende Frage nach der Funktion des Geruchssinns zu entscheiden, wurden in jüngster Zeit Experimente unternommen, mit denen untersucht werden sollte, ob der Mensch korrekt lokalisieren kann, welche Nasenseite gereizt wird. Dazu wurden Riechstoffe in das linke oder das rechte Nasenloch appliziert, ohne daß die Versuchsperson außer der An- oder Abwesenheit des Geruchs Anhaltspunkte dafür hatte, welche Seite gereizt wurde.

Das Ergebnis der Experimente war verblüffend (Abbildung 7.11). Bei ganzen Gruppen von Duftstoffen, darunter Vanillin, waren die Probanden nicht in der Lage, die gereizte Nasenseite zu identifizieren. In vielen Fällen war es erstaunlich, wie sicher sie waren, die richtige Seite angegeben zu haben, obwohl sie sich in Wirklichkeit irrten. Fast fehlerfrei

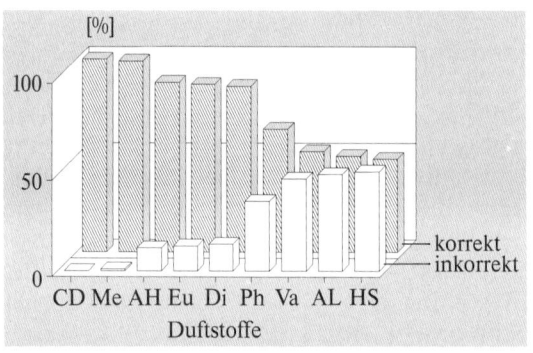

[%]

100

50

0

CD Me AH Eu Di Ph Va AL HS
Duftstoffe

korrekt
inkorrekt

Abb. 7.11. Richtungsriechen. Schätzungen der Seite einer Reizung. Duftstoffe mit gleichgroßen Säulen für korrekte und inkorrekte Schätzungen können nicht lokalisiert werden, d. h. der Proband kann nicht erkennen, auf welcher Nasenseite der Reiz appliziert wurde (z. B. Vanillin). Kohlendioxid ist eindeutig lokalisierbar: Es werden praktisch nur korrekte Schätzungen abgegeben. (CD = Kohlendioxid, Me = Methanol, AH = Acetaldehyd stark, Eu = Eugenol, Di = Dipyridyl, Ph = Phenylethylalkohol, Va = Vanillin, AL = Acetaldehyd schwach, HS = Schwefelwasserstoff)

gelang ihnen jedoch die Zuordnung der Reize durch Menthol und Kohlendioxid, wobei es interessant ist, daß diese beiden Substanzen auch von Menschen wahrgenommen werden, die den Geruchssinn total verloren haben. Kohlendioxid wird in der Nasenhöhle als stechender Schmerz wahrgenommen. Daß Kohlendioxid und Menthol im Gegensatz zu Duftstoffen wie Vanillin leichter der richtigen Nasenseite zugeordnet werden können, liegt daran, daß diese beiden Verbindungen gar nicht oder nur zu einem geringen Teil die Riechzellen, sondern die Endigungen des *Nervus trigeminus* erregen. Dieser Nerv ist für das „Fühlen" im gesamten Gesichts- und in einem Teil des Schädelbereichs zuständig. Aus Tierexperimenten ist außerdem bekannt, daß in der Nasenhöhle – neben Sensoren für Mechanik und Temperatur – auch Sensoren für chemische Reize vorhanden sind, die zum *Nervus trigeminus* gehören, wobei die Nervenendigungen über die gesamte Schleimhaut, einschließlich der Riechschleimhaut, verteilt sind.

Diese Ergebnisse lassen den Schluß zu, daß eine chemosensible Orientierung im Raum möglich ist. Die Nervenendigungen jedoch, mit deren Hilfe das erreicht wird, gehören nicht zum *Nervus olfactorius,* sondern zum *Nervus trigeminus.* Da viele Riechstoffe auch beim Menschen schon bei relativ niedrigen Konzentrationen die Fasern des *Nervus trigeminus* miterregen, ist eine räumliche Orientierung über diesen Mechanismus grundsätzlich auch bei weit entfernten Stoffquellen möglich. An die Stelle des Richtungsriechens tritt demnach, genau genommen, ein „chemisches Richtungsfühlen".

Aufgrund der vorangegangenen Überlegungen hat der Geruchssinn zwar noch den Charakter eines Fernsinnes, da ihm Informationen von außen auch aus größerer Entfernung zugetragen werden, doch ist ein wesentlicher Bestandteil dieses Fernsinnes beim Menschen nicht mehr das olfaktorische System selbst, sondern ein chemisch-sensorisches Ergänzungssystem. Der Geruchssinn allein ist wohl eher darauf spezialisiert, das „was" und „wie lange" und nicht so sehr das „wo" und „woher" eines Riechstoffes zu analysieren.

Dieses zweite Sinnessystem empfängt vor allem die Signale, die eine Gefahr ankündigen: scharfe Säuren, der brenzlige Geruch des Feuers oder der beißende Geruch von verdorbenen Lebensmitteln. Der *Nervus trigeminus,* der dem Geruchssinn beim Empfang der chemischen Botschaften aus der Umwelt behilflich ist, meldet seine Aktivierung an das Gehirn als mehr oder weniger intensiv empfundenen Schmerz.

Literatur

R. F. Schmidt und G. Thews: „Physiologie des Menschen." Springer Verlag, Berlin-Heidelberg-New York 1989.

R. F. Schmidt und N. Birbaumer: „Biologische Psychologie." Springer Verlag, Berlin-Heidelberg-New York 1990.

L. M. Beidler (Hrsg.): „Chemical Senses 1. Olfaction." Handbook of Sensory Physiology. Bd. 4. Springer Verlag, Berlin-Heidelberg-New York 1971.

G. Kobal: „Elektrophysiologische Untersuchungen des menschlichen Geruchssinns." Thieme Verlag, Stuttgart-New York 1981.

S. Van Toller und G. H. Dodd (Hrsg.): „Perfumery, The Psychology and Biology of Fragrance." Chapman and Hall, London-New York 1988.

S. F. Takagi: „Human Olfaction." University of Tokyo Press 1989.

D. G. Laing, R. L. Doty und W. Breipohl (Hrsg.): „The Human Sense of Smell." Springer Verlag, Berlin-Heidelberg-New York, im Druck.

Die Quantifizierungen von Wahrnehmungen ist durch die Gesetze der Psychophysik möglich. Die Gesetze von Weber und Fechner, beide in der Mitte des letzten Jahrhunderts entwickelt, bilden noch heute die Basis technischer Skalen wie der Dezibel- und der Phonskala. In den fünfziger Jahren ist zu diesen klassischen Gesetzen die Stevensche Potenzfunktion hinzugekommen, nach der der Schätzwert der Reizintensität mit zunehmender Reizintensität immer weniger zunimmt. So muß für die Verdopplung einer Geruchsempfindung ein Vielfaches des Duftstoffes angewendet werden. Weitere Verbesserungen der Intensitätsbestimmung sind durch die Entwicklung von Olfaktometern, mit welchen man Versuchspersonen definierte Duftkonzentrationen anbieten kann, sowie von neuen Auswerteverfahren (Kreuz-Modalitätsschätzungen) hinzugekommen. Unter Verwendung vorgegebener Meßvorschriften sind so auch für Geruchsempfindungen allgemein reproduzierbare, wenn auch nicht völlig von den subjektiven Eindrücken befreite Meßverfahren, z. B. zur Bewertung von Geruchsemissionen, entwickelt worden.

Durch die Messung von geruchsinduzierten Veränderungen der Hirnaktivität befindet sich die Forschung derzeit auf dem Weg zu objektiven Meßgrößen. Wo diese bereits erhalten worden sind, konnten mit Hilfe der neuen psycho-physiologischen Verfahren die klassischen psycho-physikalischen Ergebnisse objektiviert werden. Allerdings sind die olfaktorisch evozierten Potentiale durch viele sensorische und psychische Einflüsse variierbar, so daß die genaue Kontrolle der Meßbedingungen Voraussetzung für signifikante Ergebnisse ist.

Eine Quantifizierung der emotionalen Wirkung von Gerüchen ist heute noch nicht möglich. Allerdings scheint es Unterschiede in der zeitlichen Registrierung von angenehmen bzw. unangenehmen Gerüchen im Gehirn zu geben. Eine chemosensible Orientierung im Raum (,,Richtungsriechen'') scheint nur für Duftstoffe möglich, die unmittelbar auf den *Nervus trigeminus* wirken, der allgemein für das Fühlen im Gesichts- und Schädelbereich zuständig ist.

Die Entwicklung psycho-physiologischer Meßmethoden zeigt, daß auch subjektive Empfindungen auf objektiv meßbaren, gesetzmäßigen Grundlagen beruhen. Dies sichert, daß die Ansätze ,,von unten her'' und ,,von oben her'' auch miteinander fusionieren können, um auf diese Weise zu einem umfassenden Verständnis von molekularer und zellulärer Struktur unseres Zentralnervensystems einerseits und unserer Psyche andererseits zu gelangen.

Wie weit man heute bei der Analyse höherer Funktionen des Zentralnervensystems, vor allem des *Gedächtnisses,* mit Hilfe molekularer und zellulärer Methoden ist, wird nun Ferdinand Hucho darstellen. Dieser Teil knüpft unmittelbar an Kapitel 2 an.

Kapitel 8

Lernen und Gedächtnis – Netzwerkeigenschaften des Gehirns

Von Ferdinand Hucho

Die Leistungen unseres Gehirns sind Netzwerkeigenschaften, wobei wir nicht genau wissen, was dieses blumige Wort eigentlich bedeutet. Es bedeutet nicht, daß wir plötzlich doch noch „Geistiges" als etwas Nicht-Materielles, also nicht auf Physik und Chemie von Zellen Beruhendes, durch die Hintertür in unser Bild hineinmogeln wollen. Es bedeutet lediglich, daß bei dem höheren Komplexitätsgrad, mit dem wir es im Gehirn zu tun haben, die einfachen molekularen Begriffe besser durch Begriffe aus der Informatik ersetzt werden. Es hat ja auch keinen Sinn, eine Symphonie mit physikalischen Begriffen, z. B. den Frequenzen der einzelnen Töne, zu beschreiben, obwohl kein Zweifel besteht, daß sie die Grundlagen des Werks darstellen.

Gerade bei höheren Leistungen, wie der Verarbeitung und Wahrnehmung von Sinneseindrücken, tut sich die konsequent materialistische, naturwissenschaftliche Darstellung noch immer sehr schwer. Will sie aber das Feld nicht einer Transzendenz im Sinne eines Geist-Materie-Dualismus überlassen, muß sie ein Beispiel finden, wo sie trotz aller Schwierigkeiten überzeugen kann. Ein solches Beispiel sehen die Neurowissenschaftler in der Gedächtnisforschung.

Synapsen haben ein Gedächtnis

Eine der aufregendsten Eigenschaften der Synapsen ist ihre „Plastizität", d. h. die Eigenschaft, auf einen Impuls nicht immer gleich zu reagieren. Synapsen geben z. B. nach der Übertragung mehrerer Impulse weitere Impulse leichter von der prä- an die postsynaptische Membran weiter. Man hat mitunter den Eindruck, als würden Nervenimpulse, besonders wenn sie recht heftig ankommen, für spätere Impulse den Weg über den synaptischen Spalt bahnen. Meist verschwindet eine solche Bahnung schon bald wieder. Mitunter bleibt sie jedoch Minuten, Stunden oder noch länger erhalten. Genau dies beobachtet man z. B. in dem im Kapitel 2 bereits erwähnten Hippocampus. In derartigen Fällen spricht man mit einem englischen Fachausdruck von long-term potentiation (wörtlich übersetzt etwa: Langzeit-Steigerung), abgekürzt: LTP, die man an einzelnen Synapsen messen kann. Sie bedeutet nichts anderes, als daß die Impulsübertragung an diesen Synapsen gleichsam von ihrer Vorgeschichte abhängt; die Synapse „erinnert" sich daran, daß kurz zuvor bereits Nervenimpulse über sie hinweggingen.

Und jetzt haben die Naturwissenschaftler wieder Boden unter den Füßen: Die plastische Veränderung einer Synapse muß auf einer Veränderung ihrer Physik und Chemie beruhen. Sie muß eine materielle Spur hinterlassen, die man messen und analysieren kann. Diese Spur – da ist man sich heute ganz sicher – ist eine der Grundlagen des „Engramms", das ein Sinneseindruck, eine Information, in unserem Hirn zurückläßt, wenn sie gespeichert wird.

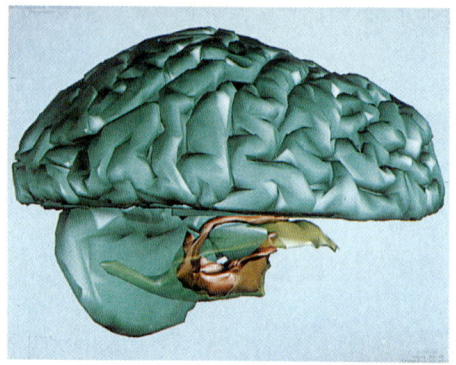

Abb. 8.1. Computergraphische Darstellung der linken Großhirnhemisphäre, des Kleinhirns und des Hirnstamms (alle grün), des Ventrikelsystems (gelb durchsichtig), des Hippocampus, des Fornix und des Corpus mamillare der rechten Hemisphäre (alle rot). Die rot eingefärbten Strukturen erfüllen wichtige Aufgaben bei der Übertragung von Informationen aus dem Kurzzeit- in das Langzeitgedächtnis.

Keine „Festplatte" im Gehirn

Wo in unserem Gehirn befindet sich nun dieses Engramm? Gibt es dort irgendwo ein paar Gramm Gewebe mit plastisch veränderten Synapsen? Dies müßte dann der Speicher sein, entsprechend der Festplatte im Personalcomputer. Wir sind heute ziemlich sicher: Ein derartiges Gewebe, einen Speicher für *alle* Informationen, gibt es nicht. Information scheint im Netzwerk verbreitet gespeichert zu sein, vielleicht jeweils dort, wo die einkommende Information verarbeitet wird. Es gibt Teile unseres Großhirns, wo unser Gedächtnis offenbar *nicht* lokalisiert ist. Von Patienten mit Hirnverletzungen weiß man, daß die sogenannten Stirnlappen, also der Teil unseres Großhirns, der den vorderen Teil des Schädels ausfüllt, wahrscheinlich keine neu erworbenen Sinneseindrücke speichern. Andererseits gibt es den bei allen Hirnforschern berühmten Henry M. Dieser Patient litt unter einer verheerenden und ständig schlimmer werdenden Epilepsie. Um ihrer Herr zu werden, entschlossen sich die Ärzte, bestimmte Teile des seitlichen Großhirns, nämlich den schon mehrfach erwähnten Hippocampus (Abbildung 8.1), operativ zu entfernen. Die Operation war erfolgreich, die Epilepsie wurde eingedämmt. Henry M. hatte aber nun ein neues, fast ebenso entsetzliches Problem: Er

konnte sich nichts mehr länger als ein paar Minuten merken. Seine Intelligenz war nicht beeinträchtigt, auch erinnerte er sich an seine Kindheit und an vieles von dem, was mehr als drei Jahre vor der Operation zurücklag. Nur neue Informationen entglitten ihm, sobald er sie sich nicht ständig wiederholte. Jeder Augenblick war für ihn ohne Vorher, alles, auch seine nächsten Menschen, erlebte er immer wieder neu.

Da Henry M. die Erinnerung an weit Zurückliegendes behielt, kann man nicht den Schluß ziehen, der Hippocampus sei „der Speicher", obwohl ihm offenbar eine besondere Rolle für Lernen und Gedächtnis zukommt. Vielleicht ist er nur daran beteiligt, Information in den Speicher einzugeben, wo auch immer dieser Speicher liegen mag. Vielleicht brauchen wir den Hippocampus aber auch dazu, etwas aus dem Speicher abzurufen, uns zu erinnern. Denn das Erinnern ist nicht dasselbe wie das Speichern von Information. Das zeigt uns die Erfahrung, wenn uns etwas „auf der Zunge liegt", uns aber partout nicht einfallen will, wo wir doch genau wissen, die Information irgendwo im Kopf zu haben – und vielleicht schon wenig später „darauf kommen". Die drei wichtigen Bestandteile des Gedächtnisses – Eingabe, Speichern, Abrufen von Information – können wir experimentell sehr schwer unterscheiden. Wie überhaupt die Gedächtnisforschung am menschlichen Gehirn nur den Lernpsychologen, nicht aber den Naturwissenschaftlern möglich ist. Sieht man einmal von den ganz entscheidenden ethischen Problemen ab, bietet uns die Komplexität unseres Netzwerks fast keine Aussicht auf Erfolg.

Beruht Gedächtnis auf Physik oder Chemie?

Nachdem wir also die Frage nach dem Ort des Gedächtnisses in unserem Gehirn nicht genau beantworten können, wenden wir uns der Frage zu: Ist die Speicherung von Information ein physikalischer, z.B. ein elektrischer, oder ein chemischer Vorgang? Man könnte sich zum Beispiel vorstellen, daß eine Information dadurch im zellulären Netzwerk des Gehirns festgehalten wird, daß sie in Form elektrischer Nervenimpulse in bestimmten Schaltkreisen aus Nervenzellen zirkuliert. Diese sogenannte „dynamische Hypothese" wurde von den Physiologen Alexander Forbes und vor allem von Lorente de No propagiert, jedoch bald widerlegt: Man kann nämlich Nervensysteme starken elektrischen Strömen aussetzen oder sie soweit herunterkühlen, daß keine elektrische Aktivität mehr feststellbar ist. In beiden Fällen geht die gespeicherte Information nicht verloren. Allerdings blockieren diese Prozeduren den Lernvorgang selbst. Wir nehmen daher heute an, daß es mindestens zwei Stufen der Informationsspeicherung gibt, ein Kurzzeitgedächtnis und ein Langzeitgedächtnis, von denen nur das erstere auf der vorübergehenden Speicherung von elektrischen Nervenimpulsen in neuronalen Schaltkreisen

beruht. Halten diese längere Zeit an oder werden gar verstärkt, so bewirken sie molekulare Veränderungen in den Neuronen, genauer: in den Synapsen, und führen zu einer Fixierung – die Lernforscher sprechen von „Konsolidierung" – der Information. Der dynamischen Hypothese steht also die „plastische Hypothese" gegenüber, die dauerhafte plastische Veränderungen in der Struktur des Nervensystems postuliert. Sie geht auf die Italiener Tanzi und Lugaro zurück und wurde bereits

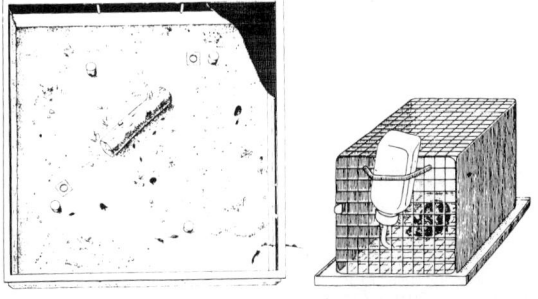

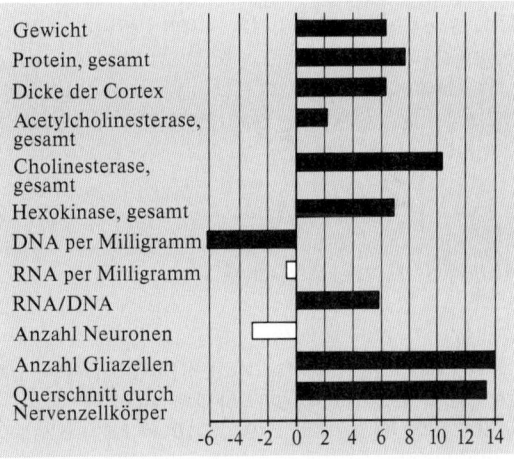

Abb. 8.2. Strukturelle Anpassungen des Gehirns an Leistungsanforderungen. Veränderungen im Gehirn von Ratten in einer stimulierenden Umgebung. Dargestellt ist die prozentuale Zunahme der Hirnrinde gegenüber Kontrolltieren, die in „Einzelhaft" in normalen reizarmen Laborkäfigen aufgezogen wurden. Das Experiment wurde mit über hundert Ratten über mehrere Jahre durchgeführt, um die Signifikanz der Abweichungen zu beweisen.

gegen Ende des 19. Jahrhunderts von dem berühmten spanischen Neurophysiologen Ramon y Cajal ausgearbeitet.

Die plastischen Veränderungen als Folge von Informationsspeicherung sind deutlich sichtbar (Abbildung 8.2): Diamond und Rosenzweig z. B. verglichen die Gehirne von zwei Gruppen von Ratten, die in unterschiedlicher Umgebung aufwuchsen. Die erste Gruppe waren typische „Laborratten", in langweiligen, engen Metallkäfigen in etwas trostloser wissenschaftlicher Umgebung gehalten (meine Kollegen aus der Wissenschaft mögen mir diese Charakterisierung ihrer Umwelt verzeihen). Die zweite Gruppe aber hatte es gut: Sie wuchs in einem wunderschönen Gehege auf, mit „Spielsachen" und anderen Stimuli für die Sinnesorgane. Die Gehirne dieser zweiten Gruppe waren deutlich schwerer, die Großhirnrinde war dicker, die Zellkörper der Neuronen größer, ihr Gehalt an Protein, Ribonucleinsäuren und einigen Enzymen war höher als bei der Gruppe der „Laborratten". Die elektronen-mikroskopische Untersuchung zeigte, daß die Anzahl der dendritischen Verästelungen der Neuronen und die Anzahl und Dicke ihrer synaptischen Kontakte zugenommen hatten. Wir erwähnten bereits, daß wir gerade in Letzterem den eigentlichen Ort von Bahnung und Plastizität zu suchen haben.

Gedächtnismoleküle?

Besonders die beobachtete Zunahme der Ribonucleinsäuren beim Lernen löste lange Zeit ziemliche Aufregung aus. Zum ersten Mal sah man einen Zusammenhang zwischen Informationsspeicherung und einem jener großen Moleküle, die bereits bei der Speicherung genetischer Information eine wichtige Rolle spielen. (Die Menge an Desoxyribonucleinsäure, DNA, dem häufigeren Informationsmolekül, nahm übrigens in Diamonds und Rosenzweigs Experiment nicht zu, doch dafür

gibt es eine Erklärung.) Ribonucleinsäuren spielen eine zentrale Rolle bei der Biosynthese von Proteinen. Sollten etwa Eiweißmoleküle etwas mit der Informationsspeicherung zu tun haben? Als der Neurobiologe Barondes Ende der sechziger Jahre zeigte, daß die Blockierung der Proteinbiosynthese durch bestimmte Antibiotica auch das Lernen blockieren, glaubten einige Biochemiker, dem Engramm auf der Spur zu sein. Die Jagd auf Gedächtnismoleküle begann. Sie führte zu skurrilen Ergebnissen:

Da gab es die berühmten Experimente mit dem „Gedächtniskannibalismus" (Abbildung 8.3). Man trainierte Plattwürmern ein bestimmtes Verhalten an und verfütterte sie dann an untrainierte Artgenossen. Und man glaubte dann tatsächlich, das antrainierte Verhalten auch bei diesen zu beobachten. Sie hatten scheinbar das „Wissen" der trainierten Plattwürmer „gefressen" (eine beunruhigende Vorstellung für alle „Wissenden", Lehrer, Professoren und andere Experten, sollte Wissen tatsächlich eßbar sein...). Noch berühmter und bis in die Illustrierten hinein breitgetreten wurde die Entdeckung des „Scotophobins" (Abbildung 8.4). Der Amerikaner G. Ungar isolierte diese Substanz aus den Gehirnen von Ratten, denen er gegen ihren natürlichen Trieb beigebracht hatte, Furcht vor Dunkelheit zu haben. Injizierte Ungar jenes Scotophobin (wörtliche Bedeutung: Dunkelfurchtsubstanz), das er schließlich sogar in großen Mengen synthetisch herstellte, so fürchteten sich angeblich auch die damit behandelten Ratten ohne jedes Verhaltenstraining vor dem Dunkeln. Entsprechende Versuche gab es mit Goldfischen, denen man ihre Vorliebe für die Farbe Rot abtrainiert hatte. Doch ich will auf alle diese Versuche nicht näher eingehen. Denn sie waren entweder nicht wiederholbar oder enthielten systematische Fehler. Was auch immer jenes Scotophobin, das „Dunkelfurchtpeptid", war, heute ist man sich einig: Gedächtnismoleküle gibt es nicht. Die Suche nach Substanzen, die spezielle Informationen gespeichert enthalten und sich aus Gehirnen isolieren und

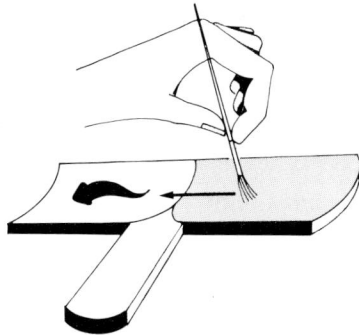

Abb. 8.3. McConnels berühmter Versuch, Gedächtnis als Substanz zu übertragen. Plattwürmer können lernen, den hellen Weg zu nehmen, wenn sie im Dunkeln eine „Strafe" bekommen. Das Gelernte läßt sich angeblich als aus trainierten Tieren hergestellter Brei an untrainierte Plattwürmer verfüttern.

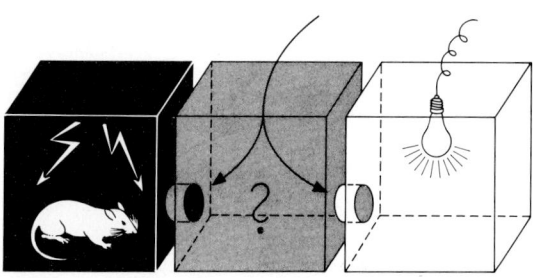

Abb. 8.4. Ratten lernen, entgegen ihrem angeborenen Verhalten, Furcht vor dem Dunkeln zu haben. Durch elektrische Schläge in der dunklen Kiste lernt das Tier, diese zu meiden. Gehirnextrakte solcher Ratten enthalten nach Ungar das Gelernte als chemisch identifizierbare Substanz.

auf andere Gehirne übertragen lassen, beruhte auf einem schönen Traum, stellte sich aber als Irrweg der Wissenschaft heraus.

Doch wenden wir uns wieder seriöseren Forschungsergebnissen zu. Zu diesen zählt die erwähnte und unumstrittene Tatsache, daß Lernen von der Synthese von Proteinen begleitet ist; von speziellen, nur für einen bestimmten Lernvorgang zuständigen Proteinen? Oder von Proteinen, die ganz allgemein an Wachstumsprozessen von Nervengeweben beteiligt sind? Das Letztere scheint der Fall zu sein.

Gedächtnisforschung an einfachen „Modellen"

Die Gedächtnisforschung selbst ist ein „Modellfall" für die Erforschung höherer „geistiger" Leistungen des Nervensystems, einfach deshalb, weil gespeicherte Information besser meßbar ist als ein Gedanke oder ein Gefühl; aber auch und gerade deshalb, weil man Ge-

dächtnis bei sprachlosen Tieren eindeutiger beobachten kann als deren Wahrnehmungen oder Gefühle (wir wissen ja nicht einmal, ob Tiere bewußt wahrnehmen und wie wir dies feststellen sollten). Daß Tiere eine Information aufgenommen und daß sie etwas gelernt haben, erkennen wir an meßbaren Veränderungen ihres Verhaltens. Zum Beispiel lernt eine Maus schnell, daß ein Geräusch, z. B. ein Hammerschlag in ihrer Nähe, keine Gefahr bedeutet, wenn sich dieser oft und ohne schlimme Folgen wiederholt. Die Maus zuckt bald kaum noch zusammen, sie hat sich an das Geräusch gewöhnt.

Gewöhnung ist eine primitive Form von Lernen

Gewöhnung kann nach allem, was wir bisher erfahren haben, nur eine plastische Veränderung an bestimmten Synapsen bedeuten, und zwar im Sinne einer verminderten Impulsübertragung. Wir würden aber Gewöhnung

153

nur ungern als einen Lernprozeß bezeichnen. Die Lernforscher verstehen unter richtigem Lernen erst das sogenannte „assoziative Lernen". Damit meinen sie das, was zum Beispiel die berühmten Pavlovschen Hunde lernten: ein für sich allein bedeutungsloses Signal, z. B. einen Glockenton, mit etwas sehr Bedeutsamen, nämlich dem Futter, zu assoziieren. Den bedeutungslosen Reiz bezeichnen die Lernforscher als „konditionierten Stimulus" (abgekürzt: CS); das Futter ist der „unkonditionierte Stimulus" (abgekürzt: US), der ohne weitere Signale einen Reflex wie Speichelfluß bei Pavlovs Hunden auslöst. CS und US können mitunter durch einmalige Erfahrung so miteinander verknüpft werden, daß bereits der CS allein z. B. die Futterreaktion auslösen kann. Jeder Hundebesitzer erlebt das täglich, wenn sein Liebling auf das Klappern mit dem Futterteller so reagiert wie auf den Anblick der herrlichsten Speise.

Eigentlich brauchen wir gar nicht auf derartige „Tierversuche" zurückzugreifen, um Beispiele für assoziatives Lernen zu finden (Abbildung 8.5). Wer kann auch nur an eine Zitrone denken, geschweige denn eine sehen, ohne daß sich ihm „das Wasser im Munde" zusammenzieht! Wir haben gelernt, das Bild,

Abb. 8.5. Ein Bild wie dieses löst in uns Reaktionen aus, die auf Lernprozessen (Assoziationen) beruhen. Der Geschmacksreiz der Säure ist ein unkonditionierter Stimulus (US, vgl. Text), der optische Reiz des Bildes der Zitrone der konditionierte Stimulus (CS). Die beiden Sinnesreize werden in unserem Gehirn auf der Ebene von Zellen und Synapsen miteinander verknüpft.

selbst schon das gedachte, einer Zitrone mit der Säure in unserem Mund zu verknüpfen. „Verknüpfen" meine ich übrigens ganz wörtlich, die Verknüpfungsstellen der so verschiedenen Sinnesreize sind Synapsen. Das hat man an einfachen „Modellen" in den letzten Jahren bis in die molekularen Details nachgewiesen.

Der amerikanische Neurobiologe E. Kandel untersuchte assoziatives Lernen bei einem sehr primitiven Tiermodell, der Seeschnecke *Aplysia*. Sie ist für diese Untersuchungen besonders gut geeignet, weil sie sehr wenige und zum Teil sehr große Nervenzellen besitzt, die man leicht identifizieren und sorgfältig untersuchen kann. Und hier gelang Kandel der Durchbruch: Er konnte nicht nur für einen charakteristischen Wesenszug der Schnecke, für eine bestimmte Verhaltensweise, den „Schaltplan", das „Netzwerk" der beteiligten Nervenzellen, aufdecken. Es gelang ihm auch, dem Tierchen etwas beizubringen, eine kleine Lektion, die sich als Veränderung dieser Verhaltensweise zu erkennen gab; und nun entdeckte er die Synapsen, die sich bei dieser Lektion verändern. Er fand sogar bestimmte molekulare Veränderungen an Ionenkanälen und anderen Proteinen der Nervenzellen, die eindeutig Ursachen der Verhaltensänderung darstellen, also das eigentliche Engramm als materielle Gedächtnisspur. Durch die Pionierarbeit Kandels und seiner Mitarbeiter wurde zum ersten Mal ein vollständiges und durchgängiges Verständnis des Zusammenhangs zwischen Verhalten, Lernen, Nervenzellen und Molekülen möglich.

Persönlich etwas näher als die glitschige Seeschnecke steht uns vielleicht unsere heimische Honigbiene. Sie soll uns als zweites Modell für die Verarbeitung und Verknüpfung von Sinnesreizen im Nervensystem dienen. Besonders beeindruckend sind hier Versuche des Berliner Neurophysiologen R. Menzel und seiner Mitarbeiter, die einen ähnlichen Ansatz wie die Versuche Kandels haben. Allerdings ist bei dem Insekt alles viel komplizierter. Hier besteht das „Netzwerk" immerhin bereits aus etwa einer Million Ner-

Abb. 8.6. Assoziatives Lernen bei Bienen. Die Biene lernt schnell, einen Dufthauch – als eigentlich wirkungsloser konditionierter Stimulus (CS) auf die Antennen geblasen – mit dem unkonditionierten Stimulus (US) „Zuckerwasser" zu assoziieren.

venzellen. Bienen sind von eindrucksvoller „Klugheit", sie lernen viel und schnell (Abbildung 8.6). Schon mit einem einzigen Versuch kann man bei ihnen einen CS mit einem US verknüpfen. Der US: Ein Tröpfchen Zucker wird auf die Antennen getupft. Ausgelöst wird dadurch der Reflex, den Rüssel auszufahren, so als gäbe es im Innern einer Blüte etwas zu holen. Der CS: ein sanfter Dufthauch, ebenfalls auf die Antennen gerichtet. Wie es sich für einen CS gehört, wird der Rüsselreflex nicht ausgelöst. Kombiniert man jedoch nur ein einziges mal CS und US, Lufthauch mit Zucker, am besten in einer bestimmten zeitlichen Reihenfolge, so löst auch der Lufthauch allein den Rüsselreflex aus, als sei's ein Tröpfchen Zucker... Die Biene assoziiert Dufthauch und Futter, sie hat gelernt. Führt man diese CS/US-Kombination öfter hintereinander durch, „vergißt" die Biene das Gelernte sehr lange, manchmal ein Leben lang nicht.

Wo findet nun das Assoziieren von Signalen statt? Nach allem, was wir bisher ausgeführt haben, selbstverständlich im Gehirn der Biene und nicht etwa bereits in ihren Antennen. Obwohl nur stecknadelkopfgroß, besteht das Bienengehirn – wir erwähnten es oben bereits – aus etwa einer Million Nerven-

zellen. In diesem Gewirr von Zellen, Dendriten und Axonen das „Engramm" zu finden, ist buchstäblich mit der Suche nach der berühmten Nadel im Heuhaufen zu vergleichen. Doch diese ist, wenn auch mühsam, nicht ganz aussichtslos. Professor Menzel und seine Mitarbeiter sind der „Nadel" auf der Spur (Abbildung 8.7). Sie fanden mit Mikroelektroden als Sonden in einem als Pilzkörper bezeichneten Areal des Bienengehirns eine einzige Nervenzelle, deren elektrische Aktivität sich nach dem Assoziationsexperiment charakteristisch verändert. Vorsichtig sagen die Wissenschaftler zwar noch: „Die Veränderung korreliert mit dem Lernvorgang", d.h. sie vermeiden den Schluß, diese Zelle sei es, die „gelernt" hat; denn die beobachteten elektrischen Veränderungen könnten ja auch nur ein Nebeneffekt und nicht die eigentliche Ursache des veränderten Rüsselreflexes sein. Aber auf jeden Fall sind die Berliner Forscher in diesem komplizierten Netzwerk der Gedächtnisspur ganz dicht auf den Fersen, zunächst auf der zellulären Ebene, der dann aber auch die molekulare bald folgen wird.

Fassen wir noch einmal zusammen, was aus diesen schwierigen und nicht nur für die unmittelbar beteiligten Forscher aufregenden Experimenten folgt: „Lernen" als eine sogenannte höhere Leistung des Nervensystems

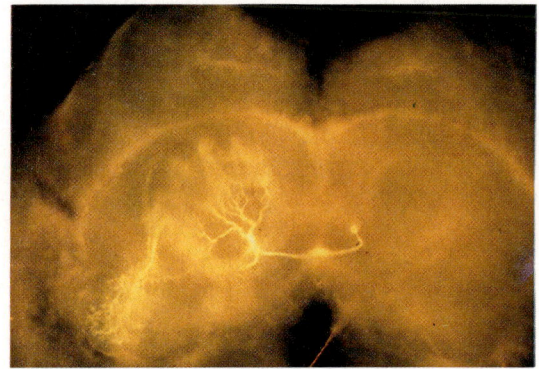

Abb. 8.7. Eine einzige Zelle im Bienengehirn scheint bei diesem Lernprozeß eine entscheidende Rolle zu spielen. Sie wurde von Juliane Mauelshagen am Institut des Berliner Neurologen R. Menzel entdeckt.

läßt sich auf Veränderungen einzelner Zellen und letztlich auf molekulare, d.h. chemische Prozesse zurückführen. Ort dieser „Chemie des Lernens" sind die Synapsen. Hier werden die unterschiedlichsten Signale, die unsere peripheren Sinnesorgane dem Zentralnervensystem zuführen, im wahrsten Sinne des Wortes verknüpft und verarbeitet. Hier hofft man, wenn nötig, eines Tages helfend und heilend eingreifen zu können.

Dürfen wir so einfach von dem simplen Experiment mit Zellen, Schnecken oder Bienen auf unser eigenes Gehirn schließen? Sind auch unsere „höheren Leistungen" Chemie und Physik von Synapsen? Die Wissenschaft ist davon überzeugt, ist aber noch weit davon entfernt, es umfassend beweisen zu können. In diesem Abschnitt sind wir davon ausgegangen, haben Beispiele aus der Zellbiologie und Verhaltensforschung scheinbar sorglos gemischt mit menschlichen Erfahrungen, wie dem „wäßrigen Mund" im Zusammenhang mit der Zitrone. Beispiele für Assoziationen, also für feste Verknüpfungen von unterschiedlichen Sinnesreizen, lassen sich aus unserem Erfahrungsbereich beliebig viele finden. Einige seien hier genannt: Wer verknüpft nicht das lang anhaltende Geräusch einer quietschenden Bremse mit dem bevorstehenden Knall zusammenprallender Autos und der bildlichen Vorstellung eines Unfalls? Wer sieht nicht beim Ton einer Trillerpfeife, der aus dem Radio zusammen mit dem Brausen vieler Stimmen erschallt, den Schiedsrichter, während er denselben Ton der Trillerpfeife kombiniert mit Verkehrslärm mit einem Verkehrspolizisten assoziiert? Wer reagiert nicht auf eine Filmsequenz, die eine herannahende Gefahr darstellt, auch vor dem Bildschirm „in der ersten Reihe" bei ARD und ZDF, ein wenig, als sei er tatsächlich selbst von der Gefahr bedroht? Noch überzeugender, weil einfacher, ist vielleicht das Beispiel in Abbildung 8.8.

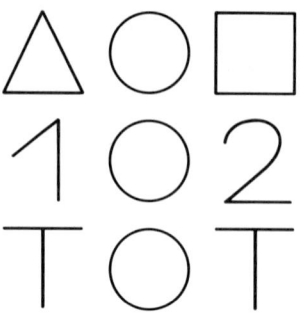

Abb. 8.8. Ein einfacher „Selbstversuch", der die feste Verknüpfung von Sinneseindrücken in unserem Gehirn zeigt. Denselben Kreis assoziieren wir je nach den Umständen mit einer Buchstaben- oder einer Zahlenreihe.

Der Reichtum unserer Sinneswahrnehmung beruht also nicht nur auf der Feinheit unserer Sinnesorgane, sondern auch auf ihrer Verarbeitung im Gehirn. Ein wichtiger Teil dieser Verarbeitung besteht in der „Anreicherung" der Sinneseindrücke mit gleichzeitig einströmenden oder früher in unserem Gedächtnis gespeicherten Wahrnehmungen. Speicherung und Anreicherung erfolgen im Netzwerk der Nervenzellen. Mechanische Grundlagen sind – wie für das Violinsolo die Schwingungen der Saiten – auch für den „geistigen" Teil unserer Hirnaktivität die Physik und Chemie von Membranen und Molekülen.

Literatur

C. Sagan: „The Dragons of Eden." Verlag Randomhouse, New York 1977.

F. Hucho: „Einführung in die Neurochemie." Verlag Chemie, Weinheim 1983.

E. P. Fischer: „Die Welt im Kopf." Faude-Verlag, Konstanz 1985.

J.-P. Changeux: „Der neuronale Mensch." Rowohlt, Hamburg 1984.

O. D. Creutzfeldt: „Cortex Cerebri." Springer-Verlag, Berlin-Heidelberg-New York 1983.

Das Gedächtnis ist die bisher einzige höhere Leistung des Gehirns, für das eine molekulare und zelluläre Basis vorhanden ist. Zwar läßt sich das Gedächtnis nicht eindeutig im Gehirn lokalisieren, doch gibt es Bereiche, so den Hippocampus, die zumindest mit bestimmten Formen des Lernens und der Erinnerung verknüpft sind.

Synapsen besitzen Plastizität, d. h. die synaptische Signalübertragung kann je nach Vorbedingungen variabel sein. So zeigen bestimmte Synapsen des Hippocampus Langzeitverstärkung, was bedeutet, daß nach einer Phase wiederholter Signalübertragung neue Signale verstärkt übertragen werden. In Analogie vermutet man, daß alle elektrischen Impulse, und somit auch unsere in diesen niedergelegten Sinneseindrücke, ,,Spuren'' (Engramme) im Nervennetzwerk hinterlassen können. Solche Engramme können bewirken, daß Gewöhnung gegenüber einem ständig auftretenden Reiz auftritt, aber auch assoziatives Lernen möglich ist. Mit assoziativem Lernen ist die erlernte Reaktion auf einen an sich unwichtigen (konditionierten) Stimulus gemeint, wenn dieser in der Lernphase gemeinsam mit dem zentralen Stimulus (unkonditioniert) angeboten wird.

Ein herausragender Erfolg der Gedächtnisforschung war die Aufklärung der am Eiablageverhalten der Seeschnecke *Aplysia* beteiligten zellulären und molekularen Komponenten durch Konditionierung dieses Verhaltens. Auf der Basis dieser Ergebnisse ist zu erwarten, daß alle höheren Funktionen unseres Gehirns letztendlich eine zelluläre und molekulare Basis haben und deshalb mit den reduktiven Ansätzen der Biochemie, Molekulargenetik und Zellbiologie erforschbar sind.

Unser Erinnerungsvermögen ermöglicht uns, Sinneswahrnehmungen ohne unmittelbaren äußeren Reiz in unser Bewußtsein zurückzurufen. Im folgenden wird Hinderk Emrich, Professor am Max-Planck-Institut für Psychiatrie in München, dieses Thema auf die Diskussion von Phantasie, Traum und Halluzinationen ausweiten.

Kapitel 9

Phantasie, Traum und Halluzinationen

Von Hinderk M. Emrich

Das Gehirn macht sich „selbständig": Konzeptualisierung, Phantasie und Imagination im täglichen Leben

In den bisherigen Kapiteln des vorliegenden Buches über die Sinneswahrnehmung wurden verschiedene Wahrnehmungsqualitäten wie Sehen, Hören, Riechen, Schmecken, Tasten, usw. besprochen, Sinnesqualitäten, die uns als unsere „fünf Sinne" vertraut sind, die man zweckmäßigerweise im täglichen Leben „beieinander haben" sollte. Zwischen diesen Sinnesqualitäten und dem hier zu besprechenden Thema liegt ein qualitativer Sprung, denn die Wahrnehmungen, die man in nächtlichen Träumen, im Wachtraum, während phantastischer Erlebnisse und schließlich bei Halluzinationen macht, sind von grundsätzlich anderer Art als die oben genannten. Bei solchen selbsterzeugten Wahrnehmungen macht sich das Gehirn gewissermaßen selbständig und erzeugt in uns Wahrnehmungswelten, die nicht durch Außendaten hervorgerufen, sondern vielmehr aus Gedächtnisinhalten und *„Wahrnehmungshypothesen"* zusammengesetzt werden. Im folgenden werden verschiedene Beispiele für diese aktiven Leistungen des Gehirns gegeben und anhand von Alltagserfahrungen verständlich gemacht.

In der Psychologie der Gegenwart spielt eine auf den ersten Blick unsinnig erscheinende Frage in zunehmendem Maße eine wichtige Rolle, die auch den Titel eines bekannten Buches bildet: „Wie wirklich ist die Wirklichkeit?" Dieser von dem in Kalifornien lebenden Psychotherapeuten Paul Watzlawick behandelte Fragenkomplex zieht die uns im alltäglichen Leben zur Selbstverständlichkeit gewordene Überzeugung in Zweifel, daß die äußere Wirklichkeit tatsächlich genauso ist wie wir sie erleben. Die hier gestellten Fragen basieren auf der psychologisch-philosophischen Konzeption des „Konstruktivismus", die außer von P. Watzlawick beispielsweise von R. Riedl und von E. von Glasersfeld vertreten wird. Der Konstruktivismus dreht die uns üblicherweise vertraute Vorstellung, daß Wahrnehmen lediglich eine Art von „Abbilden" der Außenwirklichkeit sei, um und hebt den „konstruktiven" Charakter der Sinneswahrnehmung hervor. Jeder von uns ist mit der Erfahrung vertraut, daß dieselbe Außenwirklichkeit je nach körperlicher Verfassung, Stimmungslage und anderen psychischen Faktoren ganz unterschiedlich wahrgenommen werden kann. Der Konstruktivismus radikalisiert diese Beobachtung, und der dabei entstehende „Wirklichkeitsrelativismus" ist eng verknüpft mit der Frage nach der Rolle, die *Konzeptualisierung* (Hypothesenbildung über mögliche Außenwirklichkeiten), *Imagination und Phantasiesysteme* im menschlichen Leben spielen. E. von Glasersfeld beruft sich dabei philosophiegeschichtlich z. B. auf den italienischen Renaissancephilosophen Giambattista Vico, der in seinem Werk „De antiquissima Italorum sapientia" im Jahre 1710 schreibt: „Wenn die Sinne (aktive) Fähigkeiten sind, so folgt daraus, daß wir die Farben machen, indem wir sehen, die Geschmäcke, indem wir schmecken, die Töne, indem wir hören, das Kalte und Heiße, indem wir tasten." Von Glasersfeld interpretiert das dahingehend: „Wahrnehmung und Erkenntnisse wären demnach also konstruktive und nicht abbildende Tätigkeiten." Aber auch der große deutsche Philosoph Immanuel Kant war der Meinung, daß Bewußtsein nicht einfach ein Abbild der physikalischen Außenwirklichkeit erzeugt, sondern daß vielmehr die bewußtseinsbildenden Prozesse Konzeptualisierungsfähigkeiten besitzen, die die Wahrnehmungen in Raum und Zeit organisieren, und so die Voraussetzungen für die Interpretationen der Wahrnehmungen bilden.

Der projektive, gewissermaßen „wirklichkeitserzeugende" Charakter eines Teils der Sinneswahrnehmungen kommt deutlich bei einer Rolle von allgemein bekannten Illusionsexperimenten zum Ausdruck, in denen sich die „Konzeptualisierung" dadurch deutlich macht, daß zwei oder mehrere alternative Deutungen des Dargestellten möglich sind. Ein eindrucksvolles Beispiel – neben dem

Abb. 9.1. Ein Kuß, der nie zum Vollzug gelangt...

„Neckerschen Würfel" – ist das in Abbildung 9.1 dargestellte küssende Paar, das nie zum Vollzug des Kusses gelangen kann, da entweder der männliche Partner oder – alternativ – der weibliche konzeptualisiert werden können, niemals aber beide gleichzeitig (vgl. auch Kapitel 4).

Wie sehr unser tägliches Erleben durch „Phantasiesysteme" und die damit verbundenen imaginativen Fähigkeiten und psychologischen Einstellungen überformt und damit auch beeinflußbar ist, machen wir uns in der Regel nicht klar, obwohl ein erheblicher Teil des öffentlichen Lebens ganz hiervon geprägt ist, so z. B. bei der *Werbung*. Die Imagination ist zwar eine Fähigkeit des Menschen, sich von den Gegebenheiten des aktuellen Hier und Jetzt in gewisser Weise abzukoppeln und eigene, selbstgeschaffene („imaginative") Wirklichkeiten zu erzeugen – so spricht die Psychotherapeutin Verena Kast zurecht von der „Imagination als Raum der Freiheit" –; dennoch wird unser Leben in erheblichem Umfange davon bestimmt, daß, ob wir wollen oder nicht, unsere Phantasien und Wunschvorstellungen in erheblichem Maße von außen gesteuert und uns häufig regelrecht aufoktroyiert werden. In diesem Sinne wird von Psychologen auch gelegentlich von der „geführten Imagination" gesprochen. Bei der Werbung wird dies dadurch erreicht, daß an mehr oder weniger unbewußt bleibende Wunschwelten (z. B. Verwirklichung des Männlichkeitsideals, Liebesglück, Wohlstand, Ungebundenheit, Sicherheit, etc.) appelliert und dieses Wunschbild mit einem zum Verkauf stehenden industriellen Produkt assoziiert wird (vgl. Kapitel 10, Abbildung 10.7). Es fällt nicht schwer, im dort vorliegenden Fall den assoziativen Zusammenhang zwischen dem „attention-getter" (Mädchen) und dem Werbeobjekt (Ausdruck von Männlichkeit) zu rekonstruieren.

Bei den Maßnahmen der Werbung zur Verkaufsförderung steht meist bewußt oder unbewußt die „AIDA-Formel" (*a*ttention–*i*nterest–*d*esire–*a*ction) im Hintergrund. Dieses bereits aus dem ausgehenden 19. Jahrhundert

Abb. 9.2. Mimik der Alltags-„Tristesse" (links) und ihre Aufhellung durch „geführte Imagination" in der Disco (rechts).

stammende Konzept geht davon aus, daß durch die Werbung eine Sequenz aus Aufmerksamkeit (attention), Interesse (interest) und Wunsch (desire) bis hin zur Kaufhandlung (action) in Gang gesetzt werden muß. Psychologische Ziele hierbei sind (nach Rogge) unter anderem: die Sinneswirkung beim Umworbenen, die Weckung von Aufmerksamkeit, Interesse und die Auslösung emotionaler Reaktionen. Aus diesen Zielen wird deutlich, wie sehr sich die Werbung gerade an z. T. unbewußte emotionale Ziele, Einstellungen und Wünsche richtet, und an der äußersten Raffinesse von filmischen Mitteln in beispielsweise der Kino- und Fernsehwerbung wird deutlich, mit welchem enormen psychologischen und filmischen Aufwand derartige Werbekampagnen betrieben werden.

Daß die Werbung etwas in uns anspricht, was im Alltag durchaus Wirklichkeit werden kann, zeigt sich in Szenen wie dieser: Ein junger Mann erscheint – aus welchen Gründen auch immer – in einer trübsinnigen psychischen Verfassung am Eingang einer Disco, und in der Glitzer- und Rhythmuswelt einer solchen Atmosphäre schlägt seine Gemütslage innerhalb kurzer Zeit ins euphorische Gegenteil, in „tänzerische Trance" um. Neuere Untersuchungen haben gezeigt, daß gerade das *Tanzen* eine besonders wirksame Einwirkung auf das Emotionssystem darstellt, da hier eine direkte Koppelung zwischen Wahr-

nehmung und Verhalten auftritt, wobei die besondere Rolle der Strukturierung von Zeit im Rhythmus der Musik besonders bedeutungsvoll zu sein scheint. Die Stimmungsverbesserung, die sich beim Tanzen in der Disco ergibt, ist in Abbildung 9.2 deutlich an der Physiognomie des Besuchers zu erkennen. (Hinsichtlich der Ablesbarkeit von Emotionen aus der Mimik vgl. Kapitel 10.) Das Tanzen ist sicherlich eine der intensivsten Verhaltensweisen, um den Sorgen und Problemen des Alltags zu entfliehen und sich in einer imaginativen Eigenwelt wiederzufinden und dadurch zu befreien. Eine für den täglichen Konsum bestimmte Verkleinerungsform dieses Erlebenstypus ist der „Videoclip". Hierbei handelt es sich um eine Kombination von rhythmischer Unterhaltungsmusik (Rock/ Schlager) mit einem visuellen Erlebnis. Dieser filmische Anteil ist ursprünglich aus einer optischen Selbstdarstellung der Musiker entstanden, hat aber inzwischen eine völlig eigenständige, sehr phantasie- und imaginationsbezogene Rolle eingenommen, wobei z. T. die Musik interpretiert und überhöht wird, z. T. aber auch regelrechte wachtraumartige phantastische Reisen angeboten werden, die in gegenüber der Werbung verfeinerter Form das Unbewußte ansprechen und auf diese Weise eine emotionelle Wirkung erzeugen.

161

Eine im Vergleich zum Videoclip noch intensivere Form, mit filmischen Mitteln „geführte Imagination" zu erzeugen, stellen Science-fiction- und „Horror"-Filme dar, bei denen in ganz besonderer Weise eine fiktive Wirklichkeit und phantastisch-Unwirkliches miteinander verschmolzen sind. Der *Film* ist ja generell ein Medium, das auf illusionärer Wahrnehmung beruht, schon deshalb, weil die Bewegungswahrnehmung durch eine Sequenz schnell hintereinander gezeigter Standbilder hervorgerufen wird. Beim Science-fiction- und Horrorfilm kommt es aber darüber hinaus gewissermaßen zu einer „Wirklichkeitssprengung", die in ähnlicher Weise wie bei Märchen- und Traumwelten neue Wirklichkeitsfiktionen erschafft, die vom Betrachter häufig sehr intensiv durchlebt werden, wobei aber gleichzeitig in der Regel das Bewußtsein mitläuft, sich auf einem sicheren Platz im Kino zu befinden. Das Besondere an Horror- und Science-fiction-Filmen ist, daß es sich um Begegnungen mit imaginativen Phänomenen des eigenen Unbewußten handelt, die während der Kinovorführung wachgerufen werden. Wegen der Intensität dieser Emotionen spricht man beim Filmschaffen auch von „Hyperrealismus", wie er beispielsweise von Spielberg im „weißen Hai" erzeugt wird, der – obwohl fiktiv – intensiver wirkt als ein Dokumentarfilm über einen tatsächlichen Hai wirken würde. Der Science-fiction-Film

Abb. 9.3. Fiktives Miniaturraumschiff bei der Reise durch ein menschliches Blutgefäß in Richard Fleischers Film „Die phantastische Reise".

von Richard Fleischer „Die phantastische Reise" basiert auf der pseudo-futuristischen Fiktion, es sei durch moderne elektronische Transformer möglich, ein U-Boot-artiges Weltraumschiff so stark zu miniaturisieren, daß eine Reise durch menschliche Blutgefäße möglich sei (vgl. Abbildung 9.3). Einen auf dieser Idee basierenden Film („Die Reise ins Ich") hat auch Steven Spielberg produziert und dabei die Miniaturisierungsidee mit der Fiktion verknüpft, daß ein Mensch sich gewissermaßen innerhalb eines anderen Menschen aufhalten könne, was dem Film einen besonderen psychologischen Kitzel verleiht.

Aber zurück zum Imaginativen und der Welt der *Phantasie:* Bereits Johann Wolfgang von Goethe war nicht nur „modern" in dem Sinne, daß er – angeregt durch die Wöhlersche Harnstoffsynthese, die erste künstliche Erzeugung eines Moleküls der organischen Chemie – in seiner Homunculus-Idee im Faust II erstmals den „künstlichen Menschen" auf die Bühne brachte, sondern er hat auch bereits über „künstliche Intelligenz" bzw. Mechanismen der Kreativität intensiv nachgedacht. Dies wird z. B. deutlich, wenn man betrachtet, welche herausragende Rolle für Goethe Begriffe wie Einbildungskraft, Phantasie, Imagination und Vorstellungskraft spielen. Im sog. „Goethe-Wörterbuch", einer Institution in Tübingen, wo das gesamte Goethesche Werk in lexikalischer Verschlüsselung vorliegt, finden sich über 700 Belege über die Verwendung des Wortes „Einbildungskraft", 180 für „Phantasie" und 80 für „Imagination". Daß Goethe darüber nachdachte, wie das menschliche Bewußtsein Gedanken erzeugt, ist durch eine Stelle in Faust I belegt, wo es heißt:

„Zwar ist's mit der Gedankenfabrik
Wie mit einem Weber-Meisterstück . . .
Ein Schlag tausend Verbindungen schlägt.
Der Philosoph der tritt herein
Und beweißt Euch, es müßt so sein."

Wir haben aus einer Reihe von Goetheschen Originalzitaten über das Thema Imagination und Phantasie ein aktualisiertes Interview zusammengestellt, das mit einem Zitat aus seiner Autobiographie „Dichtung und Wahrheit" beginnt. Goethe schreibt in diesem Werk meistens im „Ich-Ton", faßt seine Erinnerungen also sehr persönlich. Nur an wenigen Stellen schreibt er in der 3. Person Singular und „objektiviert" damit gewissermaßen seine Aussagen über „den Dichter":

„Gewöhnt, am liebsten seine Zeit in Gesellschaft zuzubringen, verwandelte er auch das einsame Denken zur geselligen Unterhaltung, und zwar auf folgende Weise. Er pflegte nämlich, wenn er sich alleine sah, irgendeine Person seiner Bekanntschaft im Geiste zu sich zu rufen. Er bat sie, niederzusitzen, ging an ihr auf und ab, blieb vor ihr stehen und verhandelte mit ihr den Gegenstand, der ihm eben im Sinne lag. Hierauf antwortete sie gelegentlich oder gab durch die gewöhnliche Mimik ihr Zu- oder Abstimmen zu erkennen; wie denn jeder Mensch hierin etwas Eigenes hat. Sodann fuhr der Sprechende fort, dasjenige, was dem Gaste zu gefallen schien, weiter auszuführen, oder, was derselbe mißbilligte, zu bedingen, näher zu bestimmen, und gab wohl zuletzt seine These gefällig auf.

Das Wunderlichste dabei war, daß er niemals Personen seiner näheren Bekanntschaft wählte, sondern solche, die er nur selten sah, ja mehrere, die weit in der Welt entfernt lebten. Hierzu bequemten sich nun Personen beiderlei Geschlechts, jedes Alters und Standes, und erwiesen sich gefällig und anmutig, da man sich nur von Gegenständen unterhielt, die ihm deutlich und lieb waren.

Höchst wunderbar würde es jedoch manchem vorgekommen sein, wenn sie hätten erfahren können, wie oft sie zu dieser ideellen Unterhaltung berufen wurden, da sich manche zu einer wirklichen wohl schwerlich eingefunden hätten."

Der folgende Text aus „Dichtung und Wahrheit" ist dagegen in der 1. Person Singular geschrieben und beschreibt eine Blumenimagination:

„Ich hatte die Gabe, wenn ich die Augen schloß und mit niedergesenktem Haupte mir in der Mitte des Sehorgans eine Blume dachte, so verharrte sie nicht einen Augenblick in ihrer ersten Gestalt, sondern sie legte sich auseinander, und aus ihrem Innern entfalteten sich wieder neue Blumen aus farbigen, wohl auch grünen Blättern; es waren keine natürlichen Blumen, sondern phantastische, jedoch regelmäßig wie die Rosetten der Bildhauer. Es war unmöglich, die hervorquellende Schöpfung zu fixieren, hingegen dauerte sie so lange, als mir

a

b

Abb. 9.4a. Goethe in Tischbeinmanier dargestellt während einer Blumenimagination. b. Goethe zusammen mit imaginativen Figuren im Dialog mit dem Moderator: Kontrast zur modernen technischen Welt.

beliebte, ermattete nicht und verstärkte sich nicht."

Es folgt nun der fiktive Dialog zwischen der Moderne und der Goethe-Zeit (s. dazu auch Abbildung 9.4):

GOETHE: *Ich sah ein reizendes Idyllenleben vor meiner Phantasie vorüberschweben*

MODERATOR: Nun, euer wohlgeboren Exzellenz Geheimrat von Goethe: Sie haben offenbar ausgiebig imaginiert. Aber spricht denn nicht Mephisto im Faust, der, wie ein Nobelpreisträger für Chemie, der Biophysiker Manfred Eigen, einmal formulierte, Ihre eigene wahre Meinung ausdrückt, vom „Krippskrapps der Imagination" von dem man kuriert werden müsse?

GOETHE: *Ja, ja, ja, da mögen Sie recht haben. Mephisto sagt:*
„Wie hätt'st du, armer Erdensohn,
Dein Leben ohne mich geführt?
Vom Kribskrabs der Imagination
Hab' ich dich doch auf Zeiten lang curirt.
Und wär' ich nicht, so wärst du schon
Von diesem Erdball abspaziert."
Und im Prolog zu Faust heißt es ja auch:
„Laßt Phantasie mit allen ihren Chören
Vernunft, Verstand, Empfindung, Leiden-
                        schaft,
Doch merkt auch wohl! nicht ohne Narrheit
                        hören".
Aber andererseits weiß ich nichts Hübscheres, als zwischen Schlaf und Wachen dem Tag entgegen zu fahren und dabei die ersten besten Phantasiebilder nach Belieben walten zu lassen:
Wort und Bilder, Bild und Worte
Locken euch von Ort zu Orte,
Und die liebe Phantasei
Fühlt sich hundertfältig frei.

MODERATOR: Nun, Herr von Goethe, Sie sind ja nicht nur Dichter, vor allem sind Sie ja auch Naturwissenschaftler. Welche Rolle spielt denn dabei die Phantasie?

GOETHE: *Phantasie ist die vierte Grundkraft des geistigen Wesens. Und Phantasie ist der Natur viel näher als Sinnlichkeit. Diese ist in der Natur, jene schwebt über ihr. Phantasie ist der Natur gewachsen, Sinnlichkeit wird von ihr beherrscht. Zuletzt wird Phantasie und Wirklichkeit zusammentreffen.*

Aber erst die Einbildungskraft ist der Naturforschung angemessen. Im Grunde ist ohne diese hohe Gabe ein wirklich großer Naturforscher gar nicht zu denken. Und zwar meine ich nicht eine Einbildungskraft, die ins Vage geht, und sich Dinge imaginiert, die nicht existieren; sondern eine solche, die den wirklichen Boden der Erde nicht verläßt, und mit dem Maßstab des Wirklichen und Erkannten zu geahndeten, vermutheten Dingen schreitet.

MODERATOR: Was meinen Sie denn nun: auf welche Weise erzeugt denn die Phantasie ihre Phantasiegebilde?

GOETHE: *Zur Anschauung gesellt sich die Einbildungskraft, diese ist zuerst nachbildend, die Gegenstände nur wiederholend. Sodann ist sie produktiv, indem sie das Angefaßte belebt, entwickelt, erweitert, verwandelt.*

MODERATOR: Ja das hört sich ja gerade wie ein Programm an zur Entwicklung künstlicher kreativer Intelligenz? Vielleicht interessiert Sie, daß in der Moderne etwas derartiges bereits entwickelt wurde?

GOETHE: *Nein, nein: Man hat nichts für verderblicher zu halten, als daß man, wie in der neuern Zeit abermals geschieht, die Mathematik aus der Vernunft- und Verstandesregion, wo ihr Sitz ist, in die Region der Phantasie und Sinnlichkeit freventlich herüberzieht. Man muß bedenken, daß Phantasie ihre eigenen Gesetze hat, denen der Verstand nicht beykommen kann und soll. Wenn durch die Phantasie nicht Dinge entständen, die für den Verstand ewig problematisch bleiben, so wäre überhaupt zu der Phantasie nicht viel. Dieß ist es, wodurch sich die Poesie von der Prosa unterscheidet, bey welcher der Verstand immer zu Hause ist und seyn mag und soll. Die Forderung von Wahrscheinlichkeit und Illusion gehen alle vom Verstande aus. Die Phantasie verlangt keine, sie macht sie sich selbst oder bringt sie mit. So heißt es ja auch im Faust:*
„Die Phantasie in meinem Sinn
Ist dießmal gar zu herrisch,

Fürwahr, wenn ich das alles bin,
So bin ich heute närrisch."

Interessanterweise gibt es zwischen den Gedanken Goethes darüber, wie Phantasie und Imagination neue, fiktive Wirklichkeiten erzeugen, und der modernsten neurobiologischen Forschung über künstliche Intelligenz („artificial intelligence") eine Parallele: In seinem Buch „Neural Darwinism" nimmt Gerald Edelman an, daß eine Voraussetzung für die Fähigkeit neuronaler Netzwerke, kategoriale Ordnungsstrukturen für die Wahrnehmung von Wirklichkeit aufzubauen, darin besteht, daß im Sinne eines „Darwinismus" Varianten von Verknüpfungsmustern von Nervenzellen erzeugt werden, die dann unter einem Erfolgsparadigma (besonders „effiziente" Beschreibung der Außenwelt) einer „Selektion" unterworfen werden. In analoger Weise spricht auch Goethe davon, daß die Einbildungskraft zuerst „nachbildend" tätig ist, dann aber „erweitert" und „verwandelt", d. h. Varianten erzeugt.

Von größerer Bedeutung als seine zukunftsweisende Vision über die Art und Weise, wie eine „Gedankenfabrik" funktionieren könnte, ist aber für Goethe selbst zweifellos sein Tagtraumerleben als solches und dessen Rolle im Hinblick auf künstlerische Produktivität. Es ist überliefert, daß Goethes Hausarzt, als er feststellte, daß der Dichter während einer fieberhaften Erkrankung schwitzend, besonders intensiv dichtete, zu ihm sagte: „Die Transpiration fördert die Inspiration", worauf Goethe antwortete: „Aber nicht bei Euch Ihr Schelme": Goethe wußte sehr wohl, welche glückliche Konstellation bei ihm dadurch gegeben war, daß er einen besonders direkten Zugang zu seinem Traumerleben hatte, das er im Sinne des Tagtraumes, oder wie C. G. Jung sagt, der „aktiven Imagination", auch während des Tages beim Wachbewußtsein in seine Erlebenswirklichkeit einbeziehen konnte. Die von C. G. Jung ausgearbeitete Therapieform der „aktiven Imagination" basiert auf ähnlichen Dialogen zwischen den vom Unbewußten erzeugten Phantasiegestalten und dem Wachbewußtsein, wie Goethe sie beschrieben hat. Derartige „innere Dialoge" können im Rahmen einer Psychoanalyse therapeutisch wirkungsvoll eingesetzt werden.

L. Freeman und K. Kupfermann weisen in ihrem Buch „Verrückte Fantasien – Tagträume und ihre Bedeutung" auf diese Aspekte hin und zeigen insbesondere, wie sehr die Phantasiewelten der Tagträume ihre Wurzeln in der Kindheit haben. In ihrem Buch „Imagination als Raum der Freiheit – Dialog zwischen Ich und Unbewußtem" zeigt die Psychotherapeutin Verena Kast, daß die meisten psychotherapeutischen Methoden mit Imaginationen arbeiten – häufig allerdings, ohne dies bewußt zu machen. Dabei zeigt die Autorin, daß Imagination auch gerade als Methode zum Dialog mit dem eigenen Körper verwendet werden kann. In seinem Buch „Wach-Träume – Selbstheilung durch das Unbewußte" zeigt Hermann Maass, daß der Begriff „aktive Imagination" von C. G. Jung kein einheitliches Verfahren darstellt, sondern eher als ein „Bündel" therapeutischer Methoden anzusehen ist, in denen der Patient mit unbewußten Anteilen seiner Selbst in einen dynamischen Dialog zu treten in der Lage ist. In dem Kapitel „Imaginationen" schreibt der Autor: „Noch nie war der Umfang des Bewußtseins der Menschen so groß wie in unserer Zeit. Doch zugleich war das Bewußtsein noch nie so vollständig vom unbewußten Urgrund der Psyche abgetrennt wie heute." Phantasieerlebnisse, Imaginationen, Wachträume können in diesem Sinne als Methoden aufgefaßt werden, um diese Trennung wieder aufzuheben.

Eine besonders intensive Form der Selbstbegegnung ist auch in sog. „Reizdeprivations"- bzw. „Tank"-Experimenten gegeben. Dabei handelt es sich um Verfahren, bei denen künstlich eine Umgebung mit extremer Außenreizarmut geschaffen wird, was dazu führt, daß die Versuchspersonen sehr aktive imaginative Phänomene bis hin zu *Halluzinationen* erleben können. Besonders die von Lilly konstruierten „Tanks", in denen die Versuchspersonen in einer gewärmten Salzlösung gewissermaßen schwerelos schweben und von visuellen und akustischen Reizen frei gehalten werden, eignen sich hierzu. Lilly hat in seinem Buch „Das tiefe Selbst" diese Technik und die damit verbundenen „Tankerfahrungen" eingehend beschrieben. Die Erlebnisse, die einzelne Menschen im „Tank" haben, sind von der Vorgeschichte und der psychischen Konstellation dieser Art der „Selbstbegegnung" so sehr abhängig, daß die Tankerlebnisse außerordentlich unterschiedlich ausfallen. Einige der Beispiele, die Lilly in seinem Buch gibt, seien hier kurz wiedergegeben: „Aus dem Innern kommt Musik. Mit den inneren Klängen kommen andere Wahrnehmungen auf. Ich höre Hunde bellen, Lieder, die mal im Radio gespielt wurden, Leute, die lachen und allerhand Radau machen. Ich schrecke auf. Versuche, mit geschlossenen und geöffneten Augen zu experimentieren. Kein Unterschied. Ich lasse die Augen geöffnet. [...] Wilde, surrealistische Bilder, dazwischen Schlafperioden. Keine Gelegenheit, zwischen Traum und Realität im Tank zu unterscheiden. Bin ich hier, oder bin ich dort?" Ein anderes Beispiel: „Sobald ich aufhörte, meine Konzentration auf meine Körperbalance zu richten, wurde ich des hohen vibrierenden Tons bewußt, der von den Ohren kam. Während der ganzen Zeit im Tank konnte ich diesen Ton nach Belieben hören oder nicht. [...] Während der ersten Hälfte der Zeit im Tank hörte ich viele Stimmen, an die ich mich im einzelnen nicht mehr erinnere. Ich war mir bewußt, daß ich dachte, all diese Stimmen kämen von mir. Merkwürdig! Dennoch schien es, als kämen die Stimmen von verschiedenen Personen." Ein anderes Beispiel: „Fast alle meine Visionen hatten dunkle Farben – die Bergzüge und Täler des Malibu Canyon an einem bewölkten Tag. Ich wollte sie etwas aufhellen, aber es ging nicht." Ein anderes Beispiel: „Was ich sah, war das gleiche, was ich mit geschlossenen Augen im Bett sehen würde, außer daß ich im Bett hypnagogische Bilder sehe*. Lichtpunkte, vage Felder oder Netze oder farbiges Licht, sehr

schwache Strukturen, zwei matte hypnagogische Bilder (die Berge draußen, zwei Enten, die im Teich schwammen) tauchten auf." Ein weiteres Beispiel: „Jetzt sehe ich grün – (zu grün habe ich ein freundschaftliches Verhältnis) – ich komme mit keiner anderen Farbe zurecht. Verflixt! Bei offenen Augen erscheint das Schwarz dreidimensional – als schaute ich auf sämtliche Himmelskörper des Universums – bei geschlossenen Augen verschwinden sie."

Der Nobelpreisträger für Physik, Richard Feynman, hat in seinem Buch „Sie belieben wohl zu scherzen, Mr. Feynman!", seine Erlebnisse anschaulich beschrieben: „Ein Tank für sensorische Deprivation ist wie eine große, überdachte Badewanne. Innen ist es vollkommen dunkel und wegen der Dicke der Wände auch völlig still. Eine kleine Pumpe sorgt für Frischluft, aber es zeigt sich, daß man sich darüber keine Gedanken zu machen braucht, denn der Luftvorrat ist ziemlich groß, und man ist ja nur zwei oder drei Stunden drin, so daß man wirklich nicht viel Luft verbraucht, wenn man normal atmet. [...] Ich dachte, ich müsse alles ausprobieren, um eine Halluzination zu bekommen, und stieg in den Tank. Irgendwann, im Laufe der Übung, bemerkte ich plötzlich – es ist schwer zu erklären –, daß ich etwas daneben war. [...]: Mein Ich war ein bißchen seitlich verschoben, um ein paar Zentimeter. [...] Als ich ein andermal im Tank war, beschloß ich, wenn ich mich bis zu meinen Lenden bewegen konnte, müßte ich es auch schaffen, ganz aus meinem Körper hinauszukommen. Auf diese Weise brachte ich es fertig, ‚neben mir zu sitzen'. [...] Das Gefühl in meinen Fingern und alles andere war genau wie sonst, bloß daß mein Ich draußen saß und das alles ‚beobachtete'." In dem Film von Ken Russell, „Höllentrip", wird das Tankexperiment von Lilly verwendet, um eine zweite Art der „Selbstbegegnung" in ein wissenschaftliches Experimentierfeld einzuführen, nämlich die Verwendung „psychedeli-

---

*) hypnagogisch: beim Einschlafen entstehend

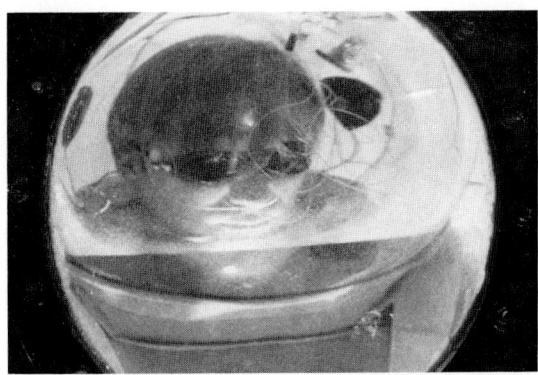

Abb. 9.5. Filmische Darstellung des Reizdeprivationstanks von Lilly in Ken Russels Film „Höllentrip".

scher Drogen" (siehe unten). In Abbildung 9.5 ist der „Tank" aus dem Film „Höllentrip" dargestellt.

Traum*

Biochemie und Physiologie des Träumens

Obwohl wir sie täglich (d. h. genaugenommen „nächtlich") jederzeit erleben können, gehören Träume und die mit ihnen verbundenen Sinneswahrnehmungen nach wie vor zu den rätselhaftesten Erscheinungen der Hirntätigkeit. Welche neurobiologischen und biochemischen Mechanismen im menschlichen Gehirn im einzelnen dafür verantwortlich sind, daß während des Schlafes plötzlich ein Traum erscheint, darüber kann man beim jetzigen Stand der Forschung nur spekulieren, denn die bildgebenden Verfahren (z. B. die Positronen-Emissions-Tomographie) sind noch keineswegs so weit entwickelt, daß die biochemischen Details der Entstehung von Träumen derzeit geklärt werden könnten. Allerdings kann man aus tierexperimentellen Studien, die insbesondere der amerikanische Schlafforscher Allan Hobson durchgeführt hat, als

*) Unter Mitarbeit von M. Wiegand

wahrscheinlich annehmen, daß die Auslösung von Träumen vom Hirnstamm aus gesteuert wird, d. h. von evolutionsbiologisch gesehen sehr „alten" Hirnstrukturen. Wie in Abbildung 9.6 dargestellt, ist es insbesondere die Veränderung des Gleichgewichts zwischen dem Erregungszustand von noradrenalinfreisetzenden Zellen im *Locus coeruleus* und den serotonin-haltigen pontinen Zellen in deren Umgebung, das darüber entscheidet, ob während des Schlafens geträumt wird oder nicht. Bei Erregung der Zellen des *Locus coeruleus* kommt es zu einer Hemmung der pontinen Riesenzellen, während umgekehrt bei einer Erregungsverminderung im *Locus coeruleus* die Erregungsbildung in den pontinen Riesenzellen zunimmt. Bei einem bestimmten Erregungsniveau dieser Zellen kommt es offenbar zur Freisetzung von Gedächtnisinhalten aus Arealen des Großhirns, wobei diese in phantasievoller Weise variiert und miteinander kombiniert werden können. Die gleichzeitig vorhandene, fast vollständige Abkoppelung von der Außenwelt (weitgehende Abschaltung der Sinneskanäle im Schlaf!) führt dabei offenbar dazu, daß der Träumende die von ihm selbst erzeugten inneren Wirklichkeiten für real hält und sich mit ihnen in eine intensive seelische Auseinandersetzung begibt. (Es gibt allerdings auch „Klarträume", in denen der Schlafende weiß, daß er träumt, und in denen er mit seinen Träumen regelrecht „experimentieren" und „spielen" kann.) Während dieser sehr aktiven Schlafphasen kommt es, wie erstmals – durch Zufall – die amerikanische Doktorandin Eugene Aserinsky Anfang der fünfziger Jahre in Chicago feststellte, zu häufigen horizontalen Augenbewegungen, die von Hirnstammzellen aus gesteuert werden und die sich elektrophysiologisch mittels Elektroden während der Schlafableitungen gut registrieren lassen. Die Augäpfel stellen nämlich elektrische Spannungsquellen dar, deren Orientierung sich durch die Augenbewegungen verändert, was durch feine elektronische Meßverfahren in ähnlicher Weise wie das Elektroenzephalogramm (EEG) registriert werden kann

167

a

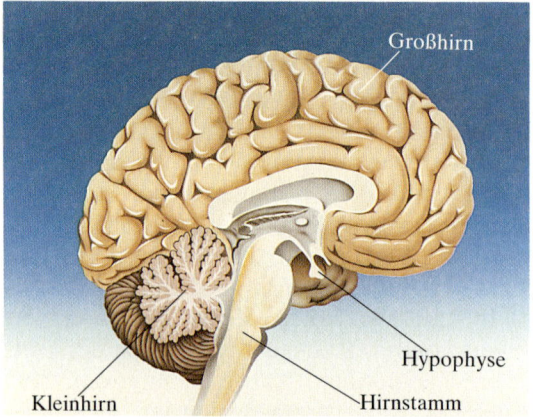

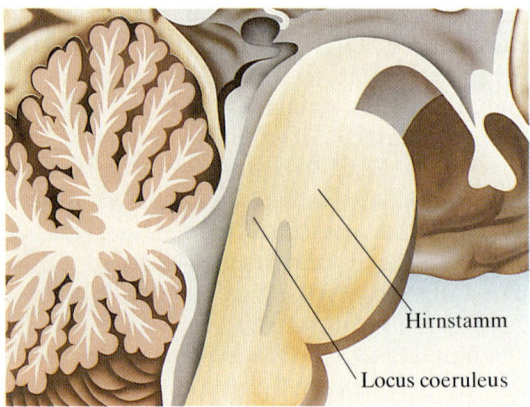

b

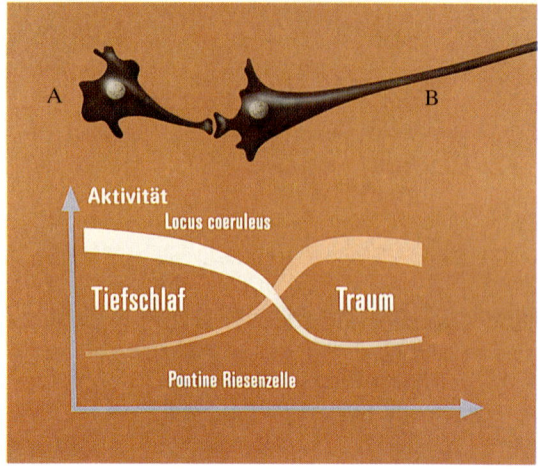

Abb. 9.6 a. *oben*: Schnitt durch ein menschliches Gehirn. Der Hirnstamm, der für die Steuerung von Schlafen und Wachen besonders wichtig ist, ist rechts vom Kleinhirn zu erkennen (vgl. Vergrößerung in der unteren Bildhälfte). *unten*: Topographie des *Locus coeruleus*, dessen relative Erregung die Traumaktivität steuert.
b. Steuerung der Traumaktivität durch Veränderung des Aktivitätsgleichgewichts zwischen *Locus coeruleus*-Zellen (A) und pontinen Riesenzellen (B). Bei Nachlassen der Aktivität der *Locus coeruleus*-Zellen erfolgt der Wechsel von Tiefschlaf zum Traum.

(vgl. Kapitel 2). Die Schlaf- und Traumforschung der letzten drei bis vier Jahrzehnte hat eindeutig gezeigt, daß auch Menschen, die fest davon überzeugt sind, überhaupt nicht zu träumen, insbesondere dann von ihren Träumen berichten können, wenn man sie während einer solchen „REM-Phase" weckt. Die Forschung hat darüberhinaus gezeigt, daß ca. 80 % aller Träume innerhalb solcher REM-Phasen auftreten und daß diese Träume einen besonders realistischen und erlebnisnahen Charakter haben, während diejenigen Träume, die sich außerhalb dieser REM-Phasen abspielen, weniger intensiv sind und mehr den Charakter von Gedanken oder Vorstellungen haben. Hindert man übrigens Menschen am Schlaf, insbesondere (selektiv) am REM-Schlaf, so führt dies zu starken psychischen

Veränderungen, insbesondere können Fehlwahrnehmungen bis hin zu Halluzinationen auftreten, die psychoseähnlichen Charakter annehmen können. Berühmt geworden ist in dieser Hinsicht ein Disc-Jockey, der im Jahre 1959 in einem Selbstversuch 200 Stunden lang ein Schlafverhinderungsprogramm durchstand und psychotische Episoden bis hin zum Durchleben eines deliranten Zustandes (psychoseähnliche Bewußtseinsveränderung) durchmachte.

Trauminhalte

Der Traum gilt seit Freud völlig zurecht als die „via regia", als Königsweg zum *Unbewußten,* und doch gibt es bereits vor Freud eine intensive Traumforschung mit z. T. durchaus experimentellem Charakter und eine außerordentlich umfangreiche Fülle von Traumtheorien, die hier nicht im einzelnen referiert werden können. Ellenberger kommt in seinem Buch „Die Entdeckung des Unbewußten" hinsichtlich der voranalytischen Traumliteratur zusammenfassend zu folgendem Ergebnis: „[...] daß die Traumforscher in den Jahren 1860 bis 1899 schon fast alle Erkenntnisse gewonnen hatten, deren Synthese Freud und Jung bewerkstelligten, und noch viele darüber hinaus, die man noch nicht genügend berücksichtigt hat." Nach Freud ist die Phantasie eine der Komponenten, die zur Traumgestaltung wesentlich beitragen: „Das Element der Traumgedanken, das ich im Auge habe, pflege ich als ‚Phantasie' zu bezeichnen; ich gehe vielleicht Mißverständnissen aus dem Wege, wenn ich sofort als das Analoge aus dem Wachleben den *Tagtraum* namhaft mache. [...] Eine eingehendere Vertiefung in die Charaktere dieser Tagesphantasien lehrt uns, mit wie gutem Rechte diesen Bildungen derselbe Name zugefallen ist, den unsere nächtlichen Denkproduktionen tragen, der Name *Träume*. Sie haben einen wesentlichen Teil ihrer Eigenschaften mit den Nachtträumen gemein. [...] Wie die Träume sind sie Wunscherfüllungen; wie die Träume basieren sie zum guten Teil auf den Eindrücken infantiler Erlebnisse; wie die Träume erfreuen sie sich eines gewissen Nachlassens der Zensur für ihre Schöpfungen. Wenn man ihrem Aufbau nachspürt, so wird man inne, wie das Wunschmotiv, das sich in ihrer Produktion betätigt, das Material, aus dem sie gebaut sind, durcheinandergeworfen, umgeordnet und zu einem neuen Ganzen zusammengefügt hat [s. oben Goethes Theorie der Imagination!]. Sie stehen zu den Kindheitserinnerungen, auf die sie zurückgehen, etwa in demselben Verhältnis wie manche Barockpaläste Roms zu den antiken Ruinen, deren Quadern und Säulen das Material für den Bau in modernen Formen hergegeben haben." Für Freud ist also der Nachttraum sehr viel stärker verschlüsselt und sehr viel weniger durch

bewußte Phantasien beeinflußt als der Tagtraum, was sich auch durch andere Zitate belegen läßt: „Für Wißbegierige bemerke ich, daß hinter dem Traume sich eine Phantasie verbirgt von unanständigem, sexuell provozierendem Benehmen meinerseits und von Abwehr [...]". Der eigentliche Gehalt der Freudschen Traumdeutung ist hiermit noch nicht berührt und kann aus Platzgründen hier auch nicht eingehender thematisiert werden. Vom wissenschaftlichen Standpunkt aus muß ohnehin die Frage nach der Zuverlässigkeit solcher Deutungsversuche gestellt werden. Besonders interessant am vorliegenden Zitat ist jedoch die Beziehung zwischen Phantasie, Zensur und Bewußtsein; sie wird uns noch weiter beschäftigen.

Im Zentrum des Films von Alfred Hitchcock, „Spellbound": „Ich kämpfe um dich", steht die Psychoanalyse eines Mannes mit einer psychogenen Erinnerungslücke. Der Film hat dadurch seinen besonderen Reiz, daß sich zwischen dem Patienten (Gregory Peck) und seiner Psychotherapeutin (Ingrid Bergmann) eine Liebesbeziehung entwickelt, wobei von der zutreffenden Deutung der Träume des Kranken insofern sein Schicksal abhängt, als er ansonsten von der Polizei für einen Mörder gehalten werden muß. Da die Bildgestaltung der Traumszenen von keinem geringeren als Salvadore Dali stammt, ist die Symbolik dieser Traumszene (Abbildung 9.7) ein beson-

Abb. 9.7. Von Salvadore Dali geschaffene Traumsymbolik in Alfred Hitchcock's Film „Spellbound" („Ich kämpfe um Dich").

ders eindrucksvolles Beispiel der Filmgeschichte zum Thema Phantasie und Traum.

Die psychoanalytischen Traumtheorien beruhen fast ausschließlich auf Träumen, über die Patienten in Therapiesitzungen berichten. Die moderne Traumforschung bedient sich im Gegensatz dazu einer *experimentellen Methodik*, die es erlaubt, Träume in zeitlich viel direkterer Weise unmittelbar zu erfassen. Sie macht sich die Erkenntnis zunutze, daß der überwiegende Teil der Träume in den „REM"-Phasen abläuft (s. oben). Die Versuchspersonen schlafen im Schlaflabor, wobei ihr Schlaf-EEG kontinuierlich aufgezeichnet wird. Fünf bis zehn Minuten nach Beginn einer REM-Phase wird die Versuchsperson geweckt und gefragt, was ihr gerade so durch den Kopf gegangen sei. Meist können die Versuchspersonen dann mehr oder weniger ausführlich von einem Traum berichten. Nach den spontanen Angaben der Versuchsperson kann der Interviewer noch einmal gezielt nach bestimmten Details fragen, um der Erinnerung etwas nachzuhelfen. Die Traumberichte werden dann „inhaltsanalytisch" ausgewertet; man bemüht sich, Inhalte und Gefühle der Träume mittels vorgegebener Kategorien zu klassifizieren. Dabei hat man sich früher stark an psychoanalytischen Einteilungen orientiert, z. B. wurden Trauminhalte etwa der „oralen" oder der „analen" Sphäre zugeordnet. Neuere Kategoriensysteme orientieren sich stärker an dem „manifesten" Trauminhalt, d. h. sie halten sich möglichst an die von der Versuchsperson tatsächlich berichteten Inhalte und vermeiden Zuordnungen, die bereits Deutungen enthalten.

Mit der beschriebenen experimentellen Methodik wurden schon verschiedene wissenschaftliche Fragestellungen untersucht. Dazu gehört auch ein Problem, das die Traumforschung schon lange beschäftigt, nämlich die Frage, inwieweit der Traum eher eine „Anpassungs"- oder „Kompensations"-Funktion hat. Die *Anpassungshypothese* besagt, daß der Traum im wesentlichen Traumelemente beinhaltet, die sich an neue Umweltsituationen anpassen. Dagegen steht andererseits die *Kompensationshypothese*, aufgrund derer angenommen wird, daß negative Ereignisse im Wachzustand durch positive Emotionen und Erfolgsgefühle im Traum kompensiert werden. Eine experimentelle Untersuchung, die im Münchener Max-Planck-Institut für Psychiatrie in der Abteilung von Prof. Berger durchgeführt wurde, zeigte, daß gesunde Probanden nach dem Ansehen eines streßgeladenen Films mit sehr negativen Emotionen im Vergleich zu in dieser Hinsicht neutralen Filmen zu deutlichen „Inkorporationen", d. h. Einschlüssen von solchen vom Film her kommenden „stress events" in den Traum neigten, wobei aber offenbar beide Strategien, sowohl die Kompensations- als auch die Anpassungs-Strategie, verwendet wurden. Im Sinne der oben dargestellten Hypothesen wäre das dahingehend zu interpretieren, daß die „Phantasieelemente" des Traums jedenfalls teilweise aus der Empirie gespeist werden. Aus amerikanischen Untersuchungen ist übrigens interessanterweise bekannt geworden, daß Versuchspersonen, die über einige Zeit farbige Brillen tragen, in einem hohen Prozentsatz auch im Traum die tags gesehene Farbe, und nicht etwa die Gegenfarbe, wahrnehmen, was einerseits wiederum die Beeinflussung des „Phantasiesystems" durch die sinnliche Wahrnehmung dokumentiert, andererseits aber, zumindest für diesen Einzelvorgang, mehr die Anpassungs- als die Kompensations-Hypothese stützt.

Auch ein anderes Problem stellt ein geradezu „klassisches" Thema der Traumforschung dar: die Frage, inwieweit aktuelle Sinnesreize in Träume eingebaut werden und das Traumgeschehen bestimmen. Auch hierzu wurde am Max-Planck-Institut für Psychiatrie (Dr. Wiegand, Frau Gudewill) eine experimentelle Studie durchgeführt, in der geprüft wurde, ob Gerüche, die während des Schlafes unmittelbar beim Eintritt einer REM-Phase dargeboten werden, Einfluß auf die Stimmungslage von Träumen haben können. Wenn es solche Einflüsse gibt, so ist zu erwarten, daß sie gerade bei Geruchsreizen besonders deutlich hervortreten müßten. Gerüche werden nämlich in solchen Teilen des Gehirns („limbisches System") verarbeitet, in denen sich die neuronalen Mechanismen der Gefühle abspielen (vgl. Kapitel 6 und 7). In dem Experiment wurde den Versuchspersonen entweder ein angenehmer Geruch (Orangenöl) oder ein unangenehmer Geruch (Skatol) durch einen feinen Plastikschlauch unmittelbar zur Nase zugeführt. Zehn Minuten nach Beginn der REM-Phase und der Geruchsapplikation wurden die Versuchspersonen geweckt und nach ihren Träumen befragt. Es zeigte sich, daß sich die Gerüche zwar nicht durchgehend in direkter, inhaltlich konkreter Form in den Traumberichten niederschlugen. Allerdings wirkte sich die Geruchsqualität auf die allgemeine emotionale Färbung der Träume aus: Träume unter Orangenöl wurden in der Mehrzahl als angenehm beschrieben, was unter dem unangenehmen Geruch nur in sechs von 40 Fällen vorkam. Diese Ergebnisse sind allerdings noch als vorläufig zu betrachten; für eine endgültige Aussage sind noch größere Versuchsreihen dieser sehr aufwendigen Experimente erforderlich.

In der neurobiologisch orientierten Grundlagenforschung wird zurecht immer wieder die Frage nach dem *„biologischen Sinn" von Träumen* aufgeworfen. Nach Hobson sind Träume Artefakte, die durch die Aktivierung bestimmter erregender Strukturen im Hirnstamm bestimmte Gedächtnisinhalte aufrufen, ohne daß dem eine inhaltliche oder funktionelle Bedeutung zukäme. Nach Pöppel haben Träume nur während der Embryonalentwicklung eine funktionelle Bedeutung im Sinne des vorbereitenden Trainings im Hinblick auf die Anforderungen des nachgeburtlichen Lebens. Die Träume wären dann nur Relikte aus der Embryonalzeit ohne funktionellen Sinn für die Gegenwart. Eine plausible Gegenannahme ist die Hypothese, daß Träume für die Kreativität während des gesamten Lebens wichtig sind, indem sie eine Art von „Trainingsprogramm" für Phantasiesysteme darstellen. Nur im Schlaf können diese Systeme unbehelligt durch äußere Reize

und/oder lebenspraktische Anforderungen sich „üben" und ihre biologischen Funktionen für das Erschließen neuer ökologischer Nischen am Leben erhalten, die sonst, wie alle physiologischen Funktionen, die funktionell ungenutzt bleiben, der Extinktion, Löschung, bzw. Atrophie zum Opfer fallen würden. Phantasiesysteme stehen ja, wie Gregory (vgl. I. Rock) gezeigt hat, mit kontrollierenden, zensierenden Korrektursystemen in ständigem Widerstreit und werden von diesen während des Wachzustandes praktisch ununterbrochen unterdrückt. Nur im Schlaf besteht die Möglichkeit, daß Phantasiesysteme sich ungehemmt frei entfalten und sich quasi „selbst trainieren". Dadurch wird auch die „intentionale" Komponente, das Zielgerichtete des Traums, die besonders deutlich in C. G. Jungs Psychologie heraustritt, verständlich: Der Traum zeigt, wo das Subjekt eigentlich (in seiner unbewußten Phantasie) hin will. Allerdings ist dies nicht simplifizierend so zu verstehen, daß Träume immer nur eine oberflächliche Wunsch- oder Trieberfüllung darstellen; vielmehr geht es um „Bewältigung", und in diesem Sinne können auch Alp- und Angstträume, einen „positiven" Sinn haben.

Die These, daß das Träumen im wesentlichen eine Leistung kreativer Systeme und nicht lediglich als „Mitteilung" oder „Brief" zu verstehen ist, wird auch von dem Traumforscher Stephan LaBerge in seinem Buch „Hellwach im Traum – Höchste Bewußtheit in tiefem Schlaf" vertreten: „Abschließend möchte ich behaupten, daß der Traum weniger eine Mitteilung als vielmehr eine Schöpfung ist. Im Grunde gleicht Träumen eher der Erschaffung einer Welt als dem Schreiben eines Briefes. [...] Wenn ich richtig vermute, haben Träume viel mehr mit Gedichten gemein als mit Briefen. Das Wort *Poesie* leitet sich von einem griechischen Verbum ab, das *erschaffen* bedeutet, und ich habe bereits die Auffassung vertreten, daß das Wesen des Träumens eher als eine Schöpfung denn als eine Mitteilung zu verstehen ist."

Die Wirkung von Psychedelika, Halluzinationen

Die oben dargestellten Wirkungen von Schlafentzug und Reizdeprivation sowie ferner die bereits von Goethe beschriebene Fähigkeit des Menschen zu Tagtraumerlebnissen zeigen uns, daß traumartiges Erleben nicht ausschließlich an den Schlaf gebunden ist. Es gibt nun eine Gruppe von psychoaktiven Wirkstoffen (Drogen), deren Wirkung darin besteht, solche traumartigen Erlebnisse im Wachzustand auszulösen, nämlich die von dem Amerikaner Humphrey Osmond so bezeichneten *„Psychedelika"*. Osmond hat zur Begründung dieses Namens folgendes ausgeführt: „Ich habe versucht, einen geeigneten Namen für die betreffenden Stoffe zu finden, eine Bezeichnung, die den Vorstellungen von einem reicheren geistig-seelischen Zustand und einem erweiterten Sehen gerecht wird. [...] Meine Wahl fällt auf einen Begriff, der eindeutig, wohlklingend und von anderen Vorstellungen unbelastet ist: psychedelisch, die Seele offenbarend." Diese sehr blumige und hinsichtlich der Gefahren dieser Substanzen reichlich naive Darstellung der Wirkung dieser auch als „psychotogen" zu charakterisierenden Substanzen wird der Tatsache nicht gerecht, daß, wie das Wort „psychotogen" sagt, von diesen Stoffen schwere psychotische Erkrankungen ausgelöst werden können, die oft nur sehr schwierig therapeutisch zu erreichen sind. Aber es ist andererseits zweifellos richtig, daß durch Psychedelika, wie besonders der berühmte englische Schriftsteller Aldous Huxley (1894–1963) in seinem 1954 erschienen Buch „Die Pforten der Wahrnehmung" dargestellt hat, Material aus dem Unbewußten an die Bewußtseinsoberfläche gespült wird, das normalerweise der Verdrängung unterliegt. So schreibt Huxley: „Eine halbe Stunde nachdem ich das Mescalin genommen hatte, wurde ich mir eines langsamen Reigens goldener Lichter bewußt. Ein wenig später zeigten sich prächtige rote Flek-

ken, und sie schwollen an und dehnten sich aus, von hellen Knoten von Energie her, die von einem immerzu wechselnden, musterbildenden Leben vibrierten." Es sind aber, wie systematische Untersuchungen von Psychoanalytikern und Psychotherapeuten gezeigt haben, nicht nur Halluzinationen, die auf diese Weise entstehen, sondern die traumartigen Bilder haben durchaus symbolischen Bezug zu komplexnahen Bereichen des eigenen Unbewußten. Dies wird verständlich, wenn man bedenkt, daß Psychedelika offenbar dadurch wirksam werden, daß sie eine Schwächung zensurierender Mechanismen im Zentralnervensystem des Menschen hervorrufen (s. u.).

Die biochemische Forschung über den Wirkungsmechanismus von Psychedelika steht noch ganz in ihren Anfängen. Der amerikanische Pharmakologe George Aghajanian wies nach, daß in ähnlicher Weise wie bei der Schlaf-/Traumregulation das Wechselspiel zwischen Hemmung und Erregung in Arealen des Hirnstamms und des „limbischen Systems" durch psychedelische Drogen verändert wird. Hierbei scheint insbesondere das Gleichgewicht zwischen *Locus coeruleus*-Zellen und Zellen im Kerngebiet der Mandelkerne (einem Teil des limbischen Systems) für das Auftreten der Halluzinationen ausschlaggebend zu sein (vgl. Abbildung 9.6). Neueste Untersuchungen von Aghajanian (vgl. S. Snyder) zeigten darüber hinaus, daß Psychedelika offenbar auch direkt an Arealen der Großhirnrinde Wirkungen ausüben.

Die Einnahme von halluzinationserzeugenden Drogen bedeutet für viele Menschen eine *Flucht aus einer Realität,* die als langweilig, problemüberladen und abstoßend interpretiert wird. Hierbei handelt es sich aber um eine außerordentlich gefährliche Scheinlösung, die häufig mit dem Auftreten schwerer *psychischer Krankheiten* erkauft wird.

Halluzinatorische Erlebnisse werden allerdings nicht nur von Drogen dieser Art erzeugt. Allgemein bekannt ist auch, daß Menschen im „Alkoholentzugsdelir" eine Fülle von halluzinatorischen Erlebnissen haben können, wie z. B. das Sehen von weißen Mäusen und Insekten aller Art, die auch körperlich auf der Haut wahrgenommen werden können. Ein solches Alkoholentzugsdelir tritt insbesondere nach jahrelangem intensivem Alkoholmißbrauch auf und ist das Zeichen für eine bereits schwere alkoholbedingte Schädigung des Gehirns. Dies bedeutet, daß der Alkoholentzug in kompetente fachärztliche Behandlung gehört. Andererseits sind psychedelische Erlebnisse und Halluzinationen ein starkes Indiz für die Richtigkeit der vom Konstruktivismus vertretenen Grundüberzeugung, daß die aktiven Leistungen des Gehirns bei der Sinneswahrnehmung nicht in erster Linie „abbildende" Funktionen haben, sondern eher „konstruktiv" tätig sind, eine Sichtweise, die im folgenden Kapitel noch vertieft wird.

Literatur

G. Edelman: „Neural Darwinism. The Theory of Neuronal Group Selection." Basic Books, New York 1987.

H. F. Ellenberger: „Die Entdeckung des Unbewussten." Huber Verlag, Bern 1973.

R. P. Feynman: „Sie belieben wohl zu scherzen, Mr. Feynman!" Piper, München 1987.

L. Freeman u. K. Kupfermann: „Verrückte Fantasien." Tagträume und ihre Bedeutung. Kreuz Verlag, Zürich 1989.

S. Freud: „Die Traumdeutung." Studienausgabe, Bd. II, 3. Aufl. Suhrkamp, Frankfurt 1972.

E. von Glasersfeld in: „Einführung in den Konstruktivismus." Schriften der C. F.-v.-Siemens-Stiftung, Bd. 10. Oldenbourg-Verlag, München.

J. A. Hobson: „Schlaf. Gehirnaktivität im Ruhezustand." Spektrum der Wissenschaft, Heidelberg 1990.

A. Huxley: „Die Pforten der Wahrnehmung. Himmel und Hölle. Erfahrungen mit Drogen." Piper, München 1984.

C. G. Jung: „Der Mensch und seine Symbole." Walter-Verlag, Olten 1986.

V. Kast: „Imagination als Raum der Freiheit." Walter-Verlag, Olten 1989.

S. LaBerge: „Hellwach im Traum. Höchste Bewusstheit in tiefem Schlaf." Junfermann-Verlag, Paderborn 1987.

J. C. Lilly: „Das tiefe Selbst." Sphinx Verlag, Basel 1988.

H. Maass: „Wach-Träume. Selbstheilung durch das Unbewußte." Walter-Verlag, Olten 1989.

I. Rock: „Wahrnehmung. Vom visuellen Reiz zum Sehen und Erkennen." Spektrum der Wissenschaft, Heidelberg 1985.

S. Snyder: „Chemie der Psyche," 2. Aufl. Spektrum der Wissenschaft, Heidelberg 1989.

P. Watzlawick: „Wie wirklich ist die Wirklichkeit?" Piper, München 1987.

Nach der psychologisch-philosophischen Konzeption des Konstruktivismus ist die Wirklichkeit, wie wir sie wahrnehmen, nur ein durch Hypothesenbildung über mögliche Außenwirklichkeiten entstandenes Modell. Der wirklichkeitserzeugende Charakter unserer Sinneswahrnehmungen tritt besonders dann deutlich zu Tage, wenn alternative Deutungsmöglichkeiten wie bei Vexierbildern (Kapitel 1 und 4) bestehen. Weite Bereiche unseres Sozialverhaltens, insbesondere auch die kommerzielle Werbung nutzen die Fähigkeit des Menschen, „imaginäre Wirklichkeiten" zu schaffen.

Die Vorstellung von der Erzeugung neuer fiktiver Wirklichkeiten durch Imagination entspricht der Fähigkeit neuronaler Netzwerke, Variationen von Verknüpfungsmustern unter den Bedingungen eines Darwinistischen Auswahlverfahrens ausprobieren zu können. In diesem Sinne treffen sich heute die Vorstellungen des Konstruktivismus mit denen der modernen neurobiologischen Forschung.

Träume werden vermutlich durch Änderungen im Erregungszustand von Neuronen des *Locus coeruleus* des Hirnstammes ausgelöst. Hierdurch werden Gedächtnisinhalte aus Arealen des Großhirns freigesetzt, die mit Phantasie variiert und kombiniert werden können. Träume treten insbesondere in den REM-Phasen des Schlafes auf. Sie stellen gewöhnlich eine Kombination von Phantasieelementen mit frischen Erfahrungselementen dar. Für den biologischen Sinn des Träumens gibt es verschiedene Hypothesen. Vermutlich sind Träume eine Voraussetzung für die menschliche Kreativität.

Psychedelika können traumartige Erlebnisse im Wachzustand auslösen. Es wird vermutet, daß ihre Wirkung auf der Auslösung veränderter Erregungszustände von Neuronen des *Locus coeruleus*, des Mandelkernes und wohl auch der Großhirnrinde beruht. Psychedelische Erlebnisse und Halluzinationen sind ein weiteres Indiz für die Richtigkeit des Konstruktivismus.

Im folgenden Kapitel untersucht Hinderk Emrich die Konsequenzen des *Konstruktivismus* für unser Ich.

Kapitel 10

Vom Ich unserer Sinne

Von Hinderk M. Emrich

Einleitung

Zu Beginn und im letzten Abschnitt von Kapitel 9 war gezeigt worden, daß es sich bei Sinneswahrnehmungen nicht um simple Abbildungen der Außenwirklichkeit im Zentralnervensystem handelt, sondern daß vielmehr den Wahrnehmungsleistungen aktive Prozesse zugrunde liegen, bei denen im wesentlichen vom Gehirn gebildete „Hypothesen" über mögliche Wirklichkeiten und Wahrnehmungswelten erzeugt und getestet werden. Es wurde auch gezeigt, daß eine diese aktiven Wahrnehmungsleistungen beschreibende Theorie vom „Konstruktivismus" bereitgestellt wird und daß in diesem Sinne von intern gebildeten Wirklichkeitsfiktionen (Watzlawick) gesprochen werden kann. Wenn man sich nun fragt: Wer ist es eigentlich, der die auf diese Weise „erzeugte" und „überformte" Wirklichkeit anschaut und wahrnimmt, dann stellt sich rasch die althergebrachte Vermutung ein, es müsse gewissermaßen ein „kleines Männchen", eine besondere „Ich-Instanz" in uns geben, die als letztes Glied der Kette der Wahrnehmungsakte fungiert. Stellt man allerdings innerhalb der Neurobiologie diese Frage, wo dieses „Ich" lokalisiert sein soll und ob es solch ein festlegbares Bewußtseinszentrum im Gehirn gibt, dann zeigt sich, daß eben nur in einem metaphorischen Sinne von einer solchen Instanz gesprochen werden kann und daß kein „Zentrum" im Gehirn existiert, auf das hin alle Sinnesdaten von außen her konvergieren. Vom Standpunkt des Konstruktivismus aus ist auch das „Ich" ein „Konstrukt" des neuronalen Systems, und in diesem Sinne fallen wir auf unser eigenes „Konstruieren" herein, wenn wir fragen, wo denn dieses „Ich" im Zentralnervensystem lokalisiert sei.

Wenn nun dieses Kapitel dennoch „Vom Ich unserer Sinne" heißt, dann ist damit nicht etwa gemeint, man könne eine Neurobiologie des „Ich" beschreiben, sondern das Thema besteht vielmehr darin zu zeigen, daß sowohl tierische als auch menschliche Zentralnervensysteme die Fähigkeit ausgebildet haben, von außen kommende Sinnesdaten mit inneren Konzepten zu vergleichen, sie zu integrieren, und auf diese Weise „Innenwelten" zu strukturieren, von denen wir ja reden, wenn wir „Ich" sagen. Im Sinne dieser Problematik: „Wie entsteht eine ‚Innenperspektive'?", d. h. „wie entsteht ‚Subjektivität'?" stellen wir die Frage: „Was heißt es eigentlich, wenn wir sagen: hinter einem Gesicht verbirgt sich dieser oder jener Mensch?", oder, mit anderen Worten: „Wie ist es um die Binnenstruktur von jedem von uns bestellt, von der aus wir unsere Sinneswelt erleben?" Jeder von uns hat ja das Gefühl, in eigentümlicher Weise einerseits in seiner eigenen Welt, in einer nur ihm selbst zugehörigen Wirklichkeit zu existieren, und doch gleichzeitig Teil einer Außenwelt zu sein, an der nicht nur er selbst, sondern auch alle anderen Menschen teilhaben.

Die erstaunliche Fähigkeit des menschlichen Gehirns, diese besondere Erlebniswirklichkeit, d. h. eine Verbindung von Subjektivität und Objektivität möglich zu machen, beruht offenbar auf Strukturen, die man auch als „bewußtseinsgenerierende Systeme" bezeichnen kann, und die Frage nach dem „Ich unserer Sinne" könnte man dementsprechend auch so umformulieren: „Wie entsteht Bewußtsein von etwas? Wie werden Sinnesdaten so koordiniert, daß ein sinnvoller Wirklichkeitsbezug, d. h. eine Koordination von Innenwelt- und Außenwelt-Konstruktionen entsteht?" Diese schwierige Frage nach den Mechanismen einer sinnvollen Strukturierung der Wahrnehmungswelt kann im Rahmen der derzeitigen Neurobiologie bisher nur ansatzweise beantwortet werden. Sie stellt eine der größten Herausforderungen der Neurowissenschaften dar, weil sie im Grunde darauf abzielt, zu verstehen, wie das menschliche Bewußtsein „funktioniert".

Im täglichen Leben geht man in der Regel von einem Weltbild aus, das häufig von Philosophen auch als „naiver Realismus" bezeichnet wird. Hierbei wird stillschweigend vorausgesetzt, die äußere Wirklichkeit sei exakt so strukturiert, wie wir sie wahrnehmen, ganz so, als ob es genügen würde, die Welt „wie sie wirklich ist" einfach mit einer Kamera abzuphotographieren bzw. abzufilmen, und das menschliche „Subjekt", das „Ich", sei nichts anderes als eine Art von Computer, der diese Sinnesdaten auswertet und in sich abbildet (Abbildung 10.1 a). Tatsächlich aber ist, wie bereits oben angedeutet, der Vorgang der Sinneswahrnehmung wesentlich komplizierter: Bevor Sinnesdaten ausgewertet, interpretiert und integriert werden können, bedarf es eines „Konzeptes", eines Weltbildes, eines „mitlaufenden Weltmodells" (Prinz) (Abbildung 10.1 b), in das die aktuellen Sinnesdaten eingefügt werden bzw. von dem aus sie verworfen werden können. Dies führt zu einem Ver-

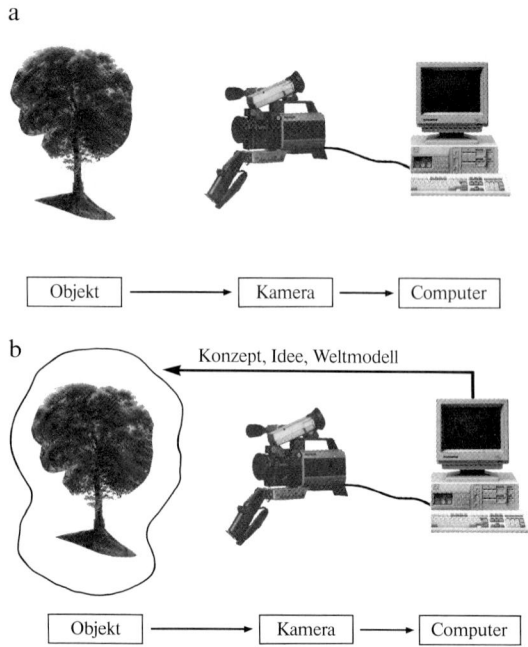

Abb. 10.1 a. Schematische Darstellung des Weltbildes des „naiven Realismus". b. Ergänzung des Schemas der Abb. 1 a durch Konzeptualisierungsprozesse.

gleich von „erwarteter Wirklichkeit" mit tatsächlicher Wirklichkeit und damit offenbar zu einem Erlebnis, das man mit den Worten beschreiben könnte: „Dies geschieht wirklich."

Die Frage nach solchen „subjektiven Wirklichkeiten", wie sie hier schematisch dargestellt wurden – Wirklichkeiten übrigens, die wir nur zu einem Teil mit anderen Menschen austauschen können und die deshalb immer einen Grad von Intimität behalten, weshalb auch selbst bei den uns am nächsten stehenden Menschen immer ein Rest von Geheimnis übrigbleibt –, Fragen dieser Art werden in der derzeitigen angloamerikanisch geprägten analytischen Philosophie lebhaft diskutiert. Dies ist eine Entwicklung, die schlagartig durch einen Aufsatz des bekannten amerikanischen Philosophen Thomas Nagel in Gang gesetzt wurde mit dem Titel: „What is it like to be a bat?" – Wie ist es, eine Fledermaus zu sein? Nagel wählte die Fledermaus als Para-

176

digma für die Verschlossenheit subjektiven Erlebens aus einem besonderen Grund: Die Fledermaus lebt in einer anderen Sinneswelt als der Mensch, denn sie verfügt zur Orientierung beim Nachtflug über ein „Sonarsystem", eine Art Ultraschall-Sender- und Empfängersystem, mit dessen Hilfe sie sich erstaunlich präzise im Dunkeln bewegen kann.

Die Schwierigkeit des Einfühlens in den Emotionszustand eines fremden Lebewesens ist – worauf D. Ploog hinwies – besonders anschaulich aus einem von Martin Buber mitgeteilten Gespräch von Tschuang-Tse mit Hui-Tse: „Die Freude der Fische" abzulesen, wo es heißt:

Tschuang-Tse und Hui-Tse standen auf der Brücke, die über den Hao führt. Tschuang-Tse sagte: „Sieh, wie die Elritzen umherschnellen! Das ist die Freude der Fische".

„Du bist kein Fisch", sagte Hui-Tse, „wie kannst du wissen, worin die Freude der Fische besteht?"

„Du bist nicht ich", antwortete Tschuang-Tse, „wie kannst du wissen, daß ich nicht wisse, worin die Freude der Fische besteht?"

„Ich bin nicht du", bestätigte Hui-Tse, „und ich weiß dich nicht. Aber das weiß ich, daß du kein Fisch bist; so kannst du die Fische nicht wissen".

Tschuang-Tse antwortete: „Kehren wir zu deiner Frage zurück. Du fragst mich: ‚Wie kannst du wissen, worin die Freude der Fische besteht'. Im Grunde wußtest du, daß ich weiß, und fragtest doch. Gleichviel. Ich weiß es aus meiner eigenen Freude über dem Wasser".

„Batman", „Superman" und das Eindringen in fremde subjektive Eigenwelten

Blicken wir zurück in die Entstehung der Kulturgeschichte, in die Entstehungsgeschichte von Mythen und Sagen, so wird uns deutlich, daß der Mensch schon immer mit Problemen der Aneignung von Fremdem und Unvertrautem gerungen hat, sich schon immer die Frage vorgelegt hat, wie die Innenwelten anderer Wesen beschaffen sein mögen; und gerade die Menschenähnlichkeit derartiger mythischer Gestalten, wie sie beispielsweise den olympischen Himmel bevölkerten, ist als Versuch zu werten, sich in fremde Mächte hineinzuversetzen und diese gewissermaßen von innen heraus zumindest ansatzweise zu verstehen. So ist es auch in der modernen „Mythologie" der gegenwärtigen Unterhaltungsindustrie, denn auch die zum Menschen gewordene Fledermaus („Batman") und „Superman" (Abbildung 10.2 und 10.3) sind Phantasiefiguren, die mit ihren zusätzlichen Bewegungs- und Wahrnehmungsfähigkeiten

Abb. 10.2. Batman.

Abb. 10.3. Superman.

imponierende Idealgestalten darstellen, die schier alles können. Die äußerliche Ähnlichkeit mit dem Menschen erweckt im Betrachter das Gefühl, diese Rolle selbst einnehmen zu können, und macht Superman mit seinen übermenschlichen Fähigkeiten damit zum Inbegriff der Wunscherfüllung. Andererseits erzeugt – etwa bei Batman – die Ähnlichkeit mit der Fledermaus das Gefühl des Geheimnisvollen: Vielleicht ist seine Erlebniswelt eben doch ganz anders als unsere, und wir können also nicht wissen, was von ihm zu erwarten ist.

Einen ernsten Hintergrund hat dieses Problem der „Hermeneutik", d. h. der Kunst des deutenden Verstehens, beispielsweise bei den Schwierigkeiten, die subjektiven Eigenwelten von Patienten mit psychischen Krankheiten „einfühlend zu verstehen" (Jaspers). Hierbei sind Psychotherapeuten und Psychiater bis an die Grenzen ihrer Fähigkeiten gefordert, weil sie eine Art von Grenzgängertum, einen imaginativen Selbstübersteigungsprozeß bewältigen müssen, um zumindest ansatzweise einen Zugang zu der subjektiven Eigenwelt, z. B. eines psychotisch kranken Menschen, zu gewinnen. Die Symbolarbeit mit Träumen, Wachträumen und freier Assoziationstechnik (Psychoanalyse) im Zusammenwirken mit verständnisvoller, hingebungsbereiter Zuwendung mögen Möglichkeiten hierfür darstellen. Aber man sollte sich im klaren darüber sein, daß auch jeder von uns im täglichen Leben in abgeschwächter Form vor die gleiche Schwierigkeit gestellt ist: nämlich andere Menschen, die in ganz anderen Erfahrungshorizonten und subjektiven Wirklichkeiten befangen sind, in ihrer Besonderheit zu akzeptieren und ihnen in ausreichendem Maße Verständnis entgegenzubringen.

Zur Neurobiologie des Subjektiven: „Initiale Aktivität" *

Es wurde eingangs schon darauf hingewiesen, daß die Aufklärung der basalen neurobiologischen Mechanismen, die zur Entstehung subjektiver Eigenwelten führen, zu den faszinierendsten und schwierigsten Herausforderungen der modernen Neurobiologie gehören, denn erst das Verständnis dieser Mechanismen erschließt den wissenschaftlichen Zugang zum Seelenleben anderer Menschen.

Wenn es allerdings eine allgemeine Eigenschaft von Gehirnen ist, subjektive Eigenwelten hervorzubringen, dann sollte man diese Vorgänge z. T. auch schon an viel einfacheren Lebewesen als dem Menschen studieren können, an Tieren mit einem überschaubaren Verhaltensrepertoire und einer wesentlich geringeren Zahl von Nervenzellen im Gehirn. Tatsächlich werden solche Experimente heute durchgeführt, z. B. an einer winzigen Fliege, der *Drosophila melanogaster* (Taufliege).

Wie kann eine Fliege einem Verhaltensforscher etwas über ihre „Weltansicht" verraten? Sie läßt sich von ihm sehr genau beobachten: Das ist schon sehr viel. Sie wird von ihm mit dem Rücken an ein Meßgerät geklebt, an dem sie, anderweitig unbehindert, vor sich hin fliegt, als gälte es, die letzten Winkel des Labors zu erkunden. Sie kommt nicht von der Stelle, kann nicht einmal ihren Kopf drehen, aber sie fliegt und fliegt. Das Meßgerät registriert die Wendungen, die sie machen möchte, verrät dem Forscher also etwas darüber, wohin sie fliegen würde, wenn sie frei wäre.

Wozu klebt man sie erst fest, wenn man nur wissen möchte, wohin sie fliegen will? Lasse man sie doch frei und schaue ihr einfach zu! Aber der Forscher möchte das Verhalten sehr genau beobachten, um Rückschlüsse auf die Prozesse im Gehirn ziehen zu können. Wenn

---

*) Verfaßt von M. Heisenberg (Würzburg)

178

Exkurs: Zur Gemeinsamkeit von Eigenwelten

Für die Erarbeitung eines wissenschaftlichen Konzepts zum Verständnis des Subjektiven müssen wir uns klarmachen, daß es zunächst vor allem um das Gemeinsame an den Eigenwelten geht. Wissenschaft ist ein Kommunikationsprozeß, in dem die erste Spielregel lautet: Nur das hat Bestand, was letzten Endes von allen Erdenbürgern zugestanden werden muß. Das Gemeinsame läßt sich eher wissenschaftlich bearbeiten als das Unterschiedliche, weil es in den verschiedenen Organismen, Menschen wie Tieren, immer wieder von neuem in Erscheinung tritt. Das jeweilig Eigene der menschlichen Eigenwelten ist viel schwerer, zum Teil vielleicht gar nicht zu erfassen.

Unsere Gehirne erzeugen nach der Vorstellung des Konstruktivismus diese subjektiven Eigenwelten und verwischen für unser Bewußtsein die Spuren des Entstehungsprozesses. So gründlich verwischen sie diese, daß die meisten Menschen ganz von der Vorstellung erfüllt sind, ihre subjektive Eigenwelt würde auch ohne ihr Gehirn existieren. Das hat einen guten Grund: Wir reden unaufhörlich miteinander von unseren subjektiven Eigenwelten. Als Kulturwesen sind wir gegenüber allen Tieren gewissermaßen „Giganten der Kommunikation". Aber wir können uns letzten Endes nur über das Gemeinsame unserer Eigenwelten miteinander verständigen. Bei diesem Austausch verwenden wir Begriffe, die einen für alle unsere Sprachgenossen verbindlichen Bedeutungskern haben. Die Begriffe müssen wie Münzen von Hand zu Hand gehen können. Seit der Entdeckung der Wissenschaft werden manche Bedeutungskerne noch weiter „gehärtet" durch die Feststellung, daß sie feste Plätze in einem weit verzweigten Beziehungsnetzwerk besetzen. Dadurch ist das Gemeinsame allmählich zur Fiktion einer „real existierenden Welt" geworden. Aber die „Schnittmenge" unserer Eigenwelten ist deswegen doch nicht plötzlich unabhängig von unseren Gehirnen.

Der Weg, auf dem die Menschen zu dem harten Kern ihrer Wortbedeutungen kommen, kann ganz unterschiedlich sein und ist zunächst für die erfolgreiche Kommunikation nicht von Belang. Aber wenn wir beginnen, die unscharfen Ränder der Begriffsfelder, das – wenn man so will – „weiche Fleisch" der Eigenbedeutungen unserer Wörter mitzudenken, und uns zwingen, uns ihre individuelle Entstehung zu vergegenwärtigen, verliert unsere Weltsicht wieder viel von ihrer scheinbaren Unabhängigkeit.

Das Gemeinsame der Eigenwelten von Menschen und Tieren entspricht den zahllosen Übereinstimmungen zwischen diesen Lebewesen, der Ähnlichkeit ihrer Gene, Zellen, Sinnesorgane, Bewegungsapparate und Gehirne, wie auch den Gemeinsamkeiten ihrer Lebensumstände. Jeder Morgen löst die Nacht ab; alle diese Lebewesen stehen im Spannungsfeld zwischen Geborgenheit und Freiheit, alle gehen dem Nahrungserwerb und der Fortpflanzung nach, alle hält die Schwerkraft nahe dem Erdboden. Ohne diese Übereinstimmungen wäre keine Verständigung zwischen den Menschen möglich. Unsere Gemeinsamkeiten mit den Tieren verpflichten uns zu einem umfassenden „Interessenausgleich" mit ihnen.

sie festgeklebt ist, kann er mit minuziöser Genauigkeit bestimmen, welche Reize auf der Fliegenoberfläche eintreffen sollen, und fast ebenso genau kann er die momentanen Drehbemühungen der Fliege an seinem Meßgerät ablesen. Darüber hinaus verhindert diese Anordnung, daß die Fliege sich selbst durch ihr Verhalten unkontrolliert Sinnesreize erzeugt.

In solchen präzise überwachten Laborversuchen lassen sich erste Schritte rekonstruieren, in denen sich ein Fliegengehirn seine Eigenwelt erzeugt. M. Heisenberg und R. Wolf in Würzburg untersuchen die visuelle Flugsteuerung von *Drosophila*. Dazu wurde das Meßgerät mit der Fliege zu einem Flugsimulator erweitert. Das Meßgerät steuert die Drehungen eines Panoramas, in dessen Mitte die Fliege fliegt. Versucht sich die Fliege nach rechts zu wenden, dreht sich das Muster nach links und umgekehrt, so als hätte die Fliege mit ihren Wendeversuchen Erfolg. Wie gut sich die Fliege so täuschen läßt, ist schwer zu sagen, aber man kann nun beobachten, wie die Fliege ihre neu gewonnene Verhaltensmöglichkeit nutzt. Sie tut das, was auch eine frei fliegende Fliege tut; sie bringt ihren Kurs unter Kontrolle, d. h. sie hält eine bestimmte „Richtung" ein oder wechselt diese.

Jahrzehntelang ist die visuelle Kurskontrolle als einfacher *Regelkreis* beschrieben worden, in dem das Fliegengehirn nur ein passives Element ist, das auf Reize mit Reaktionen antwortet. Wird z. B. durch eine Störung eine Drehung des Panoramas erzeugt, so sprechen sofort Netze von Bewegungsdetektoren hinter dem Fliegenauge auf die Bildverschiebung an. Ihr Signal wird im Gehirn in ein Drehkommando umgerechnet, welches die Störung vermindert oder ausgleicht. Solche Regelkreise finden sich in den vielfältigsten Formen in Maschinen, die vom Menschen gebaut sind.

Heisenberg und Wolf haben nun gefunden, daß die Kurssteuerung bei *Drosophila* ganz anders funktioniert (vgl. Abbildung 10.4). Die Fliege ist nämlich kein passives Glied in einem Regelkreis. Sie besitzt, wie übrigens auch der Mensch und praktisch alle Tiere, „initiale Aktivität", d. h. sie erzeugt Verhalten aus sich selbst heraus, ohne Anstoß durch irgendwelche verhaltensrelevanten äußeren Vorgänge. Im Flugsimulator erzeugt sie selbst dauernd kleine Kursabweichungen und vergleicht die dabei auftretenden Drehungen des Panoramas mit ihren Flugsteuerkommandos (Reafferenz). Wie ein Tennisstar, der tänzelnd

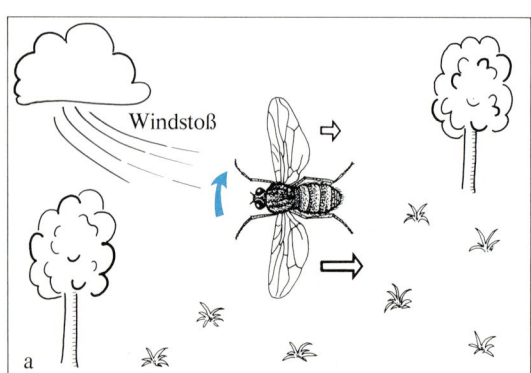
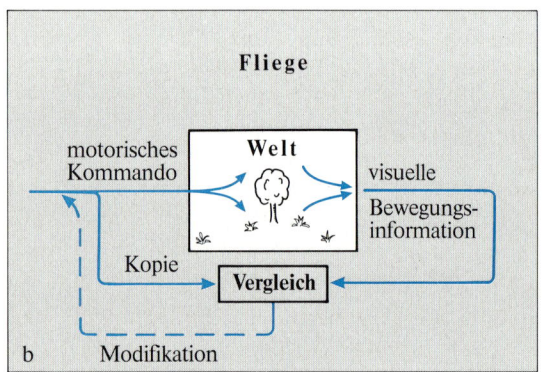

Abb. 10.4. Gegenüberstellung von einfachem Regelkreis und „Reafferenz-Modell". (a) Wird die Fliege während des Fluges von einer Luftturbulenz erfaßt, so löst der dadurch verursachte visuelle Bewegungsreiz (blauer Pfeil vor der Fliege) einen motorischen Reflex (Pfeile hinter den Flügeln) aus. Dieser wirkt der Störung entgegen und ändert den augenblicklichen Bewegungszustand der Fliege derart, daß der auslösende Reiz verkleinert wird. Der Vorgang bleibt solange bestehen, bis die Fliege wieder geradeaus fliegt. (b) Das „Reafferenzprinzip" liefert die Grundlage für das Entwickeln einer Versuchs- und Irrtums-Strategie, die zum Einüben der „richtigen" Flugmanöver unter veränderten Systembedingungen (positive Rückkopplung) notwendig ist.

auf den Aufschlag des Gegners wartet, so ist die Fliege bestens auf mögliche Ereignisse vorbereitet, weil sie ständig die Effektivität ihrer Aktionen unter Kontrolle hat. Die zur Verfügung stehenden Verhaltensoptionen zu kennen, ihre Wirksamkeit und ihre Folgen abschätzen zu können, das bezeichnen wir als *Orientiertheit*. Man sieht an diesem einfachen Beispiel, daß die Fliege durch ihre initiale Aktivität in der Lage ist, Orientiertheit aufzubauen.

Das Hervorbringen einer subjektiven Eigenwelt beginnt vermutlich mit der Erzeugung von Orientiertheit. Dieser Prozeß ist sicher nicht nur bei der Fliege eine aktive Leistung des Gehirns. Die Fliege bei diesem Prozeß zu beobachten, ist Heisenberg und Wolf in noch viel eindrucksvollerer Weise gelungen: Das Experiment knüpft an Untersuchungen an, die vor fast 100 Jahren der Engländer G. M. Stratton an sich selbst durchgeführt hat und die seitdem in vielen psychologischen Laboratorien die Wissenschaft beschäftigt haben.

Stratton ließ sich ein Linsensystem vor seinen Augen befestigen, das die Ansicht der Welt umkehrte. Er machte die aufregende Entdeckung, daß man nur zu Beginn durch die Verdrehung seiner Weltsicht gestört ist, bald jedoch lernt, sich in seiner Umgebung wieder unbehindert zurechtzufinden. Nach einigen Tagen erlebt man auch subjektiv seine Welt wieder in gewohnter Weise, ganz so wie sie war, bevor man das Umkehrglas aufsetzte. Stellen Sie sich vor, Sie trügen eine Brille, die rechts und links vertauscht. Der Begleiter, der eigentlich rechts vor Ihnen steht, erscheint dann links in Ihrem Gesichtsfeld. Sobald Sie nun versuchen, sich zu ihm hinzudrehen, also nach links, verschwindet er vollends links aus Ihrem Gesichtsfeld, denn Sie drehen sich ja in Wirklichkeit von ihm weg. Das ist anfangs sehr verwirrend und führt leicht zu katastrophalen Fehlreaktionen. Sie stoßen an Gegenstände und würden umfallen, wenn man Sie nicht festhalten würde. Aber als kühn entschlossener Proband würden Sie sich zwingen, die Augen offenzuhalten und sich mit der

Situation auseinanderzusetzen. Bald würden Sie merken, daß Sie immer besser in Ihren Orientierungsversuchen werden. Nach ein paar Tagen würde Ihr subjektives Wohlbefinden allmählich zurückkehren, und noch etwas später würde auch die von Ihnen bewußt wahrgenommene Szenerie wieder richtigherum erscheinen: rechts rechts und links links. Setzen Sie nun die Brille ab, so ist wieder alles verkehrt, aber nur für eine kurze Weile. Ihr Gehirn „erinnert sich" offenbar noch an die Weltansicht vor dem Experiment und kann sich schneller wieder darauf einstellen als es umgekehrt der Fall war. Sie haben vermutlich selbst noch keine Umkehrbrille getragen, aber Sie können sich leicht von der Situation eine Vorstellung machen, wenn Sie einmal versuchen, mit gekreuzten Armen auf Ihrem Fahrrad zu fahren. Vorsicht, Sie brauchen dabei möglicherweise jemanden zur Hilfestellung, der Sie auffängt, wenn Sie umfallen!

Heisenberg und Wolf können nun der Fliege im Flugsimulator sozusagen eine derartige „Umkehrbrille" aufsetzen, die rechts und links vertauscht. Das ist sehr einfach. Man braucht dazu nur die Drehrichtung des Motors umzupolen, der das Panorama bewegt. Eine beabsichtigte Drehung der Fliege nach links, die normalerweise wie im freien Flug zu einer Drehung des Panoramas nach rechts führen würde, erzeugt nun eine Drehung des Panoramas ebenfalls nach links. Das führt dazu, daß die Fliege eine Landmarke (z. B. einen einzelnen, senkrechten Balken), auf die sie zufliegen möchte, im Gesichtsfeld nach hinten verschiebt; sie wendet sich, wie die Versuchsperson in der entsprechenden Situation oben, von ihr weg. Die Fliege versucht, den Vorgang zu korrigieren, verstärkt aber dadurch nur ihr Fehlverhalten, und katastrophenartige Flugmanöver sind die Folge. Auch die Fliege scheint angestrengt an der Situation zu arbeiten, bis sie gelernt hat, mit ihr zurechtzukommen. Aber nach etwa 40 Minuten intensiven Ausprobierens haben sich die meisten Fliegen mit der Lage arrangiert, fliegen ohne zwanghafte Überreaktionen, können unbehindert auf die Landmarke zufliegen und reagieren auf Störungen in angemessener, d. h. die Störung vermindernder Weise. Setzt man ihnen nun die „Umkehrbrille" wieder ab, so sind sie zunächst ebenfalls verwirrt, wenngleich nur für einen Moment.

Für Fliegen wie Menschen ist also offenbar das oberste Prinzip, nach dem das Gehirn seine Eigenwelt strukturiert, der Erfolg seiner Handlungsmöglichkeiten. Dabei kann das Gehirn sich sogar noch nachträglich seine Eigenwelt umbauen, wenn darin plötzlich Unstimmigkeiten auftreten. Die initiale Aktivität gibt dazu den Anstoß, indem sie das Ausprobieren ermöglicht. Erst durch diese Grundeigenschaft können Gehirne die Leistungen hervorbringen, die ihnen der Unvoreingenommene selbstverständlich zuspricht: zu hoffen, freie Entscheidungen zu treffen, zu handeln oder wahrzunehmen. Erst durch die initiale Aktivität bekommen diese Begriffe einen wissenschaftlichen Sinn. Die Entdeckung dieser Vorgänge im *Drosophila*-Gehirn, das wenig mehr Schaltstellen hat als unsere größten Computer, eröffnet die Möglichkeit, daß einzelne Schritte der Entstehung von Eigenwelten nun etwas genauer als bisher untersucht und auf der Ebene neuronaler Prozesse im Gehirn verstanden werden können.

Neuronale Integration und die Konsolidierung des Ich

Die Tatsache, daß verschiedene Aspekte bei der Wahrnehmung eines Gegenstandes integrativ so wahrgenommen werden, daß dieser als eine Einheit erscheint, ist eine der bemerkenswertesten Fähigkeiten unseres Zentralnervensystems. Es ist ja eben nicht so, daß man, wenn man z. B. ein Kind mit einem roten Schal sieht, sich dann vergegenwärtigen muß: Da ist jemand, der ist ein Kind, mit einem Schal, und außerdem ist dieser auch noch rot, sondern man sieht dies als „synthetische Einheit". So war ja auch bereits in Kapitel 4 gezeigt worden, daß das Sehen von Bewegungen und das Sehen von Konturen

und Farben zwar von ganz verschiedenen Neuronengruppen gewährleistet wird, daß aber dennoch aus diesen Aspekten des Gesamtbildes eine einheitliche Sinneswahrnehmung erzeugt wird. Wenn nun das eben beschriebene Kind zusätzlich zu der Tatsache, daß es den roten Schal trägt, auch noch kichert, so erscheint uns diese Wahrnehmung des Kicherns ebenfalls nicht isoliert, sondern wir erleben ein kicherndes Kind mit rotem Schal. Dieses Phänomen, daß verschiedene sinnliche Aspekte der Wahrnehmung im Bewußtsein nicht separiert bleiben, bezeichnet man als „intermodale Integration" (d. h. Einheitsbildung aus verschiedenen Aspekten). Die Aufklärung der Art und Weise, wie das Zentralnervensystem diese integrativen Leistungen hervorbringt, stellt eine außerordentlich schwierige Aufgabe dar, da wir den „Code", in dem im Zentralnervensystem „Bedeutungen von etwas" verschlüsselt sind, noch nicht genau kennen. Zwar sind die wesentlichen biochemischen und biophysikalischen Grundlagen der Nervenzellerregung aufgeklärt (vgl. Kapitel 2), d. h. der „Erregungscode" von Einzelzellen ist bekannt, aber ein großes Rätsel ist weiterhin die Frage, wie der „Bedeutungscode" aussieht, d. h., auf welche Weise in Gruppen von Nervenzellen bestimmte Bedeutungen „von etwas" (z. B. „dieser Schal ist rot") codiert werden. Erst wenn dieses Rätsel geklärt ist, kann man hoffen, auch herauszufinden, wie Intermodalität funktioniert, d. h., wie die oben beschriebenen integrativen Leistungen zustande kommen.

Metaphorisch gesprochen, kann man sagen, daß bestimmte Hirnareale, bzw. bestimmte neuronale Netze („assemblies") die wahrscheinlich auch als „Bedeutungsträger" fungieren, „miteinander reden" müssen, um sich gegenseitig über die Zusammengehörigkeit bestimmter Aspekte eines Gegenstandes zu informieren. Wie könnte dieses „miteinander reden" funktionieren? Der Münchner Psychologe E. Pöppel war der erste, der – aufgrund raffinierter Reiz-Reaktionszeitmessungen – Hinweise darauf gefunden hat, auf welche Weise dieses Problem grundsätzlich im

Gehirn gelöst werden kann. Nach seiner Theorie sind neuronale Oszillationen im Gehirn dafür verantwortlich, daß „zeitlich neutrale" Zustände von „Gleichzeitigkeit", von „Momenten" erzeugt werden, während derer die Integration verschiedener im Gehirn verstreuter Informationsgehalte erfolgt. Der Frankfurter Neurophysiologe W. Singer (Max-Planck-Institut für Hirnforschung) fand bei elektrophysiologischen Ableitungen im Frequenzbereich von 40 bis 60 Hz regelmäßige rhythmische Entladungsmuster, die zu diesem Konzept gut passen. Singers Gruppe fand Hinweise dafür, daß die „Sprache", in der Gruppen von Nervenzellen miteinander „reden", mit dem Ausmaß der „Synchronisation" derartiger rhythmischer Oszillationen im Frequenzbereich von 40 bis 60 Hz zu tun hat. Nach Singers Aussage ist man bei den üblichen Einzelnervenzellableitungen gewissermaßen „zu nahe dran" am Objekt und verliert das Wesentliche aus den Augen, wenn

---

Exkurs: Zur Einheitlichkeit des Ich

Eine mit dem Problem der intermodalen Leistungen verwandte Frage ist diejenige nach der Einheit des „Ich". Wir sind daran gewöhnt, daß verschiedene, einander durchaus widersprechende Aspekte unserer eigenen „Ich-Person" uns trotz ihrer Widersprüchlichkeit als zu einer Einheit gehörig erscheinen. Wir bevorzugen zu sagen: „Ich wollte zwar eigentlich dies, habe dann aber doch schließlich jenes gemacht", anstatt zu sagen: „Mein eines Ich wollte dies, aber mein anderes Ich war momentan stärker, und deshalb kam es zu jener Handlung." Die Tatsache, daß das „Ich" uns als Einheit erscheint, ist keineswegs eine Selbstverständlichkeit. In der Belletristik findet man, insbesondere in der Romantik, eindrucksvolle Beispiele dafür, daß Dichter das Zerfallensein des Ichs in Fragmente, in isolierte Ich-Anteile, für einen durchaus möglichen seelischen Zustand gehalten haben. Beispiele hierfür sind Dostojewskis Roman „Der Doppelgänger", die „Elixiere des Teufels" von E. T. A. Hoffmann, „Die Nase" von W. Gogol und die mehrfach verfilmte Novelle von Stevens: „Dr. Jekyll and Mr. Hyde". Es ist eine in der Psychologie keineswegs entschiedene Frage, ob der „natürliche" Zustand derjenige einer primären Zerfallenheit des Ichs in verschiedene Anteile ist, die durch Integration überwunden werden muß, oder ob umgekehrt die Einheitlichkeit des Ichs den Urzustand darstellt, der durch Krankheitsprozesse (Spaltung) gefährdet ist. Möglicherweise enthalten auch beide Modelle eine Teilwahrheit. In der modernen Psychologie sind jedenfalls Krankheitsbilder bekannt, die man als multiple Persönlichkeitsstörung (multiple personality disorder) bezeichnet. Hierbei können sich gleich mehrere Personen in einem Ich breitmachen, was zu komplizierten Verwicklungen sowohl im Alltag als auch z. B. bei Gerichtsprozessen führen kann (eine scherzhafte Skizze hierzu ist in der Abbildung 10.5 dargestellt). Nach dem derzeitigen Kenntnisstand kann der Ich-Zerfall auf zweierlei Weisen erfolgen: Erstens als „psychogene" – d. h. durch psychische Konflikte erzwungene – Notlösung der Psyche, wobei mehrere personale Erlebensweisen nebeneinander ausgelebt werden, und, zweitens, als psychotische „desintegrative" Störung (z. B. bei der Schizophrenie, s. u.) als Folge einer Unfähigkeit zensurierender und realitätsanpassender Systeme, alle subjektiven Erlebnisse noch „auf einen Nenner zu bringen".

Abb. 10.5.

man nicht die Elektrophysiologie ganzer Gruppen von Nervenzellen und deren Rhythmizitäten untersucht. Dieses Wesentliche erfaßt man offenbar erst dann, wenn man die Zeitstruktur von Oszillationen neuronaler Netze analysiert und zwar im Hinblick auf ihre Interaktion mit anderen Nervennetzen.

Selektive Aufmerksamkeit

Stellen wir uns eine Party-Situation vor, in der ein allgemeines Gemurmel, ein „Rhabarber-Rhabarber", den ganzen Raum erfüllt. Trotz des Stimmengewirrs fällt es uns relativ leicht, uns auf die Lautäußerungen unseres Gegenübers zu konzentrieren und ein weitgehend ungestörtes Gespräch zu führen. Wenn in dieser Situation jemand, keineswegs in nächster Nähe, in normaler Lautstärke den Namen unseres Gesprächspartners ausspricht, so ist er uns gegenüber eventuell plötzlich unaufmerksam und konzentriert sich offenbar ganz auf das Nachbargespräch, während umgekehrt das Auftauchen besonderer Reizworte wie der Satz: „Es war Mord", etc., auch uns ablenken würde. Oder eine andere Situation: Jemand ist dabei einzuschlafen; das regelmäßige Tropfen des Wasserhahns stört ihn nicht, er ist gerade beim Eindämmern. Da hört das regelmäßige Tropfen plötzlich auf oder ändert unvermutet die Frequenz. Er ist plötzlich hellwach. Man stelle sich nun noch vor, in der Nähe des Wasserhahns sei anstelle eines gewohnten Lichtschimmers nun eine große dunkle Fläche: Dies würde ihn sicherlich alarmieren, obwohl die Sinnesreize, die diesen Alarm auslösen, negativ sind: Es ist das *Fehlen* eines gewohnten Reizmusters, das den Aufmerksamkeitseffekt hervorruft, nicht etwa ein besonders intensives Sinnessignal. Wie kommt so etwas zustande? Die ursprünglichen Theorien über die selektive Wahrnehmung gingen von der unbestreitbaren Tatsache aus, daß die Informations-Verarbeitungskapazität von Nervensystemen begrenzt ist. Hierfür gibt es eine Fülle von Beispielen aus dem täglichen Leben. So kann man in der oben skizzierten Partysituation nicht allen Gesprächsteilnehmern gleichzeitig zuhören; auch kann man z. B. am Steuer eines Fahrzeuges nicht gleichzeitig eine brenzlige Verkehrssituation meistern, Radio hören und einen Familienstreit im Auto schlichten. In dieser Situation ist eine Hierarchie erforderlich, die eine Auswahl bevorzugt wahrzunehmender Sinnesreize bedeutet.

Es wurde früher angenommen, daß diese *selektive Auswahl* durch ein „Filtersystem" (Broadbent) erfolge, das zwischen die Sinnesrezeptoren und die Verarbeitung dieser Signale im Zentralnervensystem geschaltet sei, so daß nur die über einen limitierten, vorgefilterten Kanal ins Zentralnervensystem eindringenden Informationen für die Weiterverarbeitung im Zentralnervensystem bereitgestellt würden. Es gibt inzwischen eine Reihe von Belegen dafür, daß der Auswahlmechanismus bedeutungsvoller Informationsgehalte in etwas anderer Weise erfolgt: Offenbar werden die Informationen, die von den Sinnesorganen aufgenommen werden, dem Gehirn zugeleitet und verbleiben dort für eine kurze Zeit in einem Speichersystem, dem „sensorischen Gedächtnis". Aufgrund von Vorerfahrungen, motivationellen Einstellungen, etc. wird mit Hilfe der Gedächtnisinhalte des Langzeitgedächtnisses dann geprüft, welchen Wichtigkeitsgrad die im sensorischen Kurzzeitspeicher enthaltenen Daten tatsächlich haben, und auf diese Weise wird die Wirklichkeit im Sinne der dargestellten selektiven Aufmerksamkeit „bearbeitet".

Die im Langzeitgedächtnisspeicher vorhandenen Einstellungen und Konstrukte können auch im Sinne der in der Einleitung beschriebenen Konzeptualisierungstheorie als „Weltmodell" (Abbildung 10.1 b) bezeichnet werden, und in diesem Sinne erfolgt selektive Aufmerksamkeit immer im Hinblick auf die Summe der Vorerfahrungen, die in ein derartiges Wirklichkeits- bzw. Weltmodell eingegangen sind. So wird auch verständlich, daß das Tropfen des Wasserhahns in seiner Rhythmik beim Einschlafen völlig unbeachtet bleibt, solange es den einmal vorhandenen „Regeln" weiter folgt. Ein Abweichen hiervon wird aber durch den Vergleich mit dem internen Wirklichkeitsmodell ebenso alarmierend wirken wie das plötzliche Verschwinden eines vorher vertrauten Lichtschimmers und Anlaß zu der Hypothese geben, daß hier ein Eindringling an dem Wasserhahn manipuliert hat, so daß sich die Frage stellt, wer dies wohl sein mag.

Selektive Aufmerksamkeit spielt in der Motivationspsychologie und in der Werbepsychologie eine zentrale Rolle, und es gibt offenbar eine Reihe von typischen Variablen,

Abb. 10.6. Liz Taylor im Film „Mord im Spiegel"

Exkurs: „Mord im Spiegel"

Für das Phänomen der selektiven Wahrnehmung gibt es wiederum ein filmisches Beispiel, das sich ebenfalls in einer Partysituation abspielt. In dem Film nach Agatha Christie, „Mord im Spiegel", geht es um eine Filmschauspielerin (Liz Taylor, Abbildung 10.6), die scheinbar völlig ohne Motiv während einer Party eine Verehrerin ihrer Schauspielkunst mit einem vergifteten Cocktail ermordet. Der Mord und sein Motiv können von Miss Marple dadurch aufgeklärt werden, daß sie die Situation rekonstruiert: Die Schauspielerin befindet sich in der Partysituation mit der Verehrerin in einem scheinbar belanglosen Gespräch, in dem diese beiläufig erwähnt, sie habe vor einigen Jahren in einem Krankheitszustand nach einer Vorstellung die Schauspielerin in ihrer Garderobe aufgesucht und ihr einen Kuß gegeben. Diese wird daraufhin plötzlich aufmerksam und blickt mit aufgerissenen Augen über längere Zeit ein Ölbild mit der Muttergottes und dem Jesuskind starr an. Daraufhin kommt es zum Mord.

Der Hintergrund ist folgender: Aufgrund der Rötelninfektion der Verehrerin kommt es bei der damals schwangeren Schauspielerin zu einer Ansteckung mit dem Virus und einer Mißbildung der Leibesfrucht, so daß sie ein geistig behindertes Kind zur Welt bringt. Die innere Konstellation des jahrelangen Leidens über das eigene kranke Kind, zusammen mit der nun erfolgten Aufklärung über die Ursache der Mißbildung des eigenen Kindes und dem Anblick des gesunden Jesusknaben, erzeugt bei ihr eine extreme Einengung ihres Wahrnehmungshorizontes und einen so massiven psychischen Druck, daß sie die geschilderte Tat begeht.

auf die das Aufmerksamkeitssystem besonders reagiert. Dies sind insbesondere Veränderungen der Reizsituation, in qualitativer (Polizeisirene) oder in quantitativer Hinsicht (plötzliches Laut- oder Hellwerden vorher vorhandener Sinnesreize), ferner besonders das Reizmerkmal „Größe" und „Bewegung". So ist es charakteristisch, daß z. B. in Schaufenstern gerade *bewegte Objekte* in verstärktem Maße die Aufmerksamkeit auf sich ziehen. Darüber hinaus sind aber besonders „innere Bedingungen" dafür ausschlaggebend, daß bestimmte Objekte bevorzugt wahrgenommen werden, wie im erwähnten Filmbeispiel das Leid über das mißgebildete Kind oder – im Gegensatz hierzu – eine erotische Grundstimmung, die beispielsweise die Werbeanzeige einer Tabakfirma, die zu ihren Zigarillos ein weitgehend unbekleidetes Mädchen abbildet, attraktiv macht (Abbildung 10.7). Bei dem Vergleich zwischen „innerem Weltmodell" und aktuellen Sinnesdaten ist für die selektive Aufmerksamkeit offenbar der „Bedeutungsgehalt" entscheidend, im Falle der Zigarillo-Reklame die Bedeutung erotischer Motive, im Falle des Kriminalfilms die Bedeutung der Aufklärung über die Entstehung der Mißbildung des eigenen Kindes. Daß die in uns vorhandenen „Bedeutungsgeneratoren" ständig auf der

"We think Dawson and Debronski are still talking, but it could be a Greek vase."

Abb. 10.8.

Suche nach der „richtigen" Interpretation von Umweltdaten sind, wird auch in dem in Abbildung 10.8 dargestellten Cartoon deutlich, der übersetzt etwa so lautet: „Wir nehmen an, daß Dawson und Debronski immer noch miteinander reden, aber es könnte auch eine griechische Vase sein!"

Emotionssprache

Die Frage nach dem „Ich unserer Sinne" muß nicht ausschließlich neurophysiologisch beantwortet werden; sie kann auch beinhalten, daß danach gefragt wird, wer sich „hinter einem Gesicht verbirgt": Wie werden Besonderheiten der Individualität eines Menschen in seinem Gesicht wiedergegeben und in was für eine Art von Sprache werden sie in der menschlichen *Physiognomie* zum Ausdruck gebracht? Solche Fragen werden in der Verhaltensforschung gestellt, und diese hat hierzu eine Fülle interessanter Befunde erhoben. Einige von ihnen sollen hier kurz dargestellt

Abb. 10.7. Zigarillo-Werbeanzeige

186

Exkurs: Selektive Wahrnehmung am Arbeitsplatz und im Verkehr

Selektive Aufmerksamkeit spielt bei der Bewältigung der technischen Anforderungen des modernen Lebens eine zentrale Rolle, z. B. am Arbeitsplatz und im Straßenverkehr. So ist der routinierte „defensive" Verkehrsteilnehmer ein solcher, der in sein Wirklichkeitsmodell bereits alle Eventualitäten möglicher Gefahren eingebaut hat, so daß er im richtigen Moment prophylaktisch die richtigen Reaktionen vorausplanen und seine Aufmerksamkeit selektiv in die richtige Richtung lenken kann. Ein bekanntes Beispiel: der über die Straße rollende Ball, dem eventuell ein Kind nachlaufen wird. In ähnlicher Weise muß bei technisch stark überformten Verhaltensweisen, z. B. beim Lenken eines Verkehrsflugzeuges, eine Fülle von Instrumenten selektiv überwacht werden, wobei das Überwachungsmuster je nach Verkehrs- oder Gefahrensituationen völlig anders sein kann. Ein einfaches Beispiel hierfür ist beim Auto die Anzeige absinkenden Öldrucks bei stehendem Motor, die bei laufendem Motor einen völlig anderen Bedeutungsinhalt hat. In der Luftfahrtmedizin nutzt

man solche Erfahrungen, indem z. B. in Flugsimulatoren gezielt die selektive Aufmerksamkeit der Flugzeugführer auf bestimmte Verhaltensmuster hin trainiert wird. Im modernen Cockpit ist die Konzentration auf „Wesentliches" allerdings bereits in die Geräte hineinkonstruiert, und zwar einerseits durch integrierte Anzeigesysteme, deren „Muster" abgelesen werden, andererseits durch Hierarchien von Arbeitsprogrammen, die nacheinander abgearbeitet werden müssen.

Das Grundmuster, das allen diesen integrativen Leistungen des Zentralnervensystems zugrunde liegt, besteht darin, daß „von innen nach außen" projizierte Wahrnehmungshypothesen, wie in der Einleitung dieses Kapitels dargestellt, im Sinne einer „Bedeutungsprüfung" auf die von außen nach innen einlaufenden Sinnesdaten angewendet werden, ein Prinzip, das eine besonders raffinierte Konstruktion eines „Filterprozesses" darstellt; und aufgrund dieser integrativen Leistungen des „Ichs unserer Sinne" werden offenbar die selektiven Wahrnehmungen möglich.

werden. Die Ausdruckssprache des Gesichts ist vom Standpunkt der Verhaltensbiologie aus sowohl beim Tier als auch beim Menschen der Klasse der „sozialen Signale" zuzurechnen; und daß hier eine gewisse Universalität vorliegt, wurde erstmals von Charles Darwin in seinem Buch „The Expressions of the Emotions in Men and Animals" (1872) dargestellt. Beispiele hierfür finden sich bei Ploog, wo die Ausdrucksbewegungen einer jungen Schimpansin und eines kleinen Jungen verglichen werden (Erwartungslächeln und Mißvergnügen; Abbildung 10.9). Eindrucksvolle Gesichtsausdrücke von Schimpansen zeigen auch diagrammatische Zeichnungen

a b

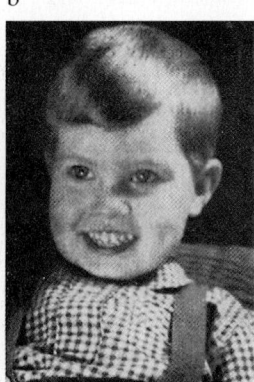

Abb. 10.9 a. Erwartungslächeln einer jungen Schimpansin. b. Erwartungslächeln eines kleinen Jungen

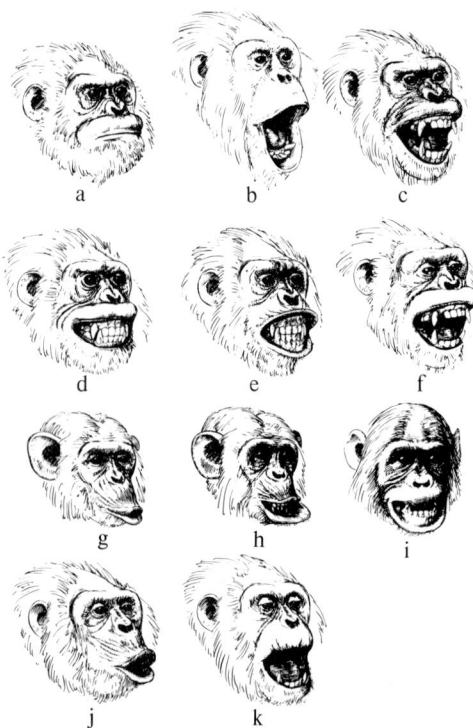

Abb. 10.10. Gesichtsausdrücke von Schimpansen
a Anstarren – „ärgerlich"
b „anschnauzen"/„schimpfen"
c „ängstlich-ärgerliches" Kreischen
d stummes Zähnezeigen (Unterwerfungssignal)
e „ängstlich-zugeneigtes" Zähnezeigen
f Zähnezeigen mit offenem Mund: Zuneigung
g Schnuteziehen: Enttäuschung
h Jammergesicht
i Heulgesicht
j aufgeregte Erwartung
k Spiellaune

von Chevalier-Skolnikoff (Abbildung 10.10), wo Emotionen wie „ärgerlich", „Zuneigung", „Jammergesicht", etc. ausgedrückt werden. Die Frage, ob solche Emotions-Interpretationen zulässig sind, berührt auch ein für die menschliche Kommunikation grundlegendes Problem: Es wird von uns stillschweigend vorausgesetzt, daß die individuellen Empfindungen eines Menschen bei einer Sinneswahrnehmung denen eines anderen Menschen gleichen, obwohl letztlich niemand

wissen kann, ob „seine Traurigkeit der Traurigkeit des anderen, sein Jubeln dem Jubeln des anderen gleicht" (Ploog). Die derzeitige verhaltensbiologische und neurophysiologische Forschung geht davon aus, daß „die Sinnesempfindungen dem Menschen angeboren sind und daß die Sprache diese subjektiven Empfindungen gleichsam objektiviert, oder, besser gesagt, codiert und damit eine Rückverwandlung möglich macht" (Ploog). Wir schließen also gewissermaßen im Sinne der „Empathie" durch einen Analogieschluß von unseren eigenen emotionellen Erlebnissen auf einen analogen Erlebnisvorgang im anderen.

Um diese sehr differenzierte Koordination zwischen „dem Ich meiner Sinne" und dem „Ich der Sinne des anderen" herzustellen, bedarf es eines „Vokabulars", das in einer „Emotionssprache" vorkommt, die wohl im wesentlichen angeboren ist, in ihren Details aber den Lebensumständen des Einzelnen angepaßt wird. Eingehende Studien über Emotionsausdruck beim Menschen, die von I. Eibl-Eibesfeldt und Schiefenhövel am Max-Planck-Institut für Verhaltensforschung in Seewiesen durchgeführt wurden, haben gezeigt, daß es offenbar eine regelrechte „Sprache des Gesichts" gibt, die universellen Regeln unterliegt. Diese „Gesichtsgrammatik" wird weitestgehend unbewußt verwendet und auch ebenso unbewußt bei den Kommunikationspartnern abgelesen. Wenn also jemand sagt, „das sehe ich dir an der Nasenspitze an", dann ist das ganz richtig, bzw. für eine bestimmte emotionelle Äußerung fast richtig, weil es nämlich z.B. präzise die Fältelung am Nasen*rücken* (Abbildung 10.11) ist, die „gerümpfte Nase", die eine gewisse Ablehnung signalisiert.

Eine wissenschaftliche Erforschung dieser Zusammenhänge erfordert eine umfangreiche Vorarbeit im Sinne einer objektiven Analyse des Geschehens sowie quantitative Methoden zur Erfassung des emotionellen Ausdrucks. Hierbei ist zu unterscheiden zwischen der „Physiognomie", die verstärkt die persönliche „Prägung" der Gesichtszüge eines Men-

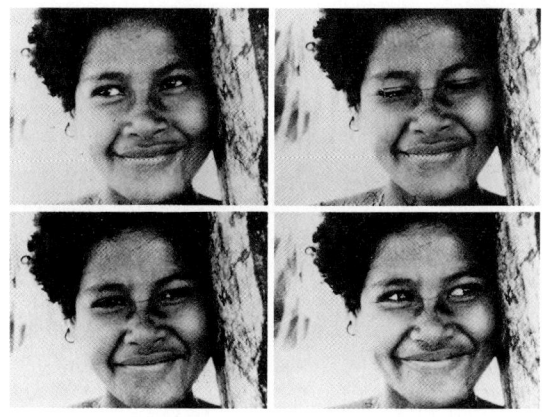

Abb. 10.11. Gerümpfte Nase als soziales Signal.

schen beschrieben, und der „Mimik", die die stets wechselnden, augenblicklichen Stimmungen widerspiegelt: dem Mienenspiel. Zur Beschreibung der Mimik benutzen die Wissenschaftler ein auf anatomischen Studien des schwedischen Anatomen Carl-Hermann Hjortsjö (1970) basierendes „facial action coding system" der Amerikaner Wallace und Friesen. Unter Verwendung dieses Systems gelang es nach Absolvieren eines etwa 150 Stunden dauernden „mimischen Lesekurses", eine hohe Zuverlässigkeit und Objektivität des Erfassens mimischer Bilder zu erreichen. Dadurch, daß bei Video- und Filmaufnahmen auch kurzzeitige Veränderungen präzise analysiert werden können, ließ sich die „nonverbale Kommunikation" des Gesichts sehr präzise beschreiben. So konnte beispielsweise der „Augengruß" entschlüsselt werden, bei dem bei der Begegnung zweier Menschen für den Bruchteil einer Sekunde rasch die Augenbrauen angehoben werden, was offenbar ein „ja zum sozialen Kontakt" signalisiert. Das Naserümpfen dagegen, das sich evolutionsbiologisch von der Abwehr unliebsamer Gerüche ableiten läßt, drückt symbolisch so etwas wie „Anrüchigkeit" aus in der Weise, wie das Gesicht des in Abbildung 10.11 dargestellten Mädchens, dem ein Kompliment gemacht wurde und das offenbar Hintergedanken „wittert". Im Gegensatz

zum „Augengruß" drückt ein „finsterer", abweisender Blick aus, daß keine Kommunikation erwünscht ist; und auch dies läßt sich evolutionsbiologisch plausibel machen, denn diese muskuläre Funktionseinheit schützt das Auge vor zu starkem Lichteinfall, was dem Gegenüber anzeigt, daß man von ihm keine sozialen Signale empfangen möchte (Schiefenhövel). Aus diesen Charakterisierungen der mimischen Sprache des Gesichtes wird auch deutlich, daß diese Art von Verhaltensäußerung gewissermaßen die höchste Stufe der verschiedenen, übereinandergelagerten Schichten des Gesamtprozesses der Sinneswahrnehmung darstellt, nämlich der emotionellen *Bewertung* von Sinnessignalen, die, wenn man die in den vorhergehenden Kapiteln dieses Buches dargestellten Stufen von den molekularen Prozessen an den Rezeptoren bis hin zu den neuronalen Leistungen im Zentralnervensystem betrachtet, offenbar die höchste integrative Leistung der Sinneswahrnehmung darstellt.

Im Vorhergehenden war bereits – gewissermaßen als Kontrastphänomen zum uns allen vertrauten Normalzustand – auch von psychotischen Erlebniszuständen die Rede. Wie H. Ellgring am Max-Planck-Institut für Psychiatrie nachgewiesen hat, lassen sich ähnliche Untersuchungen, wie sie von Eibl-Eibesfeldt und Schiefenhövel an gesunden Probanden gemacht wurden, auch an psychisch Kranken durchführen, und diese zeigen die besondere Bedeutung der Emotionssprache für die Psychiatrie. Ellgring und seine Mitarbeiter fanden heraus, daß es bei schizophrenen Patienten offenbar zu einer Art von „mimischen Selbstgesprächen" in dem Sinne kommt, daß die Mimik von der Kommunikation weitgehend abgekoppelt ist. Dies äußert sich dadurch, daß schizophrene Patienten auch in der Zuhörerrolle, in der normalerweise „mimisch geschwiegen" wird, mimische Signale aussenden, ganz so, als würden sie „ununterbrochen weiterreden". Diese mimische Desintegration des „Ichs unserer Sinne" im psychotischen Zustand paßt zu Störungen der selektiven Aufmerksamkeit und anderen wahrnehmungspsychologischen Befunden (s. u.), die zeigen, daß bei psychotischen Erkrankungen offenbar eine Störung interner „Korrekturleistung" bei der Wahrnehmung zugrunde liegt. Dies soll im folgenden besprochen werden.

Störung der integrativen Leistung des Ich bei Patienten mit Psychosen

In Kapitel 9 wurde bereits dargestellt, daß bei Halluzinationen und bei der Wirkung „psychedelischer" Drogen traumartige Wachbewußtseinszustände auftreten und daß die „phantasieerzeugenden Systeme" sich hierbei gewissermaßen selbständig machen. Bei solchen „desintegrativen Zuständen", die auch im Rahmen schizophrener Psychosen (s. u.) auftreten, ist daher zu erwarten, daß auch Störungen der selektiven Aufmerksamkeit entstehen, da diese, wie oben gezeigt, nicht nur intermodale Leistungen, sondern auch – wegen der Notwendigkeit spezifischer Bewertungen (z. B. von Gefahrensituationen) – noch speziellere integrative Fähigkeiten erfordert. Tatsächlich wurde gefunden, daß schizophrene Patienten bei Tests, die selektive Aufmerksamkeit quantitativ erfassen, besonders schlecht abschneiden. Ähnliche Befunde wurden auch unter der Einwirkung von Rauschdrogen vom Typ der Halluzinogene und Psychotomimetika erhoben. In diesem Sinne kann davon gesprochen werden, daß die koordinativen und integrativen Leistungen des „Ichs unserer Sinne" besonders beim Vorliegen psychotischer und drogenbeeinträchtigter Zustände gestört sind.

Das in Kapitel 9 bereits besprochene Alkoholentzugsdelir ist das klassische Beispiel für eine „organische Psychose", d. h. für eine Psychose, die durch eine organische Schädigung des Zentralnervensystems zustande kommt. Aber auch andere Stoffe, wie z. B. verschiedenartige Medikamente, aber auch körperliche Krankheitsprozesse, wie Entzündungen und Tumoren des Gehirns, können psychotische Erkrankungen auslösen, die dann einer entsprechenden ursächlichen Therapie zugeführt werden müssen. Ein anderes, leider vergleichsweise häufiges Krankheitsbild, das Halluzinationen und Wahnwahrnehmungen auslösen kann und dessen Ursachen noch weitgehend im Dunkeln liegen, ist die Gruppe der *Schizophrenien*. Etwa ein Prozent der Weltbevölkerung ist von dieser rätselhaften Erkrankung befallen, die alle Bereiche des psychischen und geistigen Lebens betreffen kann: Denken, Fühlen und Handeln. Der Schriftsteller Heinar Kipphardt hat anhand einer Krankengeschichte einen auch als Film dargestellten Roman geschrieben: „Das Leben des schizophrenen Dichters März". Kipphardt, der selber ursprünglich Psychiater war, hat es in meisterhafter Weise verstanden herauszuarbeiten, daß der schizophrene Patient in einer „Eigenwirklichkeit", in einer spezifisch nur ihm zugehörigen, andersartigen Welt lebt, die von außen her nur schwer oder gar nicht nachvollzogen werden kann. Von der oben dargestellten „konstruktivistischen" Theorie her könnte man mit Watzlawick sagen, daß schizophrene Patienten Menschen sind, die aus der üblichen „Wirklichkeitsfiktion" herausfallen und dadurch in unzugänglichen Eigenwelten leben. Im Volksmund wird oft das Wort „schizophren" so interpretiert, als gehe es darum, die Spaltung des Bewußtseins in zwei oder mehrere Anteile zu charakterisieren („gespaltene Seele"): In Wirklichkeit soll der Begriff aber aussagen, daß schizophrene Menschen in einer *abgetrennten* seelischen Wirklichkeit leben, d. h. daß sie aus der üblichen Kommunikation und der öffentlichen Gemeinsamkeit ausgetreten sind und sich von ihr abgespalten haben. Diese Abspaltung ist allerdings kein freiwilliger Prozeß; vielmehr scheint er auf einer konstitutionellen Schwäche des Zentralnervensystems zu beruhen, bei der offenbar Strukturen ineffizient arbeiten, die mit „Wirklichkeitsanpassung" und „Kor-

Exkurs: 3-Komponenten-Modell der Wahrnehmung

Forschungsergebnisse der sog. „kognitiven Wissenschaft" (cognitive science), haben gezeigt, daß die Sinneswahrnehmung kein in sich einheitlicher Prozeß ist. Vielmehr basiert sie auf dem komplizierten Zusammenwirken mehrerer untereinander in einem „internen Dialog" befindlicher Komponenten, und erst das Endergebnis dieser Interaktion stellt das von uns (vom „Ich") aufgenommene, bewußte Wahrnehmungserlebnis eines Sinneseindruckes dar. Die grundsätzlich hierbei auftretenden Komponenten sind

- Sinnesdaten (von außen nach innen),
- Konzeptualisierung (von innen nach außen),
- Anpassung/Korrektur.

Der Anteil, der von den Sinnesdaten gebildet wird, die von der Peripherie ins Zentralnervensystem („von außen nach innen") gelangen, ist der Hauptgegenstand der Artikel in diesem Buch, wobei allerdings im Kapitel „Kein Sehen ohne Illusionen" auch Wahrnehmungsillusionen und damit Anteile der Wahrnehmung behandelt werden, die bereits komplexerer Natur sind. Die zweite Komponente, die auch als „hypothesengenerierende" Komponente oder als „Konzeptualisierungssystem" bezeichnet werden kann, bezieht sich auf den oben dargestellten konstruktivistischen Anteil der Sinneswahrnehmung und berücksichtigt vor allem die Tatsache, daß eine Datenverarbeitung von Sinnesdaten nur auf der Basis einer vorher erfolgten Konzeptualisierung möglich ist. Die Zensur-Komponente, oder auch die als „Korrektur"-System zu bezeichnende Struktur der Wirklichkeitsanpassung, dürfte teilweise als eine Art Löschsystem, andererseits als Unterdrückungs- bzw. Verdrängungssystem realisiert sein.

rektur" zu tun haben. Worum handelt es sich hierbei?

Jede Sinneswahrnehmung beruht nun gewissermaßen auf einer internen „Wette" („betting of hypotheses", Gregory) zwischen den oben dargestellten drei Komponenten in dem Sinne, daß die mehr oder weniger plausibel erscheinenden internen Hypothesen auf der Basis von Sinnesdaten und einer internen Plausibilitätskontrolle überarbeitet, abgelehnt oder auch akzeptiert werden. Beim Entstehen einer „Psychose" ist nun anzunehmen, daß dieses komplizierte Wechselverhältnis zwischen den drei soeben dargestellten Komponenten in der Weise gestört ist, daß die interne Zensur- bzw. Korrekturkomponente nicht mehr in der Lage ist, die erforderliche „Wirklichkeitsanpassung" zu erreichen. Bei den organischen bzw. durch Drogen hervorgerufenen Psychosen dürfte die Ursache eine direkte Funktionsschädigung von neuronalen Netzwerken sein. Bei den „endogenen" Schizophrenien ist die Situation komplexer. Eine Fülle von klinischen und biologisch-psychiatrischen Untersuchungsbefunden spricht dafür, daß schizophrene Psychosen nicht eine einzige Krankheit sind, sondern eine Gruppe von Störungen darstellen, die sich durch eine Vielzahl tiefgreifender Erkrankungen des gesamten seelisch-geistigen Apparates manifestieren. Die psychische Krankheit ist dabei als eine Art „Endstrecke" anzusehen, die durch eine große Anzahl verschiedener Ursachen ausgelöst werden kann. Hinsichtlich der dabei wirksam werdenden Vorgänge stehen sich zwei entgegengesetzte Anschauungen gegenüber, einerseits solche, die von einer neuroanatomischen/neurochemischen Verursachung ausgehen, andererseits solche, die die Psychosen als im wesentlichen durch Umweltfaktoren bedingt auffassen. Dieser Widerspruch läßt sich dann auflösen, wenn man das Auftreten einer Psychose als einen neurobiologischen „Systemzusammenbruch" auffaßt, der unter Extrembelastungen wie der Reizdeprivation (Tank-Erlebnisse, s. Kapitel 9) oder längerdauerndem Schlafentzug auch beim Gesunden auftreten kann, dessen

191

Exkurs: Illusionsforschung bei psychotischen Patienten

In Disneyland, in Kalifornien, ist das Phänomen der Wahrnehmung stereoskopischer Invertbilder auf eindrucksvolle Weise im „Haunted Mansion" (im „verhexten Haus") zu beobachten. Die Besucher sehen dort ein Paar ausgestellter menschlicher Gesichtsmasken, die sich ganz präzise beim Hin- und Hergehen des Beobachters mitdrehen. In Wirklichkeit handelt es sich bei diesen Gesichtsmasken um dreidimensionale Hohlmasken, die vom menschlichen visuellen System unkorrekterweise als normale plastische Gesichter wahrgenommen werden (Abbildung 10.12, vgl. auch Kapitel 4: „Kein Sehen ohne Illusionen"). Es konnte gezeigt werden, daß diese Wahrnehmungen dadurch zustande kommen, daß das menschliche Gehirn bestimmte Hypothesen über die dreidimensionale Struktur von Objekten testet und diese mit den von den Augen kommenden Sinnesdaten vergleicht. Das Sehen von Invertbildern tritt nun allerdings nicht unter jeder Bedingung auf, sondern nur, wenn der Bedeutungsgehalt des Gesehenen mit überwältigender Wahrscheinlichkeit nur in umgekehrter Form sinnvoll interpretiert werden kann. Da psychotische

Patienten Probleme bei der Wirklichkeitsanpassung haben, ist zu vermuten, daß bei ihnen derartige Korrektursysteme gestört sein sollten, so daß Schwierigkeiten bei der Wahrnehmung von Invertbildern auftreten sollten. Unter Verwendung eines stereoskopischen Projektionssystems, das mit linear polarisiertem Licht arbeitet, wurden solche Experimente durchgeführt, und es zeigte sich tatsächlich, daß schizophrene Patienten im Vergleich zu Gesunden größtenteils nicht in der Lage waren, die bei Gesunden übliche Wahrnehmungsillusion zu erzeugen.

Abb. 10.12. Menschliche Hohlmaske, deren Konkavität (rechts) nur schwer zu erkennen ist.

Auftretenswahrscheinlichkeit aber durch neurobiologisch-chemische Prozesse wesentlich im Sinne einer Erhöhung der Empfindlichkeit („Vulnerabilität") des Gehirns gesteigert werden kann. Die Krankheitsprozesse bestehen also nicht in erster Linie im Auslösen eines Systemzusammenbruchs, sondern im Erhöhen der Wahrscheinlichkeit des Auftretens eines solchen „altered state" des Gehirns, eines gefährdeten Zustandes des „Ichs unserer Sinne", der die Entstehung und die Weiterentwicklung psychotischen Erlebens

beinhaltet. Da die bei den Psychosen gestörten psychischen Leistungen im wesentlichen integrative Leistungen sind, ist es plausibel anzunehmen, daß die Vulnerabilität in einem Ungleichgewicht der Wechselwirkung zwischen verschiedenen neuronalen Netzwerken besteht. Es stellt sich somit die Frage, ob man aus experimentalpsychologischen Untersuchungen Hinweise darauf erhalten kann, in welcher Weise das Gleichgewicht zwischen den drei Komponenten der Wahrnehmung bei psychotischen Erkrankungen gestört ist.

Man kann die Leistung eines derartigen Korrektursystems auch als „wirklichkeitsschaffende Fiktion" bezeichnen, die der sog. „ratiomorphe Apparat", d. h. das „Zensor-System", leistet (s. Kapitel 4). In diesem Sinne kann man sagen, daß „Psychose" ein Zustand ist, in dem die wirklichkeitsschaffenden Fiktionen durch die Korrektursysteme nicht mehr in ausreichendem Maße erzeugt werden können, und insofern ist es verständlich, daß der Psychotiker aus unserer normalen Wirklichkeitswelt, die aber eben in gewissem Sinne eine fiktive ist, immer wieder herausfällt. Von dieser Warte aus betrachtet stellt eine Psychose eine Art „Negativabdruck", ein ins Negative verschobenes Spiegelbild der normalen Sinneswahrnehmung dar, ein Spiegel- und Zerrbild allerdings, das für unser Verständnis normaler Wahrnehmung etwas Desillusionierendes an sich hat, und insofern sind diese von der Psychiatrie bereitgestellten Erkenntnisse wichtig für unsere Ansichten vom „Ich unserer Sinne".

Literatur

T. Nagel: „Wie ist es, eine Fledermaus zu sein", in P. Bieri (Hrsg.): „Analytische Philosophie des Geistes." Hain, Königstein/Ts. 1981.

D. Ploog: „Emotionen als Produkte des limbischen Systems." Med. Psychol. 6, 7 (1980).

D. Ploog: „Zur Evolution des Bewußtseins", in E. Pöppel (Hrsg.): „Gehirn und Bewußtsein." VCH, Weinheim 1989.

E. Pöppel: „Die Grenzen des Bewußtseins." DVA, Stuttgart 1985.

E. Pöppel (Hrsg.): „Gehirn und Bewußtsein." VCH, Weinheim 1989.

W. Schiefenhövel, M. Schleidt und K. Gramme: „Mimik und Emotion: Verhaltensbiologische Aspekte", in V. Schubert (Hrsg.): „Der Mensch und seine Gefühle." Eos-Verlag, St. Ottilien 1985.

W. Singer: „Zur Selbstorganisation kognitiver Strukturen", in E. Pöppel (Hrsg.): „Gehirn und Bewußtsein." VCH, Weinheim 1989.

P. Watzlawick: „Wie wirklich ist die Wirklichkeit?" Piper, München 1987.

Der Konstruktivismus liefert eine Erklärung für die Entstehung von Sinneswahrnehmungen eines bestehenden, mit Erfahrung ausgerüsteten subjektiven Systems, nicht aber darüber, wie die Subjektivität selbst, d. h. eine grundlegende Innenperspektive der Person entsteht. Mit dem Ansatz, daß die Erzeugung subjektiver Eigenwelten wohl eine allgemeine Eigenschaft von Nervennetzwerken ist, läßt sich diese Grundfrage der neurobiologischen Forschung auch am einfachen Versuchstier untersuchen. Für die visuelle Kurskontrolle der fliegenden Fliege ist so gefunden worden, daß auch die Fliege ,,initiale Aktivität'' besitzt, also aus sich selbst heraus aktives Verhalten erzeugt. Dies drückt sich im ,,Ausprobieren'' von Kurskorrekturen ohne unmittelbaren Anlaß aus. Die Erzeugung von Orientierung mag so der Anfang der Hervorbringung einer subjektiven Eigenwelt sein.

Wie unsere Wahrnehmungen aus Komponenten bestehen, die zu einem Ganzen integriert werden, entsteht die subjektive Eigenwelt durch Integration (Verschalten) einzelner Bedeutungsträger, d. h. für eine Bedeutung oder einen Begriff stehender Gruppen von Neuronen. Diese Integration erfolgt möglicherweise durch Grundrhythmen der Erregung ganzer Hirnareale.

Selektive Aufmerksamkeit ist eine sehr wirkungsvolle Verhaltensvariante unseres Sinneswahrnehmungsapparates. Vermutlich kommt sie dadurch zustande, daß die von der Peripherie eingespeisten Sinnesinformationen zunächst in einem Kurzzeitspeicher, dem sensorischen Gedächtnis verbleiben, wo sie auf ihren Bedeutungsgrad in bezug auf das gegenwärtige Wirklichkeitsmodell untersucht werden. Nur wenn Speicherinhalte von diesem Wirklichkeitsmodell abweichen, werden sie im Sinne einer selektiven Aufmerksamkeit weiterverarbeitet.

Die subjektiven Eigenwelten oder das Ich des Einzelnen sind von denen der anderen nicht so verschieden, daß nicht Kommunikation möglich wäre. Ein Beispiel hierfür ist die menschliche Mimik, die über alle Kulturkreisgrenzen hinweg das gleiche Vokabular von Gesichtsausdrücken besitzt. Es ist anzunehmen, daß die Grundmuster unserer Reizverarbeitung und unseres Verhaltens in unserem *Erbmaterial* niedergelegt sind. Mit diesem Thema befaßt sich das abschließende Kapitel dieses Buches, welches von Alfred Maelicke, Professor für Physiologische Chemie an der Universität Mainz, geschrieben wurde.

Kapitel 11

Von Genen und Gehirnen

Von Alfred Maelicke

Beim letzten Kapitel dieses Buches angelangt, wollen wir zunächst eine kurze Rückschau auf die hinter uns liegenden Etappen halten. Die ersten Etappen unserer Reise waren der Physik und Chemie unserer Sinneswahrnehmungen gewidmet. Wir haben für den Sehsinn, den Hörsinn und den Riechsinn, die als Beispiele für je einen optischen, einen mechanischen und einen chemischen Sinn dienten, die Empfänger für diese Sinnesreize sowie die Reizverarbeitung im Gehirn betrachtet. Dabei zeigte sich, daß die modernen Techniken der Biochemie, Biophysik und Physiologie schon so ausgeklügelt und empfindlich geworden sind, daß wir beginnen, unsere Sinnesorgane einschließlich unseres Zentralnervensystems auf dem Niveau der einzelnen Zelle, ja des einzelnen Moleküls zu verstehen. Doch rasch wurde uns auch bewußt, daß die Wahrnehmung eines Klanges, eines Bildes oder eines Geruchs mehr ist als nur Empfang und Weiterleitung von Signalen aus unserer Umwelt. Die Bedeutung unseres Gehirns als des eigentlichen Produzenten aller unserer Sinneseindrücke trat zunehmend in den Mittelpunkt unseres Interesses. Das Gehirn erweist sich nicht einfach als ein Instrumentarium, mit welchem in unserem Innern ein Abbild der Außenwelt erzeugt wird, sondern es selektiert und färbt und kann sogar neue Wirklichkeiten schaffen. So sagten wir scheinbar überspitzt: „Wir sehen nicht mit dem Auge – wir

sehen mit dem Gehirn." Beziehen wir jedoch auch Traum und Psychose ein, so ist diese Formulierung nicht einmal überspitzt. In einer Psychose oder unter der Wirkung bewußtseinsverändernder Drogen kann unsere innere Wahrnehmung fast völlig von der äußeren Wirklichkeit abweichen. Und wenn wir träumen, können wir Sinneswahrnehmungen ohne unmittelbare Beziehung zu äußeren Reizen haben.

Unsere Reise durch die Welt der Sinne konzentrierte sich so zunehmend auf unser Gehirn, wobei wir auch mehr und mehr von einer Betrachtung seiner molekularen und zellulären Strukturen abkamen. Wir versuchten statt dessen, die Gesetzmäßigkeiten seines Handelns mit den Mitteln der Psychologie, also „von oben her" verstehen zu lernen. Das Ich, das Individuum im Gegensatz zum Genormten, wurde zum zentralen Thema.

Wie aber paßt alles das zusammen? Einerseits entstammen unsere Sinneswahrnehmungen physikalisch und chemisch klar definierten Ereignissen, die in einem auf dem Niveau der Zelle und des Nervennetzwerkes genormten System ablaufen. Andererseits kann dieses System aber scheinbar frei und unkontrolliert fungieren und erlaubt uns auf diese Weise unsere individuelle Freiheit, die Basis unseres Menschseins.

Wir wollen diese Frage wissenschaftlich schärfer stellen, um darauf im Verlauf der letzten Etappe eine Antwort zu suchen. Wir wollen fragen, was in unseren Reaktionen auf bestimmte Reize, d. h. in unserem Verhalten *angelegt* und was *frei* ist. Unter „angelegt" verstehen wir die universellen, scheinbar automatisierten Verhaltensformen, wie sie mit Herzschlag und Atmung, dem Reflexverhalten des Babies oder unserer Mimik zusammenhängen. „Frei" dagegen erscheinen die Verhaltensweisen, die uns als Individuum ausweisen, so das Umstoßen gesellschaftlicher Konventionen, die Schadenfreude oder auch die lustvolle Überwindung unserer natürlichen Angst. „Angelegt" und „frei" läßt sich übersetzen in *„vererbt"* und „im Laufe des Lebens *erworben*", und das erweist unsere Fragestellung als eine der *Genetik*. Unser angelegtes Verhalten wird wie unsere Augenfarbe, unser Körperbau oder unsere Veranlagung zu bestimmten Erkrankungen von unserem Erbmaterial, unseren Genen, bestimmt. Wir wollen uns fragen, wie weit diese genetische Kontrolle reicht, und ob und in welchem Maße wir ihr entrinnen können. Verstehen wir erst einmal den genetischen Rahmen, in welchem unser Gehirn funktioniert, so können wir auch zu einer Gesamtschau gelangen, wie das System unserer Sinneswahrnehmung arbeitet.

Angeborenes und freies Verhalten

Daß es angelegtes (angeborenes) und freies Verhalten gibt, wissen wir alle aus eigener Erfahrung. Der Reiz einer Fahrt auf der Achterbahn, einer rasanten Skiabfahrt oder einer Klettertour liegt ja zu einem großen Teil in der Überwindung unserer (angeborenen) natürlichen Angst, die wir an anderer Stelle, z. B. bei einem einsamen Gang durch einen nächtlichen Wald oder beim Greifen in eine undurchsichtige, tiefe Vase durchaus noch empfinden. Wie Abbildung 11.1 zeigt, können schon wenige Stunden alte Babies auf etwas Bitteres mit der Mimik des Ekels reagieren, obwohl sie Geschmack noch lange

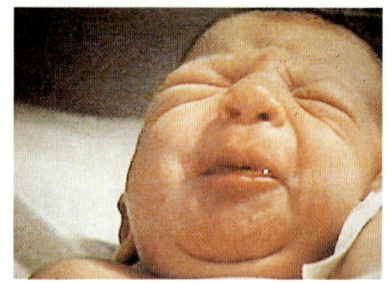

Abb. 11.1. Viele unserer Empfindungen spiegeln sich unmittelbar im Mienenspiel unseres Gesichtes, unserer Mimik wider. Diese Sprache des Gesichtes ist angeboren und universell. Auch die Mimik des Ekels ist eine angelegte, ohne den Einfluß der Umwelt entwickelte Verhaltensweise. Sie ist bei wenigen Stunden alten Babies bereits vollständig vorhanden und in allen Kulturkreisen gleich.

nicht bewußt wahrnehmen können. Das gleiche Baby mag als Erwachsener nichts schöner finden als einen bitteren Kräuterschnaps oder ein besonders bitteres Bier. Empfindungen können wir spielen (vgl. Abbildung 1.1 des ersten Kapitels); viele von ihnen sind im Lauf unseres Lebens veränderbar, einige – wie die Lust am Essen von rohen Austern, gerösteten Ameisen oder lebenden Fischen – müssen erlernt werden. Um diese Veränderbarkeit unserer Sinneswahrnehmungen zu verstehen, wollen wir uns im folgenden mit dem Einfluß befassen, den unsere Gene auf unser Gehirn haben.

Dabei wollen wir drei Themenkreise ansprechen. Im ersten wollen wir an Beispielen prüfen, wie sich Gene auf den Aufbau und die Arbeitsweise von Gehirnen auswirken können. Im zweiten wollen wir die Entwicklung des menschlichen Gehirns während Schwangerschaft und Kindheit betrachten. Im dritten sollen die Ergebnisse dieser Exkurse in einer Gesamtschau der Wirkungsweise unseres Gehirns zusammengefaßt werden.

Für unsere Diskussion benötigen wir nur wenige Grundbegriffe der Vererbungslehre: So ist ein *Gen* nach klassischer Definition der Teil unserer Erbinformation, der *einem Erbmerkmal* entspricht. Bei einigen groben, ana-

a

b

c

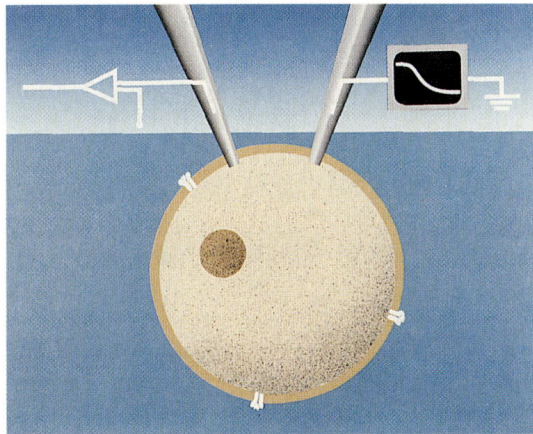

d

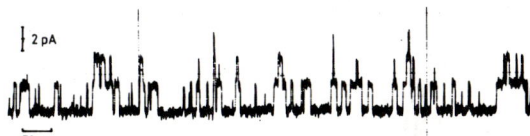

Abb. 11.2. Durch Injektion fremden genetischen Materials kann man eine Zelle mit neuen Eigenschaften ausstatten.
a) Mit Hilfe einer Mikropipette wird genetisches Material, das die Syntheseanweisung für ein Ionenkanal-Protein enthält (für ein Ionenkanal-Protein „codiert"), in die Eizelle eines Krallenfrosches injiziert; b) dort wird es durch die Synthesemaschinerie der Zelle in das Ionenkanal-Protein „übersetzt" und in die Zellmembran eingebaut. Greift man – wie in c) gezeigt – einen Teil dieser Membran ab und analysiert ihre elektrischen Eigenschaften, so sind diese nun durch das „fremde" Ionenkanal-Protein bestimmt. Im angeführten Beispiel codierte das genetische Material für den Acetylcholin-Rezeptor des Rindermuskels, also für jenes Protein, das an der Kontaktstelle (Synapse) zwischen erregendem Nerv und Muskelfaser den Neurotransmitter Acetylcholin erkennt. Deshalb reagierte die Membran der so manipulierten Eizelle auf Acetylcholin mit der vorübergehenden Öffnung der auf Acetylcholin ansprechenden Kanäle. d) Die Öffnung erlaubt kurzzeitig den Durchstrom von Ionen, wobei das Öffnen selbst einzelner Kanäle gemessen werden kann.

tomischen Merkmalen läßt sich diese Vorstellung auch beim Menschen noch nachvollziehen, doch verliert sie sich zunehmend, wenn es um *Merkmalkombinationen,* wie beim vom Gehirn gesteuerten Verhalten geht. Verständlicher ist hier die molekularbiologische Definition, nach der *je ein Gen* den Bauplan für *je ein Protein* trägt. Da jeder Zelltyp eine andere Auswahl von Genen für die Synthese seiner Proteine benutzt, wird so verständlich, daß bereits die Eigenschaften einer einzelnen Zelle Merkmalkombinationen darstellen. Umso schwieriger wird es sein, die Spur einzelner Gene im Aufbau und in der

Funktion unseres Zentralnervensystems wiederzufinden. Deshalb werden wir zunächst auf einfachere Organismen zurückgreifen, um die Wirkung einzelner Gene auf das Verhalten deutlich zu machen.

Die prinzipielle Beziehung *ein Gen – ein Protein* gilt auch für das Nervensystem. Dies läßt sich am überzeugendsten zeigen, wenn ein einzelnes Gen isoliert und vervielfältigt und schließlich in eine fremde Zelle eingeschleust wird (die Methodik für solche Experimente ist Gegenstand der modernen Gentechnik). In der Wirtszelle wird dann nach seiner Bauanleitung ein für die Zelle fremdes Protein synthetisiert, das ihr fremde Eigenschaften verleiht. In Abbildung 11.2 ist die Abfolge eines solchen Experiments für ein Ionenkanalprotein (s. Kapitel 2) des Muskels schematisch beschrieben. Als Empfängerzellen werden häufig Eizellen des Krallenfrosches verwendet, da sie angenehm groß und biosynthetisch besonders aktiv sind. Durch elektrische Ableitung an einem Teil der Froscheimembran läßt sich dann zeigen, daß funktionsfähige Ionenkanäle des dem injizierten Gen entsprechenden Typs vorhanden sind. Dieses Verfahren dient heute weniger dem Nachweis der prinzipiellen Beziehung zwischen einem Gen und einem Protein als vielmehr der molekularen und funktionellen Charakterisierung einzelner Bausteine des Nervensystems, die wesentlich vereinfacht wird, wenn der einzelne Baustein aus seiner natürlichen Umgebung entfernt und unter kontrollierten Bedingungen untersucht werden kann (siehe Kapitel 1 und 2).

Gene und Verhalten

Das Lied der Heuschrecke

Das Zirpen der Heuschrecke kommt durch das rhythmische Bewegen der vorderen Flügelpaare zustande. Dafür sind bestimmte Muskelgruppen zuständig, die von bestimmten Zellgruppen des Nervensystems kontrolliert werden. Das Schwingungsmuster des Zirpens läßt sich einerseits als „Sonogramm", d. h. durch Aufzeichnung der erzeugten Töne (Abbildung 11.3 a), andererseits als „Elektrogramm" darstellen, d. h. durch Aufzeich-

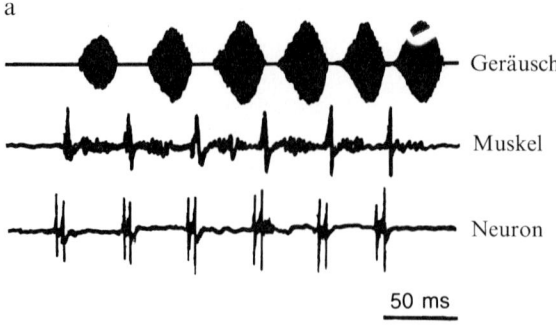

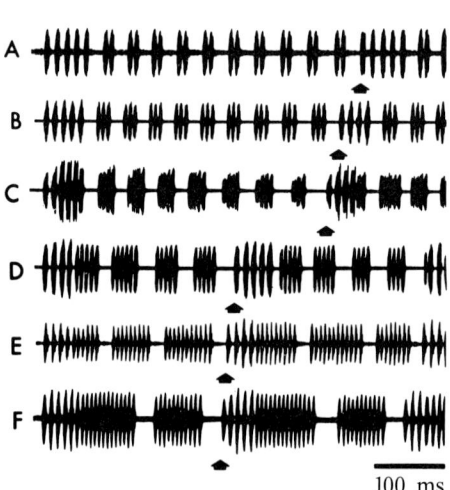

Abb. 11.3. a) Sonogramm des Zirpens und zugehörige elektrische Ableitungen von den Neuronen der Heuschrecke *Teleogryllis oceanicus*. Die Nervenimpulse entlang der Neuronen kontrollieren streng die für die Erzeugung der Geräusche verwendete Muskulatur. Die gleichen Nervenimpulse lassen sich auch von isolierten Thorax-Ganglien ableiten, so daß sie von einem in diesen befindlichen spontanen Impulsgenerator stammen müssen. b) Der Rhythmus der Nervenimpulse – und damit des Heuschreckenliedes – ist genetisch festgelegt und variiert von Art zu Art. Kreuzungsexperimente zwischen *T. oceanicus* und *T. commodus* führen zu Hybriden, deren erste Generation stets andere Liedmuster als jedes der Elterntiere produziert. Weitere Kreuzungen führen zu noch komplizierteren Liedmustern: A und F sind die Liedmuster der Ausgangsarten, B bis E entsprechen den Kreuzungen.

nung der elektrischen Impulse, die an den die Zirpschwingungen erregenden Muskeln und Nervenzellen abgeleitet werden. Aus allen Darstellungsarten lesen wir denselben Rhythmus ab (Abbildung 11.3 a). Das Liedmuster ist artspezifisch und nicht erlernt, denn es wird auch von solchen Heuschrecken der gleichen Art produziert, die getrennt von ihren Artgenossen aufgezogen oder schon vor dem Schlüpfen taub gemacht wurden. Kreuzungsexperimente zeigen, daß das Liedmuster in der Erbmasse der Art festgelegt ist: In Abbildung 11.3 b sind Liedmuster dargestellt, die von den Nachkommen eines artverschiedenen Elternpaares stammen. Hier hat also die Vermischung artspezifischer Gene zu einem von beiden Elternarten abweichenden, neuen Verhaltensmuster geführt. Diese Verhaltensmuster sind offenkundig gänzlich durch die Gene geprägt.

Die zitternde Fliege

Die Fliegenmutante „Zitterer" (englisch shaker) heißt so, weil sie in häufigen Zeitabständen zu zittern beginnt. Dieses Verhalten läßt sich auf ein defektes Gen zurückführen, welches kürzlich isoliert und charakterisiert werden konnte. Dadurch wissen wir, daß es für ein Ionenkanal-Protein codiert, d. h. den Bauplan für ein Eiweißmolekül trägt, das für die elektrische Erregungsleitung entlang von Nervenzellen verantwortlich ist. Obwohl nur ein einziger Fehler in einem einzigen Gen auftritt, sind die Auswirkungen auf die Anatomie des Nervensystems der Fliege gewaltig (Abbildung 11.4). Dies zeigt, daß das entsprechende Gen am Aufbau vieler Nervenzellen und ihrer Verschaltungen beteiligt ist. Dies ist typisch für die Bausteine von Nervensystemen und zeigt somit die Grenzen der klassischen Definition ein Gen – ein Merkmal auf.

Albinismus

Albinos – Menschen oder Tiere – fallen vor allem durch ihr anderes Aussehen auf (Abbildung 11.5 a), doch scheinen sie sich ansonsten nicht von ihren Artgenossen zu unterschei-

a

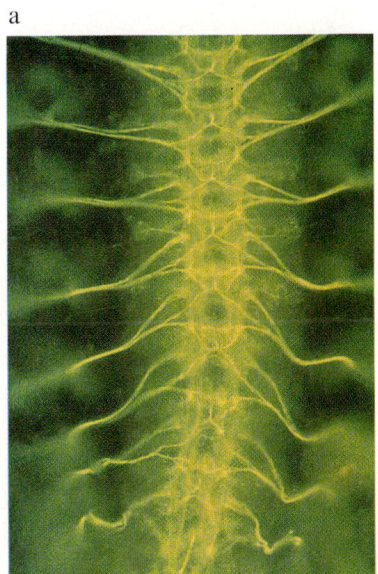

b

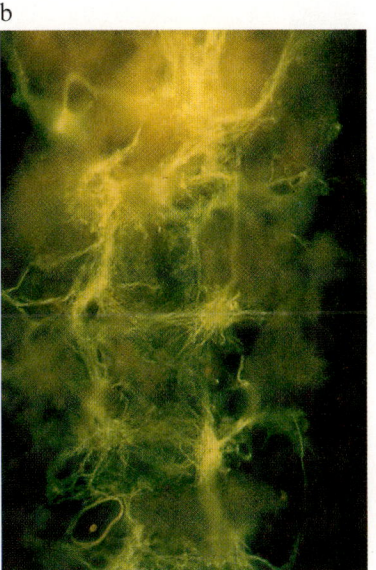

Abb. 11.4. Zuchten der Taufliege *Drosophila melanogaster* enthalten Mutanten mit diversen Verhaltensstörungen. Hierzu zählt auch eine mit motorischer Verhaltensstörung, die als Shaker bezeichnet wird, weil ihre Extremitäten in kurzen Zeitabständen stark zu zittern beginnen. Die verantwortliche Mutation betrifft das Gen für ein Ionenkanal-Protein, das den Transport von Kaliumionen durch die

Zellmembran bewerkstelligt. Obwohl nur ein Gen betroffen ist, ist die Organisation des Nervensystems stark verändert – wie aus den gezeigten Gewebeschnitten von einem Normaltier (a) und einer Shakermutante (b) hervorgeht. Insbesondere fällt der Verlust der typischen „Strickleiterstruktur" der Nervenbahnen auf.

a b

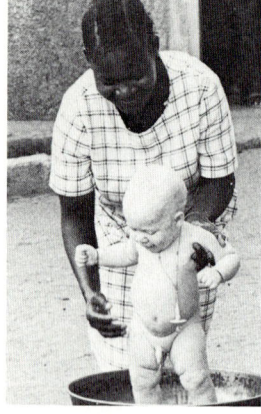
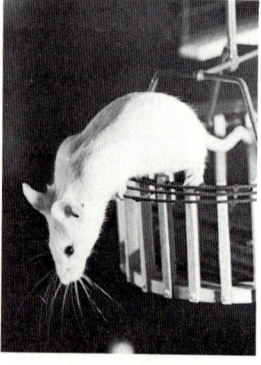

Abb. 11.5. Albinismus ist auch im Tierreich weit verbreitet. Diese rezessiv vererbte Mutation tritt beim Menschen im Verhältnis 1:17 000 auf. a) Die typische Veränderung von Haut- und Haarfarbe fällt sofort ins Auge, während die gleichzeitig auftretenden großen Veränderungen in der Organisation des optischen Traktes b) lange unerkannt blie- **ben: Nervenfasern, die normalerweise Signale aus der schläfenseitigen (temporalen) Retina in die Hirnhälfte auf der gleichen Seite leiten (oben), kreuzen beim Albino zusammen mit nasalen Nervenfasern in die gegenüberliegende Hirnhälfte (unten). Die Folge: Schielen und Schwierigkeiten bei der Orientierung im Raum.**

den. Wie sollte es auch anders sein, da doch der entsprechende Gendefekt lediglich einen Mangel am Hautpigment Melanin bewirkt (das Gen für ein die Synthese des Melanins kontrollierendes Enzym ist defekt)? Es war eine Zufallsentdeckung, daß sowohl bei menschlichem wie bei tierischem Albinismus drastische Veränderungen in der Anatomie und Verschaltung des Zentralnervensystems auftreten. Dabei sind besonders die sogenannten lateralen Kniehöcker, d.h. die Re-

laisstruktur zwischen Sehnerv und Sehrinde betroffen. Wie in Abbildung 11.5b schematisch gezeigt, findet eine völlige Umorganisation des optischen Traktes statt. Als Folge können eine abnormale Augenstellung (leichtes Schielen) sowie Probleme bei der räumlichen Wahrnehmung auftreten. Wir können schließen: Veränderungen in einem einzigen Gen können verschiedene phänotypische Eigenschaften (hier: Hautfarbe, Augenfundus, Organisation des optischen Traktes) beeinflussen. Wie schon bei der Shakermutante der Fruchtfliege beschrieben (Abbildung 11.4), haben Veränderungen in einem Gen, das für hirnspezifische Proteine codiert, meist drastische Auswirkungen auf die Anatomie des Gehirns. Gleichzeitig müssen wir uns wundern, daß solche drastischen Veränderungen der Anatomie nur so geringe Auswirkungen auf die Funktion des Zentralnervensystems haben. Wie wichtig ist dann überhaupt die Anordnung der Verschaltungen in unserem Gehirn?

Die schwankende Maus

Die „weaver-Maus" ist eine Mutante, die besonders durch ihren schwankenden Gang auffällt. Sie wankt wie ein betrunkener Seemann von einer Seite zur anderen, so daß ihr Gang mäanderförmig wirkt. Der verantwortliche Defekt liegt im Kleinhirn, d.h. jenem Teil des Gehirns, der eine wesentliche Kontrollfunktion in bezug auf die Motorik unserer Skelettmuskeln ausübt (siehe Kapitel 2). Genauer gesagt fehlt in ihrem Kleinhirn ein ganzer Typ von Zellen, die sogenannten Granulärzellen. Dadurch kommt es zu einer abnormalen Entwicklung des Kleinhirns und zu dem daraus folgenden Defekt im Bewegungsablauf.

Sollte man nun nicht erwarten, daß eine operative Entfernung des ganzen Kleinhirns einer Maus eine noch größere Störung im Bewegungsablauf als bei der weaver-Mutante hervorriefe? Die Antwort: Es kommt auf den Zeitpunkt der Operation an! Entnimmt man das Kleinhirn *nach* abgeschlossener Kleinhirnentwicklung, so ist die Schädigung des Bewegungsvermögens weitgehend irreversibel. Wird die Operation dagegen schon am Mausembryo durchgeführt, d.h. *bevor* die Hauptphase der Kleinhirnentwicklung einsetzt, so können diese Mäuse später oftmals normal laufen. Sie entwickeln kein Ersatzkleinhirn, sondern die fehlende Funktion wird von anderen Hirnregionen übernommen.

Die aufgeführten Beispiele zeigen, daß die Gene und das Verhalten tatsächlich miteinander in Beziehung stehen, wobei diese Beziehung in den meisten Fällen komplexer Natur ist. So bewirken Veränderungen in Genen, die im Gehirn wirksam sind, oft drastische Veränderungen von dessen Anatomie. Im Gegensatz dazu stehen die oftmals nur geringen funktionellen Auswirkungen einer Genveränderung, die darauf hinweisen, daß es alternative Organisationsstrukturen unseres Gehirns zu geben scheint. Die Störungen in der Gehirnanatomie bei erblichen Gendefekten (z. B. Albinismus) weisen darauf hin, daß sich auch die Gehirnentwicklung unter genetischer Kontrolle befindet.

Die Entwicklung des Gehirns

Zelldifferenzierung und neuronale Wegfindung

Auch für das Gehirn gilt, daß es aus einem Haufen untypischer, scheinbar identischer Zellen hervorgeht. Die in Abbildung 11.6 dargestellten Tumorzellen mögen hierfür als Beispiel dienen. Werden sie bestimmten „Signalsubstanzen" (Morphogenen) ausgesetzt – im Experiment ist es die Retinsäure –, so beginnen sie zu *differenzieren,* d.h. aus ihnen entstehen unterschiedliche Zelltypen: Nervenzellen (N), die Netzwerke ausbilden, Gliazellen (A), die dem Erhalt und der elektrischen Isolierung der auswachsenden Neuronen dienen, Gehirnfibroblasten (F) sowie gefäßbildende Zellen (E). Weitere Signale halten den Entwicklungsprozeß aufrecht und steuern ihn, so der Nervenwachstumsfaktor (NGF), der Nervenzellen zur Ausbildung sogenannter Wachstumskegel anregt und die wachsenden Zellausläufer zu ihren Zielen leitet (Abbildung 11.7). Diese Ziele werden im Wettbewerb zwischen verschiedenen Nervenzellen erreicht. Ist der gewünschte Kontakt einmal hergestellt, erhalten die konkurrierenden Zellen auch kein weiteres NGF mehr und sterben ab. So ist die Ausbildung des Nervennetzwerkes ein Eliminierungswettkampf der Zellen.

a

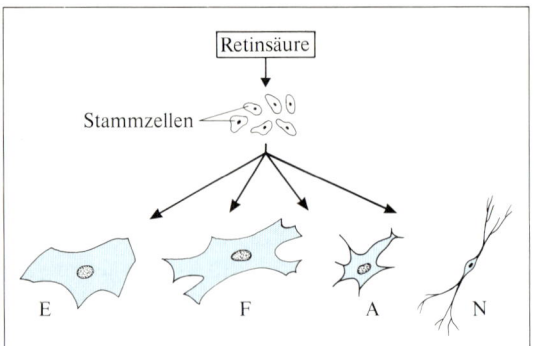

b

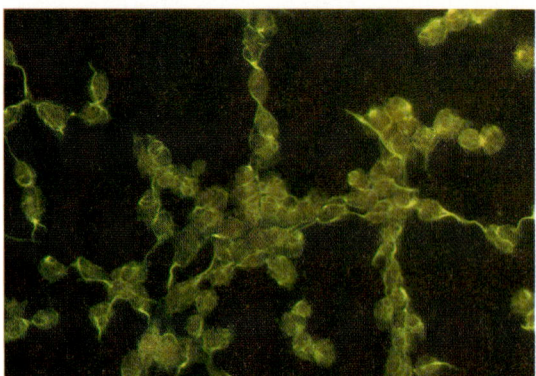

c

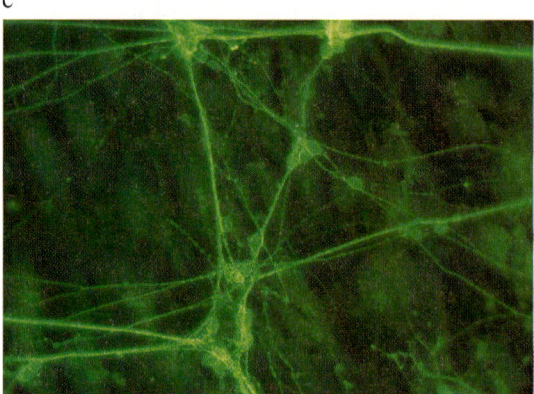

d

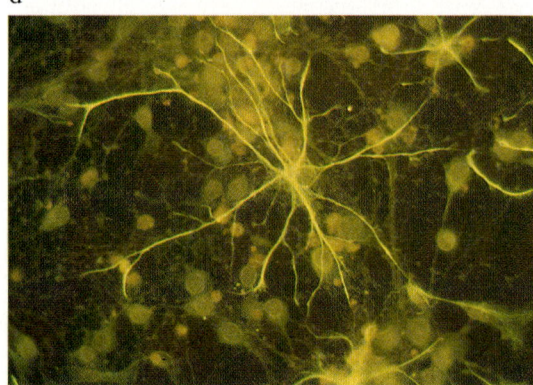

Abb. 11.6. Diese Zellen einer Tumorzellinie können als einfaches Modell der Gehirnentwicklung betrachtet werden. Sie stellen zunächst identische, sich beliebig vermehrende, untypische Zellen dar, sog. Stammzellen. Nach Zugabe von Retinsäure können sie in vier Typen von Gehirnzellen differenzieren (vgl. Text). a) Schema der Retinsäure-induzierten Differenzierung, b) Fluoreszenzmikroskopische Aufnahme der Stammzellen, c) das nach drei Tagen in Zellkultur entstandene Neuronennetzwerk, d) ein nach ca. 6 Tagen entstandener Astrozyt. Die einzelnen Zelltypen lassen sich durch spezifische Markermoleküle kennzeichnen, so daß in c) und d) nur der spezifische Zelltyp sichtbar ist.

Daß das Ziel selbst die Wegfindung der Neuronen kontrolliert, läßt sich besonders gut an Tieren zeigen, deren Zentralnervensystem im Gegensatz zum menschlichen regenerierbar ist. Abbildung 11.8 zeigt im Vergleich die Verläufe der optischen Nerven eines normal entwickelten Zebrafisches mit denen eines Fisches, dessen optischer Nerv ein Jahr zuvor durchtrennt wurde. Beide Fische zeigten normales Sehverhalten, doch wie verschieden verlaufen ihre Nervenbahnen! Auch beim operierten Fisch erreichen die regenerierenden Nervenfasern zwar wieder ihr natürliches Zielgebiet, doch sind die Wege verschlungener und länger. Offenbar sind nicht alle Stimuli oder diese nicht in ausreichenden Mengen vorhanden, die die Wegfindung im Verlauf der embryonalen Gehirnentwicklung so effektiv machen. Denn im Normalfall der Zebrafischentwicklung haben alle optischen Nerven schon zum Zeitpunkt des Schlüpfens, d.h. am dritten Tag nach der Befruchtung, ihre Zielgebiete im optischen Tektum erreicht!

Selbstorganisation lebender Systeme

Es erscheint unmöglich, daß die Zahl der Gene ausreicht – auch beim Menschen sind es

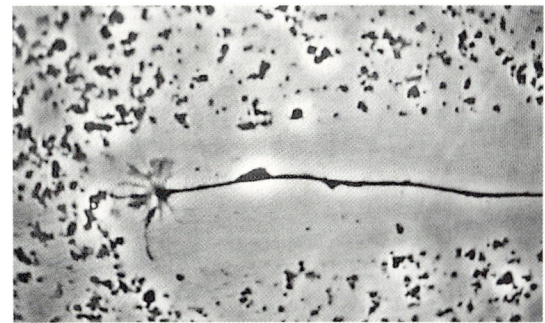

Abb. 11.7. Die Endstrukturen wachsender Nervenausläufer werden als Wachstumskegel bezeichnet. Variabel und extrem beweglich „tasten" sie sich zu einem definierten Ziel voran.

„nur" einige Zehntausend –, um jedes zelluläre Merkmal, jeden Entwicklungsweg und jede zelluläre Position im ausgereiften Organismus exakt vorbestimmen zu können. So gibt es allein in unserem Zentralnervensystem 100 Millionen mal mehr Verknüpfungen als wir Gene besitzen! Deshalb ist eine wachsende Zahl von Wissenschaftlern davon überzeugt, daß die Gene nur Rahmenbedingungen vorgeben, innerhalb derer sich ein Organismus „selbst organisiert". Man versteht darunter die gewissermaßen „angeborene" Eigenschaft unseres Universums, eine den Umgebungsbe-

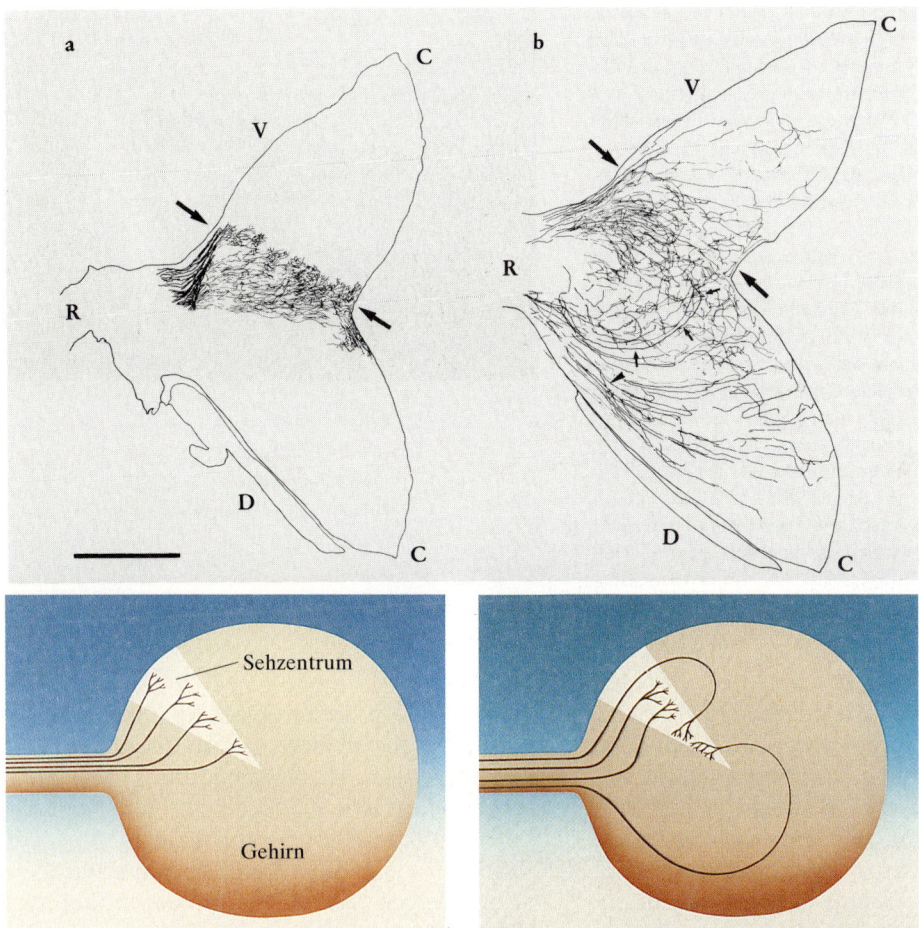

Abb. 11.8. Wege einer kleinen Gruppe aus der Retina stammender Nervenfasern des Zebrafisches. a) Im Tectum eines gesunden Fisches ziehen die Axone durch die korrekte Hälfte zu ihren Zielorten. b) Wurde der optische Nerv dagegen durchtrennt, wachsen die regenerierenden Axone entlang abnormaler Wege weiträumig zum Zielgebiet. (Die Abkürzungen geben die Positionen der Retinae und der beiden tectalen Hemisphären wieder).

203

a

b

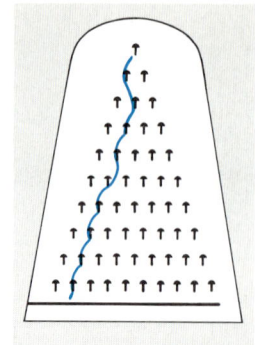

Abb. 11.9. a) Epigenetische Landschaft nach C. Waddington: Die Landschaft ist ein Modell für die Wege, die ein selbststabilisierendes System im Zuge seiner Entwicklung durchlaufen kann. Der Lauf der Kugel unterliegt den Gesetzen der Wahrscheinlichkeit innerhalb der von der Landschaft vorgegebenen Rahmenbedingungen. Schließlich werden unterschiedliche, doch ähnlich stabile Zustände erreicht. Auf die Entwicklung des Gehirns übertragen, bedarf es nur eines (genetisch festgelegten) Satzes grundlegender Vorgaben – sie entsprechen der Form der epigenetischen Landschaft –, um eine Nervenzelle schließlich zu einem vollwertigen Bestandteil des neuronalen Netzwerkes werden zu lassen (Endzustand). Die Zelle selbst muß aber nicht „wissen", was sie tun muß (welchen Wegen sie folgen muß), um schließlich ihren Platz im Netzwerk einzunehmen. b) Japanisches Paschinkospiel: Der Lauf der Kugeln durch den Nagelwald dieses Glücksspielgerätes ist ein weiteres Beispiel für ein „geregeltes Chaos". Hier ist besonders offensichtlich, daß die Wahrscheinlichkeit der verschiedenen Endzustände eine *feste berechenbare Größe* ist, obwohl der Lauf der einzelnen Kugeln völlig dem Zufall unterliegt. Ebenso ist das fertige Gehirn das Ergebnis einer Vielzahl von Wahrscheinlichkeitsprozessen, die in ihrer Gesamtheit einem *determinierten Endzustand* zustreben.

dingungen optimal angepaßte Auslese der möglichen Strukturen durchzuführen. Dies kann die Ausbildung von Sternensystemen, von Wolkenformationen, von sozialen Strukturen oder auch von zellulären Strukturen wie Nervensystemen sein. Zwar ist diese Selbstorganisation jeweils eine Kette von *Zufallsereignissen*; übergeordnete Gesetzmäßigkeiten wie diejenigen der Thermodynamik lassen schließlich jedoch einander verwandte, *geordnete Strukturen* entstehen.

Das Prinzip dieser Selbstorganisation läßt sich am Beispiel der „epigenetischen Landschaft" verdeutlichen (Abbildung 11.9 a). Hier repräsentiert eine Kugel ein zur Selbstorganisation fähiges System. Vor ihr liegt eine sich zu immer mehr Tälern und Höhen erweiternde Landschaft, in der die Höhen biologisch/ chemisch unerreichbare, die Täler begünstigte Bereiche darstellen. Die Kugel wird aufgrund des übergeordneten (aber unsichtbaren) Prinzips der Schwerkraft grundsätzlich in Talrichtung laufen und so unabhängig vom zufällig eingeschlagenen Weg schließlich in einer Position vergleichbaren Niveaus enden. Das gleiche Prinzip gilt für den Lauf einer Kugel in einem Nagelflipper wie dem in Japan so beliebten Paschinkospiel (Abbildung 11.9 b). Auch hier ist der Lauf der einzelnen Kugel „chaotisch“, die Summe vieler Kugelläufe jedoch auf der Basis der Statistik „determiniert“. Ist dieses Prinzip der Grund dafür, daß zunächst so viel mehr Nervenzellen und Nervenzellausläufer ihre Wanderungen antreten als schließlich zu ihren Zielgebieten gelangen, also dafür, daß die Endstufen der Entwicklung unseres Zentralnervensystems von massenhaftem Zelltod begleitet sind?

Auf die Entwicklung unseres Zentralnervensystems übertragen, können wir nun vielleicht verstehen, warum sich von der groben Anatomie her – von Krankheitsbildern einmal abgesehen – immer gleiche menschliche Gehirne ausbilden, selbst wenn es sich um besonders intelligente, gefühlvolle oder grausame Menschen handelt. Unsere Individualität findet sich nicht auf dem Niveau der makroskopischen Gehirnanatomie, sondern auf dem Niveau der subzellulären Kontakte und Verschaltungen.

Stadien der Gehirnentwicklung beim Menschen

Zu Beginn der dritten Woche der Embryonalentwicklung besteht der menschliche Embryo aus drei Schichten. Aus der äußeren, dem Ektoderm, entwickeln sich u. a. das zentrale und das periphere Nervensystem, Haut und Haare, die Milchdrüsen und die Hypophyse sowie der Zahnschmelz. Am Ende der dritten Woche bildet sich die Neuralrinne aus, wenige Tage später wird sie zum Neuralrohr geschlossen. Am Ende der vierten Woche sind die Grundstrukturen des künftigen Gehirns in Form von Bläschen, dem Vorder-, Mittel- und Rautenhirn bereits angelegt. Die Entwicklung des Gehirns verläuft in den folgenden Wochen so rasch, daß sich der Kopf des

Embryos zunehmend zur Brust hin neigt und sich vier Beugefalten, die Mandibularbögen, ausbilden. Schon ab der 7. Woche lassen sich synaptische Verknüpfungen zwischen Nervenzellen nachweisen, und der Embryo reagiert auf mechanische Reize, insbesondere um den Mund herum. Am Ende der 8. Woche sind alle Sinnesorgane angelegt und teilweise schon weit entwickelt; der Embryo reagiert nun auch auf chemische Reize. Auch die weitere Entwicklung des Gehirns verläuft atemberaubend schnell. So werden im Verlauf des dritten und vierten Schwangerschaftsmonats pro Minute etwa 250 000 neue Nervenzellen gebildet. Dennoch ist die Gehirnentwicklung auch bei der Geburt noch nicht abgeschlossen. Wie Abbildung 11.10 zeigt, dauert das rasche Wachstum über das erste Jahr hinaus an, und die Entwicklung des menschlichen Gehirns kann erst im Alter von 16 Jahren als weitgehend abgeschlossen betrachtet werden.

Warum sich die Natur darauf einläßt, daß wir mit unfertigen Gehirnen geboren werden,

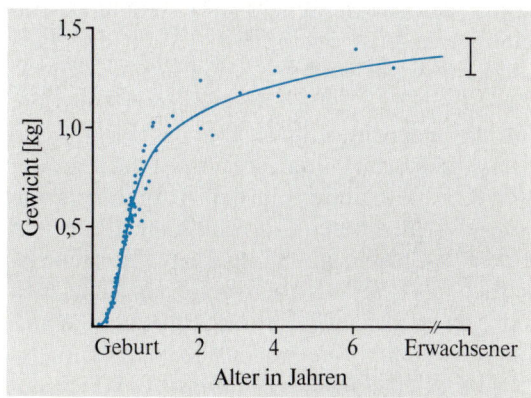

Abb. 11.10. Zunahme des Gewichtes des menschlichen Gehirns mit dem Alter. Das Gewicht des Gehirns eines Neugeborenen beträgt nur etwa 27% desjenigen eines Erwachsenen. Die rasche Gewichtszunahme ist nach etwa einem Jahr abgeschlossen, während die Entwicklung der Funktion noch weiter rasch zunimmt. Erst mit etwa drei Jahren, d. h. zum Abschluß der sensitiven Periode der Hirnrinde, bilden sich die typischen Rhythmen des Elektroencephalogrammes (EEG) aus, erst mit 5 bis 14 Jahren erhalten die durch visuelle Reizung evozierten Potentiale ihre typische Struktur. Die Reifung des Gehirns kann erst mit der Pubertät als abgeschlossen betrachtet werden.

wird aus dem oben diskutierten Prinzip der Selbstorganisation verständlich. Die epigenetische Landschaft und das Paschinko zeigen beispielhaft, daß durch äußere Einflüsse, die die Landschaft oder das Nagelmuster verändern, auch der Lauf der Kugel verändert wird. In ihrer Entwicklung unfertige, zur Selbstorganisation fähige Systeme können sich deshalb noch ihrer Umgebung anpassen, lassen sich in der Wechselwirkung mit der Umgebung optimieren.

Kinder probieren in ihren Spielen Verhaltensweisen aus, sie lernen im Spiel. Heute gibt es zunehmend Hinweise dafür, daß dieses Lernen auch mit der Ausbildung neuer Nervenverknüpfungen und der Inaktivierung bestehender Verknüpfungen verbunden sein kann. So ist die Geburt mit einem unfertigen Gehirn langfristig ein Vorteil, auch wenn der Mensch dafür über Jahre hinaus nicht eigenständig überleben könnte.

Plastizität des Zentralnervensystems

Auch der Erwachsene bleibt neugierig und behält die Lust am Spielen. Auch dabei, ja auch im Augenblick des Lesens dieses Textes, verändern sich seine Nervenverschaltungen. Ob dies allerdings durch die Ausbildung und die Eliminierung von Nervenkontakten oder nur durch Veränderung der Aufgabenverteilung zwischen bereits verschalteten Neuronen erfolgt, ist bisher noch ungeklärt. Tatsache ist jedoch, daß selbst noch beim Erwachsenen verloren gegangene Funktionen des Zentralnervensystems kompensiert werden können.

Hierzu ein Beispiel. Abbildung 1.11 a des ersten Kapitels zeigt das Prinzip einer Methode, mit deren Hilfe sich auch bestimmen läßt, welchen Anteil seines Gesichtsfeldes ein Hirngeschädigter, z. B. das Opfer eines Verkehrsunfalls oder eines Gehirnschlags, nicht mehr bewußt wahrnehmen kann. Dazu wird ihm die Aufgabe gestellt, die für ihn auf dem projizierten Bild sichtbaren Zahlen zu nennen. Gleichzeitig werden seine Augenbewegungen in Relation zum Bild registriert. Trotz gesunder Augen und eines intakten Augenbe-

wegungsprogrammes (siehe Kapitel 1) kann mancher dann nur noch einen Teil der Zahlen nennen. Sein Gehirn kann die Information aus bestimmten Teilen seines Gesichtsfeldes aufgrund der Hirnschädigung nicht mehr verarbeiten. In solchen Fällen kann oft dadurch geholfen werden, daß man dem Patienten eine neue Strategie des Betrachtens antrainiert. Verändert er sein Programm der Augenbewegungen nämlich so, daß die Information aus dem ihm nicht mehr bewußten Teil seines Gesichtsfeldes nun über andere Sehbahnen in sein Gehirn gelangt, kann sich dieses eine neue Projektion des Gesichtsfeldes unter Verwendung intakter Bereiche der Sehrinde aufbauen. Das Gehirn adaptiert, der anatomische Schaden wird funktionell kompensiert. Diese Fähigkeit zur Adaption, diese Form der Plastizität unseres Zentralnervensystems läßt mit zunehmendem Alter nach.

Unser Gehirn, das wissen wir schon aus den vorangegangenen Kapiteln, ist also ein besonderes Organ. Es produziert unsere Gedanken und Gefühle nicht in sklavischer Abhängigkeit von äußeren Signalen; es ist kein Automat und auch nicht nur ein intelligenter Computer. Es ist auch nicht sklavisch den Genen unterworfen. Statt dessen ist das menschliche Gehirn ein dynamisches, sich selbst organisierendes und laufend fortentwickelndes System, für das die Gene nur den „Mantel", die Rahmenbedingungen seiner Struktur und Funktion liefern. Innerhalb dieser Grenzen hat es jenes Maß an Freiheit, das jeder unserer Sinnesempfindungen, jedem unserer Gedanken ihre unverwechselbare Individualität gibt.

Wenn Aufbau und Funktion unseres Gehirns aber nicht streng determiniert, sondern nach vorgegebenen Regeln und unter dem Einfluß äußerer und innerer Reize veränderbar sind, so löst sich auch der Widerspruch der Koexistenz von angelegten und freien Verhaltensweisen. Diese stellen lediglich Hierarchien der genetischen Kontrolle dar: Reflexhaftes Verhalten ist streng, normiertes Verhalten begrenzt, und freies Verhalten ist nicht genetisch kontrolliert.

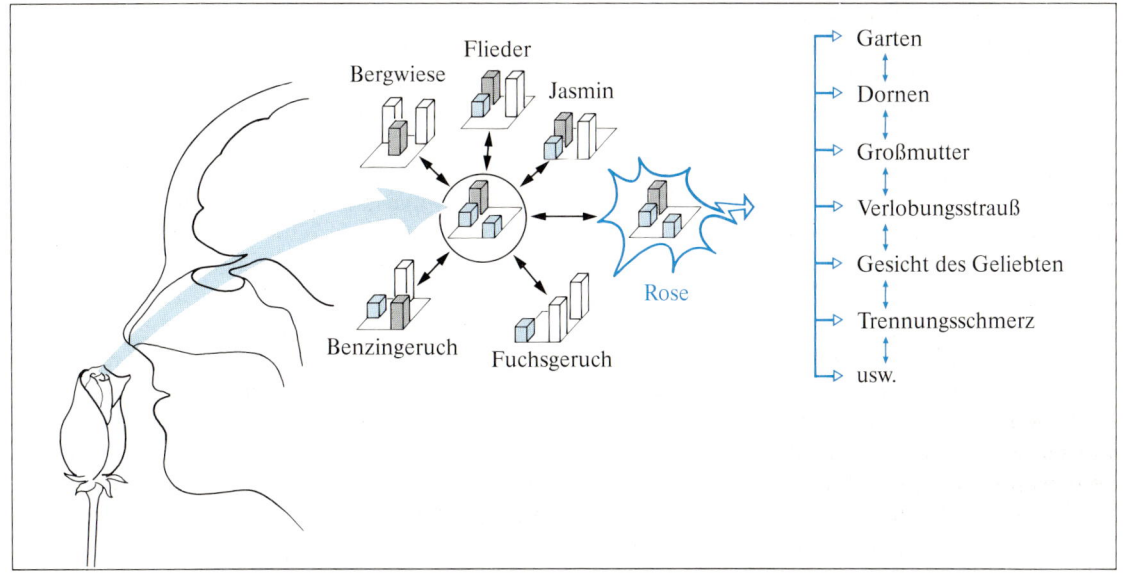

Abb. 11.11. Modell der Funktion unseres Nervennetzwerkes bei der Wahrnehmung eines Geruches.

Doch wenn wir in unseren Empfindungen und unserem Verhalten auch nicht von unseren Genen dominiert werden, so sind wir dennoch nicht völlig frei. Denn hier setzt die Kontrolle durch gesellschaftliche und kulturelle Normen ein.

Wie unser Gehirn funktioniert

Mit unserem Wissen von den Prinzipien, nach welchen sich unser Gehirn organisiert, lassen sich nun auch Modelle für seine Verarbeitung von Sinnesreizen diskutieren. Diese müssen sowohl die Struktur des Nervennetzwerkes wie auch die individuelle Färbung unserer Sinnesempfindungen berücksichtigen. Solche Modelle sind in den letzten Jahren in Form von Computersimulationen für bestimmte Sinnesempfindungen, wie der Erkennung kombinierter Gerüche, entwickelt worden und haben sich als überzeugend funktionsfähig erwiesen.

Abbildung 11.11 zeigt ein solches Modell für die Wahrnehmung eines Geruchs als generelles Beispiel. Grundsätzlich wird dabei davon ausgegangen, daß aus Wahrnehmungen keine Absolutbestimmungen folgen, sondern daß ein *Vergleich mit gespeicherten Gedächtnisinhalten* stattfindet. Dieser Vergleich kann nur zu prinzipiellen Übereinstimmungen, niemals zur absoluten führen, da Sinneswahrnehmungen niemals miteinander identisch sind.

Im angeführten Beispiel erfassen Geruchsrezeptoren in der Nase den Geruch einer Rose und leiten die Summe dieser Informationen zum für die Geruchswahrnehmung verantwortlichen Bereich der Hirnrinde weiter. Das entsprechende Neuronennetzwerk wird durch die eingehenden Signale in einen Zustand der Aktivität versetzt, der für die individuellen Neuronen jedoch unterschiedlich ist. Er ist auch nicht für jeden Geruch einer Rose der gleiche, sondern hängt von Begleitgerüchen und anderen Begleitsignalen sowie von der seelischen Stimmung des Wahrnehmenden ab.

207

Die einzelnen Neuronen des Netzwerkes kommunizieren nun in der Form miteinander, daß solche Erregungsmuster, die mit früher gespeicherten übereinstimmen, verstärkt, während die nicht vergleichbaren abgeschwächt werden. So stabilisiert sich das Erregungsmuster so lange, bis hinreichende Übereinstimmung mit einem gespeicherten Erregungsmuster erreicht wird – der Geruch ist erkannt. Das Modell ähnelt der im Kapitel 4 beschriebenen debattierenden Versammlung. Es gibt „dominierende" und „kooperierende" Neuronen, so daß durch diese Hierarchie „typische" Entscheidungen fallen. Da die im Gedächtnis gespeicherten Geruchswahrnehmungen mit anderen Gedächtnisinhalten verknüpft sein können, wird auch verständlich, daß ein Geruch auch gänzlich andere Gedächtnisinhalte (z. B. Kindheitserinnerungen) wecken kann. Computergestützte Netzwerkmodelle dieser Art sind bereits weit verbreitet. So erlaubt ein auf etwa 500 Schaltgliedern basierendes System in ähnlicher Weise wie ein Rattenhirn zu lernen, kombinierte Gerüche wie „Käse" zu kategorisieren und individuell zu erkennen.

Trotz solcher Erfolge sind diese Modelle noch sehr primitiv und können auch nicht annähernd die komplexen Verhaltensweisen simulieren, die für den Menschen typisch sind. Doch das ist zunächst auch nicht ihr Ziel. Sie sollen lediglich *plausibel* machen, wie unser Gehirn auf der Basis seiner Anatomie, Biochemie und Physiologie grundsätzlich funktionieren *könnte*. Auch Modelle stellen Hierarchien dar. Sind sie grundsätzlich erst einmal experimentell bewiesen, so lassen sich darauf aubauend (komplexere) Modelle der höheren Funktionen unseres Zentralnervensystems entwickeln.

Die moderne Wissenschaft hat uns in den letzten Jahren viel Neues über unser Gehirn und den Kosmos in uns gelehrt. Doch umso mehr haben wir dadurch auch erfahren, wie weit entfernt wir von einem umfassenden Verständnis seiner Eigenschaften sind. Der kleine Exkurs dieses Kapitels zeigt, daß wir dies tatsächlich nie erreichen können. Denn was in uns wirklich geschieht, wenn wir einer Beethoven-Symphonie zuhören oder eine erotische Zuneigung empfinden, wird wohl niemals in einem Modell simulierbar sein. Hiervor schützt uns schon die Individualität, die *Autopoesis,* eines jeden unserer Gehirne.

Literatur

H. G. Gassen, A. Martin und G. Sachse: „Der Stoff aus dem die Gene sind." J. Schweitzer Verlag, München 1986.

E. R. Kandel und J. H. Schwartz: „Principles of Neural Science." Elsevier North-Holland 1982.

J. P. Changeux: „Neuronal Man." Oxford University Press, Oxford 1986.

Die Autoren dieses Buches

Alfred Maelicke ist Professor für Physiologische Chemie an der Johannes-Gutenberg-Universität Mainz. Seine Forschungsschwerpunkte sind die Struktur und Funktion von Neurorezeptoren sowie die genetische und biochemische Regulation der Differenzierung von Gehirnzellen. Er hat in Saarbrücken Chemie studiert und in diesem Fach 1968 promoviert. Nach einer Ergänzungsausbildung in Biologie in Göttingen arbeitete er zunächst am dortigen Max-Planck-Institut für Experimentelle Medizin über die Struktur von Transferribonucleinsäuren und ihre Wechselwirkungen mit Enzymen. 1973 ging er an die Rockefeller-Universität, New York, um dort seine Arbeiten über Neurorezeptoren zu beginnen. Von 1977–1989 leitete er die Arbeitsgruppe Interzelluläre Kommunikation am Max-Planck-Institut für Ernährungsphysiologie in Dortmund.

Hinderk Emrich studierte in Berlin und Bern Medizin und habilitierte sich an der Technischen Universität Berlin für „molekulare Neurobiologie". Seine klinische Ausbildung zum Arzt für Neurologie und Psychiatrie erhielt er an verschiedenen Münchner Kliniken und übernahm dann die Leitung der Arbeitsgruppe für klinische Psychopharmakologie sowie später der Abteilung Erwachsenenpsychiatrie am Max-Planck-Institut für Psychiatrie in München. Seine wesentlichen Forschungsgebiete sind Psychopharmakologie, Wahrnehmungspsychologie und Systemtheorie von Psychosen. Er habilitierte sich für das Fach Psychiatrie und ist Facharzt für klinische Pharmakologie. Seine zusätzlichen wissenschaftlichen Interessen gelten der analytischen Philosophie des Geistes und der Psychoanalyse nach C. G. Jung.

Hanns Hatt, geb. 1947, studierte an der Ludwig-Maximilians-Universität München Biologie und Chemie. Von 1970 bis 1972 arbeitete er am Max-Planck-Institut für Verhaltensphysiologie in See-wiesen. 1972 legte er die Staatsexamina in Biologie und Chemie ab und begann anschließend das Stu-dium der Humanmedizin.

1976 promovierte er im Fach Zoologie zum Dr. rer. nat., 1983 zum Dr. med. Seit 1984 ist er Dozent am Physiologischen Institut der Tech-nischen Universität München. Seine wissenschaft-lichen Arbeiten befassen sich mit Sinnesphysiolo-gie, der Kommunikation zwischen Nervenzellen im Gehirn und Membranstörungen bei Muskeler-krankungen.

Ferdinand Hucho ist Professor für Biochemie an der Freien Universität Berlin. Sein Forschungsge-biet ist die Biochemie des Nervensystems, speziell der Transmitter-Rezeptoren. Er hat in Freiburg/Brsg. Chemie studiert, promovierte dort 1968 zum Dr. rer. nat. und ging anschließend für zwei Jahre als Postdoctoral Fellow an die Universität in Au-stin/Texas. 1971 wurde er Assistent an der Univer-sität Konstanz, wo er sich mit Arbeiten über die Regulation des Pyruvatstoffwechsels habilitierte. 1979 wurde er in Konstanz Professor und folgte später einem Ruf nach Berlin. Er ist Autor u.a. eines Lehrbuches der Neurochemie.

Gerd Kobal, geb. 1946, ist seit 1987 Professor für Physiologische Pharmakologie an der Universität Erlangen-Nürnberg. Nach dem Studium der Medizin in Erlangen arbeitete er als wissenschaftlicher Assistent und Angestellter am Institut für Physiologie und Biokybernetik, und am Institut für Pharmakologie und Toxikologie. Er habilitierte sich für die Fächer Physiologie und Pharmakologie. Von 1985 bis 1987 war er Vorstand der Abteilung Psychophysiologie an der Universität Bamberg. Seine wissenschaftlichen Arbeiten befassen sich mit der Physiologie von Geruch, Geschmack und Schmerz, wobei er Geruchs- und Geschmacksstörungen beim Menschen, sowie die Auswirkungen und Angriffspunkte von Analgetika untersucht.

Hennig Stieve, geb. 1930, studierte Biologie an der Humboldt-Universität Berlin, in Göttingen und in Würzburg. Von 1965 bis 1970 war er ordentlicher Professor für Zoologie an der RWTH Aachen, von 1970 bis 1985 Direktor des Instituts für Neurobiologie der Kernforschungsanlage Jülich. Seit 1985 ist er Professor für Zoologie an der Rheinisch-Westfälischen Technischen Hochschule in Aachen. Er erforscht den Transduktionsmechanismus der Photorezeption.

Irene Wicke, geb. 1947, ist Sekretärin bei Professor H. Stieve am Institut für Biologie II der RWTH Aachen. Neben den Sekretariatsaufgaben obliegt ihr die redaktionelle Bearbeitung der wissenschaftlichen Manuskripte.

Ulrich Thurm, geb. 1931, ist Professor der Zoologie an der Universität Münster, wo er den Lehrstuhl für Neurophysiologie innehat. Er studierte Biologie, Physik, Chemie und Physikalische Chemie an den Universitäten Göttingen, Freiburg und Würzburg. Nach seiner Promotion 1962 in München arbeitete er am Max-Planck-Institut für Biologische Kybernetik in Tübingen, von 1970 bis 1974 an der Ruhr-Universität Bochum, wo er die Arbeitsgruppe für Primärprozesse der Rezeptoren leitete. Seine Forschungsgebiete sind die Physiologie und Ultrastruktur von Mechanorezeptoren, Elektrophysiologie sowie die Physiologie des aktiven Ionen- und Wassertransports von Sinnesepithelien.

Rainer Wolf, geb. 1941, studierte Biologie und Physik an der Universität Würzburg. Nach seiner Promotion 1968 arbeitete er am Heiligenberg-Institut für experimentelle Biologie am Bodensee. 1972 kehrte er als wissenschaftlicher Assistent nach Würzburg zurück. Nach mehreren Forschungsaufenthalten in Eugene/Oregon habilitierte er sich 1985 und ist seither als Privatdozent in Würzburg tätig. **Dorothea Wolf**, geb. 1943, ist medizinisch-technische Assistentin und arbeitet seit 1969 im Forschungsteam ihres Mannes.

Ihre Forschungsinteressen gelten Zeitraffer- und elektronenmikroskopischen Untersuchungen der Embryonalentwicklung von Insekten, der Entwicklung neuer mikroskopischer und experimenteller Techniken sowie Problemen der Wahrnehmungspsychologie.

Bildnachweis

Wir danken den im folgenden genannten Bildautoren, Verlagen und Bildarchiven für die Bereitstellung von Abbildungsvorlagen und für die Genehmigung der Wiedergabe.

Kapitel 1

Abb. 1.2 Orchester: Süddeutscher Verlag, München; Abb. 1.6a: R. Hilgenfeld, Frankfurt-Hoechst; Abb. 1.7: R. Sireteanu, Frankfurt; Abb. 1.8: Nach: L. Bergmann, C. Schaefer, Lehrbuch der Experimentalphysik, 2. Aufl., de Gruyter, Berlin 1959; Abb. 1.11: Nach: W. Huber, Aachen; Abb. 1.12: M. C. Escher Stiftung, Den Haag.

Kapitel 2

Abb. 2.1: Aus: O. Creutzfeld, Cortex Cerebri, Springer Verlag, Berlin-Heidelberg 1983; Abb. 2.4: J. Bolz, Tübingen; Abb. 2.6: John K. Stevens und Judy Trogadis, Toronto.

Kapitel 3

Abb. 3.2: Aus: McFarland, Animal Behavior, Longman Group, Essex; Abb. 3.3: Helga Lade Fotoagentur, Frankfurt; Abb. 3.17: Aus: R. F. Schmidt, Grundriß der Sinnesphysiologie, Springer Verlag, Berlin-Heidelberg 1985; Abb. 3.18: Nach: Ch. v. Campenhausen, Die Sinne des Menschen, Bd. I, Thieme Verlag, Stuttgart 1981; Abb. 3.26: Nach M. L. Rubin und G. L. Walls, Studies in Physiological Optics, Springfield 1965.

Kapitel 4

Abb. 4.3: Aus: E. Lanners, Illusionen. Bucher, München 1983; Abb. 4.6b: Nach: Pablo Picasso, Mutter und Kind; Abb. 4.8: Nach: Ch. v. Campenhausen, Die Sinne des Menschen, Bd. II, Thieme Verlag, Stuttgart 1981; Abb. 4.13: Peter Thompson, University of York, Heslington, York Y015DD, Großbritannien.

Kapitel 5

Abb. 5.3: Ch. Nolte, Münster; Abb. 5.11: J. J. Art und R. Fettiplace, Cambridge; Abb. 5.13 und 5.14: A. Rüsch, Münster; Abb. 5.15: B. Engström, Stockholm; Abb. 5.18: Nach: R. Klinke, Frankfurt; Abb. 5.19: Nach: E. Zwicker, München.

Kapitel 6

Abb. 6.2: Nach: R. F. Schmidt, Physiologie des Menschen, 23. Aufl., Springer Verlag, Berlin-Heidelberg; Abb. 6.6 und 6.7: Nach: K. J. Burdach, Geschmack und Geruch, Hans Huber Verlag, Bern 1988; Abb. 6.8: Aufnahme: J. E. Steiner, Jerusalem. Aus: K. J. Burdach, Geschmack und Geruch, Hans Huber Verlag, Bern 1988; Abb. 6.9: Verändert nach N. Birbaumer, R. F. Schmidt, Biologische Psychologie, Springer Verlag, Berlin-Heidelberg 1989; Abb. 6.10: Nach: K. J. Burdach, Geschmack und Geruch, Hans Huber Verlag, Bern 1988; Abb. 6.12: Nach: Das H&R Buch Parfum, Glöss Verlag, Hamburg 1984; Abb. 6.18: Nach: M. Henglein, München.

Kapitel 8

Abb. 8.1: Aus der Abteilung Neuroanatomie der Medizinischen Hochschule Hannover; Abb. 8.5: H. Baetcke, Weinheim.

Kapitel 9

Abb. 9.1: Nach: W. Steig, The New Yorker (1984); Abb. 9.3: Aus: Die phantastische Reise, Deutsches Institut für Filmkunde, Frankfurt; Abb. 9.4: H. Roth, München;

Abb. 9.5: Aus: Höllentrip, Bildarchiv Engelmeier, München; Abb. 9.7: Aus: A. Hitchcock, Ich kämpfe um dich (Spellbound), Tristar Film GmbH, Hamburg.

Kapitel 10

Abb. 10.2 u. 10.3: Deutsches Institut für Filmkunde, Frankfurt; Abb. 10.5: Aus: Abnormal Psychology, 2nd ed. (Eds.: G. E. Davidson, J. M. Neale), John Wiley & Sons, New York-Chichester 1978; Abb. 10.6: Aus: Mord im Spiegel; Bildarchiv Engelmeier, München; Abb. 10.8: T. Makepeace; Aus: Punch, July 29, 1987; Punch Publications Ltd; Abb. 10.9: Aus: D. Ploog, Verhaltensforschung und Psychiatrie. In: Psychiatrie der Gegenwart, Bd. I/1 B (Hrsg. H. W. Gruhle, R. Jung, W. Mayer-Gross, M. Müller). Springer Verlag, Berlin 1964; Abb. 10.10: Aus: Chevalier-Skolnikoff, Facial expressions of chimpanzees. In: Darwin and Facial Expressions (Ed.: P. Ekman), Academic Press, London 1973; Abb. 10.11: Max-Planck-Gesellschaft, I. Eibl-Eibesfeldt.

Kapitel 11

Abb. 11.2 d: Aus dem Labor von B. Sakmann, Heidelberg; Abb. 11.3: Aus: D. Bentley und R. Hoy, Scientific American 231, 34 (1974); Abb. 11.4: Aus dem Labor von O. Pongs, München; Abb. 11.5a: Süddeutscher Verlag, München; Abb. 11.7 und 11.8: Aus dem Labor von C. Stuermer, Tübingen; Abb. 11.10: Nach: O. D. Creutzfeld, Cortex Cerebri, Springer Verlag, Berlin-Heidelberg 1983.

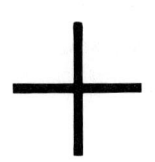

A

B

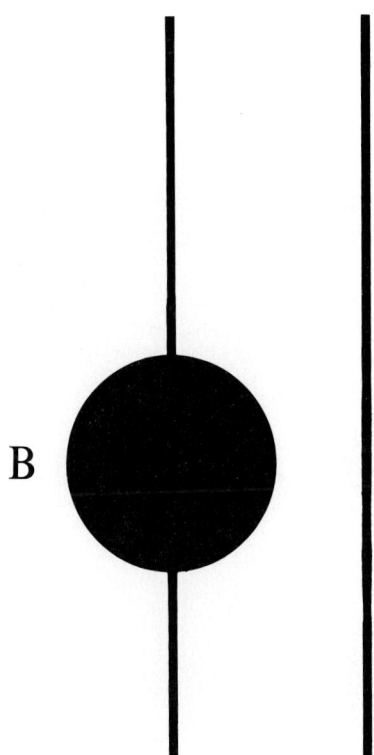